I0051382

Data Mining

Verfahren, Prozesse, Anwendungsarchitektur

von
Helge Petersohn

Oldenbourg Verlag München Wien

Bibliografische Information Der Deutschen Bibliothek

Die Deutsche Bibliothek verzeichnet diese Publikation in der Deutschen
Nationalbibliografie; detaillierte bibliografische Daten sind im Internet
über <http://dnb.ddb.de> abrufbar.

© 2005 Oldenbourg Wissenschaftsverlag GmbH
Rosenheimer Straße 145, D-81671 München
Telefon: (089) 45051-0
www.oldenbourg.de

Das Werk einschließlich aller Abbildungen ist urheberrechtlich geschützt. Jede Verwertung
außerhalb der Grenzen des Urheberrechtsgesetzes ist ohne Zustimmung des Verlages unzu-
lässig und strafbar. Das gilt insbesondere für Vervielfältigungen, Übersetzungen, Mikrover-
filmungen und die Einspeicherung und Bearbeitung in elektronischen Systemen.

Lektorat: Margit Roth
Herstellung: Anna Grosser
Umschlagkonzeption: Kraxenberger Kommunikationshaus, München
Gedruckt auf säure- und chlorfreiem Papier
Druck: Druckhaus „Thomas Müntzer" GmbH, Bad Langensalza

ISBN   3-486-57715-8
ISBN 978-3-486-57715-0

Vorwort

Das vorliegende Buch repräsentiert das Ergebnis einer praxisbezogenen Forschung, die zur Habilitation führte. Es wird eine Anwendungsarchitektur für Data Mining vorgestellt. Diese ist im Ergebnis einer systematischen Aufarbeitung und Strukturierung von Data Mining-Verfahren unter Beachtung anwendungsbezogener Aspekte entstanden. Die Anwendungsarchitektur basiert auf der gesamtheitlich strukturierten und integrierten Darstellung der funktionalen Zusammenhänge, insb. zwischen

- Data Mining-Verfahren,
- Evaluierungskriterien,
- Datenselektion und -aufbereitung,
- Data Mining-Problemstellungen,
- Vorgehensmodellen der Verfahrensklassen,
- Anwendungsanforderungen und
- Praxisreferenzarchitekturen für den gesamten Strukturbereich.

Das Buch wendet sich an Hochschullehrer und Studenten der Wirtschaftsinformatik, Informatik, Statistik und Betriebswirtschaft sowie an Datenanalysten verschiedener Branchen und Unternehmensberater im Data Warehouse-Umfeld.

In dem Zeitraum von der Idee bis zur Umsetzung dieses Buches habe ich viele wertvolle und prägende Gespräche mit Wissenschaftlern und Praktikern führen können. Für ihre Beratung, Empfehlungen, Motivation, Unterstützung und zum Teil gutachterliche Tätigkeit danke ich ganz besonders Herrn Prof. Dr. Dieter Ehrenberg, Direktor a.D. des Instituts für Wirtschaftsinformatik der Universität Leipzig, Herrn Prof. Dr. Friedrich Roithmayr, Leiter des Instituts für Wirtschaftsinformatik – Information Engineering- an der Johannes Keppler Universität Linz, Herrn Prof. Dr. Rolf Rogge, Inhaber des Lehrstuhls für Wirtschaftsinformatik, insb. Entscheidungsunterstützungssysteme, am Institut für Wirtschaftsinformatik und Operations Research an der Martin-Luther-Universität Halle-Wittenberg, Herrn Prof. Dr. Bogdan Franczyk, Direktor des Instituts für Wirtschaftsinformatik an der Universität Leipzig, Herrn Prof. Dr. Helge Löbler, Inhaber des Lehrstuhls Marketing an der Universität Leipzig und Herrn Prof. Dr. Dr. h.c. mult. August-Wilhelm Scheer, Direktor des Instituts für Wirtschaftsinformatik an der Universität des Saarlandes.

Das Buch besitzt starke Praxisrelevanz. Die dafür erforderlichen Erfahrungen konnte ich vor allem über Diskussionen und Projekte mit meinen Kollegen der NHConsult GmbH Leipzig erlangen. Ganz besonders möchte ich meinem langjährigen Kollegen, Herrn Dipl. Wirtsch.-Inf. Steffen Höhne für die vielen intensiven Gespräche über theoretische und praktische Aspekte des Data Mining danken. Er und Herr Dipl. Ing.-Ök. Jens Petersohn waren mir wichtige Diskussionspartner. Herzlichen Dank auch Herrn Dr. Ralf Schulz, NHConsult GmbH, Herrn Dr. Peter Heine, ECG Erdgas Consult GmbH und Herrn Dipl.-Ök. Reiner Hoffmann, T-Systems, für ihre Unterstützung und Motivation.

Meinen Eltern bin ich für ihre langjährige liebevolle und zuverlässige Hilfe sehr dankbar. Ohne sie hätte ich nicht den Freiraum für dieses Projekt gefunden. Aber indessen ist viel Zeit vergangen, in der mein Sohn Sadko wohl die meiste Geduld aufbringen mußte. Dafür würde ich mich gern bei ihm bedanken.

Die Autorin bedankt sich beim Oldenbourg Wissenschaftsverlag, insb. der Lektoratsleiterin Buch, Frau Margit Roth, für die Unterstützung und das Entgegenkommen beim Verlegen des Buches.

Leipzig   Helge Petersohn

Inhalt

1 Motivation und Entwicklung der Data Mining-Architektur

1.1 Inhalt und Ziel des Buches

Auf dem Weg der Erschließung von Wettbewerbsvorteilen verwenden Entscheidungsträger immer stärker modernste Informationstechnologien. Die intensive Nutzung von Daten nimmt dabei eine Schlüsselposition ein. Eine systematische und schnelle Beschaffung, Verwaltung, Bereitstellung, Analyse und Interpretation von Daten liefert Information, die derzeit als die unternehmerische Ressource angesehen wird. Hochleistungsfähige Informationstechnologie kann als das Mittel der Wahl zur Umsetzung strategischer Erfolgsfaktoren wie bspw. time-to-market und Kundenzufriedenheit betrachtet werden.[1] In den Unternehmen selbst werden von automatisierten und nicht automatisierten (DV-)Anwendungen immer neue Daten erzeugt. Es entstehen in kurzen Zeiträumen Terabyte von Daten, bspw. über das Kaufverhalten von Kunden, über Produkte oder über Informationsbedürfnisse.

Diese umfangreichen Datenbestände beinhalten wertvolle Information für Entscheider und erfordern die Anwendung von anspruchsvollen mathematisch-statistischen Verfahren zur Datenanalyse. Dies gilt insbesondere dann, wenn mehrere Kriterien, die einen Sachverhalt beschreiben, gleichzeitig berücksichtigt werden sollen und es darüber hinaus interessiert, wie stark der Einfluß von einzelnen Kriterien auf diesen Sachverhalt ist. Datenbanksysteme stellen hierfür bereits mächtige Analysewerkzeuge zur Verfügung. Deren Stärken sind jedoch gegenwärtig vor allem in der Realisierung von Abfrageprozeduren und Varianten des OnLine Analytical Processing (OLAP) zu sehen. Die Nutzung setzt sehr viel Erfahrung und fertige Hypothesen über die Zusammenhänge von Daten voraus. Mit den mathematisch-statistischen Verfahren, die unter Data Mining-Verfahren zusammengefaßt werden, sind wertvolle vorverarbeitende aber auch entscheidungsunterstützende Datenanalysen möglich. Im Sinne der Vorverarbeitung können Hypothesen über Gemeinsamkeiten von Datenobjekten generiert werden, die zu einem gezielten OLAP führen. Entscheidungsunterstützend wirkt Data Mining durch die Generierung von Modellen zur Abbildung von Input-Output-Relationen. Für den wissenschaftlichen und praktischen Einsatz wurde eine Vielzahl an Data Mining-Verfahren entwickelt und zum Teil implementiert. Beim potentiellen Kunden soll die Akzeptanz des Data Mining-Tools durch einfache Nutzerführung erleichtert werden.

---

[1] Vgl. Behme, Wolfgang; Muck sch, Harry: Anwendungsgebiete einer Data Warehouse-gestützten Informationsversorgung, 2002, S. 7ff.

Über Zusammenklicken von Icons durch den Analysten wird auf der Arbeitsoberfläche des Monitors eine Verarbeitungskette generiert, die eine iterative Klassifikation in den Datenbeständen auslöst. Dem Anwender werden die Ergebnisse grafisch oder tabellarisch präsentiert. Größtenteils weiß der Nutzer gar nicht, welche Algorithmen er für seinen Data Mining-Prozeß verwendet hat. Die Auswirkungen einer konkreten Parametrisierung der verwendeten Algorithmen bleiben ihm vorenthalten. Auch verfügt der Anwender nur selten über Möglichkeiten, in den Prozeß aktiv einzugreifen.

Nutzer, die bisher wenig oder gar nicht mathematisch-statistische Analysealgorithmen verwendet haben, aber den Bedarf diesbezüglich aufgrund der massenhaft anfallenden Fachdaten erkennen, sehen sich folgender Situation gegenüber:

- zügig zu lösende Fachprobleme,
- große Datenmengen, die ausgewertet werden müssen,
- viele zu analysierende Objekte, die durch mehrere Merkmale unterschiedlicher Skalenniveaus beschrieben werden,
- einerseits viele Verfahren, andererseits unkonkrete Bezeichnungen für Analyseverfahren in Data Mining-Tools,
- Werkzeuge, die Data Mining ermöglichen sollen, aber sehr lückenhafte Verfahrensbeschreibungen liefern,
- wenig Know-how zur Anwendung von Data Mining-Verfahren,
- kostenintensive Berater, deren Kenntnisse und Leistungen nicht ausreichend beurteilt werden können.

Domänenwissen und Spezialkenntnisse über die Verwendung mathematisch-statistischer Verfahren zur umfassenden Datenanalyse in Personalunion stellen sowohl in der Praxis als auch in der Wissenschaft die Ausnahme dar. Aus der zu erwartenden Zunahme von Data Mining-Anwendungen leitet sich dringender Bedarf an einem Instrumentarium ab, welches es auch Nichtspezialisten ermöglicht, über Data Mining auf Fachwissen zuzugreifen.

In dieser Arbeit wird dazu eine Anwendungsarchitektur für Data Mining entwickelt. Ein wesentlicher Beitrag besteht in der systematischen Aufarbeitung von Data Mining-Verfahren und deren anwendungsbezogene Einordnung in die Data Mining-Anwendungsarchitektur (DMA).

Es werden folgende Aspekte berücksichtigt:

- begriffliche Abgrenzungen im Data Mining-Umfeld,
- Datenbereitstellung,
- große Anzahl an Algorithmen und Weiterentwicklungen dieser,
- Möglichkeiten zur Parametrisierung und Modelloptimierung,
- Kriterien zur Beurteilung von Analyseresultaten,
- Entscheidungskriterien über die Verwendung der Verfahren für ein konkretes Anwendungsproblem,
- ausgewählte Anwendungsszenarien.

Der Aufbau des Buches (vgl. Abbildung 1) orientiert sich an der Prozeßdimension, wie sie im Abschnitt 1.5.2 erläutert wird und damit an der zeitlich-logischen Folge von Data Mining-Phasen, wie sie in Abbildung 3 dargestellt sind.

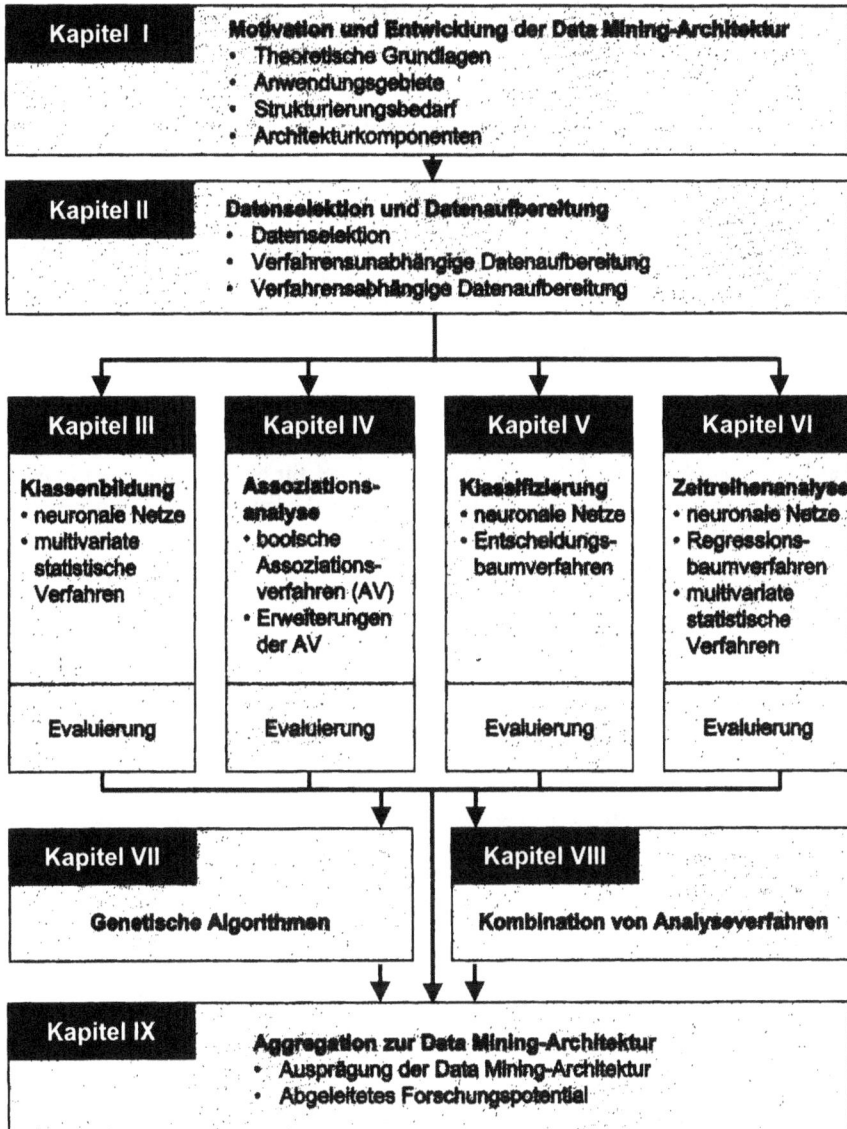

Kapitel I	**Motivation und Entwicklung der Data Mining-Architektur** • Theoretische Grundlagen • Anwendungsgebiete • Strukturierungsbedarf • Architekturkomponenten

Kapitel II	**Datenselektion und Datenaufbereitung** • Datenselektion • Verfahrensunabhängige Datenaufbereitung • Verfahrensabhängige Datenaufbereitung

Kapitel III	**Kapitel IV**	**Kapitel V**	**Kapitel VI**
Klassenbildung • neuronale Netze • multivariate statistische Verfahren	**Assoziations-analyse** • boolsche Assoziations-verfahren (AV) • Erweiterungen der AV	**Klassifizierung** • neuronale Netze • Entscheidungs-baumverfahren	**Zeitreihenanalyse** • neuronale Netze • Regressions-baumverfahren • multivariate statistische Verfahren
Evaluierung	Evaluierung	Evaluierung	Evaluierung

Kapitel VII	**Kapitel VIII**
Genetische Algorithmen	**Kombination von Analyseverfahren**

Kapitel IX	**Aggregation zur Data Mining-Architektur** • Ausprägung der Data Mining-Architektur • Abgeleitetes Forschungspotential

Abbildung 1: Inhaltlicher Aufbau des Buches

1.2   Theoretische Grundlagen zum Data Mining-Begriff

1.2.1   Informations- und entscheidungstheoretische Vorbetrachtungen

In der Umgangssprache steht Data Mining für Datenabbau, Datengewinnung. Analog dem Bergbau, dessen Gegenstand bspw. die Gewinnung von Kohle aus den Erdmassen darstellt, soll unter Data Mining die Gewinnung von interessanten Daten aus den Datenmassen verstanden werden. Die abgebauten Rohstoffe werden einem mehrstufigen Verarbeitungsprozeß unterzogen, um einen ganz bestimmten Nutzen zu erzielen. Daten werden selektiert, ebenfalls einem Datenverarbeitungsprozeß zugeführt und analysiert, um nachrichtlich Anwender damit zu versorgen. Diese leiten daraus zielgerichtet und zweckorientiert Handlungen ab. Aus Daten wird Information gewonnen.

Information impliziert, daß Daten, die über eine Sender-Empfänger-Relation zum Anwender gelangen, Träger von Nachrichten sind, die eine Bedeutung für den Empfänger besitzen. D.h., kann der Empfänger einer Nachricht daraus zielgerichtet für einen bestimmten Zweck Handlungen ableiten, so besitzt diese Nachricht Informationsbedeutung, (z.B. Information über Warenkörbe bestimmter Kundengruppen). Die Informationswirkung beim Empfänger ist einerseits an die Inhalte der Nachricht und andererseits an seine Kenntnisse, Fertigkeiten und Fähigkeiten gebunden.

An dieser Stelle wird die Abgrenzung der Begriffe Zeichen, Daten, Nachrichten, Wissen und Information notwendig. Auf der Grundlage der Semiotik läßt sich der Informationsbegriff eindeutig herleiten und von den anderen Begriffen sinnvoll abgrenzen.

Die Semiotik ist die Lehre der Zeichen und deren Verwendung. Sie untersucht die Beziehungen einzelner Zeichen untereinander. Es werden deren Zusammenhänge und ihre Bedeutung und Wirkung auf diejenigen, die Zeichen verwenden, betrachtet. Dies erfolgt auf

- syntaktischer,
- semantischer und
- pragmatischer Ebene.[2]

Mit dieser Ebenenbetrachtung lassen sich Zeichen, Daten, Nachrichten, Information und Wissen begrifflich detaillieren und von anderen Begriffen definitorisch unterscheiden.

Auf syntaktischer Ebene wird von Bedeutung und Inhalt der Information abstrahiert und ausschließlich ihre physische Existenz betrachtet. Zeichen übernehmen als Grundelemente zur Abbildung der Realität hier die tragende Rolle. Ein Zeichen ist die kleinste Darstellungs-

---

[2]   Vgl. Schneider, Ursula: Kulturbewußtes Informationsmanagement, 1990, S. 151 f.

einheit von Information. Es ist ein Element aus einer zur Darstellung von Information ver-
einbarten endlichen Menge verschiedener Elemente, welche als Zeichenvorrat definiert
wird.[3]

Gegenstand der Betrachtung auf syntaktischer Ebene ist die Festlegung einer rationellen und
strukturellen Anordnung einzelner Zeichen sowie die Untersuchung ihrer Beziehungen zum
Zwecke der Abbildung realer Sachverhalte. Diese Informationsbetrachtung ist primär Gegenstand der mathematischen Informationstheorie nach SHANNON und WEAVER.[4]

Werden Zeichen entsprechend bestimmter Vorschriften zueinander in Beziehung gesetzt,
gelangt der Datenbegriff in den Vordergrund. Daten sind das Ergebnis der Zuordnung von
Zeichen zu Ausschnitten der Realität oder Vorstellungswert des Menschen.[5] Daten schaffen
den Übergang von syntaktischer zu semantischer Betrachtungsebene.

Information auf semantischer Ebene schließt den Bezug auf die inhaltliche Bedeutung des
Abgebildeten für den Empfänger ein. Information muß folglich nicht nur materiell und for-
mell richtig sein (syntaktischer Aspekt), sondern auch vom Empfänger verstanden werden
(semantischer Aspekt).[6] Semantik ist umfassender als Syntaktik. Ein und demselben Gegenstand der Realität können unterschiedliche Sinngehalte zugeordnet werden.[7] Daten werden
durch ihre Übertragung von einem Sender zum Empfänger und ihre Deutung durch den
Empfänger zu Nachrichten. Nachrichten dienen damit der Übertragung von Sachverhalten,
die durch Daten abgebildet und mittels Folgen von Zeichen dargestellt werden[8] (kommunika-
tiver Aspekt). Sie sollen in diesem Sinne eine Verbindung zwischen Sender und Empfänger
herstellen, zunächst ohne eine mögliche Verhaltensbeeinflussung des Empfängers (pragmatischer Aspekt) zu realisieren.[9] Erst eine verstandene Nachricht kann beim Empfänger die
Bedeutung von Information erlangen und neues Wissen entstehen lassen oder vorhandenes
Wissen ergänzen. Ob ein Empfänger aus Nachrichten neues Wissen schöpft, liegt an seinen
vorhandenen Kenntnissen, Fertigkeiten und Fähigkeiten. Eine brisante Nachricht in einer
Sprache, die der Empfänger nicht versteht, wird ihn nicht berühren, wenn er nicht in der
Lage ist, sich diese Nachricht durch eigene oder fremde Hilfe zu übersetzen.

---

[3]   Vgl. Heinrich, Lutz J.; Roithmayr, Friedrich: Wirtschaftsinformatik-Lexikon, 1992, S. 569.

[4]   Nach den „Vorläufern" von Hartley, Gabor, Kotelnikow und Küpfmüller sowie mathematischen Vorarbeiten
      von Kolmogorow begründeten Ende der vierziger Jahre des vorigen Jahrhunderts Fisher, Shannon und Wiener
      die Informationstheorie. Die drei letztgenannten Mathematiker gelangten in unterschiedlichen Zusammenhän-
      gen zu analogen Problemen. Bei Fisher handelte es sich um Fragen der Statistik, bei Shannon um Probleme der
      Codierung von Nachrichten und Wiener befaßte sich mit der Entstörung von Nachrichten. Besonders nachhaltig
      wirkte die Arbeit von Shannon und Weaver: The Mathematical Theory of Communication, 1949. Wertvolle
      Weiterentwicklungen stammen von Chintschin, Feinstein, McMillan, Zaregradski und anderen.

[5]   Vgl. Lehner, Franz; Maier, Ronald: Information in Betriebswirtschaftslehre, Informatik und
      Wirtschaftsinformatik, 1994, S. 30.

[6]   Vgl. Kortzfleisch, Harald von: Information und Kommunikation in der industriellen Unternehmung, 1973,
      S. 550-561.

[7]   Vgl. Berthel, Jürgen: Information, 1975, Sp. 1868.

[8]   Vgl. Heinrich, Lutz J.; Roithmayr, Friedrich: Wirtschaftsinformatik-Lexikon, 1992, S. 363.

[9]   Vgl. Heinen, Edmund; Dietel, Bernhard: Informationswirtschaft, 1990, S. 897.

Alle bisher erörterten Begriffe lassen eine gewisse Hierarchie erkennen. Jeder dieser Begriffe schließt den jeweils vorgelagerten ein. So erfordern Nachrichten die Existenz von Daten. Daten basieren auf einer Aneinanderreihung von Zeichen. Syntaktische, semantische und pragmatische Ebene bauen aufeinander auf. Die nächsthöhere Stufe bedarf der vorangegangenen, nicht aber umgekehrt.[10]

Ausdruck der pragmatischen Sicht auf den Informationsbegriff ist der Bezug zu Wirkung und Zweck der Übermittlung von Zeichenketten. Die durch Nachrichten ausgelösten Handlungen stehen im Vordergrund.

Eine schematische Begriffsabgrenzung von Zeichen, Daten, Nachricht, Information und Wissen ist in Abbildung 2 dargestellt.

In den vorangegangenen Ausführungen wurde Information als handlungsbestimmendes Wissen gekennzeichnet. Inwieweit bestimmt Information wirtschaftliches Handeln? Welchen Beitrag leistet Information zur Erfüllung betrieblicher Aufgaben im Hinblick auf die Erreichung unternehmerischer Ziele? Aus der Beantwortung dieser Fragestellungen ergibt sich die Rolle von Information für die Prozesse zur Leistungserstellung sowie ihre Bedeutung im Unternehmen.

Wirtschaftliches Handeln ist immer bewußte und überlegte Auswahl einer Handlungsalternative. Der Vollzug einer Wahlhandlung wird in der Wissenschaft mit dem Begriff der Entscheidung gekennzeichnet.[11] Ausgangspunkt eines jeden Entscheidungsprozesses ist eine Aufgabe und die Absicht, diese zu lösen.

Eine Aufgabe ist die Beschreibung einer Problemstellung und wird durch die Angabe von Anfangs- und Endzuständen definiert. Sie ist zielorientiert, d.h. auf die Erreichung bestimmter Aufgabenziele ausgerichtet.[12] Im Entscheidungsprozeß werden Ausgangs- und Zielsituation schrittweise einander angenähert.[13] Dabei werden Informationen und Wissen über Ziele, Umweltzustände, Alternativen und deren Konsequenzen vorausgesetzt. Der zu durchlaufende Entscheidungsprozeß ist simultan an die Gewinnung, Übertragung, Verarbeitung und Auswertung von Information gebunden. Entscheidungen werden in Abhängigkeit von der zur Verfügung stehenden Information getroffen. Dabei muß von unterschiedlichen möglichen Informationsständen ausgegangen werden. Es ist zwischen den beiden Extremzuständen vollkommener Information (lückenloser und sicherer Information) und vollkommener Igno-

---

[10]   Vgl. Pfestorf, J.: Kriterien für die Bewertung betriebswirtschaftlicher Informationen, 1974, S. 12.
[11]   Vgl. Bestmann, Uwe: Kompendium der Betriebswirtschaftslehre, 1990, S. 87.
       Vgl. Heinrich, Lutz J.; Roithmayr, Friedrich: Wirtschaftsinformatik-Lexikon, 1992, S. 190.
       Vgl. Kahle, Egbert: Betriebliche Entscheidungen, 1990, S. 9.
       Vgl. Mag, W.: Grundzüge der Entscheidungstheorie, 1990, S. 2.
       Vgl. Wacker, Wilhelm H.: Betriebswirtschaftliche Informationstheorie, 1971, S. 92.
       Vgl. Witte, Eberhard: Entscheidungsprozesse, 1992, Sp. 552.
[12]   Vgl. Ferstl, Otto K.; Sinz, Elmar J.: Grundlagen der Wirtschaftsinformatik, 1993, S. 55.
[13]   Vgl. Wacker, Wilhelm H.: Betriebswirtschaftliche Informationstheorie.Grundlagen des Informationssystems, 1971, S. 92.

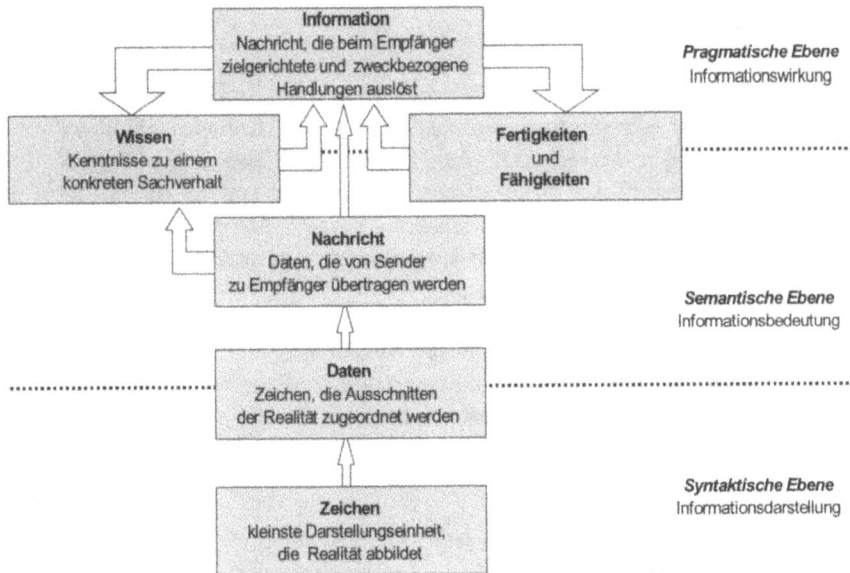

Abbildung 2: Semiotische Betrachtungsebenen des Informationsbegriffs

ranz (absoluter Informationsmangel) zu differenzieren. Alle dazwischen liegenden Informationszustände werden mit dem Begriff unvollkommene Information gekennzeichnet.[14]

Die Vollkommenheit oder Unvollkommenheit von Information kann mit Hilfe des Informationsgrades beschrieben werden:

$$\text{Informationsgrad} = \frac{\text{vorhandene Information}}{\text{notwendige Information}} = \frac{\text{Informationsstand}}{\text{Informationsbedarf}}$$

Das quantitative Verhältnis von vorhandener und notwendiger Information läßt sich nicht exakt bestimmen. Die Aufgabe für Entscheidungsvorbereitungen besteht in der Erreichung eines qualitativ und quantitativ wettbewerbsfähigen Niveaus an vorhandener Information. Diese werden beim Data Mining durch induktive Analyse in Datenbeständen gewonnen. Es werden Informationen aus Daten abgeleitet und Zusammenhänge entdeckt, die vorher nicht unbedingt bekannt waren.

---

[14] Vgl. Mag, W.: Grundzüge der Entscheidungstheorie, 1990, S. 7.
Vgl. Wacker, Wilhelm H.: Betriebswirtschaftliche Informationstheorie.Grundlagen des Informationssystems, 1971, S. 52 ff.

1.2.2   Data Mining

Data Mining ist ein Begriff populärwissenschaftlichen Ursprungs, dessen sich sowohl Naturwissenschaftler als auch Wirtschaftswissenschaftler weltweit bedienen. Eine unüber-
schaubare Anzahl von Titeln in wissenschaftlichen Darstellungen und universitären Vorle-
sungen verwenden diesen Begriff. Aus pragmatischer Sicht wird er von der Autorin nicht in
Frage gestellt. Unter dem Titel „Data Mining - Verfahren - Prozeß - Anwendungsarchitektur -"
wird auf die Kerninhalte dieses Buches präzise hingewiesen. Aus wissenschaftlicher Sicht
wird der Data Mining-Begriff im folgenden diskutiert.

Ausgehend von methodischen Ansätzen aus Statistik, Künstlicher Intelligenz, Maschinellem
Lernen und Mustererkennung sollen allgemein verwendbare, effiziente Verfahren benutzt
werden, um autonom aus großen Datenbeständen bedeutende Muster zu identifizieren und
sie dem Anwender zu präsentieren.[15] Dies soll erfolgen, ohne vom Anwender a priori-
Hypothesen (Aussagen über die gesuchten Inhalte) zu fordern.[16]

Als Wegbereiter des Data Mining gelten FRAWLEY, PIATETSKY-SHAPIRO und MATHEUS.
Nach ihnen beinhaltet *Data Mining die Extraktion und Entdeckung von implizitem, bisher
nicht bekanntem und potentiell nützlichem Wissen aus Daten.*[17] In kritischer Auseinanderset-
zung mit dieser Definition, besteht die Auffassung der Autorin, daß Wissen nicht entdeckt
werden kann, sondern es werden neue Erkenntnisse gewonnen, die das bestehende Wissen
erweitern. In diesem Zusammenhang stellt sich die Frage, ob es zweckmäßig ist, den Begriff
Wissen zu verwenden. Treffender wäre an dieser Stelle die Verwendung des Begriffes Erkenntnis.[18] In dieser Definition ist keine explizite Forderung nach einem Automatismus enthalten. Diese sollte ein wesentliches Gütemerkmal des Data Mining darstellen. Es hat sich
jedoch gezeigt, daß der Wunsch nach völlig autonomen Systemen zur selbständigen Analyse
von Datenbeständen mit der Suche nach bisher unbekannten Auffälligkeiten zur Zeit nicht
erfüllt werden kann.[19] Es handelt sich hierbei teilweise um euphorische Versprechungen, die
so nicht gehalten werden können. Automatismus ließe sich lediglich für sehr eng begrenzte
Anwendungen realisieren. Selbst die Suche von Hypothesen setzt Hypothesen voraus, auch
wenn bspw. durch Klassenbildung Hypothesen generiert werden können.[20]

---

[15]   Vgl. Hagedorn, Jürgen; Bissantz, Nicolas; Mertens, Peter: Data Mining (Datenmustererkennung): Stand der
       Forschung und Entwicklung, 1996, S. 601.

[16]   Vgl. Wilde, Klaus D.: Data Warehouse, OLAP und Data Mining im Marketing - Moderne
       Informationstechnologien im Zusammenspiel, 2001, S. 13.

[17]   Vgl. Frawley, William J.; Piatetsky-Shapiro, Gregory; Matheus, Christopher J.: Knowledge Discovery in
       Databases: An Overview, 1991, S. 1-27.

[18]   Vgl. Frawley, William J.; Piatetsky-Shapiro, Gregory; Matheus, Christopher J.: Knowledge Discovery in
       Databases: An Overview, 1991, S. 20.

[19]   Vgl. Küppers, Bertram: Data Mining in der Praxis - ein Ansatz zur Nutzung der Potentiale von Data Mining im
       betrieblichen Umfeld, 1999, S. 25.

[20]   Kunden mit den Eigenschaften xyz sind besonders lukrativ. Kunden hingegen, die diese Eigenschaften nicht
       aufweisen, verursachen für Marketing und Vertrieb zu hohe Kosten.

„Knowledge discovery in databases is the non-trivial process of identifying valid, novel, potential useful, and ultimately understandable pattern in data."[21]

Der Prozeß ist

- non trivial: ein neuer Analyseansatz,
- valid: statistisch sicher in den Aussagen,
- novel: auf neue Erkenntnisse fokussiert,
- potential useful: nicht immer offensichtlich bewertbar, aber nützlich und
- ultimately understandable: anwenderfreundlich und verständlich.

Im Gegensatz zu FRAWLEY, PIATETSKY-SHAPIRO und MATHEUS verwenden FAYYAD, PIATETSKY-SHAPIRO und SMYTH anstelle von ‚Information' den Begriff ‚pattern'. Darin drückt sich eine Präzisierung insofern aus, als hier ja primär Muster identifiziert werden und erst sekundär evtl. Information gewonnen wird.[22]

Diese Definition erweitert den Extraktionsbegriff in der Definition von FRAWLEY, PIATETSKY-SHAPIRO und MATHEUS [23] außerdem um ‚process'. Data Mining ist ein Prozeß von Datenanalysen.[24] Dieser integriert Verfahrensklassendimension und Anwendungsdimension (siehe Abschnitt 1.5.2). *„KDD refers to the overall process of discovering useful knowledge from data while Data Mining refers to the application of algorithms for extracting patterns from data without the additional steps of the KDD process. Blind application of Data Mining methods can be a dangerous activity in that invalid patterns can be discovered without proper interpretation. Thus the overall process of finding and interpreting patterns from data is referred to as the KDD process, typically interactive and iterative, involving the repeated application of specific Data Mining methods or algorithms and the interpretation of the patterns generated by these algorithms."* [25] FAYYAD, PIATETSKY-SHAPIRO und SMYTH verstehen Data Mining als Teilschritt im Knowledge Discovery in Databases (KDD), bei welchem Hypothesen gesucht bzw. bewiesen werden sollen. *„Data Mining is a step in the KDD process consisting of particular Data Mining algorithms that produces a particular enumeration of patterns ... ".*[26]

---

[21] Vgl. Fayyad, Usama M.; Piatetsky-Shapiro, Gregory; Smyth, Padhraic: From data mining to knowledge discovery: an overview, 1996, S. 1-34.

[22] Nachrichtenaustausch setzt Datenverarbeitung voraus. Haben Nachrichten für den Empfänger eine Bedeutung, so besitzen sie für ihn Informationsgehalt. Sie nehmen den Charakter Information an. Dies können neue Erkenntnisse sein, die mit dem Wissen des Empfängers wiederum zu neuen Erkenntnissen führen und eine Entscheidungssituation beeinflussen.

[23] Vgl. Küppers, Bertram: Data Mining in der Praxis - ein Ansatz zur Nutzung der Potentiale von Data Mining im betrieblichen Umfeld, 1999, S. 24 f.

[24] Vgl. Wilde, Klaus D.: Data Warehouse, OLAP und Data Mining im Marketing - Moderne Informationstechnologien im Zusammenspiel, 2001, S. 13.

[25] Vgl. Fayyad, Usama M.; Piatetsky-Shapiro, Gregory; Smyth, Padhraic: From data mining to knowledge discovery: an overview, 1996, S. 2.

[26] Vgl. Fayyad, Usama M.; Piatetsky-Shapiro, Gregory; Smyth, Padhraic: From data mining to knowledge discovery: an overview, 1996, S. 9.

Der Versuch, den Prozeß des Knowledge Discovery von Data Mining zu trennen scheitert nach KÜPPERS, da Data Mining nur als Überbegriff für die Kombination verschiedener Verfahren verwendet wird. Diese Einschränkung rechtfertigt keinen eigenständigen Begriff. Aus Anwendersicht unterstreicht Data Mining die Vorstellung, in Datenbanken zu graben. [27] Die meisten Autoren verwenden die Begriffe Data Mining und KDD synonym.[28]

Weitere Bezeichnungen für Data Mining sind knowledge extraction, database exploration, data archeology, information harvesting, sift ware, data dredging oder database mining.[29] Durchgesetzt haben sich aber die zwei Begriffe Knowledge Discovery in Databases und Data Mining. Im deutschsprachigen Raum wird Data Mining präferiert.

Auch nach BISSANTZ, HAGEDORN und MERTENS werden beim Data Mining letztendlich Muster in Datenbeständen gesucht. Als Muster können einerseits die mit ausreichender Sicherheit existierenden Beziehungen oder Regelmäßigkeiten zwischen Datensätzen aufgefaßt werden. Andererseits stellen Objektbeschreibungen selbst Muster dar. Die Aufgabe der Datenmustererkennung ist es, Unterschiede zwischen Gruppen von Datensätzen zu erkennen, diese Gruppen zu interpretieren und typische Beispiele für diese zu finden.[30]

Nach CHAMONI und BUDDE beinhaltet Data Mining die Extraktion nützlicher Information aus der Datenbasis. Die Autoren erläutern, daß Daten gefiltert und versteckte interessante Informationsmuster identifiziert werden.[31] Dies erfolgt, indem Objekte mit gemeinsamen Eigenschaften zu Objekttypen zusammengefaßt und beschreibende Eigenschaften, Attribute, zugeordnet werden. Diese Beschreibung trifft auf die Anwendung eines Teils von Data Mining-Verfahren zu und deckt den Schwerpunkt „Klassenbildung" ab. Die Verwendung des Informationsbegriffs ist an dieser Stelle kritisch, da es sich primär um Muster in Datenbeständen handelt. Dies ist auch dann der Fall, wenn die Analyseergebnisse für den Empfänger nicht von Bedeutung sind.

Abschließend stellt in Anlehnung an die vorigen Ausführungen folgender Vorschlag dar, was Data Mining im Kontext dieses Buches beinhaltet:

Der Begriff Muster spielt beim Data Mining eine zentrale Rolle. Muster leitet sich aus dem italienischen mostra (Ausstellungsstück) bzw. mostrare (zeigen) ab. Synonym können Begriffe wie Schema, Vorbild, Modell oder das englische Pattern zur Begriffserläuterung herangezogen werden. Je nach Analysekontext sind verschiedene Muster von Interesse, z.B.:

- Sprachmuster,
- Warenmuster,

---

[27] Vgl. Küppers, Bertram: Data Mining in der Praxis - ein Ansatz zur Nutzung der Potentiale von Data Mining im betrieblichen Umfeld, 1999, S. 24 f.

[28] Vgl. Adriaans, Pieter; Zantinge, Dolf: Data Mining, 1998, S. 5.

[29] Vgl. Küppers, Bertram: Data Mining in der Praxis - ein Ansatz zur Nutzung der Potentiale von Data Mining im betrieblichen Umfeld, 1999, S. 17.

[30] Vgl. Hagedorn, Jürgen; Bissantz, Nicolas; Mertens, Peter: Data Mining (Datenmustererkennung): Stand der Forschung und Entwicklung, 1996, S. 601 ff.

[31] Vgl. Chamoni, Peter; Budde, C.: Methoden und Verfahren des Data Mining, 1997, S. 9.

- Kaufmuster,
- Gebrauchsmuster,
- Geschmacksmuster,
- Bildmuster,
- Textmuster,
- Verhaltensmuster,
- Prozeßmuster oder
- Problemmuster.

Die Aufgabe des Data Mining besteht darin, Daten derart zu analysieren, daß Muster und deren Strukturmodelle erkannt werden. Diese Strukturmodelle stellen die schematische Aufbereitung und Typisierung[32] der Daten unter dem Aspekt eines konkreten Analyse- und Anwendungsziels dar.

Data Mining sollte im weiteren Sinne und im engeren Sinne gefaßt werden.

Data Mining i.w.S. ist ein Prozeß, der die Prozeßschritte

1. Aufgabendefinition,
2. Datenselektion,
3. Datenaufbereitung,
4. Datenanalyse,
5. Modellevaluation,
6. Anwendung des Analysemodells und
7. Ergebnisinterpretation

umfaßt.

Dieser Prozeß erfordert die aufgabenorientierte Steuerung durch den Anwender.

Die Aufgabendefinition erfordert vom Anwender die Fähigkeit, aus Problemstellungen und dem Wissen über vorhandene und relevante Daten Klassifikations-, Assoziations- und Zeitreihenanalyseaufgaben zu formulieren. Unter Klassifikation werden Klassenbildung und Klassifizierung zusammengefaßt.

Die Datenselektion umfaßt eine zielgerichtete Auswahl von Daten für den Data Mining-Prozeß. Diese Daten liegen im Data Warehouse oder in verteilten Datenbanken vor. Bei der Selektion werden aus den Rohdaten nur diejenigen Daten ausgewählt, die für die Analyse als sinnvoll und geeignet eingeschätzt werden. Dabei sind Qualität, Struktur und Inhalt der Daten zu betrachten. Im Anschluß daran erfolgt eine Vorverarbeitung (Exploration), um Objekte mit falschen oder fehlenden Eintragungen zu erkennen und zu eliminieren. Die vorverarbeiteten Daten werden dann einer Transformation (Manipulation) unterworfen. Dabei wird durch Reduktion und Projektion die Anzahl der zu berücksichtigenden Variablen vermindert. Dies erfolgt unter Beachtung des angestrebten Ziels und der anzuwendenden Methode. Unter Berücksichtigung meßtheoretischer Restriktionen erfolgen die Zuordnung zu Skalenniveaus und die Durchführung von Skalentransformationen und Normierungen. Die skalierten und

---

[32] Typisierung bezieht sich in diesem Kontext auf den semantischen Aspekt.

transformierten Daten bilden das Ausgangsmaterial für das Data Mining i.e.S., bei dem die Suche nach Klassifikationsregeln, Entscheidungsbäumen, Clusterungen etc. erfolgt.[33]

Data Mining i.e.S. konzentriert sich auf die

- Datenanalyse und
- Modellevaluierung.

Innerhalb dieser Phasen kommen einzeln oder kombiniert Verfahren der Verfahrensgruppen Klassenbildung, Assoziationsanalyse, Klassifizierung oder Zeitreihenanalyse zum Einsatz. Hier unterscheiden sich die Anwendungen von Data Mining-Verfahren zwischen den Verfahrensgruppen grundsätzlich voneinander. Die Gemeinsamkeit aller Verfahren besteht in der Aufgabe, solche Muster in Datenbeständen zu erkennen, die eine sinnvolle Modellierung von Klassenbildungs-, Klassifizierungs- und Zeitreihenanalysemodellen ermöglichen und durch sinnvolle Interpretation dem Anwender Information liefern, sein Wissen über Sachverhalte erweitern und ihn bei seiner Entscheidungstätigkeit unterstützen.

Die Vielzahl an Verfahren und deren Freiheitsgrade führen zu unterschiedlichen Resultaten. Dies gilt für Verfahren zur Klassenbildung, Assoziationsanalyse, Klassifizierung und Zeitreihenanalyse. Aus diesem Grund müssen Data Mining-Resultate einer Evaluation unterzogen werden. Das Ergebnis der rekursiven Phasen Datenanalyse und Modellevaluierung ist ein Modell, welches bei Anwendung vorschreibt, wie sich die abhängigen Variablen (z.B. Klassenzugehörigkeiten, Prognosewerte) aus den unabhängigen Variablen (z.B. beschreibende Attribute eines zu klassifizierenden Objektes oder einer Zeitreihe) berechnen lassen.

Für die Interpretation der Ergebnisse werden deskriptive Statistiken und Auswertungen im Sinne von OLAP erstellt.

Data Mining beschreibt somit einen Analyseprozeß, der aus Daten entscheidungsrelevante Zusammenhänge herleitet. Die Prozeßschritte werden nicht sequentiell durchlaufen, sondern weisen Rücksprünge auf. Es handelt sich um einen iterativen Prozeß, der weitgehend automatisiert sein sollte. Das prinzipielle Vorgehen beim Data Mining ist in Abbildung 3 dargestellt.

In den letzten Jahren hat sich innerhalb des Data Mining der Begriff Web Mining etabliert. Web Mining bezeichnet die allgemeine Anwendung von Verfahren des Data Mining auf Datenstrukturen des Internet.[34] Web Mining umfaßt[35]

- Web Content Mining,
- Web Structure Mining und
- Web Usage Mining.

---

[33] Vgl. Nimis, Jens: Einführung in die Methoden der Wissensgewinnung, 1996, S. 8 f.

[34] Vgl. Zaiane, O. R.: Web Usage Mining, 2000.

[35] Vgl. Hippner, Hajo; Merzenich, Melanie; Wilde, Klaus D.: Web Usage Mining - den Internet-Usern auf der Spur, 2002, S. 11.

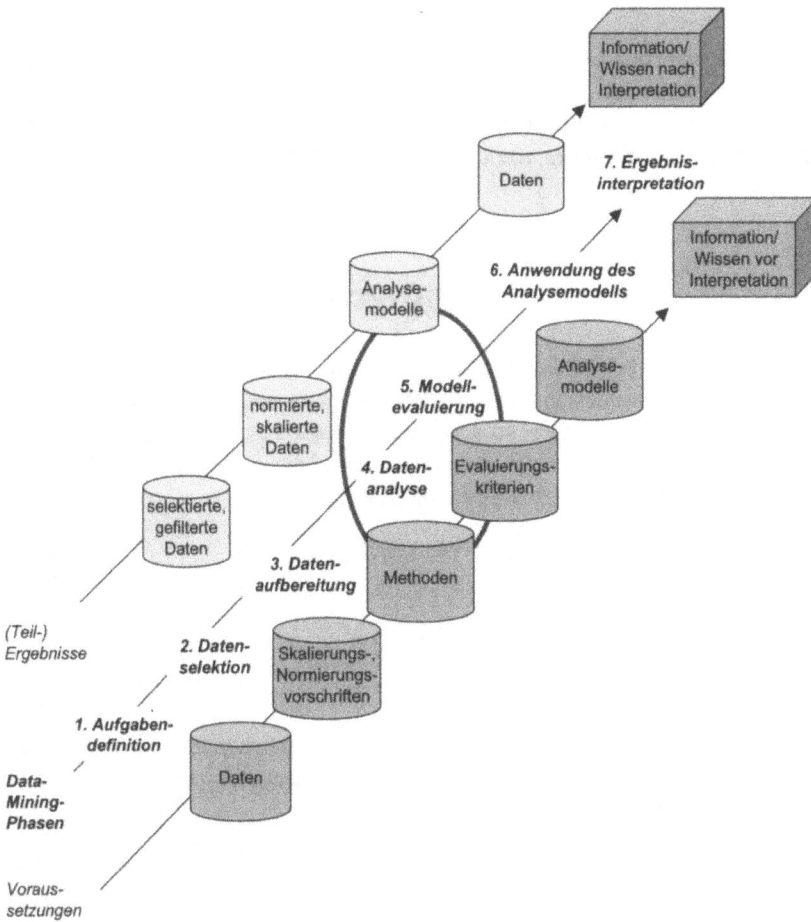

Abbildung 3: Phasen des Data Mining

Web Content Mining

Web Content Mining beinhaltet die Analyse des Inhalts von Websites mit dem Ziel, die Suche nach Informationen im Web zu erleichtern. Aufgaben sind z.B. die Klassifizierung und Gruppierung von Online-Dokumenten oder das Auffinden von Dokumenten nach bestimmten Suchbegriffen.[36]

Web Structure Mining

Web Structure Mining untersucht die Anordnung von Objekten innerhalb einer Website sowie verschiedener Seiten zueinander. Besonderes Augenmerk liegt hierbei auf den Verlinkungen zwischen den Seiten.[37]

---

[36] Vgl. Bensberg, Frank; Weiß, Thorsten: Web Log Mining Marktforschungsinstrument für das World Wide Web, 1999, S. 426 ff.

[37] Vgl. Srivastava, Jaideep; Cooley, Robert; Deshpande, Mukund; Tan, Pang-Ning: Web Usage Mining: Discovery and Applications of Usage Patterns from Web Data, 2000, S. 12 ff.

Web Usage Mining
Web Usage Mining analysiert das Verhalten von Besuchern auf Websites. Hier werden mit Hilfe von Data Mining-Methoden Logfiles ausgewertet, Verhaltensmuster von Internet-Nutzern identifiziert und einer Klassifikation unterzogen. Sehr aufschlußreiche Analyseergebnisse können auch über Assoziationen erreicht werden, die analog zu Warenkorbanalysen hier Sequenzen betrachten.

1.3   Beispiele für Anwendungsgebiete

Die Resultate des Data Mining beeinflussen unternehmensstrategische Entscheidungen und tragen zur Verbesserung der Chancen im Wettbewerb bei.[38] Für die zielgerichtete Anwendung von Data Mining-Verfahren müssen sowohl geübte Analysten als auch Kenner der Domäne ihr Wissen einbringen. Dies bezieht sich einerseits auf die korrekte Anwendung der Verfahren, andererseits auf die sinnvolle Interpretation der Ergebnisse.[39]

Die Einordnung von Data Mining-Anwendungen kann nach

- dem Branchenbezug,
- dem anzuwendenden Data Mining-Verfahren oder
- dem zu analysierenden Mustertyp

erfolgen.

Nach dem Branchenbezug sehen BEHME und MUCKSCH[40] als branchenübergreifendes Anwendungsfeld für Data Warehouses insbesondere das Database Marketing, mit:

- Customer Segmentation und Kundenscoring (Identifizierung von Kundengruppen zur gezielten Kundenansprache, Analyse des Kaufverhaltens von Kunden, sortimentsbezogenen Umsatzdaten und soziodemografischen Daten zur Bewertung und Prognose des künftigen Kaufverhaltens, gezieltes Marketing),
- Cross Selling (integrierte Analyse von Kunden- und Verkaufsdaten zur gezielten Erstellung von Produktpaketen),
- Credit Scoring (Beurteilung und Bonitätsprüfung von Kreditgesuchen) und
- Kampagnen Management (Gestaltung eines individuellen Kundendialogs über mehrere Einzelkampagnen unter Einbeziehung unterschiedlicher Kommunikationskanäle).

Branchenabhängige Anwendungen sind:

- Churn Management für Telekommunikationsanbieter und Banken, (Analyse des Kundenverhaltens bei der Inanspruchnahme von Dienstleistungen zur Identifizierung von Kündigungsgründen),

---

[38]   Vgl. Chamoni, Peter; Budde, C.: Methoden und Verfahren des Data Mining, 1997, S. 1.

[39]   Vgl. Bissantz, Nicolas; Hagedorn, Jürgen; Mertens, Peter: Data Mining als Komponente eines Data Warehouse, 1996, S. 339.

[40]   Vgl. Behme, Wolfgang, Mucksch, Harry: Anwendungsgebiete einer Data Warehouse-gestützen Informationsversorgung, 2001, S. 26 ff.

- Call Behavior Analysis für Telekommunikationsanbieter (Auswertung des Gesprächsverhaltens anhand der Verbindungsdaten zur gruppenorientierten Tarifgestaltung),
- Fraud Detection für Banken und Versicherungen (Analyse auffälliger Veränderungen der Kartennutzung zur Erkennung typischer Verhaltensweisen bei Kreditkartenbetrug) oder
- Warenkorbanalyse im Handel (Auswertung von Warenkörben anhand von Bon- oder Scannerdaten zur Produktplazierung oder Produktauspreisung sowie für die Erstellung von Produktpaketen).

Die Einordnung von Data Mining-Anwendungen nach den verwendeten Verfahren orientiert sich an den Verfahrensklassen Klassenbildung, Assoziationsanalyse, Klassifizierung und Zeitreihenanalyse, wie sie im Abschnitt 1.5.3.1 erläutert werden.

Wird als Ausgangspunkt der Bezug zum Mustertyp gewählt, so ist für betriebswirtschaftliche Anwendungen vor allem zwischen Verhaltensmustern, Problemmustern und Prozeßmustern zu unterscheiden.

Hier erfolgt die Orientierung auf das *Denken in Mustern*. Dieses Verständnis für Data Mining-Anwendungen stellt neben der Verfahrenskompetenz einen der wichtigsten Aspekte für die Formulierung von Data Mining-Problemstellungen dar. Die Suche nach interessanten Mustern verspricht überall dort die Erschließung nützlicher Potentiale, wo viele Daten anfallen, so z.B. wie o.g. im Handel, in Banken und Versicherungen oder in Telekommunikationsunternehmen. Eine branchenübergreifende Bedeutung erlangen Data Mining-Verfahren für die Analyse von kaufmännischen Kennziffern und Prozeßgrößen, bspw. zur Analyse und Optimierung von Geschäftsprozessen, bei der Analyse des Informationsverhaltens von Besuchern auf Internetseiten oder der Nutzung von Portalen im Internet.

Muster lassen sich auf die mit ausreichender Sicherheit existierenden Beziehungen, insbesondere Regelmäßigkeiten zwischen Datensätzen zurückführen.

Ist es möglich, diese Muster zu identifizieren und durch Klassenbildung, Assoziationsanalyse, Klassifizierung und Zeitreihenanalyse deren typische Eigenschaften zu modellieren, dann können die entstehenden Modelle für relevante Aufgaben genutzt werden (vgl. Abbildung 4).

Analyse von Verhaltensmustern
Die Analyse des Kundenverhaltens anhand von Warenkorb- und Bondaten stellt ein Beispiel für die Identifizierung bisher unbekannter Zusammenhänge für einen Händler dar. Große Datenbasen werden mit Verfahren, die Assoziationsregeln entdecken können, ausgewertet. Für den Anbieter von Produkten und Leistungen ergeben sich Schlußfolgerungen hinsichtlich des gemeinsamen Eintretens von Ereignissen. Der Händler erhält Informationen darüber, was Kunden, die sich für ein Produkt interessiert oder dieses gekauft haben, gleichzeitig noch wichtig ist. Es können bspw. folgende Aussagen getroffen werden: Von den Menschen, die gleichzeitig Milch und Brot kaufen, wählen 83 Prozent beim selben Einkauf auch Softdrinks.[41] Vergleichbare Aussagen finden in führenden Webshops Anwendung und stellen eine Möglichkeit dar, gezielt Werbung zu betreiben und die Kunden zum Kauf zu animieren.

---

[41] Vgl. Bosch, R.: Intelligent Miner, 1996, S. 48.

Datenquellen   zu identifizierende Muster   Anwendungen

-->

	Verhaltensmuster	
• Kaufverhalten		• Konzeption von Marketingkampagnen
• Navigationsverhalten		• Erstellung von Kundenangeboten
• Zahlungsverhalten		• Konzeption einer Produktstrategie
• ...		• Produktplazierung (Gestaltung des traditionellen und virtuellen Marktplatzes)
		• ...

	Problemmuster	
• Kundenbeschreibungen		• Erstellung von Kundenportfolios
• Schadensbilder		• technische Unterstützung von Call Centern
• Krankheitsbilder		• Diagnose von technischen Defekten
• ...		• Diagnose von Krankheiten
		• ...

	Prozeßmuster	
• Finanzmarktreihen (Aktien, Zinsen, Renditen, Währungen)		• Prognosen
• Umsatzreihen		• Erstellung von Portfolios
• Ressourcenverbräuche		• Optimierung von Prozessen
• Prozeßdurchläufe		• ...
• ...		

Abbildung 4: Beispiele für Data Mining-Datenquellen und -Anwendungen

Ein klassisches Anwendungsfeld für Data Mining-Verfahren zur Klassifikation bietet innerhalb der Marketingforschung die Auswertung von Meinungsumfragen. Diese Umfragen
können sowohl als traditionelles Interview als auch webbasiert erfolgen. Die Vorstellungen
potentieller Kunden über Produktgestaltungen werden analysiert. Für Kundengruppen mit
gemeinsamen Wünschen und ähnlichem Informationsverhalten können gezielt Marketingin-
strumente eingesetzt werden.

Die Erfahrungen, welche in den letzten Jahren in Handel und Marketing gesammelt wurden,
lassen sich größtenteils auf den Bereich eCommerce übertragen. Hier stellen neben den traditionellen Aufgaben der Segmentierung auch Fragen der Portalgestaltung einen ganz aktuellen Aspekt dar. Marktplätze mit mehreren hunderttausend Kunden sollten so kundengruppen-
individuell und rentabel wie möglich angesprochen werden.

Dazu ist es notwendig, typische Portale zu entwickeln, um möglichst vielen Kunden das
Gefühl der Individualität zu vermitteln. Kundenverhalten läßt sich aus Umfragen, aber auch
über die Auswertung von Navigationspfaden im Internet erkennen. Im Unterschied zu Web-
sitetracking-Software werden mit Data Mining-Verfahren mehrdimensionale Clickstreams
analysiert. Besuchergruppen und deren Aktionen im Web unterstützen die Profilerstellung

von Online-Kunden. Recherchen und Transaktionen werden ausgewertet, indem über alle Kunden der Zusammenhang von Dauer des Aufenthalts eines Kunden auf einer Webseite, dem Weg, den dieser Kunde nimmt und dem Kaufbetrag analysiert wird.

Analyse von Problemmustern

Das Lösen von Problemen durch Assoziationen mit bereits bekannten Situationen erfordert die Analyse von Problemmustern. Diese basieren auf Problembeschreibungen und der Auswertung von Erfahrungsmustern bei der Lösung dieser Probleme. Es handelt sich auch hier um branchenneutrale Einsatzmöglichkeiten für Data Mining-Verfahren. Dazu zählen Aufgaben zur Unterstützung von technischen Diagnosen in bspw. Call-Centern, Rechtsberatung, kundenorientierte Produktgestaltung und Werbung.

Das folgende Beispiel deutet die Anwendung von Data Mining-Verfahren bei Finanz- und Versicherungsdienstleistern an. Den Ausgangspunkt bilden Kundendaten, Branchendaten, Standortdaten, Daten aus Auskunfteien, Produktdaten des Finanzdienstleisters oder Versicherers usw. Aus diesen Daten werden mit Verfahren zur Klassenbildung, Assoziationsanalyse, Klassifizierung oder Zeitreihenanalyse nach verschiedenen Gesichtspunkten Modelle generiert. Während oder zur Vor- und Nachbereitung von Kundengesprächen können Vertriebsmitarbeiter durch Analogieschlüsse kundengruppenindividuelle Angebote offerieren, Portfolios zusammenstellen, den Kunden beraten usw. (vgl. Abbildung 5).

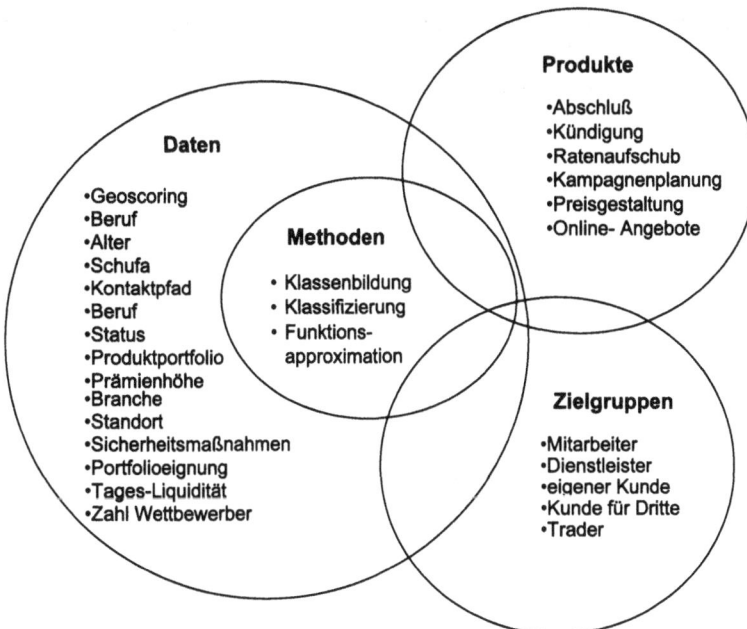

Abbildung 5: Integration von Daten, Verfahren, Produkten und Zielgruppen bei der Modellierung und Anwendung von Problemmustern

Analyse von Prozeßmustern

Prozesse sind Abläufe bzw. Verläufe mit Zeitbezug. Dieser Zeitbezug kann zeitpunktbezogen oder zeitabschnittsbezogen bestehen. Des weiteren können Daten über prozeßbeeinflussende Größen mit gleichem Zeitbezug vorliegen. Die Analyse von Zeitreihen bzw. zeitlich-logisch aufeinanderfolgenden Ereignissen, ggf. im Zusammenhang mit den prozeßbeeinflussenden Größen, stellt ein weiteres wichtiges Anwendungsfeld für Data Mining in der Wirtschaft dar.

Hier wird künftig, neben der traditionellen Anwendung von Data Mining zur Analyse und Prognose von Finanzmarktreihen, der Optimierung von Geschäftsprozessen besondere Aufmerksamkeit gewidmet werden.

Die Anwendung von Data Mining-Verfahren zur Analyse und Modellierung von Prozeßmustern erfordert die Betrachtung von Prozeßinstanzen (Prozeßdurchläufen). So lassen sich bspw. anhand von Ressourcenverbräuchen (Kosten, Zeiten Material, ...) je Funktion und für den gesamten Prozeß ähnliche Prozeßinstanzen zu optimalen, schlechten und durchschnittlichen Prozeßinstanzgruppen zusammenfassen. Über Analogieschlüsse können dann aus den optimalen Prozessen Handlungsempfehlungen zur Gestaltung der schlechten Prozeßdurchläufe abgeleitet werden. Weiterhin eröffnen sich Möglichkeiten, auf Basis vergangener Prozeßinformationen frühzeitig die Entwicklung bspw. von Ressourcenverbräuchen zu prognostizieren. Dies erfolgt über die Bestimmung von Ähnlichkeiten zu Klassen von Prozeßinstanzen (vgl. Abbildung 6).

Neben den bisher genannten Anwendungsbeispielen liefern leistungsfähige Algorithmen zur Zeitreihenanalyse wertvolle Informationen für die Diagnose von Zeitreihen. Werden die genannten Verfahrensklassen, Klassenbildung, Assoziationsanalyse, Klassifizierung und Zeit-

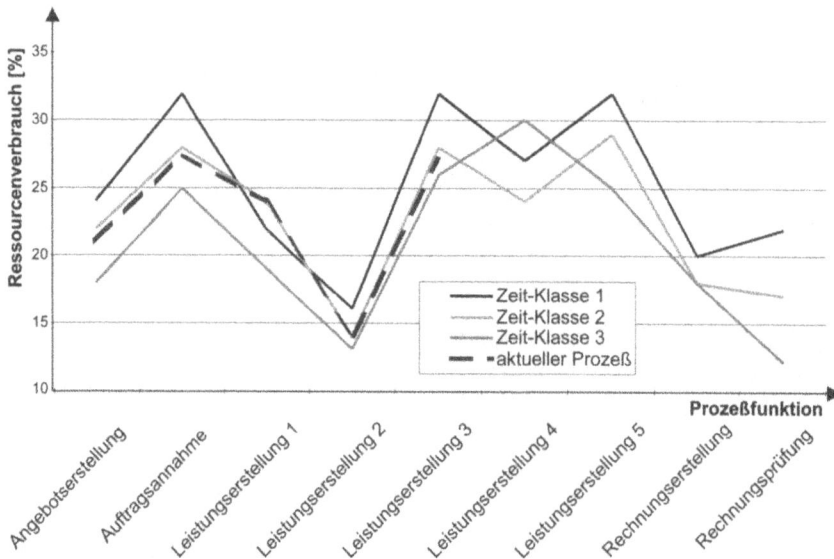

Abbildung 6: Prozeßprofile für Klassen von Prozeßinstanzen

reihenanalyse geschickt kombiniert, können zusätzliche Effekte sowohl bei der Datenaufbereitung als auch bei der Auswertung erzielt werden.

Analyse für qualifiziertes OLAP
Die Ergebnisse des Data Mining können Hypothesen derart generieren, daß sich Zusammenhänge aus Klassifikationsresultaten herleiten lassen. Diese Zusammenhänge und die Interpretationsergebnisse sind für zielgerichtetes OLAP oder zur Generierung von SQL-Statements sinnvoll anwendbar.

Liefert bspw. das Ergebnis einer Klassenbildung die Beschreibung eines Kundensegmentes, daß typische Abwanderer zusammenfaßt, so können anhand der folgenden Beschreibungen konkrete Anfragen an die Datenbank formuliert werden: Dieses Kundensegment enthält überdurchschnittlich viele Geschiedene und Ledige, im Alter zwischen 26 und 55, aus Bayern, mit überdurchschnittlichen Einnahmen > 125.000 EUR und besonders viele Hundebesitzer.

Eine Anfrage könnte lauten: Gesucht sind alle Kunden, die geschieden und ledig sind, jährlich Einnahmen > 125.000 EUR realisieren und zwischen 26 und 55 Jahre alt sind.

Diese konkrete Anfrage liefert die erforderlichen exakten Angaben für das Management.

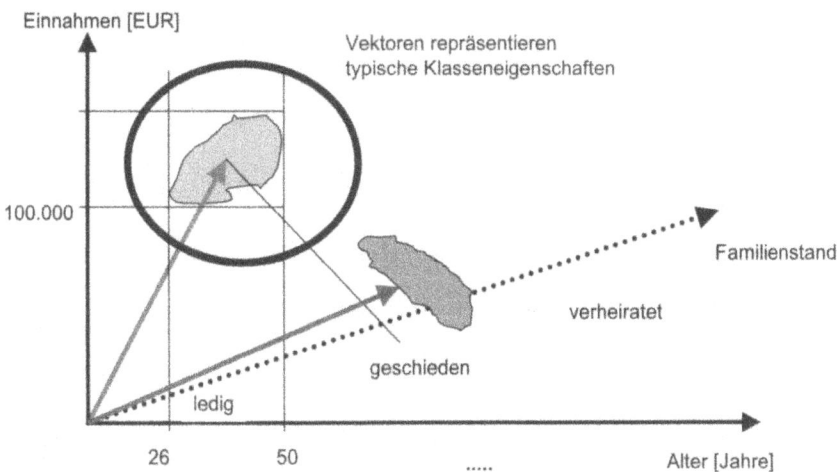

Abbildung 7: Nutzung von Klasseneigenschaften zur Formulierung von Datenbankanfragen

1.4   Strukturierungsbedarf für Data Mining

In der Wirtschaftsinformatik stellen wirtschaftliche Interessen eine Triebkraft wissenschaftlicher Betrachtungen und Entwicklungen dar. Dies ist auch auf dem Gebiet Data Mining geschehen. Bei der Nennung von Data Mining-Verfahren werden Schlagworte und Begriffe wie maschinelles Lernen, induktives Lernen, künstliche neuronale Netze, Fuzzy Logic,

Clusteranalyse, Bayes-Statistik, Statistik, Assoziationsregeln, Entscheidungsbaumverfahren, Expertensysteme, Regelinduktionsalgorithmen, Segmentierung usw. ohne Systematik nebeneinander gestellt. Aber maschinelles Lernen wird auch durch künstliche neuronale Netze möglich, künstliche neuronale Netze können wiederum für Clusteranalysen herangezogen werden, diese können aber auch mit den Clusterverfahren der multivariaten Statistik erfolgen. Besonders kritisch ist die Verwendung des Begriffes Segmentierung. Diese ist als Prozeß der Clusteranalyse oder besser Klassenbildung zuzuordnen.

Die Anwendung der verschiedenen Verfahren erfordert vor der Datenanalyse unter Berücksichtigung meßtheoretischer Restriktionen die Anwendung von Skalierungs- und Normierungsverfahren. Nach der Analyse müssen die Ergebnisse und Modelle mit verfahrensspezifischen Evaluierungskriterien beurteilt werden.

Es ist notwendig, für die Verfahren, mit denen für die vorgenannten Anwendungen Information und Wissen verarbeitet und generiert werden kann, einen Ordnungsrahmen zu entwickeln.

Innerhalb dieser Arbeit wird durch die Autorin eine Data Mining-Architektur vorgestellt, die als Ordnungsrahmen eine Entscheidungsunterstützung für den Data Mining-Prozeß bietet. Es werden unter dem Aspekt der Praxisrelevanz ausgewählte Algorithmen vorgestellt und in diese Data Mining-Architektur eingeordnet. Für die Algorithmen werden jeweils Anwendungsbeispiele skizziert. Dem Anwender wird mit der Data Mining-Architektur ein Instrument zur Suche geeigneter Vorgehensmodelle für Data Mining-Probleme angeboten. Der Data Mining Architektur liegt ein allgemeines Konzept zugrunde. Damit ist sie offen und durch Datenaufbereitungs-, Datenanalyse- und Evaluierungsalgorithmen sowie Anwendungsszenarien erweiterbar.

1.5   Struktur, Komponenten und Elemente der Data Mining-Architektur

1.5.1   Architekturbegriff

Eine Systematisierung der Data Mining-Verfahren ist diffizil. Dies zeigen auch die zahlreichen in der Literatur diskutierten Ansätze.[42] Aus den Darstellungen ist zu erkennen, daß sich die Systematisierungsbemühungen hauptsächlich an den durch die Verfahren zu lösenden Aufgaben orientieren.[43]

---

[42]   Zu einer Übersicht über sechs Systematisierungen Vgl. Säuberlich, Frank: KDD and Data Mining als Hilfsmittel zur Entscheidungsunterstützung, 2000, S. 41.

[43]   Vgl. Alpar, Paul; Niedereichholz, Joachim: Data Mining im praktischen Einsatz: Verfahren und Anwendungsfälle fürMarketing, Vertrieb, Controlling und Kundenunterstützung, 2000, S. 9ff.
Vgl. Düsing, Roland: Data Warehouse, Data Mining, 2000, S. 373 f.
Vgl. Küsters, Ulrich: Data Mining-Methoden: Einordnung und Überblick, 2001, S. 103ff.

Mit der Einführung des Architekturbegriffs durch die Autorin wird eine ganzheitliche Strukturierung des Data Mining vorgenommen. In der Architektur werden Data Mining-Problemstellungen, Data Mining-Verfahren, Datenselektion und -aufbereitung, Modellevaluierung und Möglichkeiten der Interpretation nach einem vorgegebenen Schema sowie Praxisreferenzen integriert.

Der Architekturbegriff ist auf die Besonderheiten der Baukunst zurückzuführen. Durch geeignete Anordnung und Verbindung von Bauelementen/Bausteinen werden Bauwerke geschaffen. Dies erfolgt mit dem Ziel, Funktionalität zu erfüllen, die statische, ästhetische u.a. Aspekte einschließt. Die Übertragung des Architekturbegriffes auf Konzepte der Informationsverarbeitung ist gebräuchlich.[44] Hier werden Architekturen verwendet, um vor allem funktionelle Zusammenhänge eines Systems zu beschreiben. Allgemein bezieht sich dies auf Bedingungen und Auswirkungen von Funktionen, die der Anwender auswählen kann.

Architektur definiert die Struktur eines Systems. Diese Struktur beinhaltet statische und dynamische Aspekte.[45] Auf den Data Mining-Prozeß bezogen stellen statische Aspekte die Grundprinzipien der Data Mining-Verfahren dar, während die Verwendung der zu variierenden Parameter bei der Skalierung, Normierung, der Analyseverfahren und Evaluierungsmaße variabel und damit dynamisch ist.

Die Struktur wird durch eine Reihe von Elementen beschrieben, die durch ihre Wechselbeziehungen zusammen darstellen, was als Architektur bezeichnet werden kann. Die Architektur strukturiert damit nicht nur die Phasen des Data Mining-Prozesses, sondern beinhaltet auch die Einordnung relevanter Verfahren, Maße und Anwendungen eines Data Mining-Prozesses. Dazu ist sicherzustellen, daß zwecks Anwendung der Architektur die Kriterien Dauerhaftigkeit, Robustheit gegenüber Änderungen und leichte Verständlichkeit erfüllt werden.

Von FOEGEN und BATTENFELD wurde bewußt die Art des Systems nicht festgelegt. Sie unterscheiden zwischen Geschäfts-, System- und Entwicklungsarchitektur.[46] Die Geschäftsarchitektur definiert und strukturiert das Unternehmen und wird durch Unternehmensziele bestimmt. Wesentliche Elemente sind Prozesse, Geschäftsobjekte und Organisationsstrukturen. Eine bekannte Architektur hierfür stellt ARIS® - die Architektur für integrierte Informationssysteme von SCHEER dar, wobei die Abgrenzung zu System- und Entwicklungsarchitektur schwierig ist.[47]

Die Entwicklungsarchitektur definiert die Struktur des Entwicklungsprojekts, als dessen Resultat eine Lösung steht. Dazu gehört die Definition aller Aspekte des Projektmanagements.

---

[44] Vgl. Scheer, August-Wilhelm: Architektur integrierter Informationssysteme, 1995.
Vgl. Krcmar, Helmut: Bedeutung und Ziele von Informationssystem-Architekturen, S. 396;
Vgl. Strunz, Horst: Informations- und Kommunikationssysteme, 1990, S. 441.

[45] Vgl. Foegen, Malte, Battenfeld, Jörg: Die Rolle der Architektur in der Anwendungsentwicklung, 2001, S. 290 f.

[46] Vgl. Foegen, Malte, Battenfeld, Jörg: Die Rolle der Architektur in der Anwendungsentwicklung, 2001, S. 293 ff.

[47] Vgl. Scheer, August-Wilhelm: Vom Geschäftsprozeß zum Anwendungssystem, 1998, S. 32 ff.

Die Systemarchitektur beinhaltet die beiden zentralen Bereiche softwaretechnische Architektur (Softwarekomponenten, funktionale Sicht) und Infrastrukturarchitektur (Hardwarekomponenten, holistische und operationale Sicht).[48]

1.5.2   Data Mining-Architektur - DMA

Mit der Data Mining-Architektur wird hier eine Systemarchitektur vorgestellt, die als erster gesamtheitlicher Ansatz zur strukturierten und integrierten Darstellung der funktionalen Zusammenhänge aufgefaßt werden kann. Dies bezieht sich insbesondere auf die Zusammenhänge zwischen

- Data Mining-Verfahren,
- Evaluierungsgrößen,
- Datenselektion und -aufbereitung,
- Data Mining-Problemstellungen,
- Vorgehensmodellen der Verfahrensklassen,
- Anwendungsanforderungen und
- Praxisreferenzarchitekturen für den gesamten Strukturbereich.

Die Data Mining-Architektur stellt damit eine Art offenen Ordnungsrahmen dar, der einer iterativen Vervollständigung bedarf.

Sie besteht aus den drei Komponenten

1. Gegenstandkomponente,
2. Metakomponente und
3. Praxiskomponente für den gesamten Strukturbereich.

Die einzelnen Komponenten beinhalten folgende Elemente:

Gegenstandskomponente
- Basiskomponentenmodell (Algorithmen zur Skalentransformation, Normierungsverfahren, Data Mining-Verfahren, Evaluierungsgrößen)
- operationales Modell (Anforderungen der Anwender, Anforderungen an die technische Infrastruktur, Anforderungen an die Daten, Standards)

Metakomponente
- allgemeines Datenbereitstellungsmodell (Anleitungen zur Datenselektion für die Zusammenstellung der Datentabellen, auf die die Algorithmen und Größen des Basiskomponentenmodells angewandt werden sollen)
- Architekturschablonen im Sinne von Vorgehensmodellen (Anleitungen, Regeln zur anwendungsbezogenen Umsetzung von Komponenten, Regeln zur Lösung von Problemstellungen)

---

[48]   Vgl. Foegen, Malte, Battenfeld, Jörg: Die Rolle der Architektur in der Anwendungsentwicklung, 2001, S. 294.

Praxiskomponente für den gesamten Strukturbereich
- Praxisreferenzarchitektur (Architektur dient projektweise als Referenz zur Evaluierung und Analyse von Nutzen und Defiziten für die kontinuierliche Weiterentwicklung der Architektur, beinhaltet Prototypen)

Abbildung 8 zeigt die Grobstruktur der komponentenbasierten integrierten Data Mining-Architektur (DMA).

Den Verfahrensklassen zum Data Mining (Klassenbildungsverfahren, Assoziationsverfahren, Klassifizierungsverfahren und Zeitreihenanalyseverfahren) sind Algorithmen und Problemklassen sowie spezielle Probleme zuordenbar. Ergänzt werden diese Verfahrensklassen durch Algorithmen der deskriptiven Statistik zur Interpretation von Data Mining-Ergebnissen. Eine weitere wichtige Rolle spielen Vorgehensweisen bei der Datenaufbereitung und -selektion.

Die Verfahren jeder Data Mining-Verfahrensklasse führen zu Ergebnissen, die aufgrund der vielen Möglichkeiten zur Parametrisierung unter Anwendung verfahrensklassenspezifischer Bewertungsgrößen evaluiert werden müssen.

Sowohl Verfahren als auch Bewertungsgrößen orientieren sich am Ziel des Data Mining. Je nach Aufgabenstellung ist es zweckmäßig, Verfahren unterschiedlicher Verfahrensklassen zu kombinieren. Der Lösungsweg einer Data Mining-Aufgabe kann optional verschiedene Verfahren zur Klassenbildung, Assoziationsanalyse, Klassifizierung und Zeitreihenanalyse mit Verfahren zur Datenaufbereitung und -analyse sowie verfahrensrelevanten Bewertungsgrößen integrieren.

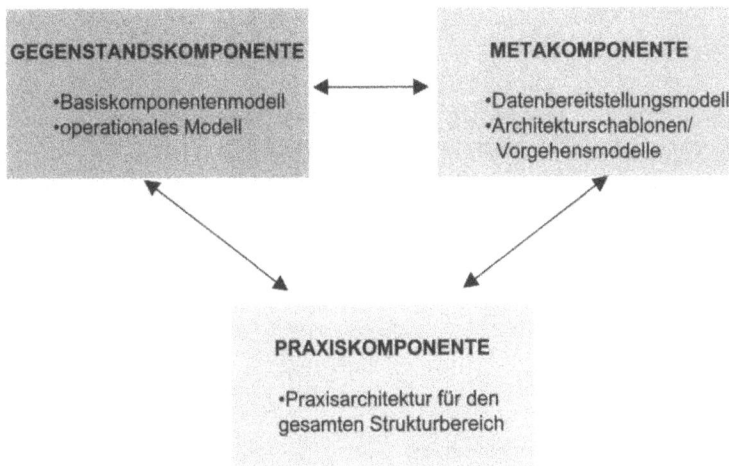

Abbildung 8: Komponenten der Data Mining-Architektur-DMA

Dieser beschriebene Sachverhalt läßt aus Anwendersicht die drei folgenden Dimensionen hervortreten:

- Anwendungsdimension,
- Verfahrensklassendimension und
- Prozeßdimension.

Mit der Anwendungsdimension befaßt sich aus Sicht der Anforderungen an die Anwender und Systembedingungen das operationale Modell der Gegenstandskomponente. Aus Sicht der gesamten Praxislösung wird die Praxiskomponente mit möglichen verschiedenen Problemstellungen und deren konkreten Ausprägungen dieser Dimension gerecht.

Die Verfahrensklassendimension wird von dem Basiskomponentenmodell der Gegenstandskomponente berücksichtigt. Hier werden mögliche Algorithmen zum Data Mining, Funktionen zur Evaluierung von Analyseergebnissen und für die Skalentransformation und Normierung zusammengefaßt. Dies sind alles funktionale Elemente, die direkt Einfluß auf den Data Mining-Prozeß haben.

Für die ablauforientierte Prozeßdimension stellt die Metakomponente mit dem Datenbereitstellungsmodell und den Architekturschablonen bzw. Vorgehensmodellen eine wichtige Unterstützungsfunktion dar. Hier werden die Phasen des Data Mining-Prozesses in ihrer zeitlich-logischen Folge berücksichtigt.

Der Aufbau der Arbeit orientiert sich an der Prozeßdimension und damit an der zeitlich-logischen Folge von Data Mining-Phasen.

1.5.3   Komponenten der Data Mining-Architektur

1.5.3.1   Gegenstandskomponente

Basiskomponentenmodell

Komponente zur Skalentransformation und Normierung von Daten
Ausgangspunkt des Data Mining sind Objektbeschreibungen. Als Objekte können u.a.

- Kunden in Warenhäusern,
- Warenkörbe,
- Versandhauskunden,
- Energieabnahmekunden,
- Kreditkunden,
- Zeitreihenabschnitte,
- Clickstreams oder
- Prozeßinstanzen
bezeichnet werden.

Die Klassenzugehörigkeit von Objekten kann nicht bekannt oder bekannt sein.

Objekte werden durch Attribute beschrieben. Attribute sind Merkmale oder Eigenschaften, die unterschiedliches Skalenniveau aufweisen können. Werden die Attribute zur Objektbeschreibung als unabhängige Variablen bezeichnet, so sind die Klassenzugehörigkeiten oder

Funktionswerte die abhängigen Variablen. Data Mining-Verfahren umfassen Vorgehensweisen und Algorithmen, mit denen der funktionale Zusammenhang zwischen unabhängigen und abhängigen Variablen berechnet wird.

Daten können sowohl in qualitativer als auch in quantitativer Form vorliegen.

Die Komponente zur Skalentransformation und Normierung hat je nach anzuwendendem Data Mining-Algorithmus die Vergleichbarkeit und die meßtheoretisch zulässige Verarbeitung der Variablen sicherzustellen. Dazu sind folgende Aspekte zu betrachten:

- Die Variablen besitzen dasselbe Meßniveau, werden aber mit unterschiedlichen Maßeinheiten gemessen.[49]
- Die Variablen besitzen unterschiedliches Meßniveau.
- Die Variablen sind hierarchisch, d.h. eine Variable kann nur vorkommen, wenn eine andere Variable mit einer bestimmten Ausprägung vorliegt.[50]
- Die Variablen werden vor der Analyse transformiert oder gewichtet.
- Die Variablen werden im Analysealgorithmus gewichtet.
- Es werden getrennte Analysen für jene Variablen durchgeführt, die vergleichbar sind. Der Nachteil hierbei ist, daß die gesamtheitliche Informationsverarbeitung von verfügbaren objektbeschreibenden Merkmalen so nicht möglich ist.

Komponente zur Datenanalyse mit Data Mining-Verfahren
Data Mining-Verfahren können in folgende Verfahrensklassen eingeteilt werden:

- Klassenbildung,
- Assoziation,
- Klassifizierung und
- Zeitreihenanalyse.

Klassenbildung
Verfahren zur Klassenbildung (Clusteranalyse, dazu werden auch nicht überwacht lernende KNN und im weitesten Sinne Assoziationsverfahren gezählt) identifizieren Gruppierungen oder Cluster innerhalb der Daten. Es wird unterstellt, daß jedes Objekt durch einen Vektor von Meßwerten fester und bekannter Dimension charakterisiert werden kann (vgl. Abbildung 9).

Ausgangspunkt der Klassenbildung bildet eine vorgegebene konkrete Problemstellung. Es wird beispielsweise Information über Zielgruppen benötigt, um die Werbung für ein neues Produkt zu verbessern. Daraufhin können dann die zu klassifizierenden Objekte ausgewählt werden. Dabei ist insbesondere zwischen Aufwand (Aufwand für Befragung, Verarbeitung) und Nutzen (zusätzliche Information, Sicherheit der Ergebnisse) abzuwägen. Weiterhin ist zu untersuchen, welche Merkmale das Objekt möglichst gut beschreiben, welches Skalenniveau

---

[49] Dieses Kriterium gilt nicht für multivariate statistische Verfahren zur Klassenbildung und für Künstliche Neuronale Netze, weil diese in der Lage sind, Objekte zu analysieren, welche von mehreren Merkmalen mit unterschiedlichen Maßeinheiten beschrieben wurden.

[50] Vgl. Bacher, Johann: Clusteranalyse. Anwendungsorientierte Einführung, 1994, S. 174.

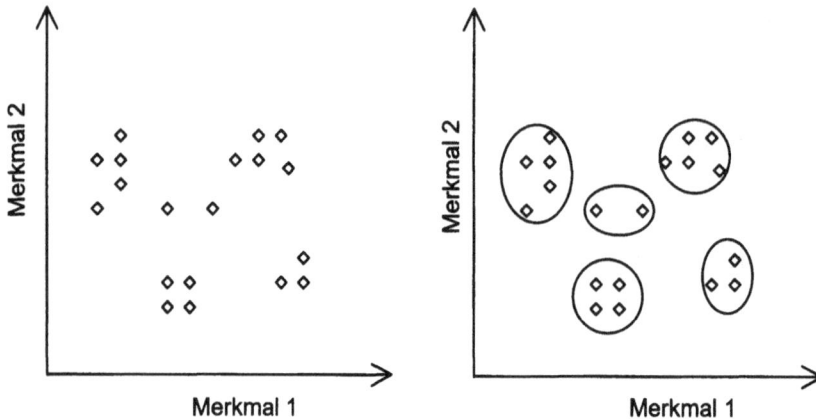

Abbildung 9: Häufungen von Objekten mit proximativer Merkmalsausprägung

sie aufweisen[51] und welches Proximitätsmaß auf sie anwendbar ist. Anschließend kann das Analyseverfahren ausgewählt werden. Ist eine Klassifikation gefunden, muß diese inhaltlich interpretierbar sein. Aus diesem Grund wird in der Praxis oft die Anzahl der zu bildenden Klassen vorgegeben. Zur Ermittlung der Klassen existiert eine ganze Reihe unterschiedlicher Verfahren. Abbildung 10 gibt einen Überblick über ausgewählte Klassenbildungsverfahren.

Die hier genannten Verfahren unterscheiden sich vor allem hinsichtlich der Art und Weise, wie Objekte zu einer Klasse zusammengefaßt werden.

1. Klassenbildung mit KNN

Das Ziel der Klassenbildung[52] besteht darin, eine Menge von Objekten in Klassen, Gruppen oder Cluster einzuteilen. Die Strukturen der Daten sollen so beschaffen sein, daß die Objekte zu einer Klasse zusammengefaßt werden, die zueinander eine starke Proximität (Ähnlichkeit oder Distanz) besitzen. Zwischen den Klassen sollte große Verschiedenheit bestehen. Als KNN zur Klassenbildung werden bspw. SOM oder ART-Netze verwendet. Wichtiger Bestandteil dieser Netze sind Vektoren, die für alle zu bildenden Klassen eine Art Klassenzentrum repräsentieren. Diese Klassenzentren werden in einem Modellierungsprozeß auf Basis von Ähnlichkeits- bzw. Distanzmaßen gefunden. SOM und ART-Netze sind Beispiele für unüberwachtes Lernen.

2. Klassenbildung mit multivariaten statistischen Verfahren (Clusteranalyse)

In der multivariaten Statistik wird zwischen hierarchischen und partitionierenden Verfahren zur Clusteranalyse unterschieden. Hierarchische Clusteranalyseverfahren lassen sich wiederum in agglomerative und divisive einteilen. Die agglomerativen Verfahren fassen schrittweise alle Objekte zu Klassen zusammen, theoretisch bis zwei Klassen gebildet wurden.

---

[51]   Vgl. Godehardt, Erhard: Graphs as Structural Models - The Application of Graphs and Multigraphs in Cluster Analysis, 1988, S. 33.

[52]   Hier kann auch von Clusteranalyse gesprochen werden.

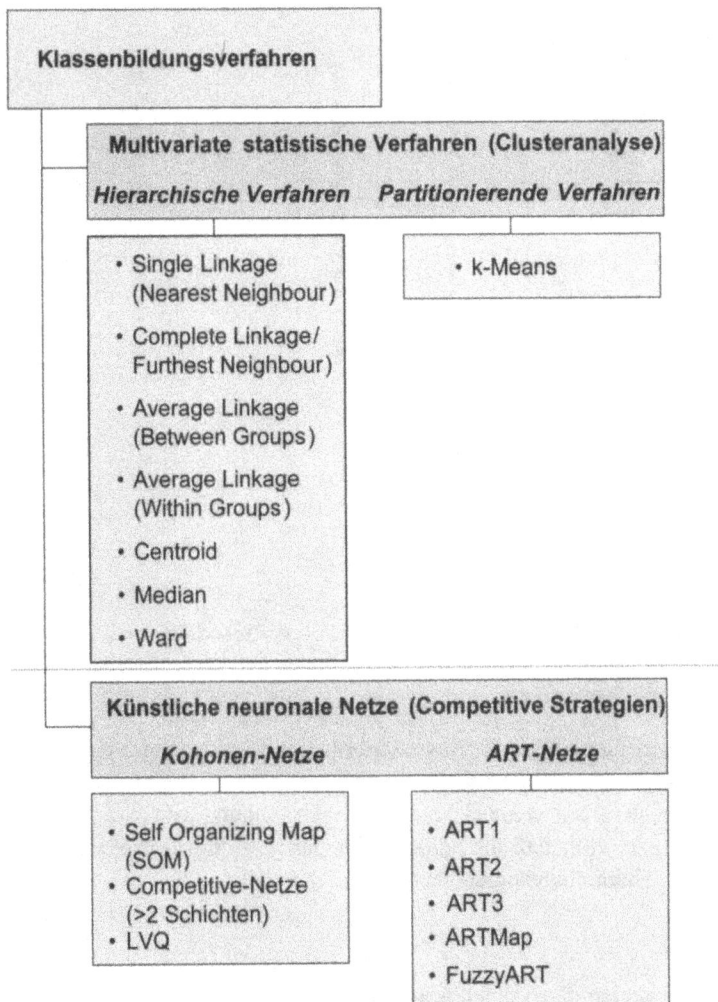

Abbildung 10: Beispiele für Klassenbildungsverfahren

Die divisiven Verfahren gehen umgekehrt vor. Zu Beginn befinden sich alle Objekte in einer Klasse. Diese wird schrittweise in jeweils zwei Unterklassen aufgeteilt.

Die so entstandenen Hierarchien können in Dendrogrammen visualisiert werden.

Hierarchische Verfahren lassen sich relativ einfach anwenden. Nachteilig ist, daß beim Zusammenfassen der Objekte falsche Zuordnungen getroffen werden, die im nächsten Schritt nicht mehr korrigierbar sind. Daher eignen sie sich nur bedingt, insbesondere wenn Hierarchien in den Daten entdeckt werden sollen oder Ausreißer gesucht sind.

Die partitionierenden Verfahren suchen nach optimalen Partitionen (auch Klassen, Gruppen, Cluster), indem von einer konkreten Partitionierung ausgegangen wird. Anhand eines Zielkriteriums werden Objekte von einer Partition in die andere verschoben. Beispiele hierfür

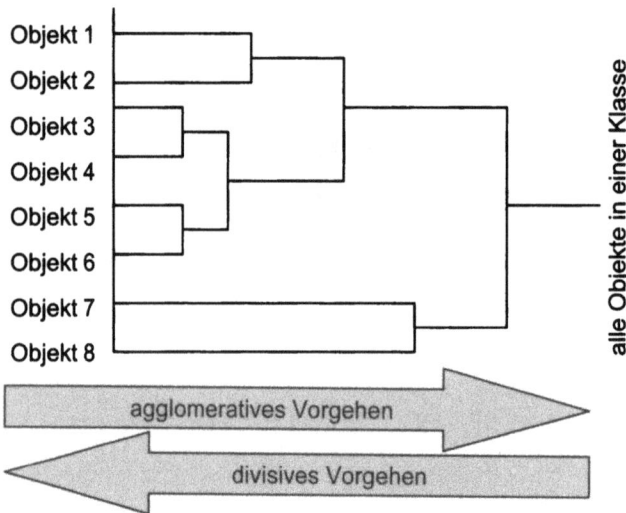

Abbildung 11: Dendrogramm

stellen der k-Means-Algorithmus von MAC QUEEN oder der Fuzzy-k-Means-Algorithmus dar. Die Erweiterung zu Fuzzy-k-Means schließt die Beurteilung der Klassenzugehörigkeit anhand von Zugehörigkeitsfunktionen mit ein.

Nach CHAMONI liegt die Entscheidung über die interessanteste und informativste Klassenbildung beim Benutzer, und dies würde meist durch persönliche Intuition und Problemkontext geprägt.[53] Dies ist dann nicht der Fall, wenn die sinnvolle Anwendung von Gütekriterien erfolgt und in Betracht gezogen wird, daß die später behandelten Kohonen-Netze (SOM) diese für die Entwicklung von Hierarchiebäumen verwenden.

Assoziation
Assoziationsalgorithmen analysieren den Datenbestand bzgl. der Häufigkeit des gleichzeitigen Auftretens von Objekten, Ereignissen. Diese Verfahren orientieren sich in der Anwendung stark auf Warenkorb- und Bonanalysen. Es werden Transaktionen, z.B. der Kauf von Produkten hinsichtlich der Wahrscheinlichkeiten des gemeinsamen Erwerbs von zwei, drei oder mehr Produkten ausgewertet. Als Ergebnis liegen dem Anwender Regeln vor. Die folgende Abbildung 12 beinhaltet wichtige Assoziationsalgorithmen.

Ausgangspunkt ist bspw. eine Menge von Transaktionen T, welche alle käuflich erwerbbaren Produkte enthält. Jeder Einkauf, der über POS-Systeme direkt erfaßt wird, speichert diese Transaktion. Assoziationsverfahren erzeugen Regeln in der Form: $X \rightarrow Y$ mit einer bestimmten Wahrscheinlichkeit. Diese besagt, daß im Falle des Kaufes von Produkt X (Prämisse) mit einer bestimmten Wahrscheinlichkeit auch Produkt Y (Konklusion) erworben wird. Es werden zwei Maße definiert. Der Support einer Regel gibt an, welche Auftrittswahr-

---

[53]   Vgl. Chamoni, Peter; Budde, C.: Methoden und Verfahren des Data Mining, 1997, S. 25.

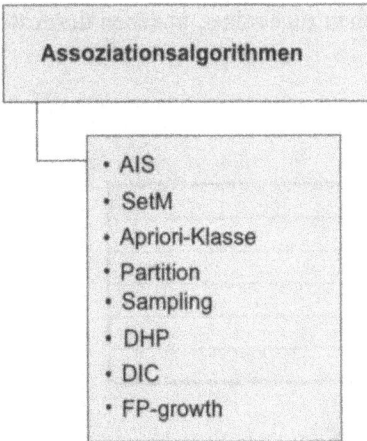

Abbildung 12: Beispiele für Assoziationsalgorithmen

scheinlichkeit die Regel in bezug zur Gesamtzahl der Transaktionen besitzt. Der Support ergibt sich aus:

$$(1) \qquad Support\,(X \rightarrow Y) = \frac{\textit{Häufigkeit des Auftretens der Regel } (X \rightarrow Y)}{\textit{Anzahl der Transaktionen}}$$

Ein weiteres Maß stellt die Konfidenz dar. Sie gibt an, wie hoch die Wahrscheinlichkeit ist, daß bei Erfüllung der Prämisse auch die Konklusion eintritt:

$$(2) \qquad Konfidenz\,(X \rightarrow Y) = \frac{\textit{Häufigkeit des Auftretens der Regel } (X \rightarrow Y)}{\textit{Häufigkeit des Auftretens der Prämisse } X}$$

Regeln mit hohem Support und hoher Konfidenz besitzen eine große Relevanz.

Es ist vom Anwender zu spezifizieren, ab welchem Support- und Konfidenzniveau die Regel als relevant betrachtet werden soll.

Folgendes Beispiel soll die Vorgehensweise verdeutlichen. Die Transaktionen beinhalten die Produkte Saft, Cola, Bier, Wein und Wasser. Sechs Einkaufstransaktionen wurden erfaßt (vgl. Tabelle 1).

Tabelle 1: Einkaufstransaktionen (Quelle: Bollinger, Toni: Assoziationsregeln - Analyse eines Data-Mining-Verfahrens, 1996, S. 258)

Einkaufstransaktionen	gekaufte Produkte
1	Saft, Cola, Bier
2	Saft, Cola, Wein
3	Saft, Wasser
4	Cola, Bier, Saft
5	Saft, Cola, Bier, Wein
6	Wasser

In der folgenden Tabelle sind den Artikeln die Transaktionen zugeordnet, in denen die Artikel vorkommen.

Tabelle 2: Artikel und Transaktionen (Quelle: Bollinger, Toni: Assoziationsregeln - Analyse eines Data-Mining-Verfahrens, 1996, S. 258)

Artikel	Transaktionen
Saft	1;3;4;5
Cola	1;2;4;5
Bier	1;4;5
Wein	2;5
Wasser	3;6

Es sollen Support und Konfidenz der Assoziationsregel Saft => Cola berechnet werden. In diesem Fall beschreibt der Kauf von Saft die Prämisse der Regel und der Kauf von Cola die Konklusion. Beide Produkte wurden zusammen in den Transaktionen 1;2;4;5 gekauft. Bei Transaktion 3 wurden nur der Artikel Saft (Prämisse) gekauft. Für den Support und die Konfidenz ergibt sich folgende Regel:

- Support = 4 / 6 = 0.66 = 66 Prozent
- Konfidenz = 4 / 5 = 0.8 = 80 Prozent

In der folgenden Tabelle sind alle Regeln mit einem minimalen Support von 50 Prozent und einer minimalen Konfidenz von 80 Prozent aufgeführt.[54]

Tabelle 3: Assoziationsregeln (Quelle: In Anlehnung an Bollinger, Toni: Assoziationsregeln - Analyse eines Data-Mining-Verfahrens, 1996, S. 258)

Regeln	Transaktionen	Support [%]	Konfidenz[%]
Saft, Bier → Cola	1;2;4;5	50	100
Cola, Bier → Saft	1;2;4;5	50	100
Saft → Cola	1;4;5	66	80
Cola → Saft	1;4;5	66	100
Bier → Saft	1;2;4;5	50	100
Bier → Cola	1;4;5	50	100

Bezogen auf einen konkreten Anwendernutzen könnten in dem Beispiel der Warenkorb-/Bonanalyse Produkte, die hohe Support- und Konfidenzwerte zueinander aufweisen entweder:

- nahe beieinander plaziert werden, um den Kunden Laufwege zu ersparen oder
- weit auseinander angeordnet werden, um die Kunden zu Spontankäufen anderer Produkte zu animieren.

---

[54]   Vgl. Bollinger, Toni: Assoziationsregeln - Analyse eines Data-Mining-Verfahrens, 1996, S. 258-261.

Assoziationsverfahren beinhalten auf den ersten Blick leicht zu lösende Auszählungsprobleme. Alle möglichen Kombinationen von Objekten aus der Basismenge T werden mit der Anzahl der Transaktionen multipliziert. Ein Algorithmus muß deswegen auf den benötigten Ressourcenverbrauch hin optimiert werden.

Klassifizierung

Verfahren zur Klassifizierung (Diskriminanzanalyse, überwacht lernende KNN, Entscheidungsbaumalgorithmen) verwenden das Wissen über die Zuordnung von Objekten zu Gruppierungen, Clustern oder Klassen (vgl. Abbildung 13).

Dieses Wissen liegt in den Daten über vergangene Ereignisse vor. Es wird versucht, anhand dieser Daten eine Vorschrift zu ermitteln, die mit den gelernten Parametern neue Objekte mit unbekannter Klassenzugehörigkeit Klassen zuordnet.

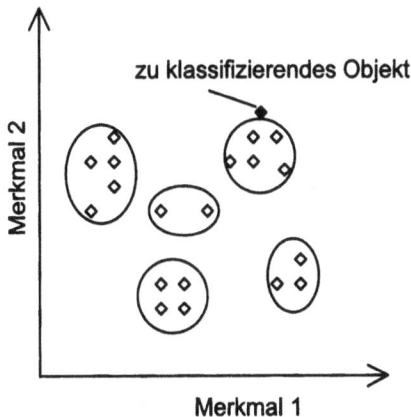

Abbildung 13: Zuordnung eines Objektes zu einer bekannten Klasse

Abbildung 14 enthält einen Überblick über ausgewählte Klassifizierungsalgorithmen, von denen hier die letzten beiden Gruppen behandelt werden.

1. Klassifizierung mit überwacht lernenden KNN
Ein KNN besteht aus Neuronen, Schichten und Verbindungen. Mit einem Lernverfahren werden Netzparameter so modifiziert, daß ein Modell zur Klassifizierung entsteht. Verschiedene Netztypen unterscheiden sich hinsichtlich

- der Lernalgorithmen,
- der Möglichkeiten des Algorithmus, die Netztopologie zu verändern oder
- der Möglichkeiten, die Ausgabefunktionen der Neuronen zu modifizieren.

Backpropagation-, Elman- oder Jordan-Netze sind bspw. Formen von KNN, die dem überwachten Lernen zugeordnet werden.

2. Klassifizierung mit Entscheidungsbaumalgorithmen[55]

Entscheidungsbaumalgorithmen dienen der Generierung von Entscheidungsbäumen. Zu analysierende Objekte werden sukzessive in Teilmengen aufgespalten, indem Attribute intervallweise hinsichtlich ihrer Wichtigkeit für die Klassenunterschiede bewertet werden. Dazu wird der Informationsgehalt der Attribute, die ein Objekt beschreiben, berechnet. Entscheidungsbäume erleichtern die Interpretation der Klassifizierung sehr gut, da entlang des Baums die Klassifizierungsregeln vorliegen. Allerdings können diese aufgrund der Größe schnell unübersichtlich werden.

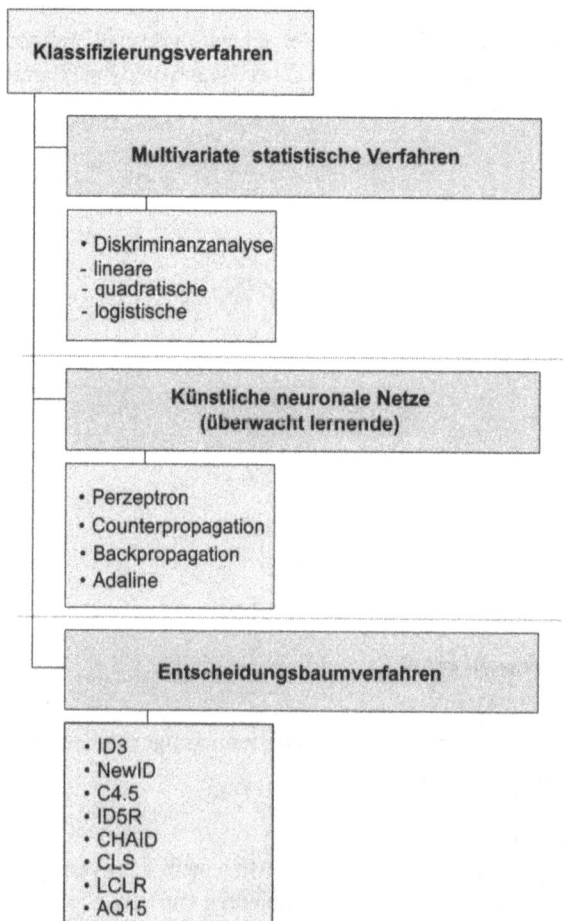

Abbildung 14: Beispiele für Klassifizierungsverfahren

---

[55] Entscheidungsbaumverfahren basieren wesentlich auf den Erkenntnissen Thomas Bayes. Bayes untersuchte erstmals Mitte des 18. Jahrhunderts, wie aus empirischen Daten auf eine zugrunde liegende Wahrscheinlichkeit von Ursachen geschlossen werden kann. Er entwickelte dabei die Bayessche Regel. Das daraus abgeleitete Bayessche Kriterium ist wichtige Grundlage der statistischen Entscheidungstheorie.

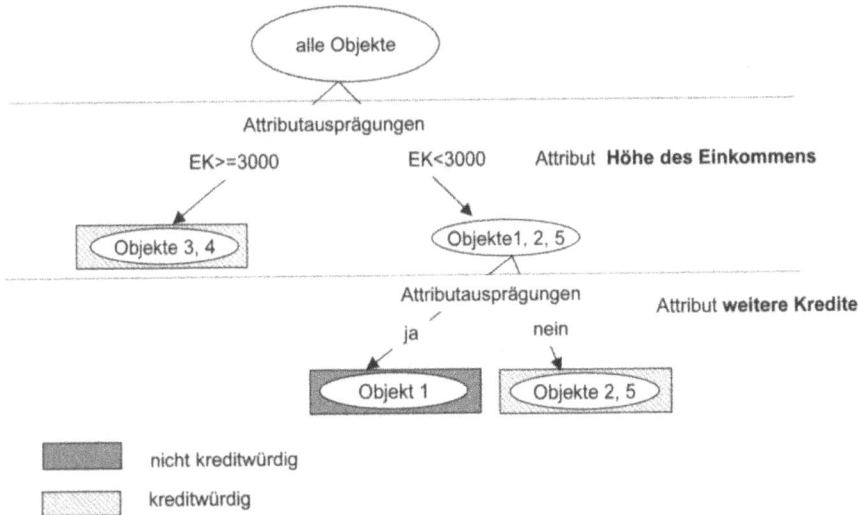

Abbildung 15: Beispiel für einen Entscheidungsbaumansatz zur Klassifizierung von Kreditwürdigkeiten

In Abbildung 15 ist ein Beispiel für einen ansatzweisen Entscheidungsbaum zur Klassifizierung von Kreditkunden dargestellt.

Bayes-Klassifikatoren stellen insbesondere aus theoretischer Sicht interessante Alternativen zur Klassifikation dar, werden hier aber nicht näher betrachtet.

Zeitreihenanalyse
Zeitreihenanalyse beinhaltet das Modellieren von funktionalen Zusammenhängen zwischen unabhängigen und abhängigen Variablen derart, daß für neue Argumente die Funktionswerte möglichst genau berechnet werden können. Verfahren zur Zeitreihenanalyse (Regressionsanalyse, überwacht lernende KNN, Regressionsbaumverfahren) verwenden für abhängige Variablen auch reellwertige Datenreihen. Damit kann implizites Wissen verfügbar gemacht werden, welches sich nicht explizit beschreiben läßt. Abbildung 16 zeigt Beispiele für Zeitreihenalyseverfahren.

Sonstige Verfahren
Innerhalb dieser Arbeit wird weiterhin genetischen Algorithmen und Neuro Fuzzy-Systemen ein hoher Stellenwert beigemessen. Genetische Algorithmen werden vor allem als unterstützende Verfahren zur Optimierung von Data Mining-Methoden vorgestellt, obgleich auch hiermit Data Mining selbst möglich ist. Mit der Behandlung von Grundlagen der Fuzzy Logic und Neuro Fuzzy-Systemen wird auf wichtige Möglichkeiten der Datenaufbereitung und Datentransformation innerhalb der Datenanalyse aufmerksam gemacht.

Die Analyse von Daten erfolgt mit Werkzeugen unterschiedlicher Funktionalität. Diese reicht von einfachen Benutzer-Front-Ends (z.B. MS-Excel) und Berichtsgeneratoren bis hin

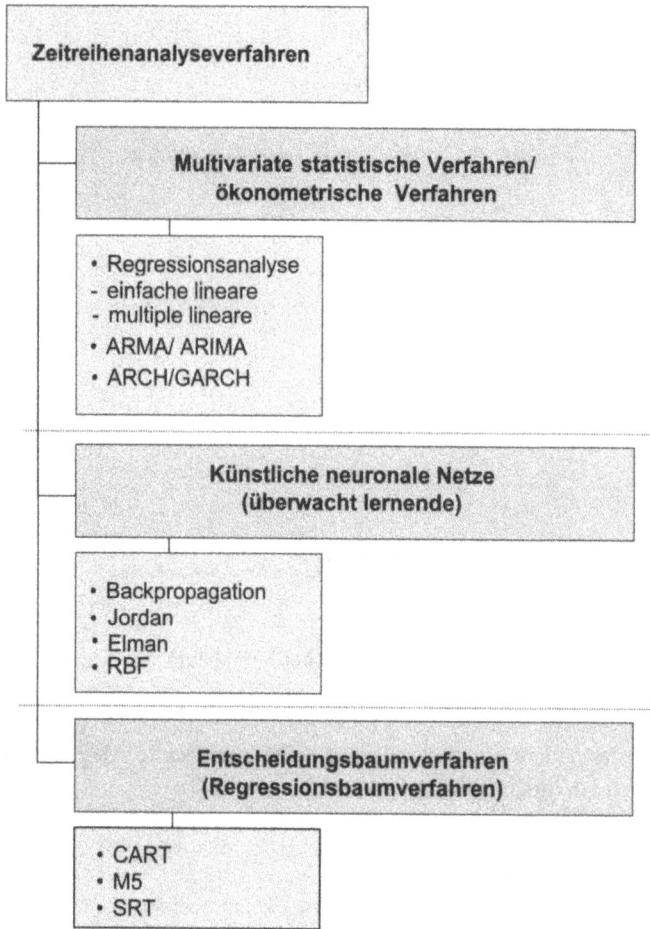

Abbildung 16: Beispiele für Zeitreihenanalyseverfahren

zu komplexen Werkzeugen zur multidimensionalen Analyse.[56] Es werden einerseits traditionelle Statistiksoftware, Data Mining- oder OLAP-Tools eingesetzt, [57] andererseits wird Ana-
lysefunktionalität zunehmend nutzerindividuell in bestehende Anwendungen integriert.

Basiskomponente zur Modellevaluierung
Die Vielzahl an Verfahren zur Klassenbildung, Assoziationsanalyse, Klassifizierung und
Zeitreihenanalyse führt zu jeweils unterschiedlichen Analyseresultaten. Für künftige Anwen-
dungen ist es jedoch erforderlich, ein Modell mit hoher Güte zu entwickeln und die Sicher-

---

[56]   Vgl. Martin, Wolfgang: DSS-Werkzeuge, 1996, S. 10.

[57]   Vgl. Bager, Jo; Becker, Jörg; Munz, Rudolf: Zentrallager Data Warehouse - zentrale Sammelstelle für
       Information, 1997, S. 286.

heit bei Modellnutzung kontinuierlich zu verbessern. Aus diesem Grund werden für die Verfahrensklassen Evaluierungskriterien vorgestellt und in das Komponentenmodell der Data Mining-Architektur integriert.

Evaluierungskriterien sind bspw. für

Klassenbildung
- Verhältnis von Innerklassenhomogenität zur Heterogenität zwischen den Klassen (g_{PM}),
- Einzelhomogenitäten oder -heterogenitäten in bzw. zwischen den Klassen,
- Varianzkriterium(V) oder
- F-Wert.

Assoziationen
- Performanceauslastung.

Klassifizierung
- Mean Squared Error (MSE),
- Theilscher Ungleichheitskoeffizient (TU) oder
- Trefferquote.

Zeitreihenanalyse
- Mean Squared Error (MSE),
- Theilscher Ungleichheitskoeffizient (TU),
- Korrelationskoeffizient nach Bravis-Pearson (r),
- Trefferquote,
- Wegstrecke (W) und
- Hannan-Quinn-Information (HQ).

Operationales Modell
Das operationale Modell wird dem operativen Bereich für die erfolgreiche Realisierung von Data Mining-Projekten zugeordnet. Es beinhaltet bspw. Anforderungen an Anwender, an die technische Infrastruktur oder an Standards, wie sie für Schnittstellen zwischen Anwendungssystemen oder Datenbanken und Analysesoftware von Interesse sind.

Anforderungen an den Anwender sind zu differenzieren, je nach Aufgabe des Anwenders. Vor allem muß auf Seiten der Domänenkompetenz analytisches Verständnis vorliegen. D.h. der Anwender muß in der Lage sein, Aufgabenstellungen zu erkennen und zu formulieren, für die Data Mining-Verfahren zielführend eingesetzt werden können. Der Anwender prüft sozusagen das bspw. betriebliche kaufmännische Interesse für Zusammenhänge in Datenbeständen, die sich auf typische Muster, Ähnlichkeiten, Wiederholungen im Zeitverlauf zurückführen lassen. Wünschenswert sind hierfür mathematisch-statistische Grundkenntnisse über Klassifikationsprozesse und Grundlagen der Mengenlehre.

Bezogen auf die technischen Anforderungen ist die notwendige Performance eine wichtige Entscheidungsgröße. Diese hängt vor allem von den einzusetzenden Verfahren und noch stärker von dem zu analysierenden Datenvolumen ab.

Bzgl. des Datenvolumens kann davon ausgegangen werden, daß sich kleine und mittlere Datenvolumina bis zum einstelligen Gigabyte-Bereich mit PC-Datenbanken und Rechnern akzeptabel realisieren lassen. Für größere Datenumfänge, insbesondere im Terabyte-Bereich, müssen sehr leistungsfähige Rechentechnik und entsprechende Datenbanken zum Einsatz kommen. Exakt läßt sich dies erst am konkreten Anwendungsfall festlegen.

1.5.3.2   Metakomponente

Datenbereitstellungsmodell
Die allgemeine Datenbereitstellung beinhaltet ein sehr grundlegendes und damit wichtiges Element der Data Mining-Architektur.

Das Datenbereitstellungsmodell umfaßt Anleitungen zur Datenselektion für die Zusammenstellung der Datentabellen, auf die die Algorithmen und Größen des Basiskomponentenmodells angewandt werden sollen.

Bekannterweise existieren in vielen Bereichen der Wirtschaft große Datenmengen. Besonders große Datenmengen werden über Kunden vor allem von Banken, Versicherungen, im Handel oder im Telekommunikationsbereich genutzt. Es hat sich gezeigt, daß es erforderlich ist, neben den operativen Systemen eigenständige Sammlungen mit entscheidungsorientierten Daten aufzubauen und zu verwalten.[58]

Data Mining wird mit speziell aufbereiteten Dateien realisiert. Um die Vorteile und Leistungsfähigkeit der ressourcenverbrauchenden (Arbeitsspeicher, Plattenspeicher, Prozessorleistung) mathematisch-statistischen Analyseverfahren von Data Mining in vollem Umfang nutzen zu können, ist es notwendig, hierfür geeignete Datenbanken bzw. Data Warehouses zu implementieren. Die Ausgangsdaten für Data Mining werden dafür aus strukturierten Datentabellen oder unstrukturierten Textfiles extrahiert. Data Warehouses verwalten diese Daten und stellen sie für Data Mining bereit. Sie stellen aber keine zwingende Voraussetzung für die Anwendung von Data Mining-Verfahren dar. Allerdings greifen in der Praxis Data Warehouse-Projekt und Data Mining-Projekt überwiegend ineinander.

Die Daten, mit denen durch den gezielten Einsatz von Data Mining-Verfahren zusätzliche Informationen für Anwender gewonnen werden können, stammen in der Regel aus verschiedenen Quellen. Diese können bspw. sein

- Daten aus dem Data Warehouse des Unternehmens,
- operationale Daten des Unternehmens,
- externe Daten aus der Marktforschung oder
- externe Webdaten.

Die Anforderungen an Daten für Data Mining in der Wirtschaft entsprechen damit denen für Management Support Systeme (MSS). In der folgenden Tabelle sind datenseitige Anforderungen für operative Systeme einerseits und Data Mining nutzende MSS andererseits gegenübergestellt.

---

[58]   Vgl. Behme, Wolfgang: Business-Intelligence als Baustein des Geschäftserfolgs, 1995, S. 28f.

Tabelle 4: Gegenüberstellung operativer Systeme und MSS (Quelle: In Anlehnung an Holthuis, Jan; Mucksch, Harry; Reiser, Marcus: Das Data Warehouse-Konzept, 1995, S. 8.)

Merkmal	operative Systeme	MSS
typische Datenstruktur	flache, nicht hierarchische Tabellen	multidimensionale Strukturen
Identifikationskriterium	eindimensional	mehrdimensional
Datenmanipulation	zeilenbezogen/ aktualisierend	sichtspezifisch/ analysierend
Datenmenge/ Transaktion	klein	sehr umfangreich
Betrachtungsebene	detailliert	aggregiert
Zeithorizont	gegenwärtig	historisch, gegenwärtig und zukünftig

Wesentliche Kriterien, zu denen im Vorfeld des Data Mining Entscheidungen getroffen werden müssen, sind bspw. folgende:

- Anzahl der notwendigen Analyseobjekte (Elemente),
- Anzahl der die Objekte beschreibenden Merkmale (Variablen),
- multidimensionale Datenstrukturen,
- Aspekte dieser Datenmodellierung,
- Modellierungstechniken,
- Varianten der Datengewinnung/ Datenextraktion,
- Datenanreicherung,
- Datenreduktion durch Stichproben oder Aggregation von Daten,
- Reduktion der Dimensionen,
- Behandlung fehlender Merkmalswerte oder
- Gewichtung der Variablen.

Architekturschablonen/Vorgehensmodelle
Architekturschablonen enthalten Anleitungen und Regeln zur anwendungsbezogenen Umsetzung von Elementen der Architektur, mit dem Ziel, Probleme zu lösen, für die Data Mining-Analysen sinnvoll sind. Diese Architekturschablonen entsprechen Vorgehensmodellen für die Verfahrensklassen

- Klassenbildung,
- Klassifizierung,
- Assoziationsanalyse und
- Zeitreihenanalyse.

Für jede Verfahrensklasse wird ein Referenzvorgehensmodell entwickelt, das die Hauptschritte der Verfahren einer Klasse zusammenfaßt, die in den Modellvarianten der konkreten Verfahren spezifiziert werden. So stehen je Verfahrensklasse ein Vorgehensreferenzmodell und *n* Vorgehensvariantenmodelle zur Verfügung.

1.5.3.3 Praxiskomponente für den gesamten Strukturbereich

Innerhalb der Praxiskomponente können Referenzarchitekturen für den gesamten Strukturbereich hinterlegt werden. Diese Referenzarchitekturen werden problemorientiert entwickelt. Vorstellbar sind Referenzarchitekturen für die Problembereiche mit der Analyse zur

- Segmentierung von Katalogkunden,
- Segmentierung von Laufkunden,
- Segmentierung von Webshopkunden,
- Assoziation von Warenkörben,
- Assoziation von Interessensschwerpunkten beim E-Learning,
- Klassifizierung von Clickstreamprofilen,
- Klassifizierung von Kreditkunden,
- Klassifizierung von Versandhandelskunden,
- Prognose von Zinsen,
- Prognose von Energieverbräuchen oder
- Prognose von Umsätzen über Kataloge.

Aus diesen Referenzarchitekturen werden dann bedarfsweise Varianten abgeleitet, die die individuellen anwender-, domänen- und/oder unternehmensspezifischen Besonderheiten berücksichtigen.

2 Datenselektion und Datenaufbereitung

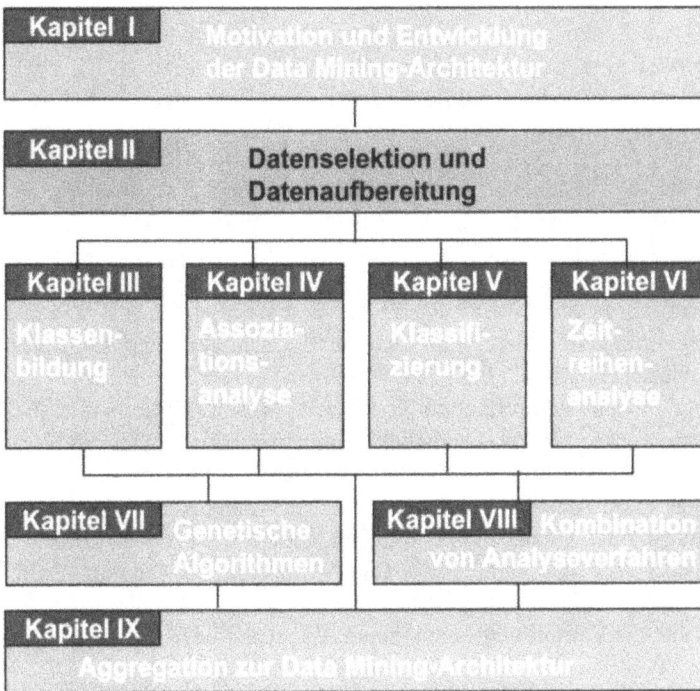

Abbildung 17: Einordnung von Kapitel 2 in die Struktur der Arbeit

2.1   Datenselektion

2.1.1   Data Warehouse als Datenbasis für Data Mining

2.1.1.1   Komponenten eines Data Warehouse

In frühen Phasen der Datenbankdiskussion dominierte die Auffassung, daß ein Datenbank-
system allumfassend und im Zentrum aller Anwendungssysteme eines Unternehmens stehen
sollte. Es galt solche Probleme wie z.B. Redundanz und Datenabhängigkeit zu lösen. Diese
Ansicht mußte korrigiert werden, denn die Anforderungen an Datenbanksysteme für operative Anwendungen unterscheiden sich sehr stark von denen, die an Management Support Systeme (MSS) gestellt werden.[59] Operative Systeme sind auf die Verarbeitung von Transaktionen ausgerichtet, um spezielle Funktionsbereiche schnell und präzise mit Steuerungsdaten
versorgen zu können. Sie werden täglich aktualisiert. Die wichtige Bezugsgröße Zeit geht
verloren. Die Daten sind für das Auffinden inhaltlicher Zusammenhänge ungenügend aufbereitet.

In einem Data Warehouse lassen sich die Datenbestände zu einer einheitlichen Informations-
basis aufbereiten. Damit besteht separat zu den OLTP-Systemen eine Datenbasis für den
dispositiven und strategischen Bereich.

Der Data Warehouse-Begriff wurde von INMON geprägt. Er beschreibt ein Data Warehouse
als subjektorientierte, integrierte, zeitbezogene und dauerhafte Datensammlung zur Unterstützung von Managemententscheidungen.[60] Ein Data Warehouse (auch: Atomic Database,
Decision Support System Foundation, Information Warehouse, Business Information Re-
source, Reporting Database und Data Market) beinhaltet die unternehmensindividuelle Hard-
und Softwaresystemlösung, um Daten aus internen und externen Informationsquellen in
regelmäßigen Zeitabständen so zu speichern, daß diese für den Endbenutzer (vorwiegend
Analysten und Manager) zugänglich, verständlich und für unternehmensweite Auswertungen
mit Hilfe verschiedener Tools verfügbar sind.[61,62] Ein Data Warehouse bezieht seine Daten
aus den operativen Quelldaten, Webdaten (Logfiles) oder sonstigen Quellen über eine Im-
port-/Sammelkomponente und die Vermittlungskomponente (vgl. Abbildung 18).

„Die Import-/Sammelkomponente verbindet Daten verschiedener Quellen und übernimmt
die Übertragung der Daten in die Data Warehouse-Datenbank. In Intervallen werden über
diese Komponente die Daten des Data Warehouse aktualisiert. Die Vermittlungskomponente

---

[59] Vgl. Groffmann, Hans-Dieter: Das Data Warehouse Konzept, 1997, S. 8.

[60] Vgl. Behme, Wolfgang: Business-Intelligence als Baustein des Geschäftserfolgs, 1995, S. 30f.

[61] Vgl. Ehrenberg, Dieter; Petersohn, Helge; Heine, Peter: Prozeßorientierte Datenlogistik für
Managementinformationssysteme, 1998, S. 163-177.

[62] Vgl. Heine, Peter: Unternehmensweite Datenintegration. Modular-integrierte Datenlogistik in betrieblichen
Informationssystemen, 1999.
Vgl. Mucksch, Harry; Behme, Wolfgang (Hrsg.): Das Data Warehouse Konzept: Architektur - Datenmodelle -
Anwendungen, 1998.

ist für die Zuordnung und Steuerung zwischen den Datenbeständen und den einzelnen Analysewerkzeugen verantwortlich. Die für die Import-/Sammelkomponente und Vermittlungskomponente erforderliche Software basiert physisch auf Middleware und logisch auf einer Metadatenbank. Die Metadatenbank steht somit über den verfügbaren Daten und Anwendungen. Das dort enthaltene Wissen muß übersichtlich abgelegt und verwaltet werden. Dafür eignen sich bereits bekannte Verfahren zur Prozeßmodellierung wie bspw. die erweiterten ereignisgesteuerten Prozeßketten und Vorgangskettendiagramme.[63] Jeder Prozeß einer Unternehmung kann mit diesen Verfahren auf verschiedenen Abstraktionsebenen abgebildet werden. Die Metadatenbank von Data Warehouse-Lösungen hat eine Repository-Funktion zu übernehmen. Sie umfaßt zum einen Ausschnitte der verschiedenen Prozeß- und Datenmodelle der operativen Ebene, zum anderen sollte sie die Analyseprozeßmodelle, insbesondere der strategischen Ebene, beinhalten. Die aufgabenorientierte Verknüpfung dieser Modelle ermöglicht die strukturierte mehrdimensionale Modellierung von Daten für das Data Warehouse."[64] Für die Übernahme der Daten in ein Data Warehouse werden ETL-Tools eingesetzt.

Ein Data Warehouses sollte fünf Eigenschaften genügen:[65]

1. Die Auswahl der Daten orientiert sich ausschließlich am Informationsbedarf des Managements.
2. Ein Data Warehouse integriert entscheidungsrelevante Daten aus den unterschiedlichsten Datenquellen zu einer inhaltlich konsistenten Datensammlung:
    – Bereinigung von doppelten, synonymen aber auch homonymen Bezeichnungen für Daten historisch gewachsener operativer Anwendungssysteme,
    – Anpassung verschiedener Datenformate im Hinblick auf die spätere Datenanalyse (bspw. Darstellung des Attributs 'Geschlecht' durch '0' oder '1' statt 'm' und 'w') und
    – Angabe von Transformationsvorschriften für unterschiedliche Mengeneinheiten (bspw. 12 Stück = 1 Karton, 100 m Stoff = 20 kg).
3. Die im Data Warehouse gespeicherten Daten werden nur in bestimmten Abständen aus den operativen Systemen und anderen Datenquellen übernommen und nach eventuell notwendigen Korrekturen nicht mehr verändert. Der Zugriff erfolgt lesend. Im Data Warehouse selbst findet keine Pflege von Daten externer Quellen statt.
4. Es werden Daten benötigt, welche die Entwicklung des Unternehmens über einen gewissen Zeitraum repräsentieren. Daraus können Trends, Ähnlichkeiten zwischen Entwicklungsabschnitten oder Kennzahlen erkannt und untersucht werden. Die Daten des Data Warehouse müssen durch geeignete Zeitmerkmale Zeitpunkten und Zeitabschnitten zuordenbar sein.

---

[63] Vgl. Scheer, A.-W.: ARIS - Modellierungsmethoden Metamodelle Anwendungen, 1998, S. 102 ff.

[64] Vgl. Ehrenberg, Dieter; Petersohn, Helge; Heine, Peter: Prozeßorientierte Datenlogistik für Managementinformationssysteme, 1998, S. 163-177.

[65] Vgl. Groffmann, Hans-Dieter: Das Data Warehouse Konzept, 1997, S. 11f.
Vgl. Chamoni, Peter; Zeschau, Dietmar: Management-Support-Systems und Data Warehousing, 1996, S. 64ff.
Vgl. Mucksch, Harry: Charakteristika, Komponenten und Organisationsformen von Data Warehouses, 1996, S. 87ff.

5. Die Daten werden aus ihren verschiedenen Quellen nach Übernahme physisch gespeichert und liegen teilweise redundant vor:
   - Die für die Entscheidungsunterstützung relevanten Informationen werden übernommen.
   - Historische Daten befinden sich nicht mehr in den operativen Systemen.
   - Im Data Warehouse werden Daten kumuliert.

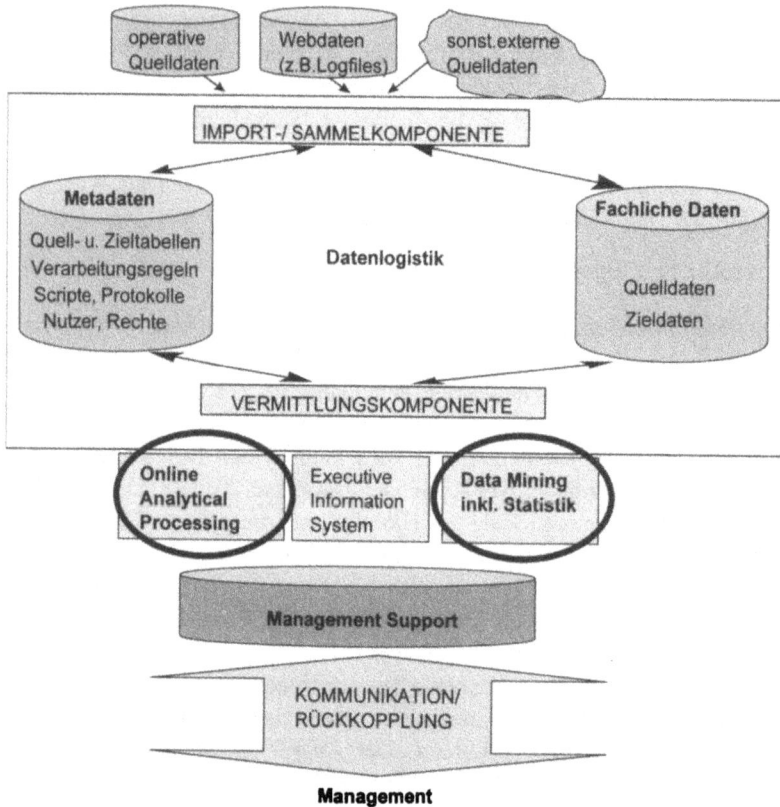

Abbildung 18: Datenlogistik zur Managementunterstützung im Data Warehouse-Umfeld (Quelle: In Anlehnung an Ehrenberg, Dieter; Petersohn, Helge; Heine, Peter: Prozeßorientierte Datenlogistik für Managementinformationssysteme, 1998, S. 163-177)

2.1.1.2   Datenbasis eines Data Warehouses

Aspekte der Datenmodellierung

Die Datenbasis des Data Warehouse besteht aus aktuellen und historischen Daten in unterschiedlichen Verdichtungsstufen. Das entsprechende Datenmodell ist komplexer als das operationaler Systeme und bedarf folglich einer Erweiterung des klassischen Instrumentariums zur Datenmodellierung.[66]

---

[66]   Vgl. Holthuis, Jan; Mucksch, Harry; Reiser, Marcus: Das Data Warehouse-Konzept, 1995, S. 19.

Bezüglich der Struktur eines Data Warehouse sind bei dem Entwurf des Datenmodells folgende Aspekte zu berücksichtigen:[67]

Datenverdichtung und Granularität

Granularität beschreibt den Detaillierungsgrad von Daten. Sehr detaillierte Daten haben eine niedrige Granularität, die mit steigender Verdichtung zunimmt. Sie wirkt sich unmittelbar auf den Speicherplatzbedarf, die Verarbeitungsgeschwindigkeit und die Flexibilität des Data Warehouse aus. Aus dv-technischer Sicht ist eine möglichst hohe Granularität vorteilhaft, da das Datenvolumen und somit der Online-Speicherplatzbedarf des Data Warehouse geringer wird, die Anzahl und Größe der Indexdateien sinkt, und die zur Datenmanipulation benötigten DV-Ressourcen sowie die Netzbelastung sinken. Für die Endanwender folgen aus niedriger Granularität detailliertere Analysen. Die Aggregation von Daten hingegen führt zu einer Durchschnittsbetrachtung.[68] Wenn kein Zugriff auf Detaildaten möglich ist, sind auch keine interessanten Ausreißer im Datenmaterial identifizierbar. Einen Kompromiß bietet die mehrstufige Granularität. Es werden verschiedene Granularitätsgrade bestimmt, wobei die Datenverdichtung mit zunehmendem Alter der Daten steigt. Ältere Daten können so archiviert und bei Bedarf geladen werden.

Partitionierung

Bei der Partitionierung oder auch Fragmentierung wird der gesamte Datenbestand des Data Warehouse in mehrere kleine, physisch selbständige Partitionen mit redundanzfreien Datenbeständen aufgeteilt. Damit kann die Verarbeitungseffizienz entscheidend beeinflußt werden. Im Vergleich zu großen Datenbeständen lassen sich kleinere Dateneinheiten in bezug auf Restrukturierung, Indizierung, Reorganisation, Datensicherung und Monitoring einfacher verarbeiten. Partitionierung erfordert einen erhöhten Aufwand bei der Erstellung des Datenmodells, der Datenübernahme aus den operativen Systemen sowie der Durchführung von Auswertungen, die auf Daten verschiedener Partitionen zugreifen. Die Partitionierung wird durch technische oder betriebswirtschaftliche Eigenschaften bestimmt. Im betriebswirtschaftlichen Kontext wird zwischen horizontaler und vertikaler Partitionierung unterschieden. Bei der horizontalen Partitionierung werden die Datenbestände z.B. auf verschiedene Tochterunternehmen oder auf bestimmte Zeiträume aufgeteilt und bei der vertikalen auf verschiedene Funktionsbereiche oder Abteilungen.

Denormalisierung

In relationalen Datenbanken werden Relationen i.d.R. in der dritten Normalform implementiert, um referentielle Integrität und Datenkonsistenz zu gewährleisten. Bei der Denormalisierung wird zu einer vorherigen Normalform zurückgekehrt. Die Gründe sind folgende: die Zahl der Datenbankzugriffe wird reduziert und somit wird das Antwortzeitverhalten verbessert. Hierfür wird ein Anstieg des Speicherplatzbedarfs, bedingt durch die Entstehung von Redundanzen sowie ein erhöhter Aufwand zur Erhaltung der referentiellen Integrität und

---

[67] Vgl. Holthuis, Jan; Mucksch, Harry; Reiser, Marcus: Das Data Warehouse-Konzept, 1995, S. 23ff.
Vgl. Mucksch, Harry: Charakteristika, Komponenten und Organisationsformen von Data Warehouses, 1996, S. 95ff.
[68] Vgl. Zass, Martin: Das Herz des Data Warehouse, 1996.

Datenkonsistenz in Kauf genommen. Eine konkrete Form der Denormalisierung ist das Star-Schema, durch welches die Daten in mehrdimensionaler Form gespeichert werden können.

Diese drei Gestaltungsaspekte sind vor dem Hintergrund der zu erwartenden Datenbankgröße besonders zu berücksichtigen.

Dem Data Warehouse wird meistens direkt oder indirekt das relationale Datenmodell zugrunde gelegt. Daß dies ein gangbarer Weg ist, zeigen viele erfolgreiche Data Warehouse-Lösungen. Neben den viel diskutierten Vorteilen (ausgereift, weit verbreitet, SQL, gute Parallelisierbarkeit, usw.), bestehen auch Nachteile (z.B. Modelldefizite, Performanceprobleme, mangelnde Unterstützung von komplexen und unstrukturierten Daten).

Eine Betrachtung weiterer Konzepte, z.B. objektorientierten Datenbanken, ergab, daß diese die Nachteile der RDBMS zwar überwinden, doch dafür Nachteile wie fehlende Standards aufzeigen.[69]

Für die meisten Data Warehouse-Anwendungen werden RDBMS genutzt, aber für einzelne Bereiche, in denen die Vorteile von OODBMS voll zum Tragen kommen, gilt ein OODBMS als interessante Alternative.

Datengewinnung und Datentransformation

Für qualitativ hochwertige Analysen ist die Vollständigkeit sowie der Gehalt der Information in einem Data Warehouse entscheidend.[70] Die Datengewinnung bezeichnet die anspruchsvollste Aufgabe. Hier wird der Grundstein für die Transformation von Daten zu Information mit entscheidungsorientierter Bedeutung gelegt.[71] Der Aufwand für die Datengewinnung ist nicht zu unterschätzen. Er beträgt ca. 80 Prozent aller Data Warehouse-Realisierungs- und -Wartungsaufgaben.[72] Für ein unternehmensspezifisches Data Warehouse sind für die Datengewinnung zwei Aspekte relevant:[73]

- Der logische Aspekt umfaßt die Bedarfsanalyse und ein geeignetes Datenmodell, das die Arbeitsabläufe und den Informationsfluß optimal und realitätsnah berücksichtigt.
- Der technische Aspekt beinhaltet die Gestaltung der technischen Infrastruktur, die zur Verwaltung, Verdichtung und Beschaffung der Daten nötig ist, d.h. Hardware, Software, Netzwerke, Protokolle und Schnittstellen.

Die Logik des Data Warehouse, d.h. die Daten über die Daten, speichert und verwaltet ein separates Metadatenbanksystem.[74] Es soll allen Nutzern ein schnelles Auffinden der benötigten Daten und Informationen ermöglichen. Diese Art Repository unterstützt die für den Be-

---

[69] Vgl. Ohlendorf, Thomas: Objektorientierte Datenbanksysteme für den Einsatz im Data Warehouse-Konzept, 1996, S. 206ff.

[70] Vgl. Remus, A.: Zuverlässiger Datentransfer ist die Basis, Client Server Computing, 8/97, S. 76.

[71] Vgl. Lehmann, Peter; Ellerau, Peter: Implementierung eines Data Warehouse für die Verpackungsindustrie, 1997, S. 80.

[72] Vgl. Degen, Rainer: Vorbereitung der Daten für ein Data Warehouse, 1996.

[73] Vgl. Volk, C.: Datenbanken im Netzwerk: Weg zum Information Warehouse, 1995, S. 30.

[74] Vgl. Griffin, Jane: Avoid data warehousing maintenance migraines, 1996, S. 75.

trieb und die Wartung des Data Warehouse zuständigen Entwickler und Mitarbeiter.[75] Es ist in das DBMS des Data Warehouse integriert.

Die Datenaufbereitung erfolgt mittels Extraktions- und Transformationssoftware oder über direkte manuelle Steuerung.

Als Quellen stehen grundsätzlich unternehmensinterne oder -externe Daten zur Verfügung.[76]

Gewinnung unternehmensinterner Daten

Die unternehmensinternen Daten werden zum größten Teil aus den OLTP-Systemen übernommen. Einige Daten stammen aus anderen planungs- und entscheidungsunterstützenden Systemen. Wie oft die Aktualisierung des Data Warehouse stattfindet, hängt von den unternehmensindividuellen Anforderungen und Voraussetzungen ab. Sind wochen- oder monatsgenaue Datenbestände ausreichend, dann werden die Daten zu Zeiten geringer Systembelastung übernommen, z.B. am Wochenende oder in der Nacht. Dadurch werden die operativen Systeme kaum zusätzlich belastet.

Gewinnung unternehmensexterner Daten

Durch den Vergleich mit externen Daten gewinnen unternehmensinterne Analysen an Bedeutung für den Entscheidungsträger. Quellen für unternehmensexterne Daten sind bspw. Nachrichtendienste von Wirtschaftsverbänden, politische Informationsdienste, Markt-, Meinungs- und Trendforschungsinstitute sowie Medienanalytiker. Eigene Beobachtungen des Unternehmens sowie in Auftrag gegebene Untersuchungen können hierbei ebenfalls zum Einsatz kommen. Neben diesen Quellen kommen auch kommerzielle Online-Datenbanken sowie Informationsdienste zur Beschaffung aktueller und historischer Daten und Informationen in Frage.

Aufgrund verteilter Informationen innerhalb und außerhalb einer Firmeninfrastruktur stehen Unternehmen häufig vor dem Problem, daß keine ausreichende Kontrolle über die Organisation verteilt gespeicherter Informationen besteht, so daß die Datengewinnung zu einem komplexen und komplizierten Vorgang werden kann.[77] Hierbei helfen Konzepte und Werkzeuge der Middleware, wie Transaktionsmonitore, Datenbank-Gateways, standardisierte Schnittstellen und ETL-Tools.[78]

Datenarchivierung

Das Archivierungssystem soll die Bereiche der Datensicherung und -archivierung abdecken. Datensicherung wird zur Wiederherstellung des Data Warehouse im Falle eines Programm- oder Systemabsturzes durchgeführt. Es sollten zumindest die Daten der untersten Verdichtungsstufen gesichert werden. Für eine möglichst schnelle Wiederherstellung ist die Sicherung aller Verdichtungsstufen sinnvoll. Die Datensicherungsmaßnahmen dürfen die OLTP-

---

[75] Vgl. Mucksch, Harry: Charakteristika, Komponenten und Organisationsformen von Data Warehouses, 1996, S. 105.

[76] Vgl. Holthuis, Jan; Mucksch, Harry; Reiser, Marcus: Das Data Warehouse-Konzept, 1995, S. 13ff.

[77] Vgl. Remus, A.: Zuverlässiger Datentransfer ist die Basis, 1997, S. 76.

[78] Vgl. Volk, C.: Datenbanken im Netzwerk: Weg zum Information Warehouse, 1995, S. 31ff.

Systeme nicht beeinflussen. Einsetzbar sind alle Vorgehensweisen und Techniken aus dem Bereich der operativen Systeme.[79]

2.1.1.3 Organisationsformen für ein Data Warehouse

Neben verschiedenen technischen Organisationsformen, wie verteilten oder zentralen Ansätzen[80], werden vor allem organisatorische bzw. konzeptionelle Unterschiede hinsichtlich der Data Warehouse-Typen getroffen. Es wird unterschieden zwischen

- unternehmensweitem Data Warehouse,
- Data Mart und
- virtuellem Data Warehouse.

Eine Einordnung ist in Abbildung 19 zu sehen.

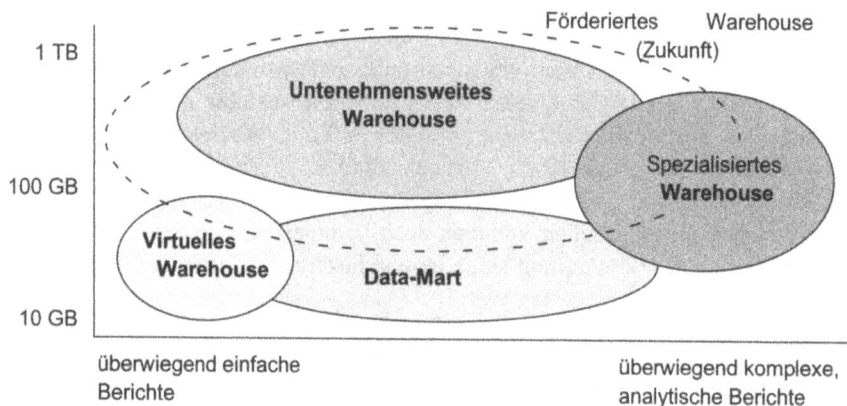

Abbildung 19: Data Warehouse-Typen (Quelle: In Anlehnung an Bosch, R.: Data Marts gehört die Zukunft, 1997, S. 43)

Unternehmensweites Data Warehouse

Erste Versuche in der Data Warehouse-Entwicklungsgeschichte verfolgten einen unternehmensweiten Ansatz. Dieser besagte, daß alle relevanten Daten für Analysen und Auswertungen in einem zentralen Data Warehouse zu speichern sind. Teilweise wird der Ansatz vom unternehmensweiten, zentralen Warehouse als gescheitert angesehen.[81] Eine Alternative zu diesen komplexen Data Warehouse-Lösungen stellen Data Marts dar.[82]

---

[79] Vgl. Holthuis, Jan; Mucksch, Harry; Reiser, Marcus: Das Data Warehouse-Konzept, 1995, S. 17.
       Vgl. Mucksch, Harry: Charakteristika, Komponenten und Organisationsformen von Data Warehouses, 1996, S. 104.

[80] Vgl. Holthuis, Jan; Mucksch, Harry; Reiser, Marcus: Das Data Warehouse-Konzept, 1995, S. 27ff.

[81] Vgl. Höfling, Jürgen: Intelligente Agenten im Datenuniversum, 1997, S. 12.

[82] Vgl. Bosch, R.: Data Marts gehört die Zukunft, 1996, S. 43.

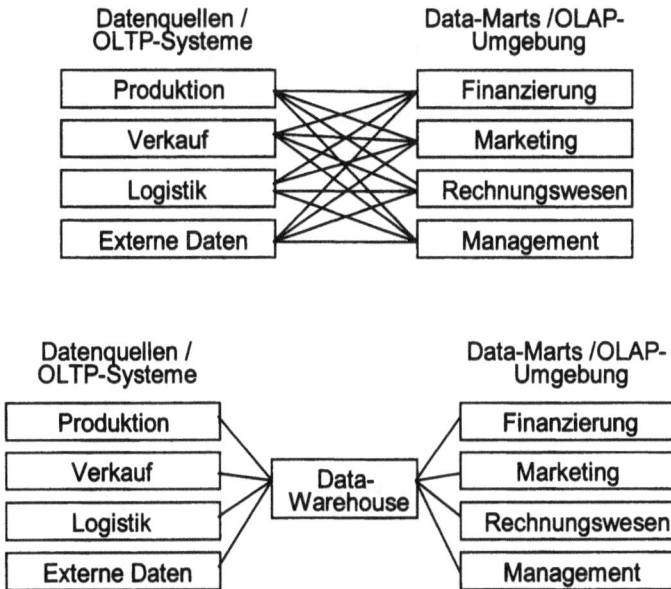

Abbildung 20: Schnittstellen zwischen Datenquellen, Data Marts und einem Data Warehouse (Quelle: In Anlehnung an: Inmon, William H.: Does your datamart vendor care about your architecture?, 1997, S. 105f.)

Data Mart

Das Data Warehouse stellt eine Ideallösung dar. Da die notwendigen Auswertungen mehrerer Giga- oder Terabyte Daten sich häufig als sehr zeitaufwendig erweisen, wird es zur Steigerung der Performance und besseren Überschaubarkeit in kleine Data Marts zerlegt.[83] Ein Data Mart spiegelt einen Ausschnitt der unternehmerischen Wirklichkeit wider. Dabei handelt es sich z.B. um die Abbildung einer Region, einer bestimmten Produktgruppe, einer betrieblichen Funktion oder einem Zeitausschnitt zugeschnitten auf eine spezielle Gruppe von Endanwendern. Datenmodell und -menge sind überschaubar. Einführungszeit und -kosten verringern sich, die Wartung wird einfacher.[84] Das dem Data Mart zugrundeliegende semantische Datenmodell ist in der Regel mit dem des Data Warehouse identisch. Ein Data Mart kann somit auch als redundant gehaltener Ausschnitt eines unternehmensweiten Data Warehouses oder als eine eigenständige Datensammlung angesehen werden[85]. Es besitzt die gleichen Komponenten wie ein Data Warehouse.[86] (vgl. Abbildung 20).

---

[83] Vgl. Behme, Wolfgang; Mucksch, Harry: Anwendungsgebiete einer Data Warehouse-gestützten Informationsversorgung, 2001, S. 20.

[84] Vgl. Vaske, Heinrich: Ein Data-Warehouse verlangt Know-how auf allen Gebieten, 1996, S. 52.

[85] Vgl. Behme, Wolfgang: Business-Intelligence als Baustein des Geschäftserfolgs, 1995, S. 35.

[86] Vgl. Varney, Sarah E.: Datamarts: Coming to an IT mall near you!, 1996, S. 44.

Virtuelles Data Warehouse

Eine dritte Alternative stellt das virtuelle Data Warehouse dar. Der Datenzugriff erfolgt durch logische Sichten und Abfragen auf Datenbestände und Anwendungssysteme. Eine Investition in neue teure DV-Technik ist nicht notwendig. Es ist eine raschere Realisierung und Nutzung möglich.[87]

Eine solche Lösung kann jedoch nicht die Flexibilität und Leistungsfähigkeit umfassender Data Warehouse-Systeme erreichen. So ist die Anzahl einzubindender, heterogener Datenquellen aus Leistungsgründen eingeschränkt. Ein weiterer Nachteil dieses Ansatzes besteht darin, daß der Datenkonsolidierungs- und Datenverdichtungsprozeß für jede Anfrage neu durchlaufen werden muß. Bei einer physischen Realisierung können die Daten in Zeiten niedriger Last extrahiert, transportiert, aufbereitet und in das physische Data Warehouse eingespeist werden.[88] Auch werden jetzt die operativen Systeme zusätzlich belastet, was mit dem Data Warehouse-Konzept vermieden werden sollte.

Ein virtuelles Data Warehouse bietet sich daher nur für kleinere Projekte oder Übergangslösungen an.

Für die Analyse der Daten im Data Warehouse werden zwei komplexe Konzepte betrachtet, OLAP und Data Mining. Aufgrund der Nähe zu Datenbanken, wird der Überblick zu OLAP innerhalb dieses Kapitels gegeben.

2.1.2   Multidimensionale Datenstrukturen und OLAP

2.1.2.1   Multidimensionale Datenstrukturen

Es gibt keine ideale Datenstruktur für alle Probleme und Anwendungen in einem Unternehmen. Deswegen steht immer wieder die Forderung nach einem geeigneten problemorientierten Datenmodell.[89]

In operativen Datenmodellen (i.d.R. relationale) werden die Daten möglichst redundanzarm, meist in Form von Relationen gespeichert. Dabei werden logisch zusammengehörige Objekte auf dutzende oder hunderte Tabellen aufgeteilt.[90] Relationale Datenbanken sind für transaktionsorientierte Anwendungen des Tagesgeschäfts optimiert worden und können daher nur unzureichend große Datenmengen für Analysezwecke handhaben.[91]

---

[87]   Vgl. o.V.: Virtuelles Data Warehousing, Datenbank Fokus, 1996, S. 35.

[88]   Vgl. Breitner, Christoph A.; Herzog, Uwe: Data Warehouse als Schlüssel zur Bewältigung der Informationsflut, 1996, S. 16.

[89]   Vgl. Holthuis, Jan: Multidimensionale Datenstrukturen: Modellierung, Strukturkomponenten, Implementierungsaspekte, 1996, S. 167.

[90]   Vgl. Gabriel, Roland; Gluchowski, Peter: Semantische Modellierungstechniken für multidimensionale Datenstrukturen, 1997, S. 21.

[91]   Vgl. Holthuis, Jan: Multidimensionale Datenstrukturen: Modellierung, Strukturkomponenten, Implementierungsaspekte, 1996, S. 167

Einen alternativen Ansatz bietet das multidimensionale Modell. Es soll dem Anwender eine natürliche realitätsgetreue Sicht auf sein Arbeitsumfeld gewähren.[92] Im wesentlichen werden mit multidimensionalen Modellen Zahlenwerte als quantitative Meßgrößen zur Beschreibung bestimmter relevanter Gegebenheiten in vielfältigen Variationen abgebildet.[93]

Dabei sollen u.a. folgende Fragen beantwortet werden:

Wieviel hat das Unternehmen

- im Bereich Marketing,
- im dritten Quartal,
- in der Sparte Logistik,
- in jedem Bundesland,
- im Vergleich zum Plan

ausgegeben? Dieser Sachverhalt berührt fünf Dimensionen.[94]

Die Arbeit mit multidimensionale Datenstrukturen ist nicht neu. Mit Tabellenkalkulationsprogrammen können zwei- oder dreidimensionale Analysen durchgeführt werden und mit klassischen relationalen Datenbanken sind dementsprechende Fragen ebenfalls zu beantworten. Probleme bestehen jedoch hinsichtlich:[95]

- der Extraktion und Integration von Unternehmensdaten aus unterschiedlichen Quellen,
- der Analyse großer Datenmengen,
- der Unterstützung von Funktionalitäten, wie z.B. Datenrotation, Drill-Down in dynamischer Form und
- der Unterstützung gleichzeitig arbeitender Anwender sowie verschiedener Sichten des gleichen Datenmodells.

Typische Anwendungsbereiche in einem Unternehmen wie z.B. Finanzanalyse, Controlling oder Marketing betrachten Teile der Unternehmensdaten aus unterschiedlichen Blickwinkeln. Damit sind unterschiedliche Sichten auf dieselbe Datenbasis notwendig. Bei der Strukturierung der Daten in einem multidimensionalen Würfel muß dieser, räumlich gesehen, stets gedreht und auf die relevanten Merkmalsausprägungen beschränkt werden. Des weiteren sind verschiedene Aggregationsstufen für verschiedene Nutzer anzugeben und das Zustandekommen der verdichteten Zahlen muß nachvollziehbar sein.

---

[92] Vgl. Gabriel, Roland; Gluchowski, Peter: Semantische Modellierungstechniken für multidimensionale Datenstrukturen, 1997, S. 21.
[93] Vgl. Gabriel, Roland; Gluchowski, Peter: Semantische Modellierungstechniken für multidimensionale Datenstrukturen, 1997, S. 22.
[94] Vgl. Chamoni, Peter; Zeschau, Dietmar: Management-Support-Systems und Data Warehousing, 1996, S. 49.
[95] Vgl. Holthuis, Jan: Multidimensionale Datenstrukturen: Modellierung, Strukturkomponenten, Implementierungsaspekte, 1996, S. 169.

Dazu sind gewisse Grundfunktionen für den Umgang mit multidimensionalen Daten notwendig. Sie können vom verwendeten DBMS oder von einer zwischen der Datenbank und der Anwendung liegenden Softwareschicht angeboten werden.[96]

In der Abbildung 21 sind verschiedene Sichten, welche durch die nachfolgenden Funktionen entstanden sind, dargestellt.

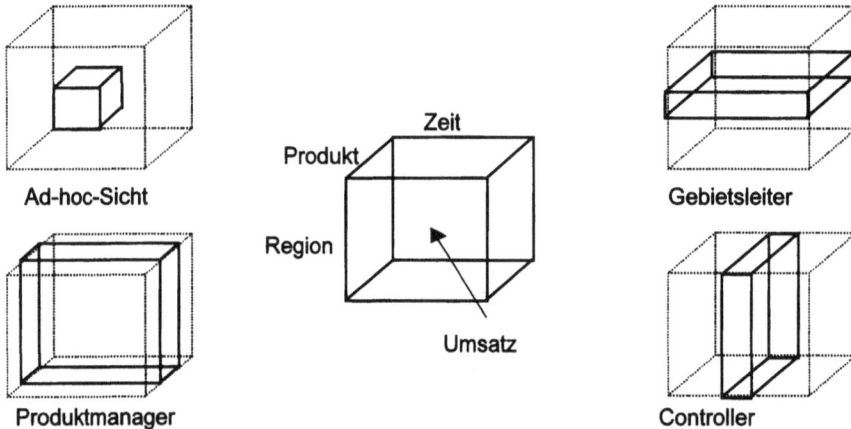

Abbildung 21: Beispiel für ein mehrdimensionales Datenmodell (Quelle: In Anlehnung an Bauer, S.; Winterkamp, Tiemo: Relationales OLAP versus multidimensionale Datenbanken, 1996, S. 47.)

Die Analyse mit multidimensionalen Datenstrukturen stellt bestimmte Anforderungen an die einzusetzende Software. Diese beziehen sich auf folgende Grundfunktionalitäten:

- Rotation,
- Ranging,
- Roll-Up und Drill-Down,
- Berechnungen sowie
- Regeln.

Rotation

Die unterschiedlichen individuellen Sichten der Anwender würden in einem normalisierten relationalen Modell komplexe Abfragen und Sortierungen erfordern. Mit der Drehung bzw. Rotation des multidimensionalen „Würfels" besteht einfach und schnell eine andere Sicht auf die Daten, z.B. anstatt Umsatz nach Produkt nach Region - Umsatz nach Region nach Produkt.

Die Zahl der möglichen Sichten steigt exponentiell mit der Anzahl der Dimensionen. Ein zweidimensionales Array hat zwei Sichten, ein dreidimensionales sechs und ein fünfdimen-

---

[96] Vgl. Holthuis, Jan: Multidimensionale Datenstrukturen: Modellierung, Strukturkomponenten, Implementierungsaspekte, 1996, S. 179.

sionales schon 120. Rotation wird häufig auch als Data Slicing bezeichnet, da jede Rotation zu einer neuen „Scheibe" bzw. zu einer neuen Sicht führt.[97]

Ranging

Das Eingrenzen einer Teilmenge des Datenwürfels wird als Ranging oder Data Dicing bezeichnet. Die gewünschten Positionen entlang der Dimensionen werden ausgewählt, und es entsteht ein Ausschnitt, ein kleinerer Würfel. Das ursprünglich viel umfangreichere Array wurde auf die für die Betrachtung relevanten Bereiche reduziert und steht jetzt erneut für Rotationen und weitere Berechnungen zur Verfügung, jedoch ressourcensparender und effektiver, da nicht das komplette Array betrachtet werden muß.[98]

Roll-Ups und Drill-Downs

Die Bewegung in einer Dimensionshierarchie wird je nach Richtung als Roll-up oder Drill-Down bezeichnet. Das heißt, der Anwender kann auswerten, wie sich eine Kennzahl zusammensetzt, z.B. welche Außendienstmitarbeiter in welchem Umfang zum Gesamtumsatz beitragen oder von unten nach oben, wie sich Detaildaten schrittweise zu einer Gesamtsumme verdichten.[99] Voraussetzung ist die vorhergehende Modellierung von Konsolidierungspfaden.

Berechnungen

Die multidimensionale Datenbank sollte über mathematische Funktionen verfügen. Da multidimensionale Analysen i.d.R. in Unternehmen stattfinden, müssen auch Berechnungsvorschriften betriebswirtschaftlicher Kennzahlen unterschiedlicher Komplexität implementiert sein, wie z.B. Umsatzzahlen, Gewinn, Einnahmen oder Deckungsbeiträge.[100]

Regeln

Regeln steuern vielfältige Verwaltungsaufgaben und verleihen der OLAP-Datenbank eine zusätzliche Flexibilität, aber auch eine beliebig hohe Komplexität.[101] Beispiele sind:

- Benutzer- und Zugriffsrechteverwaltung,
- Vergabe von personen- und gruppenspezifischen Benutzerprofilen oder
- eingeschränkte Views auf den Datenbestand.[102]

---

[97] Vgl. Holthuis, Jan: Multidimensionale Datenstrukturen: Modellierung, Strukturkomponenten, Implementierungsaspekte, 1996, S. 180f.

[98] Vgl. Holthuis, Jan: Multidimensionale Datenstrukturen: Modellierung, Strukturkomponenten, Implementierungsaspekte, 1996, S. 181.

[99] Vgl. Holthuis, Jan: Multidimensionale Datenstrukturen: Modellierung, Strukturkomponenten, Implementierungsaspekte, 1996, S. 182.

[100] Vgl. Holthuis, Jan: Multidimensionale Datenstrukturen: Modellierung, Strukturkomponenten, Implementierungsaspekte, 1996, S. 187.

[101] Vgl. Meister, W.: Datenmodellierung mit OLAP, Datenbank Fokus, 7/95, S. 57.

[102] Vgl. Gabriel, Roland; Gluchowski, Peter: Semantische Modellierungstechniken für multidimensionale Datenstrukturen, 1997, S. 26.

Daneben dienen Regeln zur Wahrung der hierarchischen Konsistenz, d.h. der sachlich richtigen Datenspeicherung. Zum Beispiel kann im Regelwerk hinterlegt werden, ob einzelne Konsolidierungsstufen physisch gespeichert oder dynamisch ermittelt werden.[103]

Zu den globalen Anforderungen an eine effektivere Entscheidungsunterstützung zählen die Durchführung komplexer multidimensionaler Analysen, die Visualisierung von Unternehmensdaten sowie sogenannte What-if- und How-to-achieve-Analysen oder Simulationen. Speziell dafür wurden OLAP-Systeme entwickelt.[104]

2.1.2.2   Online Analytical Processing (OLAP)

Die Leistungsfähigkeit des dem Data Warehouse zugrundeliegenden Datenbanksystems hängt wesentlich von der logischen Datenrepräsentation ab.[105]

OLAP (ROLAP, MOLAP, COLAP/DOLAP und HOLAP) umfaßt ein entsprechendes Konzept mit dem Ziel der Datenversorgung des Managements und der Fachabteilungen im Bereich der Entscheidungsunterstützung und Datenanalyse.[106] Für OLAP-Analysen eignen sich multidimensionale Datenquellen, unabhängig davon, ob diese in einem Data Warehouse integriert sind oder darauf aufsetzen.[107]

Anforderungen an ein OLAP-System

Der Begriff OLAP geht auf Untersuchungen von CODD im Jahre 1993 zurück[108]. Diese wurden im Auftrag von Arbor Software, dem Hersteller der multidimensionalen Datenbank Essbase, angefertigt und stellen aufgrund fehlender Produktneutralität einen wesentlichen, jedoch auch umstrittenen Beitrag dar.[109] Aufgrund der 12 Evaluierungsregeln von CODD wurde diesem Produkt als erstes auf dem Markt die sogenannte OLAP-Fähigkeit bescheinigt. Die Anforderungen an ein OLAP-System sind nach CODD folgende:[110]

1. Multidimensionale konzeptionelle Sicht auf die Daten
    –   mehrdimensionale Sicht auf das Datenmaterial
    –   Erleichterung der Datenmodellierung
    –   intuitive Analyse

---

[103]   Vgl. Gabriel, Roland; Gluchowski, Peter: Semantische Modellierungstechniken für multidimensionale Datenstrukturen, 1997, S. 26.

[104]   Vgl. Breitner, Christoph A.; Herzog, Uwe: Data Warehouse als Schlüssel zur Bewältigung der Informationsflut, 1996, S. 17.

[105]   Vgl. Böttiger, Werner, Chamoni, Peter, Gluchowski, Peter, Müller, Jochen: Ein Kriterienkatalog zur Beurteilung und Einordnung von Data Warehouse-Lösungen, 2001, S. 42.

[106]   Vgl. Jahnke, Bernd; Groffmann, Hans-Dieter: On-Line Analytical Processing (OLAP), 1996, S. 321.

[107]   Vgl. Meister, W.: Datenmodellierung mit OLAP, Datenbank Fokus, 7/95, S. 54f.

[108]   Vgl. Codd, E.F., u.a.: Providing OLAP to User-Analysts, 1993.

[109]   Vgl. Gärtner, M.: Die Eignung relationaler und erweiterter relationaler Datenmodelle für das Data Warehouse, 1996, S. 141.

[110]   Vgl. Chamoni, Peter; Zeschau, Dietmar: Management-Support-Systems und Data Warehousing, 1996, S. 70ff, Vgl. Jahnke, Bernd; Groffmann, Hans-Dieter: On-Line Analytical Processing (OLAP), 1996, S. 323.

2. Transparenz
   - Verbergen der technischen Umsetzung vor dem Benutzer
   - Integration in die gewohnte Arbeitsumgebung
3. Zugriffsmöglichkeiten
   - Benutzerzugang zu allen analyserelevanten Daten
   - Gewährleistung des Zugriffs auf viele heterogene unternehmensinterne und -externe Datenquellen und Datenformate
   - Bereitstellung der Daten aus den operativen Systemen
4. Konsistente Leistungsfähigkeit
   - Stabilität der Antwortzeiten und gleichbleibende Berichtsleistung bei Datenabfragen
   - Unabhängigkeit der Antwortzeiten von der Anzahl der Dimensionen, der festgelegten Verdichtungsebenen und des Datenvolumens
5. Client-Server-Architektur
   - Lauffähigkeit in einer Client-Server-Umgebung
   - verteilte Datenhaltung und verteilte Programmausführung
   - verteilte Datenquellen, beliebig integriert und aggregiert
6. Grundprinzipien der gleichgestellten Dimensionen
   - einheitliche Struktur und Funktionalität der Dimensionen
   - einheitlicher Befehlsumfang zum Aufbauen, Strukturieren, Bearbeiten, Pflegen und Auswerten der Dimensionen
   - Herstellerunabhängigkeit
7. Dynamische Verwaltung dünn besetzter Matrizen
   - effiziente Handhabung von typischen Lücken in den Hyperwürfeln aufgrund dünn besetzter Matrizen
   - komplette Datenhaltung in einem Hypercube oder Aufteilung in kleinere Multicubes
8. Mehrbenutzerfähigkeit
   - mehrbenutzerfähiges Sicherheits- und Zugriffskonzept
9. Unbeschränkte dimensionsübergreifende Operationen
   - dimensionsübergreifende Berechnungen
   - Speicherung von Berechnungsvorschriften in der OLAP-Datenbasis
   - vollständige, integrierte Datenmanipulationssprache
10. Intuitive Datenanalyse
    - einfache und ergonomische Benutzerführung und Oberfläche
11. Flexibles Berichtswesen
    - Abfragemöglichkeit für beliebige Ausschnitte
12. Unbegrenzte Anzahl von Dimensions- und Aggregationsstufen
    - keine Beschränkungen hinsichtlich der Anzahl an Dimensionen, Relationen, Variablen und Konsolidierungsebenen durch die OLAP-Datenbank
    - reale, strukturgleiche Abbildung betriebswirtschaftlicher Sachverhalte.

Aufgrund der Kritik, daß diese 12 Regeln zu sehr auf ein bestimmtes Produkt ausgerichtet sind, wurden von weiteren Anbietern Regeln hinzugefügt, um die Vorzüge ihrer Produkte hervorzuheben.[111]

---

[111] Vgl. Jahnke, Bernd; Groffmann, Hans-Dieter: On-Line Analytical Processing (OLAP), 1996, S. 321.

Die Zusammenfassung der OLAP-Charakteristika von PENDSE und CREETH unter dem Akronym FASMI (Fast Analysis of Shared Multidimensional Information) ist im Hinblick auf den multidimensionalen Untersuchungsgegenstand besser:[112]

1. Fast
   - schneller Zugriff auf die Daten
2. Analysis
   - Berücksichtigung benutzerrelevanter Geschäftslogik und statistischer Analysen
3. Shared
   - Mehrbenutzerfähigkeit der Datenbasis
4. Multidimensional
   - effiziente Speicherung multidimensionaler betrieblicher Daten
5. Information
   - Bereitstellung sämtlicher Daten, unabhängig von Datenmenge und Herkunft.[113]

2.1.2.3   Technische Realisierung von multidimensionalen Modellen

Für die technische Realisierung des multidimensionalen Modells existieren vier Ansätze:

- der virtuelle Ansatz des Relational OnLine Analytical Processing (ROLAP),
- der physische Ansatz des Multidimensional OnLine Analytical Processing (MOLAP)[114],
- der hybride Ansatz des Hybrid OnLine Analytical Processing (HOLAP) und
- der Client-/Desktop-Ansatz des Cliental OnLine Analytical Processing (COLAP/DOLAP).

ROLAP

ROLAP orientiert an relationalen Datenbanken. Da sie der Vieldimensionalität nicht entsprechen, wird ein virtueller Würfel logisch durch Relationen in der relationalen Datenbank beschrieben. Die Daten bleiben relational gespeichert. Allerdings wird dazu ein Redesign der Daten in ein sogenanntes Star- oder Stern-Schema[115,116] vorausgesetzt, um bei der mehrdimensionalen Analyse die notwendige Performance zu erreichen. Dieses Datenbank-Redesign stellt nicht zu unterschätzende Anforderungen an die Kenntnisse des Analysten. Da bei jeder Abfrage der virtuelle Würfel dynamisch geladen wird, lassen sich mit den heutigen Werkzeugen aus Performancegründen nicht mehr als 4 oder 5 Dimensionen praktisch unterstützen.[117]

Durch ROLAP-Modelle lassen sich die weitverbreiteten und leistungsfähigen relationalen Datenbanksysteme wie z.B. IBM DB/2, ORACLE und MS SQL-Server nutzen.[118]

---

[112] Vgl. Pendse, Nigel; Creeth, Richard F.: Synopsis of the OLAP Report, 1997.

[113] Vgl. Jahnke, Bernd; Groffmann, Hans-Dieter: On-Line Analytical Processing (OLAP), 1996, S. 321.

[114] Vgl. Bager, Jo; Becker, Jörg; Munz, Rudolf: Zentrallager Data Warehouse - zentrale Sammelstelle für Information, 1997, S. 285.

[115] Vgl. Holthuis, Jan: Multidimensionale Datenstrukturen: Modellierung, Strukturkomponenten, Implementierungsaspekte, 1996, S. 190 ff.

[116] Vgl. Raden, Neil: The star schema, 1996.

[117] Vgl. Martin, Dr. W.: DSS-Werkzeuge, Datenbank Fokus, 2/96, S. 18.

[118] Vgl. Böttiger, Werner, Chamoni, Peter, Gluchowski, Peter, Müller, Jochen: Ein Kriterienkatalog zur Beurteilung und Einordnung von Data Warehouse-Lösungen, 2001, S. 42.

MOLAP

Der multidimensionale Ansatz stützt sich auf proprietäre Datenbanken, die von vornherein für OLAP-Zwecke entworfen worden sind. Ein MOLAP-Server bezieht seine Daten aus relationalen Datenbanken und anderen Quellen, säubert sie von Inkonsistenzen, faßt sie in unterschiedlichen Abstraktionsebenen zusammen und speichert die Daten physisch in einer multidimensionalen Struktur.[119] Diese Datenbanken nutzen eine Zellstruktur, die jede Zelle entlang jeder Dimension indizieren kann. So wird ein schneller Zugriff zu den einzelnen Daten erreicht. Die Größe eines physischen Datenwürfels ist durch die Multiplikation der Anzahl an Zellen in jeder der Dimensionen gegeben. Im Würfel kann es aufgrund des Designs viele Leerfelder geben, so daß in einem großen multidimensionalen Würfel relativ wenige Quelldaten enthalten sein können (Hypersparsity). Die Ladezeiten des Würfels, die bei jeder Neueinspeisung von Quelldaten anfallen, sind aufgrund der hohen Indizierung der Daten im Würfel ca. 20 bis 30 Prozent höher als bei relationalen MDBMS mit vergleichbarer Indexstruktur. Nach bisherigen Praxiserfahrungen sollte die Größe des zu analysierenden Würfels 20 Gigabyte nicht übersteigen.[120] Deshalb bietet sich eine Nutzung in Verbindung mit Data Marts als Datenbasis an.

Neben dem Mangel an einer standardisierten Datenbanksprache, spricht die bewußte Verschleierung der internen Funktionsweise durch die Anbieter gegen MOLAP. Während der interne Aufbau von RDBMS mit Speichertechnik, Data Dictionary-Aufbau und systeminternen Serverprozessen weitgehend offen und bekannt ist, stellen sich MDBMS häufig noch als Black-Box dar.[121]

HOLAP

Die Vorteile von ROLAP und MOLAP werden im hybriden Ansatz vereinigt. Die Fähigkeit zur multidimensionalen Speicherung werden mit denen der relationalen Datenbanksysteme kombiniert. Multidimensionale Strukturen dienen der Speicherung von häufig benötigten Daten geringen Umfangs, relationale Strukturen werden für sehr umfangreiche und selten benötigte Datenanalysen verwendet (vgl. Abbildung 22).

COLAP/DOLAP

In einem weiteren Ansatz, dem Client-OLAP[122] modelliert der Anwender die Anfragen des Benutzers an das System in einem persönlichen, multidimensionalen, vergleichsweise kleinen Datenwürfel. Dieser wird im Hauptspeicher des Systems gehalten und bei Bedarf auf Plattenspeicher ausgelagert.

DOLAP steht für Desktop-OLAP und beinhaltet ebenfalls die lokale Speicherung der Daten auf dem Rechner des Anwenders.[123]

---

[119] Vgl. Bosch, R.: OLAP-Engines als Kern des Data Warehouses, 1997, S. 70.

[120] Vgl. Martin, Dr. W.: DSS-Werkzeuge, Datenbank Fokus, 2/96, S. 19.

[121] Vgl. Gluchowski, Peter: Architekturkonzepte multidimensionaler Data Warehouse-Lösungen, 1996, S. 255.

[122] Vgl. Blaschka, Markus; Dinter, Barbara; Höfling, Gabriele; Sapia, Carsten: Würfelwelten, 1998, S. 105

[123] Vgl. Böttiger, Werner, Chamoni, Peter, Gluchowski, Peter, Müller, Jochen: Ein Kriterienkatalog zur Beurteilung und Einordnung von Data Warehouse-Lösungen, 2001, S. 42.

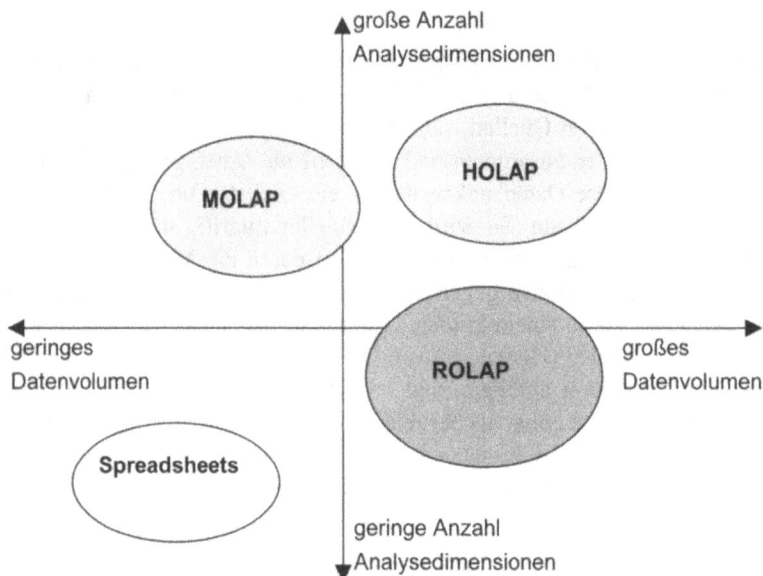

Abbildung 22: Einordnung von OLAP-Lösungen nach Datenvolumen und Analysedimensionalität

2.1.3   Datenextraktion

Innerhalb einer Data Warehouse-Lösung beschaffen die ETL-Komponenten (extraction, transformation, loading) relevante Daten aus den verschiedenen operativen Systemen und den externen Quellen. ETL-Tools übernehmen auch die Umwandlung und das Laden dieser Daten in einen konsistenten und homogenen Gesamtdatenbestand des Data Warehouse. Diese Werkzeuge können sowohl auf der Seite der Datenquelle als auch auf der Seite der Zieldatenbank eingesetzt werden. ETL-Lösungen stellen einen erfolgskritischen Schritt in Data Warehouse-Projekten dar.[124] Sie benötigen Schnittstellen zu den Vorsystemen, den Datenlieferanten und der Zielumgebung, dem Data Warehouse. Die Schnittstellen zu den Vorsystemen können sehr heterogen sein. Vier Gruppen von Schnittstellen sind:

- Offene Standards,
- proprietäre Schnittstellen,
- API (application programming interface)-basierte Schnittstellen und
- Interfaces zu externen Informationssystemen.[125]

Offene Standardschnittstellen wie ASCII oder ODBC lassen sich einfach realisieren. Sie bieten allerdings nicht immer eine überzeugende Verarbeitungsleistung. Proprietäre Schnittstellen können besser die Funktionen der anliegenden Systeme nutzen, verursachen aber in

---

[124] Vgl. Böttiger, Werner, Chamoni, Peter, Gluchowski, Peter, Müller, Jochen: Ein Kriterienkatalog zur Beurteilung und Einordnung von Data Warehouse-Lösungen, 2001, S. 43.

[125] Vgl. Böttiger, Werner, Chamoni, Peter, Gluchowski, Peter, Müller, Jochen: Ein Kriterienkatalog zur Beurteilung und Einordnung von Data Warehouse-Lösungen, 2001, S. 44.

heterogenen Umgebungen evtl. höhere Software- und Administrationskosten. API- Lösungen realisieren direkte Anschlüsse an Anwendungssysteme und deren Daten, z.B. SAP R/3. Externe Schnittstellen stellen die Verbindung zu Informationssystemen her, die nicht zu den unternehmensinternen Anwendungssystemen und Datenbanken zählen, z.B. externe Marktdatenbanken.[126]

2.2   Verfahrensunabhängige Datenaufbereitung

2.2.1   Datenanreicherung

Bei bestimmten Analyseproblemen, vor allem in der Markt- und Absatzforschung kann es vorkommen, daß die vorhandene Datenbasis fachlich nicht umfassend genug ist. Unternehmensexterne Daten, bspw. aus Marktforschungsstudien müssen involviert werden. Hierbei handelt es sich häufig um höher aggregierte Daten, die sich aus regionalen oder demografischen Untersuchungen ergeben haben. Sollen solche Daten zusammengeführt werden, ist es erforderlich, die Zugehörigkeit der Kundendatensätze zu den von Marktforschern global ermittelten Kundensegmenten zu prüfen. Abbildung 23 zeigt, wie Marktforschungsdaten über Alter und Geo-Typ einer Kundendatenbank segmentspezifisch zugeordnet werden können.

Die Schätzungen für die Ausprägung von solchen eingeführten Variablen, in diesem Fall z.B. Postkaufwahrscheinlichkeit für Herrn Meier 5% und für Frau Huber 20 %, hängen vor allem ab von

- der Anzahl Verknüpfungsmerkmale,
- der Korrelation der Verknüpfungsmerkmale mit dem ergänzten Merkmal und
- der Definition und dem Pflegestand der Verknüpfungsmerkmale.[127]

Nach LIEHR liegen Erfahrungen vor, daß die ausschließliche Verwendung soziodemografischer Größen als Verknüpfungsmerkmale nur selten die erforderliche Trennschärfe der Merkmalsschätzung liefert. Für dieses Anwendungsfeld eignen sich Produktnutzungs- und Kaufhistorienmerkmale besser.[128]

---

[126] Vgl. Böttiger, Werner, Chamoni, Peter, Gluchowski, Peter, Müller, Jochen: Ein Kriterienkatalog zur Beurteilung und Einordnung von Data Warehouse-Lösungen, 2001, S. 44.

[127] Vgl. Hippner, Hajo; Wilde, Klaus D.: Der Prozess des Data Mining im Marketing, 2001, S. 45.

[128] Vgl. Liehr, Thomas: Data Warehouse + Data Mining = Wissen auf Knopfdruck? - Eine Perspektive für Marktforschung im Informationszeitalter, 1999, S. 44-49.

Marktforschung

Babyartikel - Umsatz pro Jahr/Person   Postkäufer Babyartikel

Geschl.	Alter		
	30-39	40-49	50-59
m	130	50	80
w	400	150	100

Kauf-Häufig-keit	Geo-Typ		
	Villen-Vorort	Dorf mit landschaftl. Prägung	Miethäuser in Ballungs-randzonen
öfter	5	40	7
selten	2	20	5

Kunden-Datenbank

Name	Alter	Post-käufer	Geschl.	Geo-Typ	Babyartikel Umsatz proJahr/Person	Postkauf-wahrschein-lichkeit
Meier	45	öfter	m	Villen - VO	50	5
Müller						
Huber	32	selten	w	Dorf - LP	400	20
Kunze						
...						

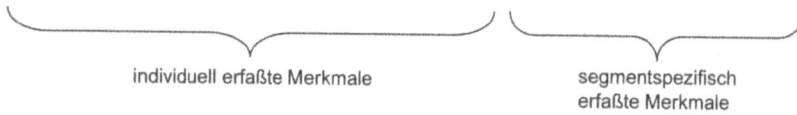

individuell erfaßte Merkmale   segmentspezifisch erfaßte Merkmale

Abbildung 23: Data Matching (Quelle: In Anlehnung an Schweiger, Alfred: Database Marketing - Aufbau und Management, 1993, S. 106)

2.2.2   Datenreduktion

2.2.2.1   Stichproben

Beim Data Mining wird in der Regel mit großen Datenmengen operiert. Oft ergeben sich daraus Performanceprobleme. Eine zweckmäßige Reduktion von Daten kann daher sehr nützlich sein. Die Datenreduktion bezieht sich entweder auf die Anzahl der Objekte oder auf die Anzahl gleichzeitig zu analysierender Attribute oder auf beides. Je nachdem, wofür sich der Anwender entscheidet, handelt es sich um das Ziehen von Stichproben oder um Aggregation oder auch um beides.

Für das Ziehen von Stichproben ist es wichtig, daß die Stichprobe die realen Zusammenhänge der Grundgesamtheit widerspiegelt.

Repräsentative Stichprobe (Zufallstichprobe oder Pseudozufallstichprobe)

Die Stichprobe wird zufällig gezogen. Es ist auf die Gesamtzahl der Datensätze und die Besetzungsdichte der als wichtig eingeschätzten Merkmale zu achten. Je nach Data Mining-Verfahren ist die Datenreduktion mehr oder weniger sinnvoll.[129]

Beinhaltet bspw. die Grundgesamtheit und damit das Ausgangsdatenmaterial nur einen geringen Anteil Objekte mit einer speziellen aber wichtigen Ausprägung eines diskriminierenden Merkmals, so besteht eine große Wahrscheinlichkeit, daß die Stichprobe Objekte mit dieser Ausprägung stark unterrepräsentiert oder gar nicht umfaßt.

Geschichtete Stichprobe

Das oben angesprochene Problem läßt sich mit einer geschichteten Stichprobe umgehen. Diese enthält unterschiedliche Testmengen an Objekten. Es kann gesteuert werden, daß alle Objekte bzgl. der Merkmalsausprägungen wichtiger diskriminierender Merkmale nahezu gleichverteilt sind.

Inkrementelle Stichprobe

Wird eine Stichprobe inkrementell festgelegt, so handelt es sich um das schrittweise Erweitern der Stichprobe im Verlaufe der Datenanalyse. Die Stichprobe besitzt dann einen optimalen Umfang, wenn mit steigendem Stichprobenumfang der Zufallsfehler bei weiter steigender Modellkomplexität nicht mehr nennenswert gesenkt werden kann.[130] Nachteilig ist hierbei, daß große Stichproben zu insgesamt erhöhtem Analyseaufwand führen. Diese Art Stichproben zu ermitteln ist vor allem dann geeignet, wenn Datenanalyseverfahren zyklische Wiederholungen erfordern.[131]

Average Sampling

Der Ausgangsdatenbestand wird aufgrund seiner „Übergröße" in mehrere Teilstichproben zerlegt mit denen die Analysen durchgeführt werden. Für die Ergebnisse werden Durchschnittswerte berechnet.[132]

Diese Art der Stichprobenziehung ist vor allem immer dann erforderlich, wenn Performanceprobleme zu erwarten sind. Die Analyseergebnisse können besser sein als bei einer Verarbeitung aller Daten.[133]

Selektive Stichprobe

Der Analyst bestimmt Kriterien, anhand derer beurteilt werden kann, welche Eigenschaften Datensätze aufweisen müssen, um für die Analyse relevant zu sein. Wird bspw. festgestellt, daß eine große Anzahl Datensätze existiert, bei denen alle Attribute Ausprägungen nahe am

---

[129] Vgl. Reinartz, Thomas: Focusing Solutions for Data Mining - Analytical Studies and Experimental Results in Real-World Domains ,1998, S. 88.
Vgl. Hippner, Hajo; Wilde, Klaus D.: Der Prozess des Data Mining im Marketing, 2001, S. 47.

[130] Vgl. Weiss, S. M., Indurkhya, N.: Predictive Data Mining - a practical guide, San Francisco, 1998, S. 109 ff.

[131] Vgl. Hippner, Hajo; Wilde, Klaus D.: Der Prozess des Data Mining im Marketing, 2001, S. 48.

[132] Vgl. Weiss, S. M., Indurkhya, N.: Predictive Data Mining - a practical guide, San Francisco, 1998, S. 113.

[133] Vgl. Hippner, Hajo; Wilde, Klaus D.: Der Prozess des Data Mining im Marketing, 2001, S. 48.

Mittelwert besitzen, können diese aus dem zu analysierenden Datenbestand entfernt werden.[134]

Windowing

Windowing verknüpft die Grundprinzipien von inkrementeller und selektiver Stichprobenziehung. Den Ausgangspunkt stellt eine Stichprobe dar, die schrittweise um besonders relevante Datensätze erweitert wird. Die Relevanz bisher nicht betrachteter Datensätze wird bspw. anhand von falsch klassifizierten Objekten des gesamten Datenbestandes festgelegt. Dieser dient der Modellevaluierung und stellt die falsch klassifizierten Objekte für die Stichprobenerweiterung heraus.[135]

Clustergestützte Stichprobe

Der Datenbestand wird in Gruppen/Cluster/Klassen proximativer Datensätze unterteilt. Die Durchschnittswerte für die einzelnen Attributausprägungen können den Referenzfall des Clusters repräsentieren.

Mit Filterkriterien (Lage- und Streuungsparameter, Verteilungen, Korrelationen der Merkmale) oder Wrapper-Kriterien (Genauigkeit, Laufzeit- und Speicherplatzbedarf, Modellkomplexität) kann die Leistungsfähigkeit der Stichprobenmethoden beurteilt werden. Filterkriterien messen die Güte der Datenrepräsentation durch die Stichprobe an sich. Wrapper-Kriterien orientieren sich an den Data Mining-Ergebnissen.[136]

2.2.2.2   Aggregation

Aggregation beinhaltet die Zusammenfassung mehrerer Datensätze einer untergordneten Aggregationsebene (z.B. einzelne Kaufakte) zu einem Datensatz höherer Aggregationsebene (z.B. Kunde). Die Datensätze werden mit einer Aggregationsfunktion zusammengefaßt. Diese Funktion macht aus einem oder mehreren Merkmalen der unteren Aggregationsebene ein Merkmal der höheren Aggregationsebene. Meist erfolgt dies über Summen- oder Mittelwertbildung. Dies ist mit Informationsverlusten verbunden. Um diese Verluste gering zu halten, können auf höherer Aggregationsebene zusätzlich Merkmale eingeführt werden, z.B. Lage-, Streuungs- und Zusammenhangsmaße bezogen auf die aggregierten Merkmale. Zu beachten ist, daß die Datenreduktion nicht durch zu viele zusätzliche Attribute ihren Sinn verliert.[137]

Beispiele für Aggregationen aus zeitlicher, räumlicher und sachlicher Sicht sind folgende:

- sachlich: Artikel > Kaufakt > Kunde > Kundengruppe > Gesamtmarkt,
- räumlich: Kunde > Wohnblock > Ortsteil > Gemeinde > Vertriebsbezirk > Vertriebsregion und
- zeitlich: Tag > Woche > Monat > Quartal > Jahr.

---

[134]   Vgl. Weiss, Sholom M.; Indurkhya, Nitin: Predictive Data Mining: A Practical Guide, 1998, S. 116.

[135]   Vgl. Hippner, Hajo; Wilde, Klaus D.: Der Prozess des Data Mining im Marketing, 2001, S. 49.

[136]   Vgl. Hippner, Hajo; Wilde, Klaus D.: Der Prozess des Data Mining im Marketing, 2001, S. 49.

[137]   Vgl. Hippner, Hajo; Wilde, Klaus D.: Der Prozess des Data Mining im Marketing, 2001, S. 50.

Folgende Aspekte sind zu beachten:

- Eine Aggregation reduziert Datenvolumen und kann als Alternative zur Stichprobenziehung aufgefaßt werden.[138]
- Die Verknüpfung von Daten unterschiedlicher Aggregationsebenen kann sinnvoll sein,
wenn bspw. gleichzeitig regionale Merkmale mit denen eines kundenbezogenen Daten-
satzes ausgewertet werden sollen. Auch hier müssen für die aggregierten Merkmale
Intraklassenvarianzen und Interklassenvarianz geprüft werden.
- Eine Aggregation reduziert die beobachtete Streuung der Merkmale mit der Folge, daß
sich Gütemaße für Data Mining-Modelle, die auf den erklärten Varianzanteil eines Ziel-
merkmales abstellen, mit wachsender Aggregation systematisch verbessern. Insofern lassen sich Data Mining-Modelle unterschiedlicher Aggregationsebenen nicht qualitativ
vergleichen. Eine Aggregation kann aber auch interessierende Zusammenhänge unter
Umständen besser sichtbar machen als eine Datenanalyse mit Data Mining-Verfahren.[139]

2.2.3   Dimensionsreduktion

Eine Dimensionsreduktion empfiehlt sich immer dann, wenn die Dimensionalität eines Datenbestandes zu hoch ist. D.h., die Anzahl der Merkmale sollte dahingehend reduziert werden, daß Attribute, die starke Korrelationen zueinander aufweisen besonders behandelt werden. Folgende Wege zur Datenreduktion bieten sich an:[140]

- manuelle Vorauswahl von Merkmalen aufgrund von a priori-Wissen,
- Generierung synthetischer Merkmale mit optimaler Informationsausschöpfung und
- automatische Vorauswahl von Merkmalen aufgrund von Korrelationsbetrachtungen

Bei der manuellen Vorauswahl werden geeignete Analysemerkmale subjektiv ausgewählt. Es
wird ein Repräsentant für eine Gruppe hochkorrelierender Merkmale subjektiv festgelegt.
Erfahrungen besagen allerdings, daß die Bedeutung vieler Merkmale unterschätzt wird und
diese dann nicht in den Data Mining-Prozeß einfließen können.

Synthetische Merkmale werden mit Varianten von Faktorenanalysen berechnet. Nach Küsters ermöglichen die Hauptkomponentenmethode oder Faktorenanalyse eine maximale Dimensionsreduktion.[141] Die Datenanalyse erfolgt dann mit einer wesentlich kleineren Zahl von
neuen Attributen, den relativ unkorrelierenden Faktoren. Probleme bereitet hier die Interpretation. Die Ergebnisse sind für nicht mathematisch-statistisch geprägte Analysten kaum
nachvollziehbar.

---

[138] Vgl. Berry, Michael J.A.; Linoff, Gordon S.: Data Mining Techniques for Marketing, Sales and Customer
Support, 1997, S. 68.

[139] Vgl. Hippner, Hajo; Wilde, Klaus J.: Der Prozess des Data Mining im Marketing, 2001, S. 51.

[140] Vgl. Hippner, Hajo; Wilde, Klaus J.: Der Prozess des Data Mining im Marketing, 2001, S. 51 f.

[141] Vgl. Küsters, Ulrich; Kalinowski, Christoph: Traditionelle Verfahren der multivariaten Statistik, 2000, S. 131-
187, S. 182 ff

Mit Hilfe von Data Mining-Verfahren können schrittweise Wirkungsrelationen zwischen Merkmalen festgestellt werden. Besteht bspw. das Ziel einer Analyse in der Prognose einer Klassenzugehörigkeit, so können durch stufenweisen Einsatz von Data Mining-Verfahren zur Analyse des Zusammenhangs zwischen abhängigen und unabhängigen Merkmalen Gruppen von Erklärungs- und Beschreibungsmerkmalen selektiert und untersucht werden.

2.2.4   Behandlung fehlender und fehlerhafter Merkmalswerte

In den seltensten Fällen liegen Daten vollständig und exakt vor. Datenanalysen benötigen aber möglichst vollständige Datensätze. Sind diese nicht vorhanden, so bestehen Möglichkeiten, diese fehlenden Daten zu kompensieren bspw. über

- Ausschluß von Datensätzen oder Merkmalen mit fehlenden Merkmalswerten,
- Imputation fehlender Merkmalswerte und
- Kodierung fehlender Merkmalswerte als zulässige Merkmalsausprägung.[142]

Datensätze mit fehlenden Merkmalswerten auszuschließen stellt den einfachsten Weg zur Behandlung fehlender Daten dar. Es ist darauf zu achten, daß das Datenmaterial nicht ungewollt verzerrt wird.

Wird ein fehlender Wert ergänzt, so kann das

- durch Mittelwertbildung bei numerischen Merkmalen,
- durch die Bildung des Modalwertes bei ordinalskalierten Merkmalen oder
- durch Anwendung des häufigsten Wertes bei nominalskalierten Merkmalen
erfolgen.

Anspruchsvolle Imputationsmethoden berücksichtigen Korrelationsbeziehungen zwischen den Merkmalen und suchen nach einem individuellen Schätzwert. Hier finden auch Data Mining-Methoden selbst Anwendung.

Für nominale Merkmalsausprägungen kann die Merkmalsausprägung „unbekannt" eingeführt werden. Diese Variante der Kodierung ist vernünftig und meßtheoretisch vertretbar. Nicht vertretbar wäre dieselbe Behandlung von ordinalskalierten Merkmalen und zwar dann, wenn bei der Anwendung von Analyseverfahren Äquidistanz unterstellt wird, was durchaus üblich ist.

Fehlerhafte Daten ergeben sich grundsätzlich, wenn Wertebereichsverletzungen vorliegen (z.B. unerlaubte negative Werte). Auf solche Fehlerquellen ist im Vorfeld der Datenanalyse zu achten.

Genauso wichtig und analysebeeinflussend sind Ausreißer im Datenbestand. Diese müssen zu Beginn eliminiert werden. Für die Ausreißerdiagnose werden Extremwert- und Korrelationskriterien herangezogen.[143]

---

[142]   Vgl. Bankhofer, Udo; Praxmarer, Sandra: Angewandte Marktforschung und das Problem fehlender Daten, 1998, S. 48 f.

[143]   Einen Überblick gibt Rambold, Alexandra: Ausgewählte Verfahren zur Identifikation von Ausreißern und einflussreichen Beobachtungen in multivariaten Daten und Verfahren, 1999.

2.3   Verfahrensabhängige Datenaufbereitung

2.3.1   Skalierung von Daten

2.3.1.1   Messen als Grundlage empirischer Wissenschaft

Das Messen ist eine Grundlage empirischer Wissenschaft. Das Bestreben in jeder Wissenschaftsdisziplin liegt in der Beschreibung, Erklärung und Prognose beobachteter Phänomene durch allgemeine Gesetzmäßigkeiten. Dabei gilt, daß nicht die jeweils interessierenden Objekte oder Untersuchungsgegenstände als Ganzes meßbar sind, sondern nur deren Merkmale, wobei jedes Objekt durch eine Menge von Merkmalen gekennzeichnet ist.[144] Die Frage, welche empirischen Gegebenheiten durch welche numerischen Strukturen angemessen modelliert werden können, ist Gegenstand der Meßtheorie. Dominiert von der Meßtheorie beschäftigt sich das fundamentale oder axiomatische Messen damit, die empirischen Voraussetzungen des Messens herauszuarbeiten.[145] Die wohl in der Literatur am häufigsten verwendete Definition des Begriffs Messen geht auf STEVENS zurück. Demnach ist Messen allgemein die Zuordnung von Zahlen zu Objekten und beruht auf drei Elementen:[146]

- auf Mengen von empirischen Objekten und deren Merkmalsausprägungen,
- auf Mengen von Zahlen und
- auf einer Abbildung zwischen beiden Mengen, die bestimmten Regeln genügt (Zuordnungsvorschrift).

Nicht jede Zuordnung einer Zahl zu einem Objekt stellt eine Messung dar. So wären auch zufällige Zuordnungen zulässig, die zu unsinnigen Meßergebnissen führen würden. Regeln zu erarbeiten, welche die Zuordnung von Zahlen auf Merkmalsausprägungen vorschreiben, ist Aufgabe der Meßtheorie.

Obwohl das Messen so alt wie die Wissenschaft ist, muß seine Bedeutung gerade für die Phänomene, welche nur indirekt empirisch erfaßbar sind, noch einmal unterstrichen werden. Anders als in den Naturwissenschaften, wo die empirischen Analysen überwiegend auf quantitativen Meßgrößen basieren, begegnet man in der empirischen Erforschung von bspw. psychologisch orientierten Fragestellungen häufig Phänomenen, die sich einer direkten Quantifizierung entziehen.[147] Bei empirischer Marketingforschung sind bspw. die psychischen Vorgänge, die eine Kaufentscheidung oder andere Verhaltensweisen beeinflussen, von Interesse. Das können z.B. die Einstellung eines Konsumenten zu einer bestimmten Marke, seine kognitiven Fähigkeiten bzgl. Produktwahrnehmung und -beurteilung oder seine Inno-

---

[144] Vgl. Torgerson, Warren S.: Theory and Method of Scaling, 1958, S. 9 ff.

[145] Vgl. Borg, Ingwer; Staufenbiel, Thomas: Theorien und Methoden der Skalierung: Eine Einführung, 1993, S. 214.

[146] Vgl. Dreier, Volker: Datenanalyse für Sozialwissenschaftler, 1994, S. 59.

[147] Vgl. Böckenholt, Ingo: Mehrdimensionale Skalierung qualitativer Daten - Ein Instrument zur Unterstützung von Marketingentscheidungen, 1989, S. 4.

vationsfreudigkeit beim Kauf neuer Produkte sein. Keine dieser theoretischen Konstrukte sind direkt beobachtbar, können aber durch sozial- und verhaltenswissenschaftliche Analysen aufgedeckt werden.

2.3.1.2   Repräsentation von Variableneigenschaften auf Skalen

Verschiedene Data Mining-Verfahren stellen individuelle Anforderungen an die Daten und deren Skalenniveau.

Eine Skala repräsentiert empirische Eigenschaften einer zu messenden Variablen numerisch. Sie kann als Ergebnis einer Messung angesehen werden und stellt eine homomorphe Abbildung eines empirischen Relativs auf ein numerisches Relativ dar.[148]

Die Verwendung des Begriffes „Skalentypen" setzt Gemeinsamkeiten von Skalen voraus, welche die Definition eines Typus erlauben. Diese Gemeinsamkeiten beruhen auf Mengen zulässiger Skalentransformationen.[149] Es werden verschiedene Typen von Skalen gebildet, welche unter bestimmten Transformationen invariant bleiben. Es wird unterschieden zwischen:

- Nominalskala,
- Ordinalskala,
- Intervallskala,
- Verhältnisskala und
- Absolutskala. [150]

Im Folgenden wird näher auf die ersten vier der o.g. Skalentypen eingegangen.

Nominalskala
Nominalskalierte Daten repräsentieren das niedrigste Meßniveau. Eine Nominalskala besteht ausschließlich aus einem Satz rangmäßig nicht geordneter Kategorien.[151] Eine Nominalskala ordnet den Objekten eines empirischen Relativs Zahlen zu, die so geartet sind, daß Objekte mit äquivalenter Merkmalsausprägung gleiche Zahlen und Objekte mit nicht äquivalenter Merkmalsausprägung verschiedene Zahlen erhalten.[152] Die so gebildeten Kategorien sind qualitativ verschieden und können in beliebiger Reihenfolge angeordnet sein, da lediglich ihr Unterschied definiert ist und keine Wertigkeiten zwischen den Ausprägungen existieren.[153] (vgl. Abbildung 24). „Die einzig zulässigen mathematischen Operationen mit nominalskalierten Daten bestehen in der Ermittlung der Klassenbesetzungen durch Auszählen der Objekte, worauf sich z.B. Häufigkeitsanalysen und die Berechnung einer Reihe einfacher Maßzahlen gründen."[154]

---

[148]   Vgl. Dreier, Volker: Datenanalyse für Sozialwissenschaftler, 1994, S. 61.

[149]   Vgl. Klein, Ingo: Mögliche Skalentypen, invariante Relationen und wissenschaftliche Gesetze, 1997, S. 51.

[150]   Vgl. Schneider, Wolfgang; Kornrumpf, Joachim; Mohr, Walter: Statistische Methodenlehre: Definitions- und Formelsammlung zur Statistik mit Erläuterungen, 1993, S. 7.

[151]   Vgl. Benninghaus, Hans: Einführung in die sozialwissenschaftliche Datenanalyse, 1990, S. 17.

[152]   Vgl. Benninghaus, Hans: Einführung in die sozialwissenschaftliche Datenanalyse, 1990, S. 17.

[153]   Vgl. Klitzsch, Walter; Hellmund, Uwe; Schumann, Klaus: Grundlagen der Statistik, 1992, S. 26.

[154]   Vgl. Klitzsch, Walter; Hellmund, Uwe; Schumann, Klaus: Grundlagen der Statistik, 1992, S. 26.

zu messendes Merkmal	Geschlecht	männlich	weiblich		
mögliche Werte auf einer Nominalskala		1	0		

zu messendes Merkmal	Nationalität	deutsch	englisch	französisch	andere
mögliche Werte auf einer Nominalskala		1	2	3	4

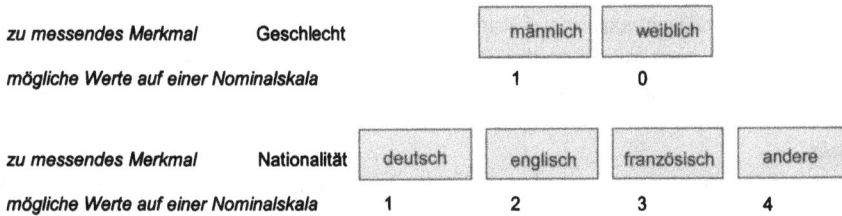

Abbildung 24: Beispiele für Nominalskalen

Ordinalskala

Eine Ordinalskala setzt im empirischen Relativ eine Menge X voraus, für die eine schwache Ordnungsrelation vom Typus „ $\geq$ " zwischen den Objekten von X gilt: (X, $\geq$). Bei zwei Objekten x_1 und x_2 muß es also möglich sein zu unterscheiden, ob das untersuchte Merkmal beim Objekt x_1 oder beim Objekt x_2 stärker ausgeprägt ist oder ob beide Objekte äquivalent sind. Bei einem ordinalskalierten Merkmal ist es demnach möglich, die Objekte einer Menge X in bezug auf ihre Merkmalsausprägungen in eine Rangreihe zu bringen. Sie bestehen also aus einem Satz rangmäßig geordneter Kategorien (vgl. Abbildung 25). Aus diesem Grund wird die Ordinalskala auch Rangskala genannt. „Eine Ordinalskala ordnet den Objekten eines empirischen Relativs Zahlen zu, die so geartet sind, daß von jeweils zwei Objekten das Objekt mit der größeren Merkmalsausprägung die größere Zahl erhält."[155]

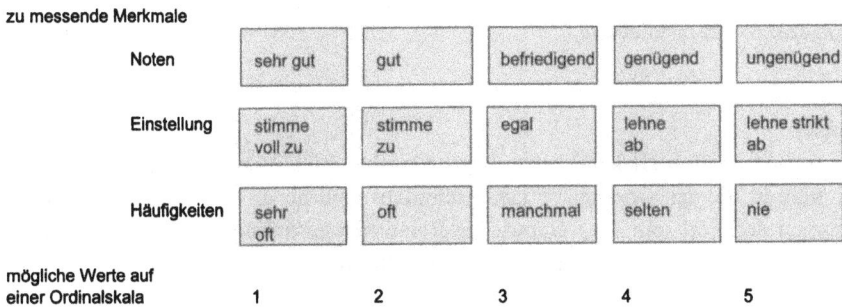

zu messende Merkmale					
Noten	sehr gut	gut	befriedigend	genügend	ungenügend
Einstellung	stimme voll zu	stimme zu	egal	lehne ab	lehne strikt ab
Häufigkeiten	sehr oft	oft	manchmal	selten	nie
mögliche Werte auf einer Ordinalskala	1	2	3	4	5

Abbildung 25: Beispiele für Ordinalskalen

Ordinalskalen können beliebig transformiert werden, solange die Rangfolge, die dem empirischen Relativ zugrunde liegt, erhalten bleibt. Da es sich bei Ordinalskalen nur um die Feststellung qualitativer Abstufungen handelt, sind keine Maßeinheiten für die Ränge erforderlich. Die Differenzen zwischen zwei Rangplätzen einer Ordinalskala sind nicht definiert. Sie sind nicht zwangsläufig gleich groß und aus diesem Grunde für die Verarbeitung in mathematischen Operationen nicht zugelassen.[156] Damit verbietet sich die immer wieder praktizier-

---

[155] Vgl. Bortz, Jürgen: Statistik für Sozialwissenschaftler, 1993, S. 21.

[156] Vgl. Klitzsch, Walter; Hellmund, Uwe; Schumann, Klaus: Grundlagen der Statistik, 1992, S. 27.

te Anwendung der Grundrechenarten auf Rangplätze. Man unterstellt bei diesem Vorgehen kritiklos, daß die Äquidistanz zwischen den Rangziffern einer Rangfolge mit den Abständen zwischen den Einheiten übereinstimmt.

Intervallskala

Zur Erläuterung der Intervallskala werden nicht die einzelnen Objekte einer Menge X betrachtet, sondern alle möglichen Paare von Objekten, die aus den Objekten von X gebildet werden können. Dieser Sachverhalt wird formal durch $X \times X$ (kartesisches Produkt von X) ausgedrückt. Elemente aus $X \times X$ sind demnach z.B. $x_1 x_2$, $x_1 x_3$, $x_2 x_3$ usw., wobei jedes dieser Elemente als Unterschied zwischen zwei Objekten interpretiert wird. Für die Objektpaare einer Menge X soll weiterhin gelten, daß die Unterschiede von je zwei Objekten eine schwache Ordnungsrelation $(X \times X ; \geq)$ aufweisen.

Es existieren unterschiedliche Meßstrukturen, die zu einer Intervallskala führen.[157] Eine Intervallskala ordnet damit den Objekten eines empirischen Relativs Zahlen zu, die so geartet sind, daß im numerischen Relativ die Rangordnung der Zahlendifferenzen zwischen je zwei Objekten den zugeordneten Zahlen der Rangordnung der Merkmalsunterschiede zwischen je zwei Objekten im empirischen Relativ entspricht[158] (vgl. Abbildung 26).

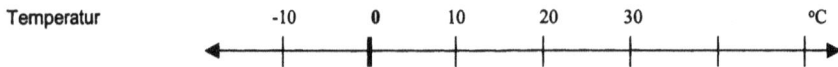

Abbildung 26: Beispiel für eine Intervallskala

Verhältnisskala

Die Verhältnisskala (Ratio[nal]skala) setzt ein empirisches Relativ mit einer sog. extensiven Meßstruktur voraus, die den Operator '°' hat. Außerdem muß für die Objekte eine schwache Ordnungsrelation definiert sein. Das empirische Relativ ist zusammenfassend durch $(X, °, \geq)$ zu charakterisieren. Der Operator '°' entspricht einer „Zusammenfügungsoperation".

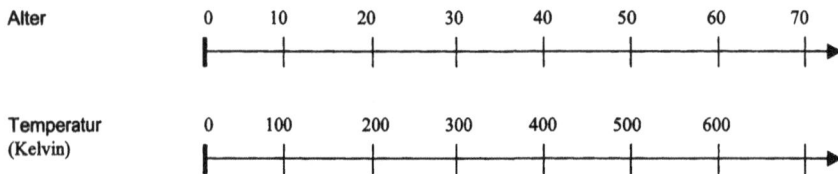

Abbildung 27: Beispiele für Verhältnisskalen

---

[157]   Detaillierte Information zu den Axiomen, die hierfür erfüllt sein müssen, enthält Bortz, Jürgen: Statistik für Sozialwissenschaftler, 1993, S. 21 f.

[158]   Vgl. Bortz, Jürgen: Statistik für Sozialwissenschaftler, 1993, S. 21 f.

Angenommen, es werden zwei Objekte in eine Waagschale gelegt und man bezieht dies z.B. auf zwei Gewichte, so ist $x_1 \circ x_2$ als das zusammengefaßte Gewicht von x_1 und x_2 zu interpretieren. Dem Operator '$\circ$' entspricht im numerischen Relativ das Pluszeichen '+'.[159] Eine Verhältnisskala ordnet den Objekten eines empirischen Relativs Zahlen derart zu, daß das Verhältnis zwischen je zwei Zahlen dem Verhältnis der Merkmalsausprägungen der jeweiligen Objekte entspricht[160] (vgl. Abbildung 27).

In Tabelle 5 sind wesentliche Eigenschaften statistischer Merkmale und ihre Skalierungen zusammengefaßt.

Tabelle 5: Zusammenhang zwischen Merkmalstyp, Skalentyp und zulässigen Relationen

	Merkmalstyp	Skalentyp	zulässige Relationen
q u a l i t a t i v	klassifikatorisch	nominale Skala	Äquivalenzrelation
	komparativ, qualitätsmäßig abgestuft	ordinale Skala	Äquivalenzrelation Ordnungsrelation
q u a n t i t a t i v	metrisch	kardinale Skala metrische Skala A) Intervallskala	Äquivalenzrelation Ordnungsrelation Abstandsrelation
		B) Verhältnisskala C) Absolutskala	Äquivalenzrelation Ordnungsrelation Abstandsrelation Verhältnisrelation

Die Nominalskala und die Ordinalskala gelten also auch als topologische, nichtmetrische oder qualitative Skalen; die Intervall-, Verhältnis- und Absolutskala als metrische oder quantitative Skalen. Das Skalenniveau, oder synonym verwandt Meßniveau, beinhaltet den Skalentyp einer statistischen Variablen, auf dem das zugehörige Merkmal meßbar wird. So

---

[159] Vgl. Bortz, Jürgen: Statistik für Sozialwissenschaftler, 1993, S. 23.

[160] Vgl. Bortz, Jürgen: Statistik für Sozialwissenschaftler, 1993, S. 23.

nimmt das Skalenniveau mit der Anzahl der Relationen zu, die zwischen den Merkmalsausprägungen sinnvoll interpretierbar sind. Demnach werden nominale Merkmale auf dem niedrigsten Skalenniveau und quantitative Merkmale auf dem höchsten Skalenniveau gemessen.[161] Das Meßniveau einer Skala wird um so höher, je weniger Transformationen der Meß-
werte zulässig sind. Deshalb sollte stets versucht werden, alle Variablen auf einem möglichst
hohen Meßniveau zu bestimmen, insbesondere deshalb, weil mit der Höhe des Meßniveaus
die Anzahl verwendbarer mathematischer Verfahren auf die Daten korrespondiert. Je höher
das Meßniveau ist, desto mehr Informationsgehalt steckt in einer Messung.[162]

Generell ist es nur möglich, Daten von einem höheren Skalenniveau auf ein niedrigeres Skalenniveau zu transformieren, aber nicht umgekehrt. Diese Vorgehensweise kann angebracht
sein, um die Übersichtlichkeit der Daten zu erhöhen oder um ihre Analyse zu vereinfachen.
Mit der Transformation auf ein niedrigeres Skalenniveau ist immer ein Informationsverlust
verbunden.

Weitere Aspekte zur Messung von Objektmerkmalen bieten die Ausprägungen der Merkmale in qualitativer und quantitativer Hinsicht.

Qualitative Merkmale können in unterschiedlichen Ausprägungen auftreten:[163]

- Merkmale sind häufbar, wenn gleichzeitig mehrere Merkmalsausprägungen für einzelne
  Objekte zutreffen können,
- Merkmale sind nicht häufbar, wenn jedes Objekt nur eine Ausprägung des Merkmals
  annehmen kann.

Ausgehend von der Anzahl der Ausprägungsmöglichkeiten, bezeichnet man Merkmale als:[164]

- *alternativ*, wenn das Merkmal nur zwei mögliche Ausprägungen annehmen kann, z.B.
  ja/nein, vorhanden/fehlt usw.,
- *mehrfach gestuft*, d.h. das Merkmal weist eine beliebige Zahl von Ausprägungen auf,
  jedoch stets mehr als zwei Abstufungen,
- *dichotomisch*, wenn für ein eigentlich mehrfach gestuftes Merkmal nur zwei interessierende Ausprägungen ausgewählt werden.

Quantitative Merkmale sind dadurch charakterisiert, daß ihre Ausprägungen in reellen Zahlen dargestellt werden. Zusätzlich sind sie nach der Kontinuität zu unterscheiden:[165]

- Merkmale sind *diskret* bzw. diskontinuierlich, wenn deren Merkmalsausprägungen nur
  als ganzzahlige reelle Werte auftreten und
- Merkmale sind *stetig* bzw. kontinuierlich, wenn deren Merkmalsausprägungen jeden
  beliebigen reellen Wert in einem gegebenen Zahlenbereich annehmen können.

---

[161] Vgl. Bortz, Jürgen: Statistik für Sozialwissenschaftler, 1993, S. 10.

[162] Vgl. Dreier, Volker: Datenanalyse für Sozialwissenschaftler, 1994, S. 64.

[163] Vgl. Klitzsch, Walter; Hellmund, Uwe; Schumann, Klaus: Grundlagen der Statistik, 1992, S. 22.

[164] Vgl. Klitzsch, Walter; Hellmund, Uwe; Schumann, Klaus: Grundlagen der Statistik, 1992, S. 22ff.

[165] Vgl. Klitzsch, Walter; Hellmund, Uwe; Schumann, Klaus: Grundlagen der Statistik, 1992, S. 23.

Die o.g. Skalen zur Messung von Merkmalsausprägungen wurden innerhalb der Meßtheorie entwickelt.[166] Aber es gibt ebenso ein breites Spektrum an Merkmalen bzw. Eigenschaften, die sich nicht nach objektiven Maßstäben einteilen lassen. Deshalb sind sie mit den aus der Meßtheorie abgeleiteten Skalen nicht abzubilden. Das betrifft vor allem Merkmale, die Verhaltensweisen, Wertungen, Urteile und subjektive Einstellungen von Personen umfassen. Sollen solche qualitativen Merkmale einer statistischen Auswertung zugänglich gemacht werden, so ist es meist nur möglich, eine Skalierung vorzunehmen, d.h. die erforderlichen Skalen selbst zu konstruieren oder bereits zu dieser Problematik entwickelte Skalen, z.B. die Thurstone-, die Likert- und die Guttmann-Skalen, zu benutzen.[167] Bei dieser von der Meßtheorie losgelösten Betrachtung wird der Prozeß, in dem den Objekten oder Eigenschaften Zahlen zugeordnet werden, als „Skalieren" bezeichnet.[168] Diese Betrachtung des Skalierens ist auch aus dem Grunde gerechtfertigt, weil eine axiomatische Herleitung meßtheoretischer Modelle nicht zwangsläufig die Möglichkeit einer Konstruktion der jeweils angemessenen Skala mit sich bringt. Meßtheoretische Modelle, z.B. das „Conjoint Measurement", gelten für den idealtypischen Fall, der in der Realität selten eintritt. Selbst wenn keine systematischen Verstöße gegen die Axiome vorhanden sind, gibt es fast immer Modellabweichungen, z.B. aus Fehlern bei der Datenerhebung.[169]

Unter den in der Literatur angebotenen Skalenkonstruktionen hat sich vor allem die sogenannte „Ratingskala" einen festen Platz erobert. Sie ist ein eindimensionales Skalierungsverfahren, weil jeweils nur ein Merkmal Gegenstand der Erfassung und Darstellung ist. Im folgenden wird das Funktionsprinzip einer Ratingskala dargestellt.

Im Rahmen einer Befragung wird einer Versuchsperson eine mehrstufige Skala vorgelegt, auf der die vorgesehenen Ausprägungen für das zu erhebende Merkmal enthalten sind. Die Versuchsperson beantwortet die gestellte Frage, indem sie sich für eine Skalenposition entscheidet, die ihre Auffassung am besten reflektiert. Jeder beschriebenen Merkmalsausprägung auf der Skala ist gleichzeitig eine Zahl zugeordnet, die dann als Meßwert des Merkmals aufgefaßt wird.[170]

„Das Meßniveau der Ratingskala ist eigentlich nur ordinal. Es werden Rangabstufungen bei den Ausprägungen eines Merkmals ermittelt. Bei praktischen Untersuchungen unterstellt man meist Äquidistanz zwischen den Merkmalsabstufungen und akzeptiert dies als ausreichend, um Ratingskalen die Eigenschaften von Intervallskalen beizumessen. Dadurch ergeben sich weit größere Möglichkeiten für arithmetische Operationen und für die Anwendung statistischer Analyseverfahren."[171]

---

[166] Vgl. Dreier, Volker: Datenanalyse für Sozialwissenschaftler, 1994, S. 64.

[167] Vgl. Klitzsch, Walter; Hellmund, Uwe; Schumann, Klaus: Grundlagen der Statistik, 1992, S. 29.

[168] Vgl. Böckenholt, Ingo: Mehrdimensionale Skalierung qualitativer Daten - Ein Instrument zur Unterstützung von Marketingentscheidungen, 1989, S. 4.

[169] Vgl. Böckenholt, Ingo: Mehrdimensionale Skalierung qualitativer Daten - Ein Instrument zur Unterstützung von Marketingentscheidungen, 1989, S. 4.

[170] Vgl. Klitzsch, Walter; Hellmund, Uwe; Schumann, Klaus: Grundlagen der Statistik, 1992, S. 30.

[171] Vgl. Klitzsch, Walter; Hellmund, Uwe; Schumann, Klaus: Grundlagen der Statistik, 1992, S. 30.

Die Gleichbehandlung ordinaler Skalen wie Intervallskalen ist gleichbedeutend mit einer Unterstellung von Äquidistanz zwischen den Merkmalsabstufungen. Das ist keineswegs unumstritten und nicht unproblematisch. Vor allem in der Literatur zur Sozialwissenschaft und Psychologie findet man häufig die Auffassung, daß sich in der Praxis unter bestimmten Bedingungen ordinalen Variablen Intervallskalenniveau unterstellen läßt.[172] Dabei verzichtet man auf eine empirische Überprüfung der jeweiligen Skalenaxiomatik. Die Messungen sind dann „Per-fiat"-Messungen (Messungen durch Vertrauen). Diese liberale Auffassung begründet sich aus der Überzeugung, daß durch die Annahme eines falschen Skalenniveaus die Bestätigung einer Forschungshypothese eher erschwert wird.[173] Anders formuliert: „Wurde ein Datenmaterial erhoben, bei dem vermutet werden kann, daß die Skalenqualität im Bereich zwischen Ordinal- und Intervallskala liegt (und dies sind die häufigsten Problemfälle), bleibt es dem Untersucher überlassen, anzunehmen, daß eine Intervallskala vorliegt. Ist diese Hypothese falsch, wird man schwerlich damit rechnen, daß statistische Auswertungen der Messungen zu Ergebnissen führen, die plausibel und sinnvoll sind. Unsinnige und/oder widersprüchliche Ergebnisse können deshalb ein guter Indikator dafür sein, daß die Skalenqualität der Daten falsch eingeschätzt wurde."[174]

2.3.2   Standardisierung von Daten

Unter verschiedenen Gesichtspunkten ist es erforderlich, Daten zu standardisieren und Vektoren zu normieren.

In Abhängigkeit des Auftretens von diskreten oder stetigen Zufallsvariablen wird die jeweilige Standardisierung verwendet.

Die Unterscheidung zwischen diskreten und stetigen Zufallsvariablen erfolgt nach der Endlich- bzw. Unendlichkeit des Wertevorrates einer solchen Variable.

Ist der Wertevorrat einer Zufallsvariable X endlich oder höchstens abzählbar unendlich, heißt diese diskret.[175]

Die Standardisierung einer diskreten Zufallsvariable X besitze den Erwartungswert μ und die Standardabweichung $\sigma <> 0$. Dann heißt die linear transformierte Zufallsvariable

$$(3) \qquad X^* = \frac{X - \mu}{\sigma}$$

die Standardisierung von X mit dem Erwartungswert $E(X^*)=0$ und der Varianz $Var(X^*)=E(X^{*2})=1$.[176]

---

[172] Vgl. Bortz, Jürgen: Statistik für Sozialwissenschaftler, 1993, S. 27.

[173] Vgl. Bortz, Jürgen: Statistik für Sozialwissenschaftler, 1993.

[174] Vgl. Bortz, Jürgen: Statistik für Sozialwissenschaftler, 1993, S. 32.

[175] Vgl. Bosch, Karl: Statistik-Taschenbuch, 1993, S. 128.

[176] Vgl. Bosch, Karl: Statistik-Taschenbuch, 1993, S. 144.

Bei stetigen Zufallsvariablen ist der Wertevorrat überabzählbar unendlich. Er enthält ganze Intervalle einer reellen Zahlengeraden. Dabei besitzt jede einzelne Realisierung $X(\omega)$ einer stetigen Zufallsvariable die Wahrscheinlichkeit von Null.[177]

Besitzt die stetige Zufallsvariable die Dichte f(x), die Verteilungsfunktion F(x), den Erwartungswert μ und die Standardabweichung $\sigma > 0$, dann besitzt die Standardisierte von X

$$(4) \qquad X^* = \frac{X - \mu}{\sigma}$$

den Erwartungswert $E(X^*) = 0$, $Var(X^*) = E(X^{*2}) = 1$,
die Verteilungsfunktion

$$(5) \qquad G(y) = P(X^* \leq y) = P(X \leq \mu + \sigma y) = F(\mu + \sigma y)$$

und die Dichte

$$(6) \qquad g(y) = \sigma \cdot f(\mu + \sigma y)$$

$F(x)$ *Verteilungsfunktion der stetigen Zufallsvariable X*

$P(X^* \leq y)$

           Wahrscheinlichkeit, daß X* kleiner oder gleich dem Funktionswert der linearen Transformation ist.

2.3.3   Normierung von Daten

Bevor die Daten einigen Data Mining-Verfahren präsentiert werden, ist zu prüfen, inwieweit eine Normierung der Eingabedaten erforderlich ist. Dies ist auf die Betrachtungen in n-dimensionalen Vektorräumen zurückzuführen.

In allgemeinen Vektorräumen steht zunächst keine Metrik zur Messung von Längen und Winkeln zur Verfügung. Diese wird zusätzlich durch ein Skalarprodukt eingeführt. Von diesem Skalarprodukt werden Eigenschaften gefordert, die dem Skalarprodukt n-dimensionaler (euklidischer) Vektoren ähnlich sind.[178]

Das Skalarprodukt zweier Vektoren ist eine reelle Zahl, ein Skalar.

Für zwei Vektoren $\vec{a} = \begin{pmatrix} a_1 \\ a_2 \\ a_3 \end{pmatrix}$ und $\vec{b} = \begin{pmatrix} b_1 \\ b_2 \\ b_3 \end{pmatrix}$ heißt

$$(7) \qquad \vec{a} \cdot \vec{b} = \begin{pmatrix} a_1 \\ a_2 \\ a_3 \end{pmatrix} \cdot \begin{pmatrix} b_1 \\ b_2 \\ b_3 \end{pmatrix} = a_1 b_1 + a_2 b_2 + a_3 b_3$$

---

[177]   Vgl. Bosch, Karl: Statistik-Taschenbuch, 1993, S. 191.
[178]   Vgl. Bosch, Karl: Mathematik-Taschenbuch, 1991, S. 147.

das Skalarprodukt. Mit dem von beiden Vektoren eingeschlossenen Winkel α gilt:

$$(8) \qquad \vec{a} \cdot \vec{b} = |\vec{a}| \cdot |\vec{b}| \cdot \cos\alpha = |\vec{a}| \cdot |\vec{b}| \cdot \cos(\vec{a}, \vec{b})$$

$$(9) \qquad \cos\alpha = \frac{\vec{a} \cdot \vec{b}}{|\vec{a}| \cdot |\vec{b}|} = \frac{a_1 b_1 + a_2 b_2 + a_3 b_3}{\sqrt{a_1^2 + a_2^2 + a_3^2} \cdot \sqrt{b_1^2 + b_2^2 + b_3^2}} \qquad [179]$$

Die Berechnung des Skalarproduktes oder euklidischer Abstände zwischen Vektoren spielt bei der Anwendung von Data Mining-Verfahren eine wichtige Rolle. Um die jeweiligen Unterschiede zwischen normierten und nichtnormierten Vektoren berücksichtigen zu können, wird ggf. die Normierung von Vektoren auf den Betrag 1 erforderlich:

$$(10) \qquad \frac{\vec{a}}{|\vec{a}|} = \frac{1}{|\vec{a}|} \cdot \begin{pmatrix} a_1 \\ a_2 \\ a_3 \end{pmatrix} = \frac{1}{\sqrt{a_1^2 + a_2^2 + a_3^2}} \cdot \begin{pmatrix} a_1 \\ a_2 \\ a_3 \end{pmatrix} \quad [180].$$

---

[179] Vgl. Bosch, Karl: Mathematik-Taschenbuch, 1991, S. 131.

[180] Vgl. Bosch, Karl: Mathematik-Taschenbuch, 1991, S. 130.

3   Klassenbildung

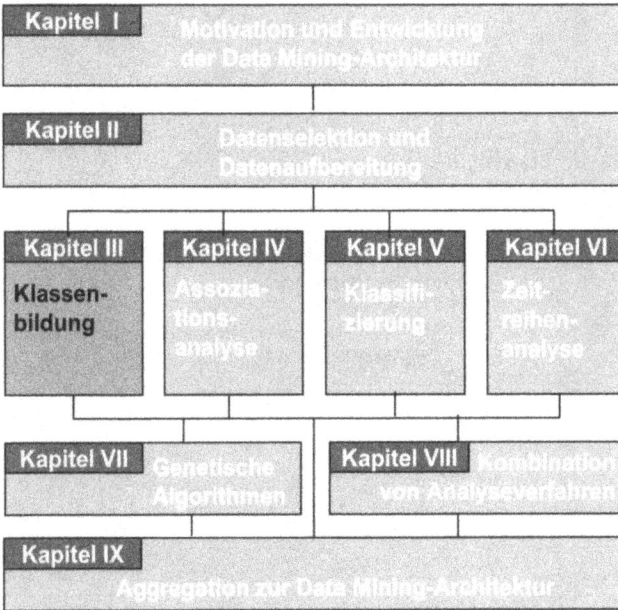

Abbildung 28: Einordnung von Kapitel 3 in die Struktur der Arbeit

3.1   Klassenbildung mit neuronalen Netzen

3.1.1   Self Organizing Maps[181]

Self Organizing Maps (SOM) sind KNN, beschrieben durch einen Graphen mit einer Menge von Knoten (Neuronen) und Kanten, welche die Knoten verbinden. Die Verbindungen besitzen Gewichte, die sich nach spezifischen Vorschriften verändern (vgl. Abbildung 29). Diese

---

[181]   Vgl. Petersohn, Helge: Vergleich von multivariaten statistischen Analyseverfahren und Künstlichen Neuronalen Netzen zur Klassifikation bei Entscheidungsproblemen in der Wirtschaft, 1997, S. 123 ff.

Veränderung erfolgt in zahlreichen Schritten und wird als Lernen bezeichnet. So ist es möglich, Objekte (Problemfälle, Muster) für verschiedene Anwendungsaufgaben abzubilden und diese Abbildungen auszuwerten. SOM lernen nichtüberwacht unter Nutzung einer Competitive Strategie. Diese Form des Lernens bewirkt einen Wettbewerb zwischen Neuronen (den Kartenneuronen), welche für die Repräsentation von einander proximativen Objekten verantwortlich sind.

Der Lernprozeß und die Nutzung der Lernergebnisse einer SOM werden im Folgenden beschrieben.[182]

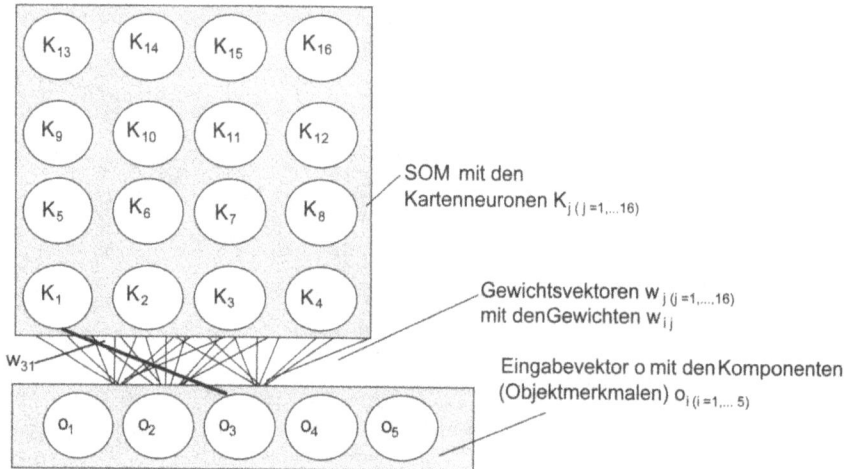

Abbildung 29: Beispiel einer SOM

(1) Lernphase:

1. Festlegen der Anzahl von Neuronen auf der Karte. (Die maximale Anzahl zu bildender Klassen ist durch die Anzahl der Kartenneuronen begrenzt.)
2. Berechnung der Euklidischen Distanz $ED_j(t)$ zwischen dem Gewichtsvektor w_j (Vektor, dessen Komponenten die Kantengewichte von allen Inputneuronen zu einem Kartenneuron K_j sind) und dem normierten Eingabevektor o eines Objektvektors für alle Kartenneuronen:

$$(11) \quad ED_j(t) = \sqrt{\sum_{i=1}^{m} (o_i - w_{ij})^2}$$

$ED_j(t)$	*Euklidische Distanz zwischen normiertem Eingabevektor o und Gewichtsvektor w_j zum Kartenneuron K_j*
o_i	*Ausprägung für Merkmal i des Objektes o (i=1,...,m)*
w_{ij}	*Gewicht zwischen Eingabeneuron o_i und Kartenneuron K_j*

---

[182] Vgl. Kohonen, Teuvo: Self-Organizing Maps, 1995, S. 78 ff.

Das Kartenneuron K_j, welches für einen Eingabevektor die kleinste Distanz $ED_j(t)$ besitzt, wird als gewinnendes Kartenneuron K_z bezeichnet.[183]

3. Lernen der Daten im Lernschritt t durch Verschiebung der Gewichtsvektoren

$$(12) \qquad w_j(t+1) = w_j(t) + \eta(t)\, e_{zj}(t)\, ED_j(t) \quad \text{mit}$$

$$(13) \qquad e_{zj}(t) = e^{-\dfrac{(net_j(t)-net_z(t))^2}{2\sigma^2(t)}}$$

$w_j(t+1)$	*Gewichtsvektor zum Kartenneuron K_j im Lernschritt $t+1$*
$w_j(t)$	*Gewichtsvektor zum Kartenneuron K_j im Lernschritt t*
$e_{zj}(t)$	*Erregungsausbreitung (Nachbarschaftsfunktion) im Lernschritt t*
$\eta(t)$	*Lernrate im Lernschritt t, die vorgibt, wie stark sich der Gewichtsvektor in Richtung des Eingabevektors verschieben soll*
$net_j\,/\,net_z$	*Ortsvektoren der Neuronen K_j und K_z*
$\sigma(t)$	*Lernradius im Lernschritt t*

Abbildung 30 zeigt, wie sich als Lernschritt der Gewichtsvektor des gewinnenden Neurons $(e_{zj}=1)$ in Richtung des Eingabevektors verschiebt.

In diesem Schritt muß eine Entscheidung über die Lernrate getroffen werden. Von ihr hängt die Geschwindigkeit des Lernens und der Lernerfolg ab. Es gibt bisher wenig Anhaltspunkte für die korrekte Wahl der Lernrate. Es werden Lernraten von 0,5 bis 0,75 empfohlen.

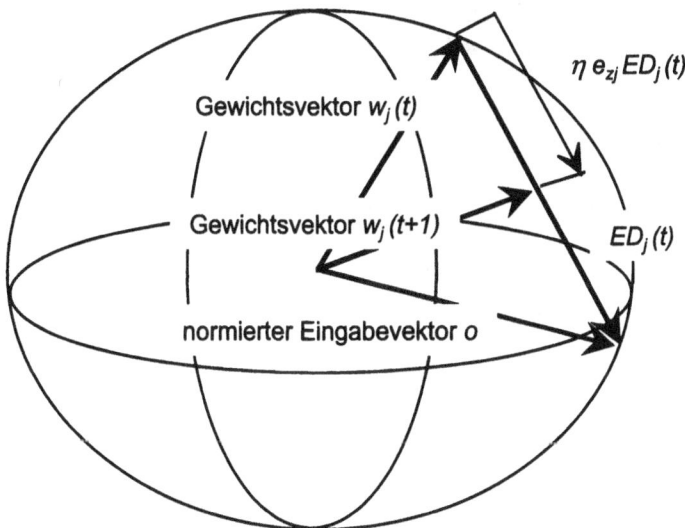

Abbildung 30: Verschiebung des Gewichtsvektors in Richtung des Eingabevektors

---

[183] Aufgrund der Normierung der Eingabevektoren auf die Länge eins kann die Euklidische Distanz als Ähnlichkeitsmaß dienen.

Die Schritte 2 und 3 werden entsprechend der Nutzervorgabe wiederholt.

(2) Recallphase:
4. Berechnung aller Distanzen ED_j (vgl. Schritt 2) anhand der gelernten Gewichtsmatrix. Das Kartenneuron K_j mit der kleinsten Distanz ED_j repräsentiert die Klasse, in welche auf diese Weise der aktuelle Eingabevektor (das aktuelle Objekt) eingeordnet wird. Schritt 4 wird für jedes Objekt einmal abgearbeitet.

3.1.2   Adaptive Resonance Theory

Die Adaptive Resonance Theory (ART) wurde von CARPENTER und GROSSBERG an der Boston University entwickelt. ART beinhaltet Topologien und Trainingsverfahren als selbstorganisierende KNN. Gegenüber anderen Typen von KNN sind die Strukturen der ART-Netzwerke sehr genau definiert.[184]

Beim Entwurf von ART wurde versucht, gleichzeitig Plastizität und Stabilität zu berücksichtigen. Die Plastizität eines KNN drückt die Fähigkeit aus, auf Eingabemuster adaptiv zu reagieren. Die Stabilitätseigenschaft soll sicherstellen, daß bereits gelernte Muster nicht durch neue überschrieben werden.[185] Das ART-Basismodell bildet den Ausgangspunkt innerhalb der ART-Familie und wird im folgenden Abschnitt erläutert.

3.1.2.1   Grundprinzip von ART

Das Grundprinzip von ART folgt einem relativ einfachen selbstklassifizierenden Verfahren.[186] ART zählt wie SOM zu den Verfahren des Competitive Learning. Ein derartiges Netzwerk besteht aus zwei vollständig miteinander verbundenen Schichten. Die Neuronen der Erkennungsschicht F_2 sind untereinander mit negativen Gewichten verbunden. Diese sind jedoch nicht dargestellt. Auf diese Weise wird erreicht, daß dasjenige Neuron, welches von der ersten Schicht am meisten aktiviert wird, nach mehreren Propagierungszyklen alle anderen Neuronen seiner Schicht deaktiviert. Die Gewichte des ermittelten Gewinnerneurons werden anschließend derartig modifiziert, daß bei erneutem Anlegen des Eingabevektors das gleiche Neuron in noch stärkerem Maße angeregt wird. Das Verhalten stabilisiert sich nach einigen Lernzyklen. Danach wird von einem Objekt das richtige Neuron der F_2-Schicht direkt aktiviert. Die Stabilisierung muß nicht notwendigerweise einsetzen. Es besteht die Möglichkeit, daß ein Objekt in jedem Lernzyklus ein anderes Erkennungsneuron anspricht und somit jedesmal in eine andere Klasse eingeordnet wird. Diese instabile Verhaltensweise ist auf das Erlernen anderer Muster zurückzuführen. Das verändert die Gewichte der Erkennungsneuronen derart, daß das gleiche Muster im nächsten Lernzyklus einer anderen Klasse zugeordnet wird. Daran manifestiert sich das eingangs erwähnte Plastizitäts-Stabilitäts-Dilemma. Die Plastizität des Netzes, d.h. seine Fähigkeit neues Wissen zu erwerben, geht zu

---

[184]   Vgl. Zell, Andreas: Simulation Neuronaler Netze, 1994, S. 251 f.

[185]   Vgl. Herrmann, Kai-Uwe: Adaptive Resonance Theory - Architekturen, Implementierung und Anwendung, 1992, S. 6 ff.

[186]   Vgl. Höhne, Steffen: Data Mining mit Hilfe der Adaptive Resonance Theory, 1999, S. 13.

Lasten seiner Stabilität, einmal gelernte Sachverhalte dauerhaft zu speichern. Dieses Problem wurde gelöst, indem dem ART-Basismodell verschiedene Komponenten hinzugefügt worden sind. Abbildung 31 enthält dazu die schematische Darstellung. Die drei Schichten F_0, F_1 und F_2 sind um die aus $Gain_1$ und $Gain_2$ bestehende Aufmerksamkeitskontrolle und dem Reset-Neuron als Orientierungskontrolle ergänzt. [187]

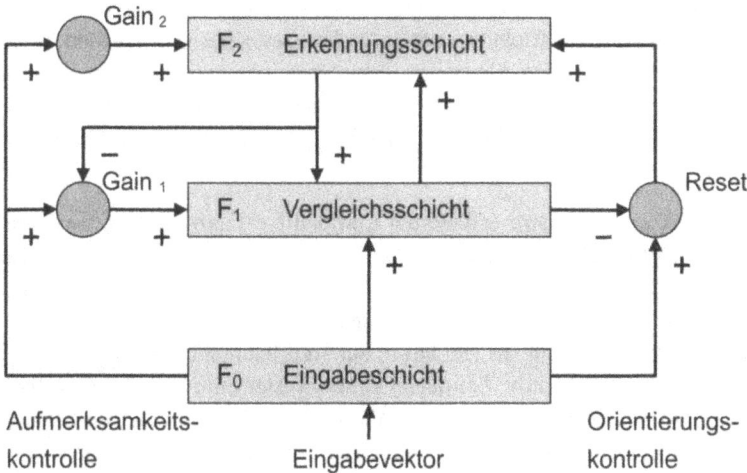

Abbildung 31: ART-Basismodell (Quelle: In Anlehnung an Herrmann, Kai-Uwe: Adaptive Resonance Theory - Architekturen, Implementierung und Anwendung, 1992, S. 8)

Zuerst wird in die Eingabeschicht ein Eingabevektor kopiert. Das $Gain_1$-Neuron stellt sicher, daß dieses Eingabemuster vorerst unverändert in die Vergleichsschicht kopiert wird, da es genau dann aktiviert wird, wenn an F_0 ein Objekt anliegt und wenn in der Erkennungsschicht F_2 alle Neuronen inaktiv sind. Die Aktivierung der Neuronen in der Vergleichsschicht wird mit der 2/3-Regel bestimmt. Das bewirkt, daß F_1-Neuronen genau dann aktiviert werden, wenn mindestens zwei der drei Eingänge eine Aktivierung melden. Die drei Eingangswerte setzen sich dann aus den Signalen der Eingabeschicht F_0, der Aktivierung von $Gain_1$ und der Rückmeldung aus der Erkennungsschicht F_2 zusammen. Die Vergleichsschicht F_1 ist vollständig mit der Erkennungsschicht F_2 verbunden. Entlang dieser Verbindungen wird das Aktivierungsmuster der Schicht F_1 an die Schicht F_2 übertragen. Der anschließende Wettbewerb in der Erkennungsschicht bringt einen Gewinner hervor. Damit ist eines der F_2-Neuronen aktiv und $Gain_1$ wird deaktiviert. Folglich sind in der Vergleichsschicht nur Neuronen aktiv, die ein Aktivierungssignal erhalten. Dieses resultiert aus der Eingabeschicht und vom Gewinnerneuron über die binären Gewichte von F_2 nach F_1. So wird ein Vergleich zwischen dem tatsächlichen und dem vom Netz erwarteten Muster durchgeführt. Ergibt dieser Vergleich, daß sich beide nicht ausreichend ähnlich sind, wird das aktive Gewinnerneuron der F_2-Schicht mittels Reset blockiert und ein anderes Neuron durch den erneut initiierten

---

[187] Vgl. Höhne, Steffen: Data Mining mit Hilfe der Adaptive Resonance Theory, 1999, S. 14 f.

Wettbewerb als Gewinner bestimmt und dessen Rückmeldung wird wiederum verglichen. Der Zyklus ist solange zu durchlaufen, bis ein F_2-Neuron gefunden wurde, welches einen Vektor zurückliefert, der dem Eingabemuster ausreichend ähnlich ist oder kein weiteres Neuron in der Erkennungsschicht existiert, das frei ist, wodurch das Objekt als nicht klassifizierbar einzustufen ist.[188]

Gibt es einen Gewinner, so werden die Gewichte, die von F_1 nach F_2 verlaufen, derart angepaßt, daß sie bei der nächsten Präsentation des Eingabemusters das aktive Neuron in F_2 stark aktivieren. Die in die entgegengesetzte Richtung verlaufenden Gewichte nehmen den Wert des Aktivierungszustandes der jeweiligen Neuronen der Vergleichsschicht an. Im ersten Schritt sind diese Gewichte durchgehend mit dem Wert Eins initialisiert. Deshalb entsteht in F_1 das Eingabemuster, welches bei der Durchführung des Vergleiches eine ausreichend große Ähnlichkeit garantiert.[189]

Dieses Modell besitzt gegenüber dem zuvor erläuterten Competitive-Learning-Netzwerk ein stabileres Verhalten, was am folgenden Beispiel deutlich wird: Aktiviert ein Eingabevektor ein bislang noch nicht genutztes F_2-Neuron, wird in der Vergleichsschicht eine exakte Kopie der Eingabewerte erzeugt. Gewinnt das gleiche Erkennungsneuron durch ein anderes Objekt den Wettbewerb in der Erkennungsschicht, so werden in der Vergleichsschicht aufgrund der 2/3-Regel ausschließlich die Neuronen aktiv, bei denen beide Muster eine Eins als Eingabewert besitzen, da die F_1-Neuronen von F_0 das neue und von F_2 das bereits gelernte Muster erhalten. Das sich ergebende Aktivierungsmuster der Vergleichsschicht ist nicht nur eine Teilmenge des neuen Eingabevektors sondern auch eine Untermenge des bereits gelernten Musters. Ergibt der Vergleich eine genügend große Ähnlichkeit, werden maximal einige Gewichte von Eins auf Null gesetzt, keinesfalls aber Gewichte von Null auf Eins geändert. Es besteht zwar weiterhin die Möglichkeit, daß ein Objekt bei erneuter Präsentation in eine andere Klasse eingeordnet wird, doch ist sichergestellt, daß das System nach wenigen Trainingszyklen stabil ist. Bereits zugeordnete Muster werden nicht in neue Klassen eingegliedert.[190]

Das im Basismodell dargestellte Netzwerk ist lediglich zur Verarbeitung binärer Eingabevektoren geeignet. Diese Struktur entspricht ART1. Um reellwertige Eingaben verarbeiten zu können, wurde ART2 entwickelt. ART3 stellt eine Erweiterung dieses Ansatzes durch Modelle von zeitlichen und chemischen Abläufen in natürlichen neuronalen Netzen dar. Eine weitere Variante von ART-Modellen ist FuzzyART als Verknüpfung von Fuzzy Logic und ART. Für den Einsatz von ART zum überwachten Lernen steht ARTMAP zur Verfügung. Der Aufbau und die Funktionsweise dieser Modelle wird im Folgenden betrachtet.

3.1.2.2   ART1
ART1 stellt das ART-Basismodell dar. Die Abläufe in einem ART1-Netzwerk lassen sich in fünf verschiedene Phasen gliedern:

---

[188]   Vgl. Höhne, Steffen: Data Mining mit Hilfe der Adaptive Resonance Theory, 1999, S. 15.

[189]   Vgl. Herrmann, Kai-Uwe: Adaptive Resonance Theory - Architekturen, Implementierung und Anwendung, 1992, S. 6 ff.

[190]   Vgl. Herrmann, Kai-Uwe: Adaptive Resonance Theory - Architekturen, Implementierung und Anwendung, 1992, S. 7 ff.

1. Initialisierung,
2. Erkennungsphase,
3. Vergleichsphase,
4. Suchphase und
5. Trainingsphase.[191]

Abbildung 32 zeigt eine vereinfachte Darstellung eines ART1-Netzwerkes, welches Objekte mit vier binären Attributen in drei verschiedene Klassen einzuordnen kann.

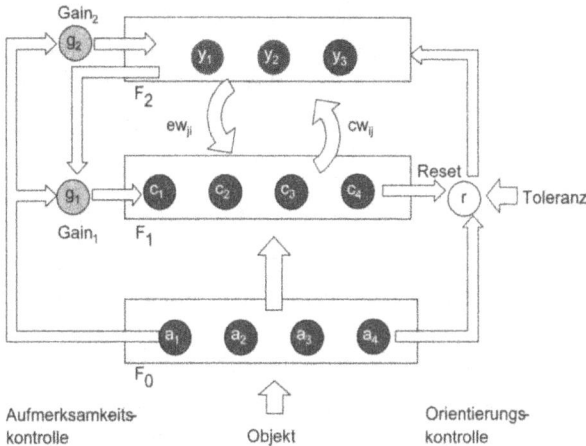

Abbildung 32: ART1-Netzwerk (vereinfachte Darstellung) (Quelle: Höhne, Steffen: Data Mining mit Hilfe der Adaptive Resonance Theory, 1998, S. 18)

Anhand dieses Beispiels werden die Prozesse innerhalb der verschiedenen Phasen verdeutlicht.

(1) Initialisierung
Zuerst erfolgt die Initialisierung der Gewichte zwischen der Vergleichsschicht F_1 und der Erkennungsschicht F_2. Die reellwertigen Wettbewerbsgewichte cw_{ij} von Neuron c_i in F_1 zu Neuron y_j in F_2 werden auf einen gleichen Wert gesetzt. Dieser ergibt sich aus[192]

$$(14) \quad cw_{ij} < \frac{L}{L-1+m}$$

L *Konstante größer Eins*

m *Anzahl der Attribute des Objektes*

Für L wird gewöhnlich Zwei gewählt. Im gegebenen Beispiel würde sich für die Initialisierung der Wettbewerbsgewichte folgender Wert ergeben:

$$(15) \quad cw_{ij} < \frac{2}{2-1+4} = \frac{2}{5}$$

---

[191]   Vgl. Zell, Andreas: Simulation Neuronaler Netze, 1994, S. 255.

[192]   Vgl. Zell, Andreas: Simulation Neuronaler Netze, 1994, S. 255.

Die von der Erkennungsschicht zurück zur Vergleichsschicht führenden binären Erwartungsgewichte ew_{ji} müssen mit dem Wert Eins initialisiert werden. Weiterhin ist der Toleranz-
parameter p festzulegen $(0 < p \leq 1)$. Für Werte von p nahe Eins werden nur sehr ähnliche
Objekte in einer Klasse gruppiert. Relativ kleine Werte von ρ führen dazu, daß Klassen gebildet werden, deren Objekt etwas heterogener sind.[193] Dies bewirkt, daß nicht zu
viele Klassen entstehen, was bspw. bei einer Kundensegmentierung durchaus sinnvoll sein
kann.

(2) Erkennungsphase

Nach Abschluß der Initialisierung liegt an der Eingabeschicht noch kein Objekt an, wodurch
Gain_1 (g_1) und Gain_2 (g_2) inaktiv sind. Deren Aktivierung erfolgt, wenn mindestens eines der
Neuronen in der Eingabeschicht F_0 aktiv ist, d.h. ein vom Nullvektor verschiedener Eingabevektor an das Netz angelegt wird.

Für die Aktivierung von Gain_1 darf ferner kein Neuron in F_2 aktiv sein. Es gilt demnach für
das Beispiel in Abbildung 32:[194]

$$(16) \quad g_1 = (a_1 \vee a_2 \vee a_3 \vee a_4) \wedge \neg(y_1 \vee y_2 \vee y_3)$$

$$(17) \quad g_2 = (a_1 \vee a_2 \vee a_3 \vee a_4)$$

Wird in der Erkennungsphase ein Objekt an F_0 angelegt, nehmen die Neuronen a_i dieser
Schicht die entsprechenden binären Attributwerte des Objektes als Aktivierung an, wobei
mindestens einer dieser Werte von Null verschieden ist. Damit werden Gain_1 und Gain_2 nach
den Gleichungen 0 und 0 aktiv. Infolge dessen können gemäß der 2/3-Regel in der Vergleichsschicht Neuronen angeregt werden. Die Aktivierungsfunktion lautet:

$$(18) \quad c_i = (a_1 \wedge g_1) \vee (a_i \wedge ew_{j \bullet i}) \vee (g_1 \wedge ew_{j \bullet i}),$$

Gain_1 wird nur aktiv, wenn alle Neuronen der Erkennungsschicht inaktiv sind. Der Ausdruck
$(g_1 \wedge ew_{j \bullet i})$ kann niemals wahr werden, da dies erfordern würde, daß Gain_1 und ein Neuron in
F_2 gleichzeitig aktiv sind. Es ergibt sich:

$$(19) \quad c_i = (a_1 \wedge g_1) \vee (a_i \wedge ew_{j \bullet i})$$

Zum jetzigen Zeitpunkt ist in der Erkennungsschicht kein Neuron aktiv, insofern kann der
letzte Teilausdruck in Gleichung 0 nicht wahr werden bzw. den Wert Eins annehmen. Da
jedoch Gain_1 aktiv ist, reduziert sich der gesamte Ausdruck weiter zu $c_i = a_i$. In der Vergleichsschicht entsteht folglich ein genaues Abbild des Eingabemusters.
Anschließend wird das Gewinnerneuron in der Erkennungsschicht gesucht. Dazu wird für
jedes Neuron y_j der Nettoinput net_j in folgender Form berechnet:[195]

---

[193]   Vgl. Zell, Andreas: Simulation Neuronaler Netze, 1994, S. 255 f.

[194]   Vgl. Zell, Andreas: Simulation Neuronaler Netze, 1994, S. 255.

[195]   Vgl. Zell, Andreas: Simulation Neuronaler Netze, 1994, S. 256.

$$(20) \qquad net_j = \sum_{i=1}^{m} cw_{ij} \cdot a_i \qquad\qquad \textit{für } j{=}1, \dots, n_{F2},$$

n_{F2} *Anzahl der Neuronen in F_2*

Es gewinnt das Neuron y_j den Wettbewerb, welches vom anliegenden Objekt am stärksten angeregt wird, also den größten Nettoinput besitzt. Es gilt:

$$(21) \qquad j* = \arg\,\max_{j}(net_j)$$

Das so ermittelte Neuron y_{j*} hemmt alle anderen Neuronen der Erkennungsschicht. Die Aktivierungsfunktion für die F_2-Neuronen, die diese Anforderung erfüllt, besitzt folgende Gestalt:

$$(22) \qquad y_j \begin{cases} 1 & \textit{falls } j = j* \textit{ und } g_2 = 1 \\ 0 & \textit{sonst} \end{cases}$$

(3) Vergleichsphase
Durch die Aktivierung eines Neurons in F_2 wird Gain$_1$ entsprechend Gleichung 0 abgeschalten. Weiterhin gilt nach Funktion 0, daß $y_{j*} = 1$. Die Aktivierung der Neuronen in F_1 gemäß 0 reduziert sich daher auf

$$(23) \qquad c_i = a_i \wedge ew_{j*i}$$

So kann der Vergleich zwischen dem realen und dem erwarteten Objektvektor durchgeführt werden. Ein Vergleichsneuron wird dann aktiv, wenn der Eingabewert a_i und die entsprechende vom Gewinnerneuron gespeicherte Komponente ew_{j*i} den Wert Eins aufweisen. Das Reset-Neuron vergleicht das entstehende Aktivierungsmuster mit dem Eingabemuster. Dazu wird als dessen Aktivierungszustand die Ähnlichkeit r der beiden Vektoren bestimmt:[196]

$$(24) \qquad r = \frac{|C|}{|A|} = \frac{\displaystyle\sum_{i=1}^{m} c_i}{\displaystyle\sum_{i=1}^{m} a_i}\,.$$

Anhand des folgenden kleinen Beispiels wird dies deutlicher:[197] Dem ART1-Netz aus Abbildung 32 wird ein Objekt mit den Attributen [1,0,1,1] präsentiert. Dieses Objekt bringt als Gewinner in F_2 Neuron y_3 (j* = 3) hervor. Das von y_3 in den Erwartungsgewichten gespeicherte Muster sei [0,1,1,1]. Nach Gleichung 0 würde in der Vergleichsschicht als Aktivierungsmuster [0,0,1,1] entstehen, was für r nach 0 einen Wert von rund 0,67 ergibt.

---

[196]   Vgl. Zell, Andreas: Simulation Neuronaler Netze, 1994, S. 256 f.

[197]   Vgl. Höhne, Steffen: Data Mining mit Hilfe der Adaptive Resonance Theory, 1998, S. 21.

(4) Suchphase

Ist die Aktivierung von r kleiner als die zu Beginn festgelegte Toleranzgrenze p, erfolgt ein Reset. So wird das aktuelle Gewinnerneuron der Erkennungsschicht bis zur Präsentation eines neuen Objektes blockiert. In F_2 ist jetzt kein Neuron aktiv und Gain₁ wurde erneut aktiviert. Das Eingabemuster wird damit wieder in F_1 kopiert und die Erkennungs- und Vergleichsphase laufen erneut ab. Dieser Zyklus wiederholt sich solange, bis

- ein Neuron der Erkennungsschicht gefunden wurde, dessen gespeichertes Muster dem Eingabevektor ausreichend ähnlich ist und kein Reset mehr auslöst, oder
- alle Neuronen der Erkennungsschicht durch das Reset-Neuron blockiert sind.

Konnte ein Gewinner j^* in der Erkennungsschicht ermittelt werden, wird die Trainingsphase fortgesetzt. Andernfalls erhält ein bislang ungenutztes Neuron in F_2 den Status eines Gewinners. Dessen Gewichtsvektoren werden dem Eingabevektor gleichgesetzt.[198]

(5) Trainingsphase

Die Wettbewerbs- und Erwartungsgewichte des Gewinners j^* werden in der Trainingsphase angepaßt. Die Wettbewerbsgewichte cw_{ij^*} erhalten folgenden Wert:[199]

$$(25) \qquad cw_{ij^*} = \frac{L \cdot c_i}{L-1+\sum_{i=1}^{m} c_i} \qquad \text{für } i=1, ..., m$$

L *Konstante bei Initialisierung*

m *Anzahl der Neuronen in F_1.*

Die von Neuron y_{j^*} zurück zur Vergleichsschicht verlaufenden Erwartungsgewichte ew_{j^*i} werden dem Aktivierungsmuster von F_1 angeglichen. Die neuen Erwartungsgewichte ergeben sich demnach aus[200]

$$(26) \qquad ew_{j^*i} = c_i \qquad \text{für } i=1, ..., m.$$

Für das in der Erkennungsphase angeführte Beispiel würden sich als neue Wettbewerbsgewichte, die zu Neuron y_3 führen, folgende Werte ergeben:

$$cw_{13} = \frac{2 \cdot 0}{2-1+(0+0+1+1)} = \frac{0}{3} = 0$$

$$cw_{23} = \frac{2 \cdot 0}{3} = \frac{0}{3} = 0$$

---

[198]   Vgl. Zell, Andreas: Simulation Neuronaler Netze, 1994, S. 257.

[199]   Vgl. Zell, Andreas: Simulation Neuronaler Netze, 1994, S. 257.

[200]   Vgl. Zell, Andreas: Simulation Neuronaler Netze, 1994, S. 258.

$$cw_{33} = \frac{2 \cdot 1}{3} = \frac{2}{3}$$

$$cw_{43} = \frac{2 \cdot 1}{3} = \frac{2}{3}$$

In den neuen Erwartungsgewichten wird das Aktivierungsmuster von F_1 gespeichert. Die aktualisierten Beträge wären dann folgende:

$$ew_{31}=0$$

$$ew_{32}=0$$

$$ew_{33}=1$$

$$ew_{34}=1$$

In Tabelle 6 sind die wichtigsten Parameter zusammengefaßt.

Tabelle 6: Parameter von ART (Quelle: Höhne, Steffen: Data Mining mit Hilfe der Adaptive Resonance Theory, 1998, S. 23)

Symbol	Bedeutung	Grenzen
p	bestimmt die erforderliche Ähnlichkeit eines Eingabevektors zu einer Klasse, um darin eingeordnet zu werden.	$0 \leq p \leq 1$
L	Konstante, typischerweise gilt $L = 2$	$L > 1$
m	Anzahl der Neuronen in der Eingabe- und Vergleichsschicht, entspricht der Anzahl der Attribute eines Objektes	
n_{F2}	Anzahl der Neuronen in der Erkennungsschicht, maximal mögliche Klassenanzahl	

3.1.2.3   ART2

Oft besitzen Daten reellwertige Attribute. Ein ART1-Netzwerk ist zu deren Verarbeitung nicht in der Lage. ART1 wurde zu ART2 weiterentwickelt.

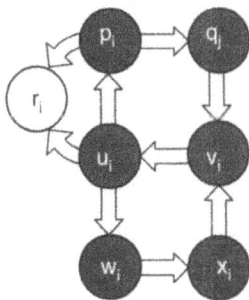

Abbildung 33: Struktur der Vergleichsschicht in ART2 (Quelle: Höhne, Steffen: Data Mining mit Hilfe der Adaptive Resonance Theory, 1998, S. 23)

Prinzipiell gleichen sich ART2 und ART1. Das aktuelle Objekt wird in die Eingabeschicht F_0 kopiert und von dort aus durch die Vergleichsschicht F_1 in die Erkennungsschicht F_2 propagiert. Der dort aus dem Wettbewerb hervorgehende Gewinner gibt das bereits gelernte Wissen an F_1 zurück, in der die beiden Muster miteinander verglichen werden. Bei ART1 wurde zur Beurteilung der Ähnlichkeit in Gleichung (24) die Anzahl der aktiven Neuronen in F_1 und F_0 zueinander ins Verhältnis gesetzt. Dieser Vergleich gestaltet sich jedoch bei Vektoren mit reellen Komponenten erheblich schwieriger. Die Vergleichsschicht in ART2 muß deshalb eine komplexere Struktur aufweisen als die in ART1. Es sind die Neuronen der Vergleichsschicht in Abbildung 32 durch die in Abbildung 33 dargestellte Struktur zu ersetzen.[201]

Beim Anlegen eines Objektes an die Eingabeschicht werden die Attributwerte zunächst unverändert an die Neuronen w_i weitergegeben. Die Zellen x_i bilden zusammen den normierten Vektor W und geben ihre entsprechenden Werte über eine Funktion zur Rauschverminderung und Kontrastverstärkung an v_i weiter. Die Units u_i normieren den Vektor V erneut und geben diesen Betrag an p_i weiter. Die Neuronen q_i normieren den Vektor P und geben ihre Aktivierung über die gleiche Funktion wie die Zellen x_i an v_i zurück. Die Veränderung von v_i hat eine Zustandsänderung von u_i zur Folge, welches sich wiederum auf w_i auswirkt. Nach einigen Zyklen stabilisieren sich die einzelnen Werte und der Beurteilung der Ähnlichkeit durch die Zellen r_i steht nichts mehr im Wege.[202]

Neben dem Vergleich von neuem und gespeichertem Muster sind in der Vergleichsschicht von ART2 zusätzlich Funktionen zur Aufmerksamkeits- und Orientierungskontrolle integriert. Nach den beschriebenen Modifikationen am ART1-Netz aus Abbildung 32 entsteht ein ART2-Netzwerk, wie es in Abbildung 34 dargestellt ist.[203]

Die veränderte Struktur erfordert Anpassungen des Algorithmus. Diese lassen sich in zwei Phasen unterteilen: bottom-up-Phase und top-down-Phase.[204] Zu Beginn werden die Wettbewerbs- und Erwartungsgewichte initialisiert. Grundsätzlich werden alle Anfangswerte gleich groß gewählt. Für die Wettbewerbsgewichte gilt:[205]

$$(27) \qquad cw_{ij} \leq \frac{1}{(1-\gamma)\sqrt{n_{F2}}} \quad {}^{206}$$

Für ART2 in Abbildung 34 wäre $n_{F2} = 3$. Die Erwartungsgewichte werden mit $ew_{ji}=0$ belegt.[207] Der Grund hierfür wird am Beginn der top-down-Phase ersichtlich.

---

[201] Vgl. Höhne, Steffen: Data Mining mit Hilfe der Adaptive Resonance Theory, 1998, S. 23.

[202] Vgl. Herrmann, Kai-Uwe: Adaptive Resonance Theory - Architekturen, Implementierung und Anwendung, 1992, S. 35 f.

[203] Vgl. Höhne, Steffen: Data Mining mit Hilfe der Adaptive Resonance Theory, 1998, S. 24.

[204] Vgl. Herrmann, Kai-Uwe: Adaptive Resonance Theory - Architekturen, Implementierung und Anwendung, 1992, S. 37.

[205] Vgl. Zell, Andreas: Simulation Neuronaler Netze, 1994, S. 266.

[206] Die hier verwendeten Symbole werden in Tabelle 7 erläutert.

[207] Vgl. Zell, Andreas: Simulation Neuronaler Netze, 1994, S. 266.

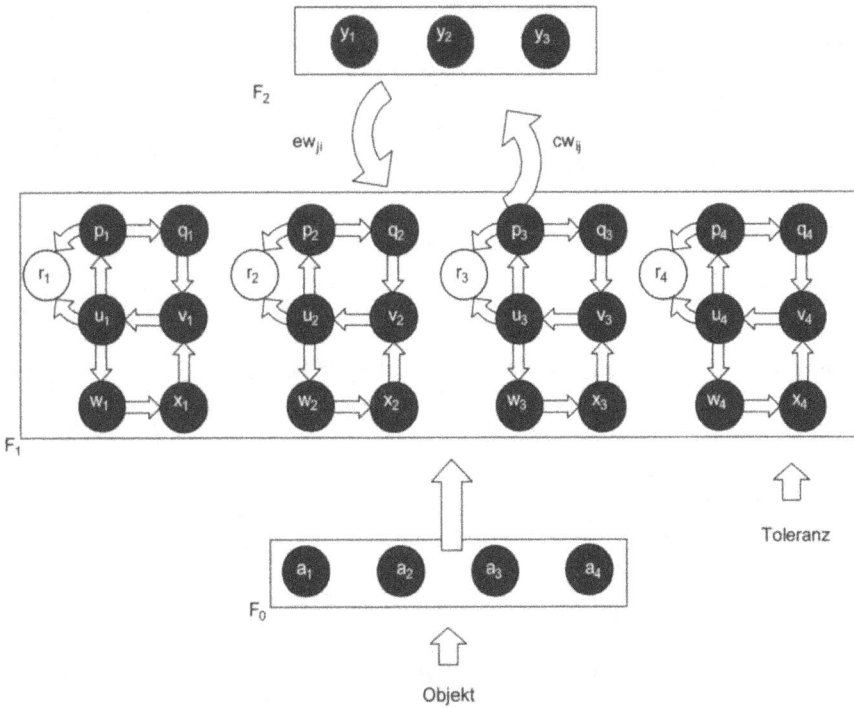

Abbildung 34: ART2-Netz (vereinfachte Darstellung) (Quelle: Höhne, Steffen: Data Mining mit Hilfe der Adaptive Resonance Theory, 1998. S. 24)

Bottom-up-Phase

Während der bottom-up-Phase wird ein Eingabemuster in F_0 durch F_1 propagiert. Wird an die Eingabeschicht ein Objekt angelegt, so werden die Attributwerte in den Neuronen a_i gespeichert und anschließend unverändert an die w-Neuronen der Vergleichsschicht weitergegeben. Die Aktivierung der Vergleichsschicht berechnet sich nach folgendem Ausdruck:[208]

$$(28) \quad w_i = a_i + \alpha \cdot u_i$$

Wie beschrieben, wird so ein Zyklus initiiert, der sich in Form einer 8 durch die Vergleichsstruktur bewegt. Für die Aktivierung der weiteren Neuronen ergibt sich (vgl. Tabelle 7):[209]

$$(29) \quad x_i = \frac{w_i}{\varepsilon + \|W\|}$$

$$(30) \quad v_i = f(x_i) + \beta \, f(q_i)$$

---

[208] Vgl. Zell, Andreas: Simulation Neuronaler Netze, 1994, S. 262.

[209] Vgl. Zell, Andreas: Simulation Neuronaler Netze, 1994, S. 262.

$$(31) \quad u_i = \frac{v_i}{\varepsilon + \|V\|}$$

$$(32) \quad p_i = u_i + \sum_{j=1}^{n} ew_{ji} \cdot g(y_j)$$

$$(33) \quad q_i = \frac{p_i}{\varepsilon + \|P\|}$$

Zur Ermittlung von x_i ist die euklidische Norm des Vektors W notwendig, die sich wie folgt berechnet:

$$(34) \quad \|W\| = \sqrt{W \times W} = \sqrt{\sum_{i=1}^{m} w_i^2}$$

Für das in Abbildung 34 angegebene Beispiel würde $m = 4$ gelten.

Die Funktion $f(x)$ in Gleichung (30) dient zur Rauschverminderung und Kontrastverstärkung:[210]

$$(35) \quad f(x) = \begin{cases} 0 & \text{falls } 0 \le x \le \theta \\ x & \text{sonst} \end{cases}$$

$$(36) \quad f(x) = \begin{cases} \dfrac{2\theta\, x^2}{x^2 + \theta^2} & \text{falls } 0 \le x \le \theta \\ x & \text{sonst} \end{cases}$$

In Tabelle 7 sind die verschiedenen Parameter zusammengefaßt. Zusätzlich zur Beschreibung ihrer Funktion werden sinnvolle Grenzen für den Bereich angegeben, in denen sich deren Werte bewegen sollten.

Hat sich die Vergleichsschicht stabilisiert, senden die p-Neuronen ihre Aktivierung über die Wettbewerbsgewichte cw_{ij} zu den Erkennungsneuronen in F_2. Dort wird analog zu ART1 der Nettoinput für jedes der n_{F2} Neuronen in dieser Schicht folgendermaßen berechnet:

$$(37) \quad net_j = \sum_{i=1}^{m} cw_{ij} \cdot p_i \qquad \text{für } j=1, ..., n_{F2}$$

---

[210] Vgl. Herrmann, Kai-Uwe: Adaptive Resonance Theory - Architekturen, Implementierung und Anwendung, 1992, S. 38.

Tabelle 7: Weitere Parameter in ART 2 (Quelle: In Anlehnung an Herrmann, Kai-Uwe: Adaptive Resonance Theory - Architekturen, Implementierung und Anwendung, 1992, S. 43)

Symbol	Bedeutung	Grenzen
p	Der Toleranzparameter ρ bestimmt die Mindestlänge des Fehler-vektors R, damit kein Reset ausgelöst wird.	$\frac{\sqrt{2}}{2} \leq \rho \leq 1$
α, β	Stärke des Feedback zwischen den Ebenen von F_1	$\alpha, \beta \gg 1$
γ	Ausgabewert der Gewinnerzelle j* in F_2	$0 < \gamma < 1$
ε	stellt sicher, daß die Komponenten der Vektoren X, U und Q definiert sind, wenn $\|W\|$, $\|V\|$ oder $\|P\|$ gleich Null sind	$0 < \varepsilon \ll 1$
χ	Skalierungsfaktor des Vektors P der zur Fehlerberechnung verwendet wird	$0 < \chi \ll 1$
θ	Bereich der Aktivierung von x_i und q_i, die geringen oder keinen Einfluß auf die Mittelschicht in F_1 haben	$0 \leq \theta < 1$

Wie bei ART1 gewinnt wiederum dasjenige Neuron *j** den Wettbewerb, welches vom anliegenden Objekt am stärksten angeregt wird:

$$(38) \quad j^* = \arg\max_j(net_j)$$

Top-down-Phase
Wurde der Gewinner in der Erkennungsschicht ermittelt, kann dieser sein gespeichertes Wissen an die Vergleichsschicht zurückgeben. Dies wird durch die Ausgabefunktion *g(y_j)*, die Bestandteil der Gleichung 32 ist, sichergestellt:

$$(39) \quad g(y_j) = \begin{cases} \gamma \\ 0 \end{cases} \to \begin{array}{l} \textit{falls } j = j * \\ \textit{sonst} \end{array}$$

Die Rückgabe des Wertes γ über die Erwartungsgewichte $ew_{j^* i}$ des Gewinners an die *p*-Neuronen verändert deren Aktivierung. Die Vergleichsschicht gerät erneut in Schwingung und stabilisiert sich nach einigen Zyklen wieder. Für unbelegte Erkennungsneuronen geschieht dies nicht, da die mit Null initialisierten Erwartungsgewichte keine Rückmeldung erlauben. Anschließend vergleichen die Reset-Neuronen r_i den Eingabevektor mit dem Vektor in den Erwartungsgewichten des Gewinnerneurons. Für die Aktivierungsfunktion der Reset-Neuronen ergibt sich:[211]

$$(40) \quad r_i = \frac{u_i + \chi \cdot p_i}{\varepsilon + \|U\| + \|\chi \cdot P\|}$$

Für

$$(41) \quad \frac{p}{\varepsilon + \|R\|} > 1$$

---

[211] Vgl. Zell, Andreas: Simulation Neuronaler Netze, 1994, S. 265.

erfolgt ein Reset, wobei p analog zu ART1 den vom Benutzer zu definierenden Toleranzpa-rameter darstellt. Unterschreitet $\|R\|$ (Norm des Vektors mit den Komponenten r_i) diese Grenze, so sind das präsentierte und das gespeicherte Muster nicht ähnlich genug. Genau wie bei ART1 wird der Gewinner $j*$ bis zur Präsentation eines neuen Objektes deaktiviert. Somit erfolgt keine Rückmeldung von F_2 an F_1 mehr, und die bottom-up-Phase mit der Bestim-mung eines neuen Gewinners beginnt von neuem.

Ist ein Gewinner in F_2 festgestellt, so kann die Anpassung der Gewichte, die dieses Neuron mit der Vergleichsschicht verbindet, erfolgen. Die Änderung der Verbindungsstärken ge-schieht dabei wie folgt:[212]

$$(42) \qquad \Delta cw_{ij} = g(y_j) \cdot (p_i - cw_{ij})$$

$$(43) \qquad \Delta ew_{ji} = g(y_j) \cdot (p_i - ew_{ji})$$

Die Änderungen werden anschließend zu den bereits bestehenden Verbindungsstärken ad-diert. Da die Funktion $g(y_j)$ ausschließlich für das Gewinnerneuron in F_2 einen von Null verschiedenen Wert zurückliefert, tritt allein für die zu diesem Neuron hin- bzw. wegführen-den Verbindungen eine Gewichtsveränderung auf. Alle anderen Gewichte bleiben unverän-dert. Im Anschluß kann dem Netz das nächste Objekt präsentiert werden.[213]

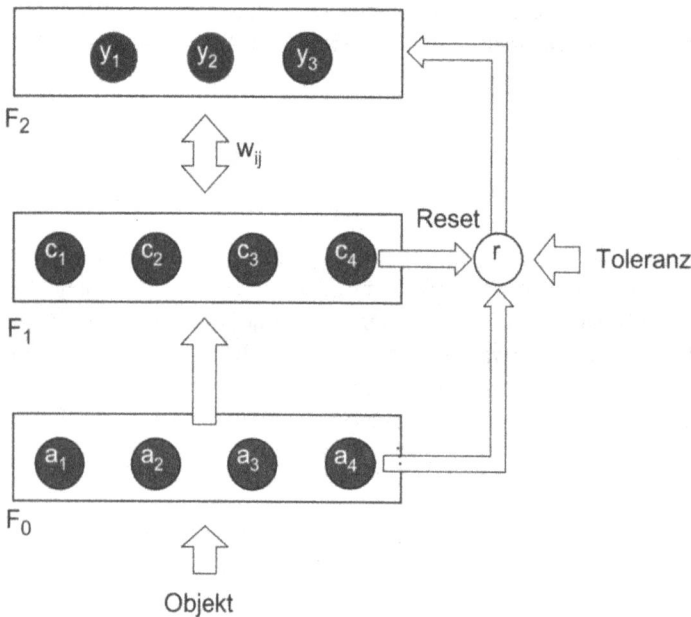

Abbildung 35: FuzzyART-Netzwerk (vereinfachte Darstellung) (Quelle: Höhne, Steffen: Data Mining mit Hilfe der Adaptive Resonance Theory, 1998, S. 30)

---

[212]   Vgl. Zell, Andreas: Simulation Neuronaler Netze, 1994, S. 264.

[213]   Vgl. Höhne, Steffen: Data Mining mit Hilfe der Adaptive Resonance Theory, 1998, S. 28.

3.1.2.4   FuzzyART

FuzzyART stellt ein Modell zur Verfügung, welches ART1 und Fuzzy Logic kombiniert. Der Aufbau eines FuzzyART-Netzes entspricht prinzipiell dem eines ART1-Netzes. In Abbildung 35 ist ein FuzzyART-Netzwerk dargestellt, wie es sich aus dem in Abbildung 32 enthaltenen ART1-Netz ergeben würde.

Die Gain-Elemente aus ART1 sind in FuzzyART nicht vorhanden. Weiterhin ist die Verbindung von Erkennungs- und Vergleichsschicht verändert worden.

Die Neuronen c_i und y_j sind über bidirektionale Kanten mit der Gewichtung w_{ij} untereinander verknüpft. Die Gain-Neuronen verlieren ihre Funktion, weil zur Berechnung der Aktivierung der Neuronen in der Vergleichsschicht F_1 die sog. 2/3-Regel, wie sie in Gleichung (18) bzw. (19) gegeben ist, durch den Fuzzy-UND-Operator ersetzt wird.[214] Für die Vergleichsneuronen c_i in F_1 gilt:[215]

$$(44) \qquad c_i = \begin{cases} a_i & \textit{falls } F_2 \textit{ inaktiv} \\ a_i \; \tilde{\wedge} \; w_{ij*} & \textit{falls } F_2 \textit{ aktiv} \end{cases} \qquad \textit{mit}$$

$$(45) \qquad a_i \; \tilde{\wedge} \; w_{ij*} = \min(a_i \cdot w_{ij*})^{216}$$

Durch die Verwendung dieses Operators ist FuzzyART in der Lage, reellwertige Eingabevektoren zu verarbeiten, deren Elemente sich allerdings im Intervall [0,1] befinden müssen.[217]

Die Initialisierung der Gewichte w_{ij} erfolgt mit Eins. Das heißt, daß noch kein Neuron y_j belegt ist.[218] Wird ein erstes Objekt an F_0 angelegt, ist die Erkennungsschicht F_2 inaktiv.

Das Eingabemuster wird wie bei ART1 unverändert in die Vergleichsschicht kopiert.[219] Anschließend wird die Aktivierung der n Erkennungsneuronen ermittelt. Auch dies erfolgt mit dem Fuzzy-UND-Operator. Es gilt:[220]

$$(46) \qquad net_j = \frac{\sum\limits_{i=1}^{m}(a_i \; \tilde{\wedge} w_{ij})}{\varepsilon + \sum\limits_{i=1}^{m} w_{ij}} \qquad \textit{für } j=1,..., n$$

ε \qquad\qquad *Parameter, der eine Division durch Null verhindern soll*

---

[214] Vgl. Zell, Andreas: Simulation Neuronaler Netze, 1994, S. 280 f.

[215] Vgl. Patig, Susanne: Einsatz von Adaptive Resonance Theory, Learning Vector Quantization und heuristischen Klassifikationsverfahren zur Beurteilung von Qualitätsregelkarten, 1997, S. 35.

[216] Vgl. Mayer, Andreas; Mechler, Bernhard; Schlindwein, Andreas; Wolke, Rainer: Fuzzy Logic - Einführung und Leitfaden zur praktischen Anwendung, 1993, S. 33 ff.

[217] Vgl. Höhne, Steffen: Data Mining mit Hilfe der Adaptive Resonance Theory, 1998, S. 29.

[218] Vgl. Zell, Andreas: Simulation Neuronaler Netze, 1994, S. 280.

[219] Vgl. Herrmann, Kai-Uwe: Adaptive Resonance Theory - Architekturen, Implementierung und Anwendung, 1992, S. 34.

[220] Vgl. Zell, Andreas: Simulation Neuronaler Netze, 1994, S. 280.

Für theoretische Betrachtungen wird $\varepsilon \rightarrow 0$ angenommen. Dieser Fall wird als konservative Grenze bzw. conservative limit bezeichnet.[221] Wie bei ART1 und ART2 gewinnt bei Fuzzy-ART dasjenige Erkennungsneuron den Wettbewerb, welches den größten Nettoinput besitzt. Somit ergibt sich der Gewinner j^* analog zu den Gleichungen (21) und (38) aus[222]

$$(47) \quad j^* = \arg\max_j \cdot (net_j).$$

Es ist Neuron y_{j^*} der Vergleichsschicht aktiv und die Aktivierung der Vergleichsneuronen c_i in F_2 ergibt sich aus

$$(48) \quad c_i = a_i \tilde{\wedge} w_{ij^*}.$$

Ist das Gewinnerneuron j^* unbelegt, so verändert es das Aktivierungsmuster der Vergleichsschicht nicht, da den Gewichten bei der Initialisierung der mögliche Maximalwert zugewiesen wurde. Ist hingegen y_{j^*} bereits belegt, so verändert sich unter Umständen das Muster in F_1.

Wie bei ART1 erfolgt daraufhin ein Ähnlichkeitsvergleich durch das Reset-Neuron. Dazu wird die Aktivierung r in folgender Form bestimmt, wobei m wieder die Anzahl der Neuronen in der Vergleichs- bzw. Eingabeschicht angibt:[223]

$$(49) \quad r = \frac{\sum_{i=1}^{m} (a_i \tilde{\wedge} w_{ij^*})}{\sum_{i=1}^{m} a_i}$$

Ist r kleiner als die festgelegte Toleranzgrenze p, erfolgt analog zu ART1 ein Reset. Das aktuelle Gewinnerneuron y_{j^*} wird bis zur Präsentation des nächsten Objektes deaktiviert. Es wird ein neuer Gewinner in F_2 ermittelt. Ist die Toleranzgrenze überschritten, erfolgt die Anpassung der Gewichte. Hierfür ist die Lernrate η, erforderlich. Die modifizierte Gewichtung w'_{ij} der Verbindung von Neuron c_i in F_1 zu Neuron y_{j^*} in F_2 ergibt sich aus[224]

$$(50) \quad w'_{ij^*} = \eta \cdot \sum_{i=1}^{m} (a_i \tilde{\wedge} w_{ij^*}) + (1-\eta) \cdot w_{ij^*}.$$

Analog zu ART1 und ART2 sind alle wichtigen Parameter von FuzzyART in Tabelle 8 zusammengestellt.

---

[221] Vgl. Zell, Andreas: Simulation Neuronaler Netze, 1994, S. 280.

[222] Vgl. Zell, Andreas: Simulation Neuronaler Netze, 1994, S. 280.

[223] Vgl. Zell, Andreas: Simulation Neuronaler Netze, 1994, S. 280.

[224] Vgl. Zell, Andreas: Simulation Neuronaler Netze, 1994, S. 281.

Tabelle 8: Weitere Parameter in FuzzyART (Quelle: Höhne, Steffen: Data Mining mit Hilfe der Adaptive Resonance Theory, 1999, S. 31)

Symbol	Bedeutung	Grenzen
p	Toleranzparameter für die erforderliche Ähnlichkeit eines Einga-bevektors zu einer Klasse (analog ART1)	$0 \leq \rho \leq 1$
η	Lernrate, bestimmt die Stärke der Gewichtsänderung während des Lernens	$0 < \eta \leq 1$
ε	verhindert Division durch Null bei Berechnungen (analog ART2)	$0 \leq \varepsilon \ll 1$

3.2 Klassenbildung mit multivariaten statistischen Clusteranalyseverfahren

Die Klassenbildung mit hierarchischen (agglomerativen) Verfahren basiert auf Proximitäts-matrizen und verfahrensspezifischen Fusionierungsalgorithmen.

Bei den partitionierenden Verfahren wird von einer gewünschten Klassenzahl ausgegangen. Die Zuordnung von Objekten zu einer dieser Klassen beruht auf der Minimierung der Ab-stände aller Objekte einer Klasse zu den jeweiligen Klassenzentroiden.[225]

Alle hier aufgeführten Verfahren resultieren in einer Partition der Objektmenge X, für deren gebildete Klassen k_r gilt:[226]

1. $k_r \neq \emptyset$:   - keine Klasse ist eine leere Menge
2. $k_{r1} \cap k_{r2} = \emptyset$, für r1 ≠ r2:   - kein Objekt gehört gleichzeitig mehreren Klassen an
                                    (alle c Klassen sind paarweise disjunkt)
3. $x_i \in k_1 \cup \dots \cup k_c$:   - jedes Objekt x_i ($i=1, \dots, m$) aus der Objektmenge X ist
                                    Mitglied einer Klasse k_r.

3.2.1 Agglomerative hierarchische Verfahren

Hierarchische Verfahren sind in der Praxis weit verbreitet. Ihr Name beruht darauf, daß sie Folgen von Gruppierungen auf jeweils unterschiedlichen Distanz- bzw. Ähnlichkeitsebenen konstruieren. Diese lassen sich sehr anschaulich durch eine Hierarchie verschachtelter Klas-sen darstellen.[227,228]

---

[225] Vgl. Petersohn, Helge: Vergleich von multivariaten statistischen Analyseverfahren und Künstlichen Neuronalen Netzen zur Klassifikation bei Entscheidungsproblemen in der Wirtschaft, 1997, S. 61-71.

[226] Überdeckungen von Klassen werden in dieser Arbeit nicht berücksichtigt. Die Untersuchungen beziehen sich ausschließlich auf Klassifikationsergebnisse, bei denen nicht mehrere Klassen gleiche Objekte enthalten.

[227] Vgl. Steinhausen, Detlef; Langer, Klaus: Clusteranalyse - eine Einführung in Methoden und Verfahren der automatischen Klassifikation, 1977, S. 73.
Vgl. Bock, Hans-Hermann: Automatische Klassifikation. Theoretische und praktische Methoden zur Gruppierung und Strukturierung von Daten (Cluster-Analyse), 1974, S. 361.

[228] Vgl. Petersohn, Helge: Vergleich von multivariaten statistischen Analyseverfahren und Künstlichen Neuronalen Netzen zur Klassifikation bei Entscheidungsproblemen in der Wirtschaft, 1997, S. 35 ff.

Es werden weiter agglomerative (aufsteigende) und divisive (absteigende) Verfahren unterschieden. Während agglomerative Verfahren von der feinsten Verteilung (jedes Objekt in einer eigenen Klasse) ausgehen und sukzessive die sich jeweils proximativsten Objekte bzw. Klassen zusammenfassen, gehen divisive Verfahren umgekehrt vor.[229] Beginnend mit einer Klasse, in der alle Objekte enthalten sind, unterteilen sie die Mengen der Objekte in immer feinere Klassen. Aufgrund der eher geringen praktischen Bedeutung divisiver Verfahren[230] wird nicht weiter auf sie eingegangen.

Die nächsten Aussagen beziehen sich auf agglomerative Verfahren.

Für diese läßt sich folgender Ablauf zusammenfassen:

1. Start mit der feinsten Partition (jedes Objekt stellt eine eigene Klasse dar).
2. Berechnung der Proximitätsmatrix für alle in die Untersuchung eingegangenen Objekte.[231]
3. Zusammenfassung der beiden Klassen mit der im Sinne des jeweiligen Verfahrens geringsten Proximität. Die Zahl der Klassen nimmt um 1 ab.
4. Fortsetzen bei 2. bis alle Objekte in einer Klasse zusammengefaßt sind.[232]

Im ersten Durchlauf stellt die Bestimmung der Proximität zweier Klassen kein großes Problem dar. Jedes Objekt bildet ein eigenes Cluster. Für die Ermittlung der Proximität zweier Klassen, bei denen mindestens ein Cluster mehrere Objekte besitzt, gibt es verschiedene Verfahren. Von diesen werden hier die in Statistikpaketen verfügbaren Verfahren kurz erläutert.

- *Single Linkage (Nearest Neighbour)*
  Die Distanz zweier Klassen k_{r1} und k_{r2} wird bei diesem Verfahren anhand des Abstandes der beiden nächstgelegenen Objekte $x_{i1} \in k_{r1}$ und $x_{i2} \in k_{r2}$ gemessen:

$$(51) \qquad d_{\min}(k_{r1}, k_{r2}) = \min\left(\min_{x_{i1} \in k_{r1}, x_{i2} \in k_{r2}} d(x_{i1}, x_{i2}) \right).$$

  Es werden die beiden Cluster zu einem neuen zusammengefaßt, deren kleinste Distanz d_{min} (k_{r1}, k_{r2}), gemessen an den paarweisen Distanzen aller Objekte dieser Cluster, am niedrigsten ist.[233]

---

[229] Vgl. Hüttner, Manfred: Grundzüge der Marktforschung, 1989, S. 247.
Vgl. Steinhausen, Detlef; Langer, Klaus: Clusteranalyse - eine Einführung in Methoden und Verfahren der automatischen Klassifikation, 1977, S. 73.

[230] Vgl. Backhaus, Klaus; Erichson, Bernd; Plinke, Wulff; Weiber, Rolf: Multivariate Analysemethoden - Eine anwendungsorientierte Einführung, 1994, S. 282.

[231] Vgl. Petersohn, Helge: Vergleich von multivariaten statistischen Analyseverfahren und Künstlichen Neuronalen Netzen zur Klassifikation bei Entscheidungsproblemen in der Wirtschaft, 1997, S. 35 ff.

[232] Vgl. Backhaus, Klaus; Erichson, Bernd; Plinke, Wulff; Weiber, Rolf: Multivariate Analysemethoden - Eine anwendungsorientierte Einführung, 1994, S. 285.
Für den Fall, daß eine gewünschte Anzahl von Klassen gebildet werden soll, dient die Angabe dieser als Abbruchkriterium des Vorgangs.

[233] Vgl. Bergs, Siegfried: Optimalität bei Cluster-Analysen - Experimente zur Bewertung numerischer Klassifikationsverfahren, 1981, S. 27.

- *Complete Linkage (Furthest Neighbour)*
  Hier wird im Gegensatz zum vorangegangenen Verfahren der Abstand durch die größte Distanz zweier Objekte $x_{i1} \in k_{r1}$ und $x_{i2} \in k_{r2}$ bestimmt:

$$(52) \qquad d_{max}(k_{r1}, k_{r2}) = min\left(\max_{x_{i1} \in k_{r1}, x_{i2} \in k_{r2}} d(x_{i1}, x_{i2}) \right).$$

  Es werden die beiden Cluster zu einem neuen zusammengefaßt, deren größte Distanz zwischen je zwei Objekten dieser Cluster am kleinsten ist.

- *Average Linkage (Within Groups)*
  Dieses Verfahren bildet einen Kompromiß zwischen den beiden vorangegangenen Extremen, indem alle Distanzen der Objekte zweier Cluster in die Betrachtung einbezogen werden.

$$(53) \qquad d_{mit}(k_{r1}, k_{r2}) = min\left(\frac{1}{|k_{r1}||k_{r2}|} \sum_{\substack{i1=1 \\ x_{i1} \in k_{r1}}}^{|k_{r1}|} \sum_{\substack{i2=1 \\ x_{i2} \in k_{r2}}}^{|k_{r2}|} d(x_{i1}, x_{i2}) \right),$$

  $|k_r|$ *Anzahl der Objekte in einer Klasse k_r.*

  Es werden die Cluster vereinigt deren mittlere Distanz d_{mit} (k_{r1}, k_{r2}) minimal ist.

- *Centroid*
  Auch das Verfahren Centroid berücksichtigt alle Objektdistanzen. Es vereinigt diejenigen Cluster k_{r1}, k_{r2}, deren Gruppenzentroide $\overline{x_{r1}}, \overline{x_{r2}}$ den geringsten Abstand haben:

$$(54) \qquad d_{cen}(k_{r1}, k_{r2}) = min\, d(\overline{x_{r1}, x_{r2}}) \qquad mit$$

$$(55) \qquad \overline{x_{i \bullet r}} = \frac{1}{|k_r|} \sum_{\substack{j=1 \\ x_{ij} \in k_r}}^{|k_r|} x_{ijr}$$

  $\overline{x_{i \bullet r}}$ *Koordinaten eines Merkmals i für den Centroid einer Klasse k_r*

  Dieses Verfahren hat den Vorteil, daß die Gruppen entsprechend ihrer Größe gewichtet werden.[234]

- *Median*
  Das Median-Verfahren ist dem Centroid-Verfahren sehr ähnlich. Allerdings wird hier nicht der Zentroid des neuen Clusters als gewogenes arithmetisches (gewichtetes) Mittel

---

[234] Vgl. Steinhausen, Detlef; Langer, Klaus: Clusteranalyse - eine Einführung in Methoden und Verfahren der automatischen Klassifikation, 1977, S. 79.

aus den beiden Zentroiden der Ausgangscluster gebildet, sondern zur Bestimmung des Zentroiden eines neuen Clusters wird das arithmetische (ungewichtete) Mittel der beiden Zentroide der Ausgangscluster verwendet.[235]

• *Ward*

Bei der Methode nach Ward findet das Varianzkriterium V Anwendung, welches die euklidischen Abstände der einer Gruppe zugehörigen Objekte zu ihrem Mittelpunkt mißt und die Ergebnisse je Cluster zum Zielfunktionswert der vorliegenden Klassenbildung addiert.[236]

Ausgangspunkt ist die Distanzmatrix. Es werden die beiden Gruppen zu einem Cluster zusammengefaßt, bei denen der Zuwachs zur Fehlerquadratsumme am geringsten ist. Das ist dann der Fall, wenn die Fusionierung zu einer Klasse k_r gefunden wurde, für welche die Fehlerquadrate V_r folgende Beziehung erfüllen:

$$(56) \quad V_r = \min \sum_{j=1}^{|k_r|} \sum_{i=1}^{m} (x_{ijr} - \overline{x_{i \bullet r}})^2$$

Die Gruppierungsstufen lassen sich in einem Dendrogramm grafisch darstellen.[237]

Hierarchische Verfahren haben den entscheidenden Nachteil, daß eine einmal getroffene Zuordnung eines Objektes zu einer Klasse später nicht wieder aufgehoben werden kann. Je kleiner die Anzahl der Klassen ist, die gebildet werden sollen, um so größer wird der Fehler, mit dem die Einteilung erfolgt.

Hinsichtlich der Fusionierungseigenschaften lassen sich diese Verfahren in dilatierende, kontrahierende und konservative Verfahren unterteilen. Dilatierende Clusterverfahren neigen zur Bildung vieler kleiner annähernd gleich großer Gruppen (Complete Linkage).[238] Die kontrahierenden Verfahren ermitteln während der ersten Fusionierungsschritte einige wenige große Gruppen, denen viele kleinere gegenüberstehen. Sie eignen sich deshalb gut zur Identifikation von Ausreißern (Single Linkage).[239] Wenn dagegen keiner der beiden Trends bei einem Clusteranalyseverfahren festgestellt werden kann, so ist sein Verhalten konservativ (Average Linkage, Centroid, Median, Ward), d. h., es werden etwa gleich große Cluster gebildet.[240]

---

[235] Vgl. Steinhausen, Detlef; Langer, Klaus: Clusteranalyse - eine Einführung in Methoden und Verfahren der automatischen Klassifikation, 1977, S. 79.

[236] Vgl. Steinhausen, Detlef; Langer, Klaus: Clusteranalyse - eine Einführung in Methoden und Verfahren der automatischen Klassifikation, 1977, S. 134.

[237] Beispiele für Dendrogramme befinden sich in: Petersohn, Helge: Vergleich von multivariaten statistischen Analyseverfahren und Künstlichen Neuronalen Netzen zur Klassifikation bei Entscheidungsproblemen in der Wirtschaft, 1997, S. 65 ff.

[238] Vgl. Backhaus, Klaus; Erichson, Bernd; Plinke, Wulff; Weiber, Rolf: Multivariate Analysemethoden - Eine anwendungsorientierte Einführung 1994, S. 297.
Vgl. Steinhausen, Detlef; Langer, Klaus: Clusteranalyse - eine Einführung in Methoden und Verfahren der automatischen Klassifikation, 1977, S. 75.

[239] Vgl. Backhaus, Klaus; Erichson, Bernd; Plinke, Wulff; Weiber, Rolf: Multivariate Analysemethoden - Eine anwendungsorientierte Einführung, 1994, S. 297.

[240] Vgl. Steinhausen, Detlef; Langer, Klaus: Clusteranalyse - eine Einführung in Methoden und Verfahren der automatischen Klassifikation, 1977, S. 75.

3.2.2   Partitionierende Verfahren

Alle partitionierenden Verfahren haben eine Gemeinsamkeit. Die Prozesse beginnen mit einer vorgegebenen Anfangspartition, die neben der Klassenanzahl bekannt sein muß. Diese Startverteilung beeinflußt die Güte der Lösung und auch die Effizienz des Klassifikationsalgorithmus.[241]

Partitionierende Verfahren versuchen, ausgehend von der gegebenen Anfangspartition, durch iteratives Verschieben einzelner Objekte von einer Klasse in eine andere ein gewähltes Kriterium, bspw. die minimale Distanz zwischen Objekten, schrittweise zu optimieren. Sie gelangen aber dabei nicht notwendig zu einem Optimum, sondern nähern sich diesem an. Das liegt daran, daß sich bei jeder Objektverschiebung in eine andere Klasse die Bedingungen für die Berechnung der Kriterien ändern.

Hinsichtlich der Art und Weise, die Klassifikation zu verbessern, werden zwei Kategorien unterschieden:

1. Austauschverfahren mit Zielfunktion und
2. Minimaldistanzverfahren.

Austauschverfahren mit Zielfunktion
Bei diesem Verfahren geht es prinzipiell darum, daß eine gegebene Anfangspartition durch Verschiebung einzelner Objekte gemäß eines Gütekriteriums auf iterativem Wege verbessert wird.[242] Ein solches Verfahren überprüft für jedes Objekt, ob eine Umgruppierung in eine andere Klasse eine Verbesserung des Gütekriteriums mit sich bringt.[243] Zur Definition der Zielfunktion sind prinzipiell Gütekriterien geeignet.[244]

Für die Minimierung des Varianzkriteriums existieren eine ganze Reihe von Verfahren, da dieses Kriterium für Clusteranalysen am häufigsten verwendet wird.[245] Ein erstes Verfahren beschreibt STEINHAUSEN und bezieht sich damit auf Vorschläge von RUBIN.[246] Das Verfahren von RUBIN, auch Hill-Climbing Methode genannt, realisiert den Austausch der Objekte hinsichtlich der direkten Verbesserung des Varianzkriteriums.

---

[241] Vgl. Opitz, Otto: Zur Entwicklung der qualitativen Datenanalyse, S. 93.
Vgl. Bock, Hans-Hermann: Automatische Klassifikation. Theoretische und praktische Methoden zur Gruppierung und Strukturierung von Daten (Cluster-Analyse), 1974, S. 223.

[242] Vgl. Steinhausen, Detlef; Langer, Klaus: Clusteranalyse - eine Einführung in Methoden und Verfahren der automatischen Klassifikation, 1977, S. 100.

[243] Vgl. Bergs, Siegfried: Optimalität bei Cluster-Analysen - Experimente zur Bewertung numerischer Klassifikationsverfahren, 1981, S. 46.

[244] Vgl. Petersohn, Helge: Vergleich von multivariaten statistischen Analyseverfahren und Künstlichen Neuronalen Netzen zur Klassifikation bei Entscheidungsproblemen in der Wirtschaft, 1997, S. 123-131.

[245] Vgl. Bergs, Siegfried: Optimalität bei Cluster-Analysen - Experimente zur Bewertung numerischer Klassifikationsverfahren, 1981, S. 47.

[246] Vgl. Rubin, J.: Optimal Classification into Groups: An Approach for Solving the Taxonomy Problem, 1967, S. 103-144.

Folgende Schritte sind erforderlich:[247]

1. Vorgabe einer Anfangspartition und der maximalen Iterationszahl „z",
2. Berechnung der Klassenzentroide,
3. Überprüfung für jedes Objekt (in zufälliger Reihenfolge), ob die Verschiebung von einer Klasse k_{r2} in eine andere Klasse k_{r1} die Klassifikation hinsichtlich des Varianzkriteriums verbessert. Falls dies zutrifft, erfolgt eine Umgruppierung in die Klasse k_{r1} mit der größten Verbesserung,
4. Neuberechnung der Klassenzentroide und
5. Fortfahren bei 3. oder Beenden, wenn z mal (z ist eine Nutzerentscheidung) hintereinander keine Umgruppierung stattgefunden hat.

Im Schritt 3. wird also für jedes Objekt x_i aus der Klasse k_{r2} geprüft, ob durch Umgruppierung in k_{r1} die Beziehung

$$(57) \qquad \frac{|k_{r1}|}{|k_{r1}|+1} \sum_{j=1}^{|k_{r1}|} \sum_{i=1}^{m} (x_{ijr1} - \overline{x_{i \bullet r1}})^2 < \frac{|k_{r2}|}{|k_{r2}|-1} \sum_{j=1}^{|k_{r2}|} \sum_{i=1}^{m} (x_{ijr2} - \overline{x_{i \bullet r2}})^2$$

gilt.

Ein ähnliches Verfahren beschreiben BACKHAUS, ERICHSON, PLINKE, WEIBER.[248] Auch hier wird versucht, die Partition anhand des Varianzkriteriums zu optimieren.

Minimaldistanzverfahren

Auch dieses Verfahren beginnt mit einer vorgegebenen Anfangsverteilung aller Objekte in eine gewünschte Klassenzahl. Die iterative Verbesserung der Klassifikation erfolgt, indem sukzessiv jedes Objekt der Klasse zugeordnet wird, zu deren Klassenschwerpunkten es die geringste euklidische Distanz hat.[249] Das Verfahren ist beendet, wenn zwei aufeinanderfolgende Verteilungen identisch sind, d. h., keine Verlagerung von Objekten mehr stattgefunden hat.

STEINHAUSEN und LANGER beschreiben in Anlehnung an FORGY[250] das folgende Verfahren:[251]

1. Vorgabe der Anfangspartition,
2. Berechnung der Klassenzentroide,
3. Verschiebung jedes Objektes in die Klasse, zu der es im Sinne der euklidischen Distanz den geringsten Abstand zum Klassenzentroid hat,
4. Fortfahren bei 2. oder Beenden, wenn in diesem Durchgang kein Element die Klasse gewechselt hat.

---

[247] Vgl. Steinhausen, Detlef; Langer, Klaus: Clusteranalyse - eine Einführung in Methoden und Verfahren der automatischen Klassifikation, 1977, S. 118.

[248] Vgl. Backhaus, Klaus; Erichson, Bernd; Plinke, Wulff; Weiber, Rolf: Multivariate Analysemethoden - Eine anwendungsorientierte Einführung, 1994, S. 282 ff.

[249] Vgl. Bock, Hans-Hermann: Automatische Klassifikation. Theoretische und praktische Methoden zur Gruppierung und Strukturierung von Daten (Cluster-Analyse), 1974, S. 222.

[250] Vgl. Forgy, Edward W.: Cluster Analysis of Multivariate Data. Efficiency versus Interpretability of Classification, 1965, S. 768.

[251] Vgl. Steinhausen, Detlef; Langer, Klaus: Clusteranalyse - eine Einführung in Methoden und Verfahren der automatischen Klassifikation, 1977, S. 107.

Wieviel Iterationen bis zur Abbruchbedingung gebraucht werden, ist vorher nicht bestimmbar. Dies ist sehr stark von der Anfangsverteilung abhängig. In der Literatur wird aufgrund empirischer Untersuchungen davon ausgegangen, daß meist nur wenige Iterationen notwendig sind, um ein akzeptables Ergebnis zu erhalten.[252]

Ein besseres, in der Literatur oft beschriebenes und für die Praxis leicht zugängliches Verfahren ist das von MAC QUEEN[253] vorgeschlagene *k-Means*-Verfahren. Es beinhaltet folgenden Ablauf:[254]

1. Vorgabe der Anfangspartition,
2. Berechnung der Klassenzentroide,
3. Verschiebung des erstgefundenen Objektes in die Klasse k_{r1}, zu dessen Zentroid dieses Objekt die kleinste euklidische Distanz besitzt,
4. Neuberechnung der Klassenzentroide nach jedem Klassenwechsel und
5. Fortfahren bei 3. mit dem nächsten Objekt oder Beenden, wenn z mal hintereinander kein Objekt in eine andere Klasse verschoben wurde. Dann befindet sich jedes der n Objekte in einer Klasse, zu deren Zentroid es im Vergleich zu den übrigen Klassen die kleinste euklidische Distanz aufweist.

Die Besonderheit dieses Verfahrens liegt im Punkt 4. Durch die Neuberechnung der Klassenzentroide *nach jedem* Klassenwechsel eines Objektes konvergiert dieses Verfahren recht schnell gegen ein lokales Optimum.[255] Der Nachteil dieses Algorithmus besteht darin, daß die konstruierte Lösung nicht nur von der Anfangspartition abhängt, sondern auch von der Reihenfolge der Iterationen.[256]

3.3 Evaluierungskriterien für die anwendungsorientierte Bewertung der Güte einer Klassenbildung

Für die praktische Anwendung von Klassifikationsverfahren stellt sich die Frage nach Kriterien, anhand derer beurteilt werden kann, ob eine Klassifikation für einen Anwender satisfizierend ausgefallen ist oder nicht. Zur Beantwortung ist es bei quantitativen Merkmalsausprägungen außerordentlich wichtig, zwei prinzipiell verschiedene Möglichkeiten zu betrach-

---

[252] Vgl. Steinhausen, Detlef; Langer, Klaus: Clusteranalyse - eine Einführung in Methoden und Verfahren der automatischen Klassifikation, 1977, S. 108.

[253] Vgl. MacQueen, J.B.: Some Methods for Classification and Analysis of Multivariate Observations, 1967, S. 281-297.

[254] Vgl. Bortz, Jürgen: Statistik für Sozialwissenschaftler, 1993, S. 535.

[255] Vgl. Günther, Ralf: Untersuchungen von Cluster-Algorithmen und ihre Parallelisierung, 1991, S. 31.

[256] Vgl. Steinhausen, Detlef; Langer, Klaus: Clusteranalyse - eine Einführung in Methoden und Verfahren der automatischen Klassifikation, 1977, S. 117.
Günther, Ralf: Untersuchungen von Cluster-Algorithmen und ihre Parallelisierung, 1991, S. 31.

ten, die einer Entscheidung über die Güte der Klassifikation zugrundegelegt werden können (vgl. Abbildung 36):[257]

1. Werden Klassen gesucht, deren Objekte einander ähnlich sein sollen, so richtet sich die Beurteilung nach einem *ähnlichkeitsbasierten* Gütekriterium.
2. Besteht hingegen das Analyseziel darin, Klassen anhand von Niveauunterschieden zu bilden, beruht die Gütebetrachtung auf einem *Distanzmaß*.

Aufgrund der Normierung der Eingabevektoren zur Berechnung des Gütekriteriums kann die Euklidische Distanz verwendet werden.

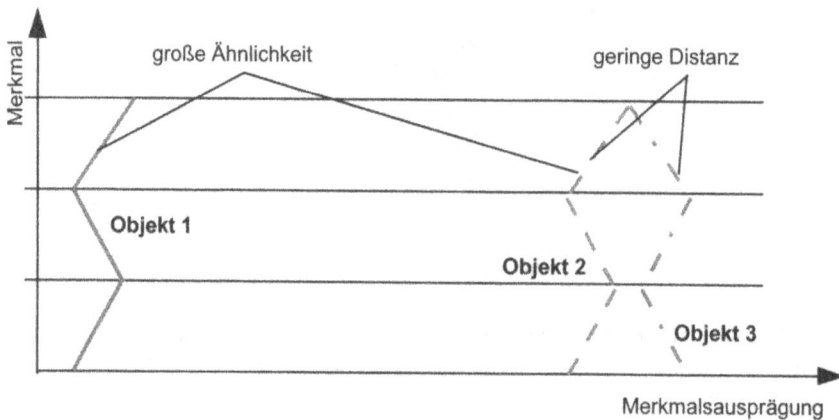

Abbildung 36: Gegenüberstellung von Ähnlichkeit und Distanz als Hilfsmittel zur Entscheidung zwischen Ähnlichkeitsmaß oder Distanzmaß

Zur Beurteilung der Qualität von Klassenbildungen sind verschiedene Kriterien heranzuziehen, bspw. :

1. Homogenitäts-/Heterogenitätskriterium
2. F-Wert

Zu 1.: Homogenitäts-/Heterogenitätskriterium[258]
Das erste Kriterium resultiert aus der Forderung an eine Klassenbildung nach hoher Innerklassenhomogenität bei möglichst heterogenen Klassen. Daraus läßt sich ein sehr gutes Maß für die Gesamtgüte $g_{PM}(\mathcal{R})$ einer Klassifikation $\mathcal{R}$ ableiten. Es ist als Quotient aus den Innerklassenhomogenitäten und den Heterogenitäten zwischen den Klassen berechenbar.

---

[257] Vgl. Petersohn, Helge: Vergleich von multivariaten statistischen Analyseverfahren und Künstlichen Neuronalen Netzen zur Klassifikation bei Entscheidungsproblemen in der Wirtschaft, 1997, S. 123 ff.

[258] Vgl. Petersohn, Helge: Beurteilung von Clusteranalysen und selbstorganisierenden Karten, 1998, S. 556-558.
Vgl. Petersohn, Helge: Vergleich von multivariaten statistischen Analyseverfahren und Künstlichen Neuronalen Netzen zur Klassifikation bei Entscheidungsproblemen in der Wirtschaft, 1997, S. 123-143.

$$(58) \qquad g_{PM}(\Re) = \frac{IKH}{HZK}$$

$$(59) \qquad IKH = \sum_{r=1}^{c} \sum_{i1=1}^{|k_r|-1} \sum_{\substack{i2=2 \\ x_{i2} > x_{i1}}}^{|k_r|} PM(x_{i1r}, x_{i2r})$$

$$(60) \qquad HZK = \sum_{\substack{r1=1 \\ r2>r1}}^{c-1} \sum_{r2=2}^{c} \sum_{\substack{i1=1 \\ x_{i1} \in k_{r1}}}^{|k_{r1}|} \sum_{\substack{i2=1 \\ x_{i2} \in k_{r2}}}^{|k_{r2}|} PM(x_{i1}, x_{i2})$$

IKH	*Summe der Innerklassenhomogenitäten über alle Klassen*
HZK	*Summe der Heterogenitäten zwischen je zwei verschiedenen Klassen über alle Klassen*
c	*Anzahl der Klassen einer Klassifikation $\Re$*
$PM(x_{i1}, x_{i2})$	*Proximität zwischen je zwei Objekten x_{i1} und x_{i2}*

Das Varianzkriterium liefert vergleichbare Ergebnisse.

Zu 2.: F-Wert

Der F-Wert (F) wird herangezogen, um die gefundene Partitionierung noch einmal je Merkmal auf signifikante Unterschiede zwischen den Klassen zu untersuchen. Es wird eine Verhältnisgröße aus der Streuung innerhalb der Klassen (QSI) und der Streuung zwischen den Klassen (QSZ) gebildet.[259]

$$(61) \qquad F = \frac{\dfrac{QSZ}{c-1}}{\dfrac{QSI}{n-c}}$$

$$(62) \qquad QSZ = \sum_{r=1}^{c} |k_r| (\overline{x_r} - \overline{x})$$

$$(63) \qquad QSI = \sum_{r=1}^{c} (|k_r| - 1) \sigma_r^2$$

n	..	*Anzahl der Objekte der Gesamtstichprobe*
$|kr|$	...	*Anzahl der Objekte der r-ten Klasse*
$\overline{x_r}$	...	*Mittelwert der r-ten Klasse*
$\overline{x}$	...	*Mittelwert der Gesamtstichprobe*
σ_r^2	...	*Varianz der Werte aus der r-ten Klasse.*

---

[259] Vgl. Brosius, Felix: SPSS 8.0: Professionelle Statistik unter Windows, 1998, S. 480 ff.
Vgl. Backhaus, Klaus; Erichson, Bernd; Plinke, Wulff; Weiber, Rolf: Multivariate Analysemethoden - Eine anwendungsorientierte Einführung, 1994, S. 25 f.

4   Assoziationsanalyse

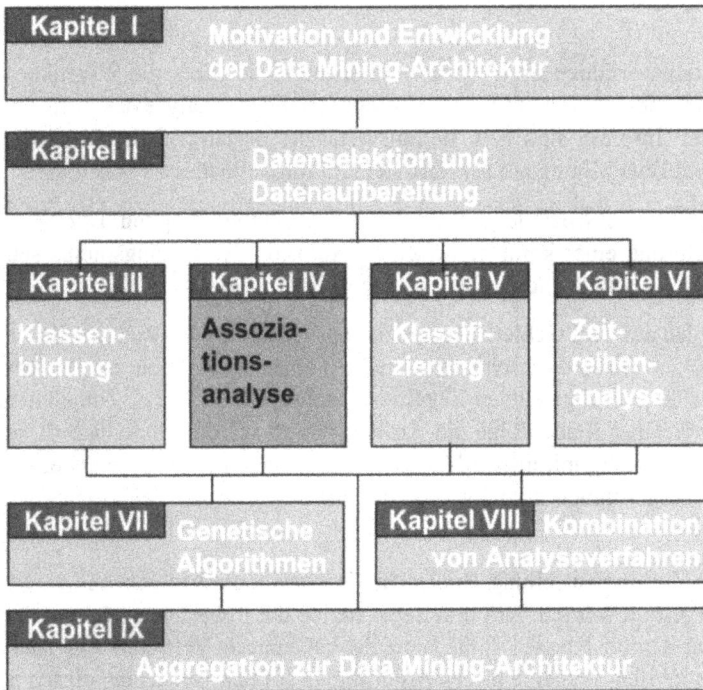

Abbildung 37: Einordnung von Kapitel 4 in die Struktur der Arbeit

4.1   Einführung in die Assoziationsalgorithmen

Assoziationsverfahren stellen innerhalb des Data Mining einen aktuellen Forschungs-schwerpunkt dar. Das Ergebnis der Anwendung dieser Verfahren sind Assoziationsregeln, die signifikante Abhängigkeiten zwischen den zu untersuchenden Merkmalen beschreiben.[260] Assoziationsverfahren extrahieren häufig gemeinsam auftretende Objekte aus einem Daten-bestand.

---

[260]   Vgl. Säuberlich, Frank: KDD and Data Mining als Hilfsmittel zur Entscheidungsunterstützung, 2000, S. 43.

Besonderen Stellenwert haben Assoziationsverfahren bei der Warenkorbanalyse. Ein Beispiel für eine generierte Regel lautet: „Die Kunden, die ein Hemd kaufen, erwerben mit einer Wahrscheinlichkeit von 70 % auch eine Krawatte." Neben dem in diesem Beispiel aufgegriffenen Merkmal Artikel, können auch Analysen über Preise, Mengen, Größen, Farben, Artikel und Mengen, Artikel und Preisen etc. durchgeführt werden.[261]

Diese für den klassischen Handel entwickelten Assoziationsverfahren sind auf den E-Commerce übertragbar. Webshops lassen sich so gestalten, daß Kunden individuell auf interessante Angebote hingewiesen werden. Durch die genaue Identifikation bei jedem Kauf ergeben sich Möglichkeiten, die bis zum One-To-One Marketing, bspw. über personalisierte E-Mails, führen.

Der Einsatz von Assoziationsverfahren im E-Commerce erstreckt sich über die Warenkorbanalyse bis zur Optimierung des das Layout von Websites, nach einer Analyse des Surf- und Suchverhaltens der Nutzer. Insofern sind Assoziationsverfahren Bestandteil der Methoden zum Web Log Mining, dem Data Mining auf serverbasierten Protokolldateien.[262]

Theoretisch wird das Finden von Assoziationsregeln durch Enumeration möglich. Der Nachteil besteht darin, daß aufgrund einer kombinatorischen Explosion des Lösungsraums sehr hohe Anforderungen an Speicherplatz und Rechenleistung gestellt werden.[263]

In den letzten Jahren wurden auf dem Gebiet der Assoziationsverfahren eine Vielzahl Boolescher Algorithmen entwickelt. Diese unterscheiden innerhalb einer Transaktion, ob ein Artikel gekauft wurde oder nicht. Den abgeleiteten Regeln ist infolgedessen nicht zu entnehmen, wie viele Artikel oder in welcher Reihenfolge die Artikel gekauft wurden. Innerhalb dieser Arbeit wird sich schwerpunktmäßig mit diesen Verfahren auseinandergesetzt. Für erweiterte Fragestellungen kommen Algorithmen zum Einsatz, die nur teilweise auf den Booleschen basieren.

Tabelle 9 beinhaltet eine Zusammenstellung Boolescher Assoziationsverfahren, die in den nächsten Abschnitten vorgestellt werden. AIS und SetM stellen die frühesten Verfahren dar. Der Apriori (zugehörig zur Apriori-Klasse) ist bis heute der bekannteste Vertreter. Alle nachfolgenden Entwicklungen greifen Elemente dieses Algorithmus auf und versuchen, diesen zu verbessern. Nur die Entwickler des FP-growth setzten einen völlig anderen Ansatz um.

Formale Beschreibung
Bevor die Algorithmen detailliert vorgestellt werden, erfolgt an dieser Stelle die prinzipielle formale Beschreibung der Assoziationsanalyse.[264]

Es sei $I=\{i_1; i_2; ...; i_m\}$ die Menge aller vorkommenden Objekte (Artikel/items). Weiterhin sei D ein *set of transactions*. D umfaßt die Menge der vorhandenen Transaktionen

---

[261] Vgl. Michels, Edmund: Data Mining Analysen im Handel - konkrete Einsatzmöglichkeiten und Erfolgspotentiale, 2001, S. 943.

[262] Vgl. Mevenkamp, Andreas; Kerner, Martin: Akzeptanzorientierte Gestaltung von WWW-Informationsangeboten, 2001, S. 393.

[263] Vgl. Küsters, Ulrich: Data Mining-Methoden: Einordnung und Überblick, 2001, S. 115 f.

[264] Vgl. Agrawal, Rakesh; Srikant, Ramakrishnan: Fast Algorithms for Mining Association Rules, 1994, S. 2 f.

Tabelle 9: Boolesche Assoziationsverfahren

Algorithmus	Autor	Jahr
AIS	Agrawal, Imielinski, Swami	1993
SetM	Houtsma, Swami	1993
Apriori-Klasse	Agrawal, Srikant	1994
Partition	Savasere, Omiecinski, Navathe	1995
Sampling	Toivonen	1996
DHP	Park, Chen, Yu	1997
DIC	Brin, Motwani, Ullman, Tsur	1997
FP-growth	Han, Pei, Yin	2000

$D=\{T_1,T_2,...,T_n\}$. Eine Transaktion T besteht aus einer Menge von items (itemset), so daß $T \subseteq I$ gilt. X sei eine Menge von items für die geprüft wird, ob gilt $X \subseteq T$. Jede Transaktion wird über eine eindeutige Nummer *TID* identifiziert. Die Anzahl der *items* in einem *itemset* gibt dessen Größe an. Ein itemset der Größe k wird mit *k-itemset* bezeichnet. Alle *items* pro Transaktion sind lexikographisch geordnet.

Mit dem Anteil der Transaktionen in D, die X (u.a.) enthalten, wird der Support von X, *support(X)* berechnet. Es wird zwischen relativem Support *support* und absolutem Support *sup_a* unterschieden. Der relative Support eines *itemset* bezeichnet den relativen Anteil von Transaktionen in D, die dieses *itemset* enthalten. Der absolute Support eines *itemset* bezeichnet die absolute Anzahl der Transaktionen in D, die dieses *itemset* enthalten.

$$(64) \qquad support(X) = \frac{\left|\{T \in D \,|\, X \subseteq T\}\right|}{|D|}$$

Unter einer Extension wird die Erweiterung des *itemset* $X \subset I$ durch ein weiteres *itemset* $Y \subset I$ verstanden. X und Y sind zwei disjunkte Itemmengen und haben keine gemeinsamen Elemente, $X \cap Y = \emptyset$. Die Menge $X \cup Y$ wird als *k-extension* von X bezeichnet.

Eine Assoziationsregel (association rule) ist eine Implikation der Form $X \rightarrow Y$.

X stellt die Prämisse (antecedent) und Y die Konklusion (consequent) dar. Eine Implikation erfüllt die Regel $X \rightarrow Y$ gdw. $X \cup Y \subseteq T$ und $X \cap Y = \emptyset$ gilt, d.h. T enthält alle Items der Assoziationsregel. Der Support *support* der Regel $X \rightarrow Y$ charakterisiert mit *s%* den Anteil der Transaktionen in D, die $X \cup Y$ enthalten. Die folgende Formel stellt diesen Zusammenhang dar:

$$(65) \qquad support(X \rightarrow Y) = support(X \cup Y) = \frac{\left|\{T \in D \,|\, X \cup Y \subseteq T\}\right|}{|D|}$$

Der Support einer Regel gibt somit an, welche Auftrittswahrscheinlichkeit die Regel in bezug auf die Gesamtzahl der Transaktionen besitzt.

Ein weiteres Maß stellt die Konfidenz *confidence* dar. Sie gibt die Wahrscheinlichkeit an, bei der nach Erfüllung der Prämisse auch die Konklusion eintritt:[265] Die Konfidenz der Regel $X \rightarrow Y$ bezeichnet somit den Anteil der Transaktionen, die $X \cup Y$ enthalten, an der Menge der Transaktionen, die nur X enthalten. Die formale Darstellung lautet:

$$(66) \qquad confidence(X \rightarrow Y) = \frac{\left|\{T \in D \mid X \cup Y \subseteq T\}\right|}{\left|\{T \in D \mid X \subseteq T\}\right|} = \frac{support(X \rightarrow Y)}{support(X)}$$

Allgemeiner Ablauf

Die Assoziationsanalyse läuft in zwei Phasen ab:

1. Es werden alle *sets of items (itemsets)* gesucht, für deren Transaktionen *der* Support größer ist als der Mindestsupport. *Itemsets*, die den Mindestsupport erreichen, werden *large itemsets* genannt, alle anderen *small itemsets*.
2. Unter Verwendung der *large itemsets* werden Regeln generiert. Die generelle Idee besteht darin, daß wenn ABCD und AB *large itemsets* sind, über die Berechnung der Konfidenz (*confidence=support(ABCD)/support(AB)*) bestimmt werden kann, ob die Regel $AB \rightarrow CD$ gilt. Dazu wird *confidence* $\geq$ *minconf* geprüft.

Innerhalb der ersten Phase werden alle häufigen Objektmengen (*large itemsets*, frequent itemsets) bestimmt. Dazu unterscheiden die Algorithmen hauptsächlich die folgenden Mengen:

- Menge der häufigen Objektmengen (*set of large k-itemsets, large set, L_k*)
  Eine Objektmenge wird als häufig (large, frequent, strong) betrachtet, wenn diese den vom Benutzer vorgegebenen Mindestsupport *minsup* erreicht bzw. übersteigt.
- Menge der Kandidatenmengen und potentielle *large itemsets* (*set of candidate k-itemsets, candidate set, C_k*).
  Um häufige Objektmengen zu bestimmen, ermitteln manche Algorithmen zuerst Kandidaten (*candidate itemsets*). Diese stellen Objektmengen dar, deren Support in der Datenbank noch nicht bestimmt wurde. Im zweiten Schritt entstehen daraus die large itemsets.

Alle in Tabelle 9 aufgeführten Algorithmen beschäftigen sich mit dieser Aufgabe. Sie ermitteln die *large itemsets* aus der Datenbank. Die innerhalb dieser Phase betrachteten Mengen werden wie folgt bezeichnet. Unter einem *large itemset l* bzw. *candidate itemset c* ist ein itemset zu verstehen, das aus einer bestimmten Anzahl items besteht. Aufbauend darauf bilden *large set L* bzw. *candidate set C* die Menge aller *large itemsets* bzw. *candidate itemsets*.

In der zweiten Phase werden aus den *large itemsets* Assoziationsregeln generiert. Diese Aufgabe besitzt geringere Komplexität.

Nach der Regelgenerierung ist die Assoziationsanalyse noch nicht beendet. Die erzeugten Regeln werden oft in einer unüberschaubaren großen Anzahl generiert. Damit der Benutzer

---

[265] Vgl. Breitner, Christoph A.; Herzog, Uwe: Data Warehouse als Schlüssel zur Bewältigung der Informationsflut, 1996, S. 46.

gezielt die Regeln erhält, die er für seine Entscheidungen benötigt, werden zusätzlich Techniken zur Filterung der Regeln eingesetzt. Visuelle Auswertungen erleichtern die Interpretation der Ergebnisse.

4.2 Boolesche Assoziationsverfahren

4.2.1 AIS

AIS wurde 1993 von der Gruppe um AGRAWAL am IBM Almaden Forschungszentrum entwickelt.[266] Dieser Algorithmus stellt einen der ersten Algorithmen zur Ermittlung von *large itemsets* dar. Charakteristisch ist die Art und Weise, wie *candidate itemsets* erzeugt werden und die damit im Zusammenhang stehende Einführung einer weiteren Menge, dem *frontier set F*. Dieses beinhaltet pro Durchlauf des Algorithmus die *itemsets*, aus denen durch die Bildung von Erweiterungen (extensions) neue *candidate itemsets* c_f erzeugt werden. Am Anfang besteht das *frontier itemset f* aus einer leeren Menge. Folgende Schritte laufen ab:[267]

1. Scannen aller Transaktionen T in D,
2. Prüfen für jedes *frontier itemset f*, ob es in T enthalten ist, wenn ja, dann weiter bei Schritt 3, sonst nächstes *frontier itemset* wählen,
3. Erweiterung von *f*. Es werden seine *extensions* Xi_k gebildet.
4. Einfügen der entstandenen Kandidaten c_f in das *candidate set* C_f,
5. Berechnung des erwarteten Supports $\overline{support}$. Wenn $\overline{support} \gg minsup$, dann Übernahme der Kandidaten nach *large set L*, wenn $\overline{support} >= minsup$, dann Übernahme der Kandidaten nach *frontier set F*.

$$(67) \quad \overline{support} = support(i_1) \cdot support(i_2) \cdot ... \cdot support(i_k) \cdot \frac{(x-y)}{|D|}$$

i_k	*item, mit dem das frontier itemset X erweitert wurde*
support(i_k)	*relativer Support von i_k in D*
x und y	*absoluter Support von X in D bzw. Menge der Transaktionen des aktuellen Durchlaufes*
/D/	*Anzahl der Transaktionen der Datenbank*
$\frac{x-y}{|D|}$	*aktueller Support von X in den noch nicht gelesenen Transaktionen*
$\overline{support}$	*erwarteter Support der extension Xi_k in den verbleibenden Datensätzen*

[266] Vgl. Agrawal, Rakesh; Imielinski, Tomasz; Swami, Arun N.: Mining Association Rules between Sets of Items in Large Databases, 1993, S 1 ff.

[267] Vgl. Agrawal, Rakesh; Imielinski, Tomasz; Swami, Arun N.: Mining Association Rules between Sets of Items in Large Databases, 1993, S. 3 ff.

AIS unterscheidet somit zwei Arten von extensions. Je nachdem, ob *support* den definierten Mindestsupport *minsup* erreicht, ist eine Erweiterung entweder häufig *(large)* oder nicht häufig *(small)*. Nur für Erweiterungen die als *large* geschätzt wurden, werden zusätzliche *extensions* gebildet. Dies ist darauf zurückzuführen, daß für eine *small* geschätzte *extension* angenommen wird, daß sie den Mindestsupport in der Datenbank nicht erreichen wird und als *large itemset* nicht in Betracht kommen kann. Damit sind Erweiterungen dieses *itemset* nicht notwendig.

Die pro Transaktion *T* gebildeten *extensions* werden in das *candidate set C* übertragen. Ist eine extension bereits in *C* vorhanden, wird der korrespondierende Supportzähler $c_f.count$ inkrementiert. Die in der gegenwärtigen Iteration nicht berücksichtigten Erweiterungen müssen im folgenden Durchlauf gebildet und gezählt werden. Der Algorithmus wird solange wiederholt, bis das *frontier set* leer ist.

Beispiel

Gegeben sei die Menge der *items I={1;2;3;4;5;6}*. Das *frontier set* besteht aus der Menge *f={1;2}*. Für die Transaktion *t={1;2;3;4;6}* werden gemäß Tabelle 10 die *extensions* gebildet. Das *frontier itemset f={1;2}* stellt eine Teilmenge der Transaktion *T* dar und wird im ersten Schritt mit dem *item 3* zu {1;2;3} erweitert. Die Schätzung dieser *extension* ergibt *large*. Deshalb entstehen die Mengen {1;2;3;4} und {1;2;3;6}. Die Menge {1;2;3;4;6} wird nicht gebildet, da {1;2;3;4} wahrscheinlich nicht *large* sein wird. {1;2;3;6} und {1;2;6} können nicht erweitert werden, denn es existiert kein *item*, das lexikographisch auf 6 folgt. Nicht erweiterbare *extensions* sind automatisch *large*. Die Mengen {1;2;3;5} und {1;2;5} werden nicht betrachtet, da das *item 5* nicht in *T* enthalten ist.

Tabelle 10: Beispiel für den AIS – Algorithmus (Quelle: In Anlehnung an Agrawal, Rakesh; Imielinski, Tomasz; Swami, Arun N.: Mining Association Rules between Sets of Items in Large Databases, 1993, S. 4.)

extension	Schätzung	Aktion
1;2;3	large	expandiere weiter
1;2;3;4	small	expandiere nicht weiter
1;2;3;6	large	weitere Expansion nicht möglich
1;2;4	small	expandiere nicht weiter
1;2;6	large	weitere Expansion nicht möglich

4.2.2   SetM

Der SetM-Algorithmus[268] wurde für die Datenbanksprache SQL entwickelt.

SetM arbeitet neben der Datenbankrelation *D*, welche alle Transaktionen enthält, mit Tabellen zur Speicherung der *large k-itemsets (L_k)* und temporären Tabellen zur Sicherung von

---

[268]   Vgl. Barth, Matthias: Data Mining, 1996, S. 142.

Zwischenergebnissen $(\overline{C}_k, \overline{L}_k)$. Der jeweilige Querstrich im Bezeichner der temporären Relation zeigt an, daß die *itemsets* zusammen mit ihrer *TID* abgelegt sind.

Jede Iteration des SetM-Algorithmus besteht aus 3 Phasen:[269]

1. Bildung des *candidate set* $\overline{C}_k$ bzw. aus den gewonnenen *large itemsets* des *candidate set* $\overline{C}_{k+1}$,

2. Gruppierung der Tabelle $\overline{C}_k$ nach den *candidate itemsets* und

3. Erzeugen der Tabelle $\overline{L}_k$ durch Übernahme der Tupel aus Tabelle $\overline{C}_k$ nach $\overline{L}_k$.

Die Bildung des *candidate set* $\overline{C}_k$ resultiert aus den *large (k-1)-itemsets* $\overline{L}_{k-1}$ der Voriteration und den Transaktionen der Tabelle *D*. Es werden die *1-extensions* des *large (k-1)-itemsets* bezogen auf die über die *TID* referenzierte Transaktion erzeugt. *Extensions* bzw. *candidate itemsets* werden analog zu AIS pro Transaktion generiert. Die Gruppierung der Tabelle $\overline{C}_k$ nach den *candidate itemsets* ist Basis für die Zählung der Einträge pro Gruppe, die den jeweiligen absoluten Support liefert. Diejenigen *candidate itemsets*, die den absoluten Mindestsupport $minsup_a$ erreichen bzw. übersteigen, werden der Tabelle L_k der *large itemsets* hinzugefügt. Bevor aus den gewonnenen *large itemsets* das *candidate set* $\overline{C}_{k+1}$ gebildet werden kann, wird die Tabelle $\overline{L}_k$ erzeugt. Dazu werden jene Tupel aus der Tabelle $\overline{C}_k$ nach $\overline{L}_k$ übernommen, die den Mindestsupport erreichen bzw. übersteigen. Die neue Tabelle enthält somit die pro Transaktion *(TID)* gebildeten *large k-itemsets*. Der Algorithmus arbeitet solange, bis die erzeugten Relationen L_k und $\overline{L}_k$ leer sind, d.h. in der abgelaufenen Iteration keine neuen *large k-itemsets* generiert wurden.

4.2.3 Apriori-Algorithmen

4.2.3.1 Apriori

Die Algorithmen der Apriori-Klasse wurden ebenfalls im IBM Almaden Forschungszentrum entwickelt.

Der Apriori-Algorithmus[270] stellt das klassische Verfahren zum Auffinden von Assoziationsregeln dar. Die meisten weiteren Entwicklungen basieren auf ihm bzw. beziehen ihn aufgrund seiner bis heute noch akzeptablen Leistungen in Vergleichsstudien ein. Die bisher bekannten Algorithmen besaßen Nachteile bei der Generierung von *candidate itemsets*. AIS und SetM erzeugen bspw. *candidate itemsets* während des Scannens der Datenbank. Die jeweils eingesetzten Verfahren bilden in bezug auf die tatsächliche Anzahl vorhandener *large itemsets* zu große *candidate sets*. Der damit verbundene zusätzliche Rechenaufwand ist sowohl bei der Erzeugung als auch bei der Zählung der *candidate itemsets* sehr hoch.

---

[269] Vgl. Barth, Matthias: Data Mining, 1996, S. 142.

[270] Vgl. Agrawal, Rakesh; Srikant, Ramakrishnan: Fast Algorithms for Mining Association Rules, 1994, S. 5ff.

Typisch für den Apriori ist die Art und Weise der Bildung des *candidate set*. Ähnlich wie der SetM-Algorithmus arbeitet der Apriori stufenweise. Pro *k*-ter Iteration des Algorithmus werden nur die *candidate* und *large itemsets* der Länge *k* betrachtet. Erzeugung und Bestimmung des Supports der *candidate itemsets* erfolgen getrennt voneinander. Die Generierung von *candidate itemsets* beruht auf der Erkenntnis, daß alle Teilmengen eines *large itemset* ebenfalls large sind.[271] Daraus folgt, daß *candidate k-itemsets* aus den *large (k-1)-itemsets* der vorherigen Iteration gebildet werden können. Dieser Schritt wird auch *join-step* genannt.[272]

Im *prune-step* wird das *candidate k-set* reduziert. Diese Reduktion beruht auf o.a. Erkenntnis. Es werden alle diejenigen *candidate k-itemsets* aus dem *candidate k-set* wieder entfernt, die mindestens eine (k-*1*)-Teilmenge besitzen, die nicht *large* ist.

Der Algorithmus läuft in folgenden Schritten ab:

1. Bildung des candidate k-set C_k über join-step und prune-step,
2. Ermittlung des Supports aller candidate k-itemsets $c \in C_k$ und
3. Erzeugung der large k-itemsets.

Die *large 1-itemsets* seien bekannt. In jedem weiteren k-ten Durchlauf des Algorithmus wird das *candidate k-set* C_k über *join-step* und *prune-step* gebildet. Dies erfolgt mit der Funktion *apriori_gen()*. Join-step, prune-step und *apriori_gen()* werden auf Seite 109 beschrieben.[273]

Nach Bildung von C_k wird der absolute Support aller *candidate k-itemsets* $c \in C_k$ in der Datenbank ermittelt. Dazu wird im Rahmen eines kompletten Datenbankscans jede Transaktion *T* herausgegriffen und alle Teilmengen C_t der Länge *k* bestimmt, die in C_k enthalten sind. Danach wird der Supportzähler des korrespondierenden *candidate k-itemset* inkrementiert.

Anschließend werden aus den *candidate k-itemsets*, die den Mindestsupport erreichen bzw. übersteigen, die *large k-itemsets* erzeugt.

Der Algorithmus endet, wenn das *large k-itemset* keine Einträge mehr enthält.

Die Entwickler des Algorithmus geben konkrete Empfehlungen für die Implementierung des Apriori. Einen Schwerpunkt stellt die Speicherung der *candidate itemsets* in einem Hash-Tree dar.[274]

Hash-Verfahren sind dann vorzuziehen, „wenn die Daten nur eingefügt, aber sehr selten oder gar nicht gelöscht werden."[275] Der Support kann schnell ermittelt werden und damit, ob die pro Transaktion gebildeten Teilmengen im *candidate set* enthalten sind oder nicht.

---

[271] Zum Beweis Vgl. Agrawal, Rakesh; Srikant, Ramakrishnan: Fast Algorithms for Mining Association Rules, 1994, S. 7.

[272] Vgl. Agrawal, Rakesh; Srikant, Ramakrishnan: Fast Algorithms for Mining Association Rules, 1994, S. 6.

[273] Vgl. Agrawal, Rakesh; Srikant, Ramakrishnan: Fast Algorithms for Mining Association Rules, 1994, S. 5 f.

[274] Vgl. Agrawal, Rakesh; Srikant, Ramakrishnan: Fast Algorithms for Mining Association Rules, 1994, S. 7 f.

[275] Claus, Volker; Schwill, Andreas: Duden Informatik, 2001, S. 278.

join-step

1	*INSERT INTO C_k*
2	*SELECT $p.item_1$, $p.item_2$, ..., $p.item_{k-1}$, $q.item_{k-1}$*
3	*FROM L_{k-1} as p, L_{k-1} as q*
4	*WHERE $p.item_1=q.item_1$ and*
5	*...*
6	*$p.item_{k-2}=q.item_{k-2}$ and*
7	*$p.item_{k-1}<q.item_{k-1}$;*

---

prune-step

1	*forall itemset $c \in C_k$*
2	*{*
3	*forall(k-1)-subset s of c*
4	*{*
5	*if ($s \in L_{k-1}$)*
6	*{*
7	*delete c from C_k;*
8	*}*
9	*}*
10	*}*

---

apriori_gen()

1	*L_1={large 1-itemsets}*
2	*for $(k=2; L_{k-1} \neq \varnothing; k++)$*
3	*{*
4	*C_k=apriori_gen(L_{k-1});*
5	*forall $(T \in D)$*
6	*{*
7	*C_t=subsets(C_k,t);*
8	*forall $(c \in C_t)$*
8	*{*
9	*c.count++;*
10	*}*
11	*L_k={ $c \in C_k$ | c.count / | D |$\geq$ minsup}*

Beispiel
Abbildung 38 zeigt am Beispiel, wie der Apriori-Algorithmus arbeitet. Es werden 8 erfaßte Transaktionen betrachtet. Der absolute Mindestsupport beträgt *minsup$_a$*=2. Die Iteration *k=3* beinhaltet alle Phasen des Algorithmus und wird deshalb im folgenden betrachtet.

Aus den *large 2-itemsets* des vorherigen Durchlaufs (L_2) erfolgt die Bildung der *candidate 3-itemsets* des aktuellen Durchlaufs (C_3). Innerhalb des *join-step* werden bspw. aus den *large* 2-itemsets {1;2} und {1;4} das *candidate 3-itemset* {1;2;4} generiert, aus {1;2} und {1;6} entsteht {1;2;6}, usw.

Im sich anschließenden *prune-step* erfolgt die Eliminierung der candidate 3-itemsets {1;2;6} und {1;4;6}.

Da die Teilmengen {2;6} des *itemset* {1;2;6} und {4;6} des *itemset* {1;4;6} nicht in L_2 vorhanden sind, kann geschlußfolgert werden, daß diese nie *large* sein werden. C_3 kann somit von den *itemsets* {1;2;6} und {1;4;6} bereinigt werden.

Im nächsten Datenbankscan wird der Support des übrig gebliebenen *candidate 3-itemset* ermittelt. Da dieses den Mindestsupport erreicht, wird es im folgenden Schritt in die Menge der *large 3-itemsets* übernommen.

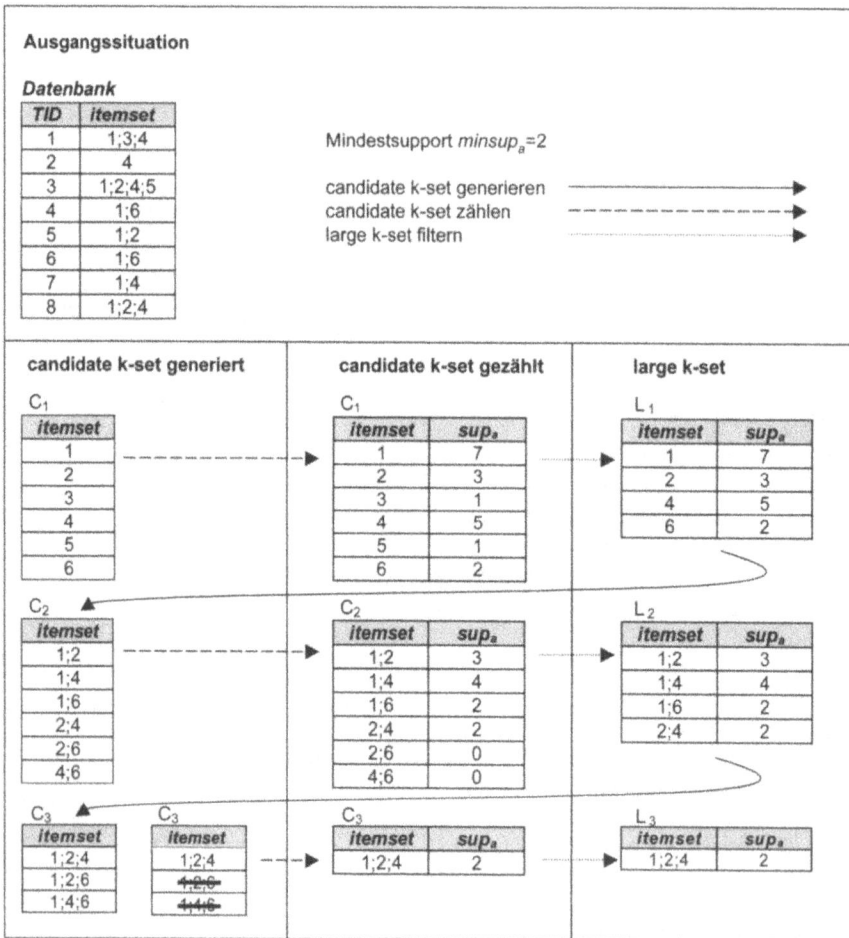

Ausgangssituation

Datenbank

TID	itemset
1	1;3;4
2	4
3	1;2;4;5
4	1;6
5	1;2
6	1;6
7	1;4
8	1;2;4

Mindestsupport $minsup_a$=2

candidate k-set generieren   ───────────►
candidate k-set zählen   ─ ─ ─ ─ ─ ─►
large k-set filtern   ───────────►

candidate k-set generiert

C_1

itemset
1
2
3
4
5
6

C_2

itemset
1;2
1;4
1;6
2;4
2;6
4;6

C_3

itemset	itemset
1;2;4	1;2;4
1;2;6	~~1;2;6~~
1;4;6	~~1;4;6~~

candidate k-set gezählt

C_1

itemset	sup_a
1	7
2	3
3	1
4	5
5	1
6	2

C_2

itemset	sup_a
1;2	3
1;4	4
1;6	2
2;4	2
2;6	0
4;6	0

C_3

itemset	sup_a
1;2;4	2

large k-set

L_1

itemset	sup_a
1	7
2	3
4	5
6	2

L_2

itemset	sup_a
1;2	3
1;4	4
1;6	2
2;4	2

L_3

itemset	sup_a
1;2;4	2

Abbildung 38: Beispiel für den Apriori – Algorithmus (Quelle: In Anlehnung an Hettich, Stefanie; Hippner, Hajo: Assoziationsanalyse, 2001, S. 433.)

Der Algorithmus endet, denn es können keine neuen *candidate 4-itemsets* und somit auch keine *large 4-itemsets* erzeugt werden.

4.2.3.2 AprioriTid

Der AprioriTid[276] wurde als Variante des Apriori entwickelt. Der Apriori-Algorithmus führt bei großen Datenbeständen während der Abarbeitung aufgrund des mehrfachen Scannens der kompletten Datenbank zu Performanceproblemen. Obwohl pro Iteration *itemsets* und somit auch Transaktionen bzw. ihre Teilmengen als nicht *large* festgestellt werden, wird dies für die weitere Abarbeitung nicht berücksichtigt. Es wird in jedem Durchlauf die Datenbank erneut eingescannt.

Der AprioriTid versucht die Datenbasis während der Analyse zu verkleinern.[277] Nur innerhalb des ersten Durchlaufs wird die gesamte Datenbasis gescannt und zur Bestimmung des Supports herangezogen. In den folgenden Iterationen wird dafür das *set* $\overline{C}_k$ angewandt. Jedes Element von $\overline{C}_k$ hat die Form $\langle TID, \{X_k\} \rangle$, wobei jedes X_k ein potentielles *large k-itemset* mit der Identifikation *TID* repräsentiert. Somit bestehen die Transaktionen $T \in \overline{C}_k$ in der Iteration k nur noch aus den Teilmengen der ursprünglichen Transaktion, die auch im aktuellen *candidate k-set* vorkommen.

Eine Transaktion, die kein *candidate k-itemset* mehr enthält, wird aus $\overline{C}_k$ entfernt. Während der Abarbeitung des Algorithmus nehmen dann die Einträge in $\overline{C}_k$ ab. Dies führt bei großen k zu einer deutlichen Reduktion der Datenmenge. „Zusätzlich können die Einträge je Transaktion in $\overline{C}_k$ kleiner werden als die Daten der ursprünglichen Transaktion, da Itemmengen mit hohem k seltener in den Transaktionen enthalten sind."[278] Für kleine k kommt es jedoch zu einem Anstieg der Datenmenge. Bei frühen Iterationen ergeben sich aufgrund der noch relativ großen Datenbasis und der damit verbundenen großen Anzahl von Kombinationsmöglichkeiten besonders viele *candidate k-itemsets*. Die Datensätze in $\overline{C}_k$ erhalten mehr Einträge als ihre korrespondierenden Transaktionen. Damit erhöht sich sowohl bei der Erzeugung von $\overline{C}_k$ als auch bei der Zählung der *candidate k-itemsets* der Rechenaufwand.

Der AprioriTid generiert die *candidate k-sets* wie der Apriori Algorithmus. Der Unterschied besteht nur in der zugrunde liegenden Datenbasis und deren ständigen Anpassung.[279]

Beispiel
Die in Abbildung 39 gezeigte Vorgehensweise basiert auf dem Beispiel in Abbildung 38. Da sich beide Algorithmen nur bzgl. der Veränderung der Datenbasis unterscheiden, wird nur diese dargestellt.

---

[276] Vgl. Agrawal, Rakesh; Srikant, Ramakrishnan: Fast Algorithms for Mining Association Rules, 1994, S. 9ff.

[277] Vgl. Hettich, Stefanie; Hippner, Hajo: Assoziationsanalyse, 2001, S. 434.

[278] Vgl. Hettich, Stefanie; Hippner, Hajo: Assoziationsanalyse, 2001, S. 434.

[279] Vgl. Agrawal, Rakesh; Srikant, Ramakrishnan: Fast Algorithms for Mining Association Rules, 1994, S. 9.

$\overline{C}_1$ entspricht der Datenbasis der Datenbank. Die *items* pro Transaktion werden als Mengen betrachtet. In der Iteration $k=2$ erfolgt die Erzeugung der Datenbasis $\overline{C}_2$ aus dem *candidate 2-set* C_2. Bspw. werden für die Transaktion $t.TID=3$ die Teilmengen {1;2}, {1;4} und {2;4} abgeleitet. Die ebenfalls in t vorkommenden Teilmengen {1;5}, {2;5} und {4;5} werden nicht weiter betrachtet, da diese nicht in C_2 enthalten sind. In der Iteration $k=3$ werden die Vorteile des AprioriTid deutlich. Viele Transaktionen bestehen nur aus zwei *items*. Diese werden nicht nach $\overline{C}_3$ übernommen. Die weitere Bestimmung des Supports erfolgt nur noch für zwei Transaktionen. Der Apriori-Algorithmus würde wieder die komplette Datenbank einscannen.

Datenbank

TID	itemset
1	1;3;4
2	4
3	1;2;4;5
4	1;6
5	1;2
6	1;6
7	1;4
8	1;2;4

$\overline{C}_1$

TID	set of itemsets
1	{1} {3} {4}
2	{4}
3	{1} {2} {4} {5}
4	{1} {6}
5	{1} {2}
6	{1} {6}
7	{1} {4}
8	{1} {2} {4}

$\overline{C}_2$

TID	set of itemsets
1	{1;4}
3	{1;2} {1;4} {2;4}
4	{1;6}
5	{1;2}
6	{1;6}
7	{1;4}
8	{1;2} {1;4 {2;4}

$\overline{C}_3$

TID	set of itemsets
3	{1;3;4}
8	{1;3;4}

Abbildung 39: Beispiel für den AprioriTid – Algorithmus (Quelle: In Anlehnung an Hettich, Stefanie; Hippner, Hajo: Assoziationsanalyse, 2001, S. 433)

4.2.3.3   AprioriHybrid

Die Algorithmen AprioriTid und Apriori besitzen wechselseitig Vorteile bzgl. der Performance. Während AprioriTid gegenüber Apriori den Aufwand für iterationsweise wiederholtes Einlesen der gesamten Datenbasis reduziert, weist er Nachteile bei niedriger Anzahl Iterationen k auf. Beide Algorithmen erzielen pro Iteration identische Ergebnisse. Um die Vorteile beider Verfahren zu verbinden ist ein hybrider Algorithmus, der AprioriHybrid, entwickelt worden.[280]

Der AprioriHybrid beginnt mit dem Apriori, da dieser in frühen Iterationen dem AprioriTid überlegen ist. Mit steigendem k nimmt die Zahl der *candidate k-itemsets* in der Hypothesen-

---

[280]   Vgl. Agrawal, Rakesh; Srikant, Ramakrishnan: Fast Algorithms for Mining Association Rules, 1994, S. 24 f.

menge ab. Damit müssen einige Transaktionen nicht mehr berücksichtigt werden.[281] Der Wechsel zum AprioriTid-Algorithmus muß erfolgen, da sich jetzt die Performancevorteile des AprioriTid auswirken.

Folgende Fragestellungen sind diesbezüglich zu klären:

- Welche Iteration stellt den optimalen Zeitpunkt für den Wechsel des Algorithmus dar und wie läßt sich dieser bestimmen?
- Welcher zusätzliche Aufwand entsteht, um die Datenbasis $\overline{C}_k$ zu erzeugen?

Die Performancenachteile für kleine k werden auf hohe Input-/Output-Kosten zurückgeführt. Diese entstehen durch Auslagerung von Daten $\overline{C}_k$ auf die Festplatte, falls diese nicht in den Arbeitsspeicher passen. Der richtige Wechselzeitpunkt wird mit einer Funktion[282] bestimmt, die die Größe der Datenstruktur $\overline{C}_{k+1}$ schätzt. Sobald die Daten in den Arbeitsspeicher passen, erfolgt ein Wechsel.

4.2.4 Einschätzung der Algorithmen AIS, SetM und Apriori

Gegenüber AIS und SetM zeigen Apriori, AprioriTid und AprioriHybrid viele Vorteile bezüglich der Rechenzeiten. Probleme ergeben sich aber auch hier für niedrige k. Es werden zu viele *candidate itemsets* in bezug auf die tatsächliche Anzahl vorhandener *large itemsets* erzeugt. Somit stellt sich die Frage nach der Notwendigkeit, den Zwischenschritt über die Erzeugung des *candidate set* zu gehen. Eine sofortige Bestimmung des *large set* würde diesen aufwendigen Schritt vermeiden. Auch nimmt die Anzahl der Datenbankscans bei großen k relativ viel Zeit in Anspruch.

4.2.5 Partition

Bisher vorgestellte Algorithmen scannen die Datenbank teilweise mehrmals. Gerade in vernetzten Systemen wird dadurch erheblicher Datenverkehr erzeugt, der die operativen Systeme zusätzlich beeinträchtigen kann. Die Entwickler des Partition[283] sahen hierin Ansatzpunkte, die bekannten Verfahren zu verbessern. Der wesentliche Vorteil des Partition besteht darin, mit maximal zwei Datenbankscans zu arbeiten. Weiterhin wird bei der Supportermittlung im Vergleich zu Apriori eine Performancesteigerung erzielt.

Der Partition-Algorithmus umfaßt 3 Schritte:[284]

1. Teilung der Datenbank D in n gleichgroße Ausschnitte und Ermittlung der *lokalen large sets* L^i in jeder Partition p_i,

---

[281] Vgl. Hettich, Stefanie; Hippner, Hajo: Assoziationsanalyse, 2001, S. 434.

[282] Zur Schätzfunktion siehe Agrawal, Rakesh; Srikant, Ramakrishnan: Fast Algorithms for Mining Association Rules, 1994, S. 25.

[283] Vgl. Savasere, Ashoka; Omiecinski, Edward; Navathe, Shamkant B.: An Efficient Algorithm for Mining Association Rules in Large Databases, 1995, S. 5ff.

[284] Vgl. Savasere, Ashoka; Omiecinski, Edward; Navathe, Shamkant B.: An Efficient Algorithm for Mining Association Rules in Large Databases, 1995, S. 7.

2. Partitionsweises Zusammenfassen aller vorhandenen lokalen large sets zu einem globalen candidate set C^G und

3. Zählung der globalen candidate itemsets im zweiten kompletten Datenbankscan und Ableiten der globalen large itemsets.

Für Schritt 2 läßt sich zeigen, daß die gewonnene Menge eine Obermenge des globalen *large set* L^G darstellt.[285] Durch die lokalen Schritte gehen keine in der Datenbank vorkommenden *globalen large itemsets* verloren.

Die Ermittlung des *lokalen large sets* L^i erfolgt ähnlich zum Apriori. Der Unterschied besteht darin, wie die *large itemsets* aus den *candidate itemsets* bestimmt werden. Die *large itemsets* werden wesentlich anders aus den *candidate itemsets* berechnet als bei Apriori bzw. Apriori-Tid. Der Partition-Algorithmus führt für jedes *large* und *candidate itemset* eine sogenannte *tidlist* ein. In dieser Liste werden die *TIDs* der Transaktionen, in denen das *itemset* enthalten ist, gespeichert. Die Einträge in einer *tidlist* entsprechen zahlenmäßig dem absoluten Support des korrespondierenden *itemset*. Die *large k-itemsets* werden parallel zur Bildung der *candidate k-itemsets* bestimmt. Jedes *candidate k-itemset* entsteht aus zwei *large (k-1)-itemsets*. Die *tidlist* der *large (k-1)-itemsets* geben an, in welchen Transaktionen diese vorkommen. Die Schnittmenge dieser Listen umfaßt die *TIDs* der Transaktionen, in denen das erzeugte *candidate k-itemset* enthalten ist. Über die Anzahl der Einträge wird ermittelt, ob der vorgegebene Mindestsupport erreicht wird und somit ob das *candidate k-itemset* ein *large itemset* darstellt.

Es ist gut möglich, diesen Algorithmus mit dem AprioriTid zu vergleichen, wenn die Anzahl der Partitionen mit *n=1* festgelegt wird. Die Art und Weise, wie neue *large itemsets* generiert werden, ist bei beiden Algorithmen identisch. Die Datenbank wird nur einmal eingescannt, um darauf aufbauend die Datenstruktur im Arbeitsspeicher nachzubilden. Darin unterscheiden sich die Verfahren.

Im AprioriTid werden pro Transaktion die in ihr vorhandenen *candidate itemsets* gespeichert, während der Partition-Algorithmus pro *candidate itemset* bzw. *large itemset* die *TIDs* der Transaktionen, in denen das *itemset* vorkommt, speichert.

Die Partitionierung der Datenbank ist nicht notwendig, kann aber entscheidende Vorteile mit sich bringen. Dazu sind folgende Kriterien zu berücksichtigen:

- Eine große Datenbank, die nicht in den Hauptspeicher paßt, muß partitioniert werden. Auch die erzeugten Datenstrukturen zur Speicherung der *candidate* und *large itemsets* sind dabei zu berücksichtigen.
- Mit einem Teil der Datensätze können Stichprobenuntersuchungen durchgeführt werden.
- Die lokalen *large itemsets* werden unabhängig voneinander erzeugt. Dies kann auf mehreren Rechnern parallel erfolgen.

---

[285] Vgl. Savasere, Ashoka; Omiecinski, Edward; Navathe, Shamkant B.: An Efficient Algorithm for Mining Association Rules in Large Databases, 1995, S. 6.

4.2.6 Sampling

Mit dem Sampling-Algorithmus [286] wird versucht, mit einem Datenbankscan auszukommen. Die Entwickler verwenden hierfür das Konzept der *positive* und *negative border*[287].

Gegeben sei die Menge *L* aller *large itemsets*. Die *negativ border* $Bd^-(L)$ besteht aus den *itemsets*, die sich nicht in *L* befinden, jedoch alle deren Teilmengen.

Im Apriori wird die *negative border* automatisch generiert. Sie besteht aus den *candidate itemsets*, die im anschließenden Zählprozeß als nicht *large* identifiziert werden. Die *positive border* $Bd^+(L)$ umfaßt die Mengen in *L*, die selbst keine Teilmengen anderer Mengen aus *L* darstellen.

Beispiel
Es sei *I={1; ...; 6}* die Menge aller *items*. Als *large* haben sich die *itemsets*

L={{1};{2};{3};{6};{1;2};{1;3};{1;6};{3;6};{1;3;6}} herausgestellt.

Die Menge {2;3} gehört bspw. zur *negative border*, da sie selbst nicht in *L* vertreten ist, jedoch ihre Teilmengen {2} und{3}. Für die *negative border* bzw. *positive border*

ergeben sich:

$Bd^-(F)$={{4};{5};{2;3};{2;6}}.

$Bd^+(F)$={{1;2};{1;3;6}}.

Der Sampling-Algorithmus zieht eine Stichprobe (sample) aus der Datenbank und bestimmt anhand derer die Menge *S*, die mit hoher Wahrscheinlichkeit alle Teilmengen des *large set L* der kompletten Datenbank enthält. Damit *S* auch alle *large itemsets* beinhaltet, wird ein niedriger relativer Mindestsupport *minsup* angegeben. Die Senkung des Mindestsupports ergibt sich aus einer Heuristik, wie sie aus den Zeilen 10-21 der prozeduralen Beschreibung s.u. ersichtlich ist. Ein Problem stellt die Bestimmung der Parameter Δ und γ dar, die die Anzahl der generierten *large itemsets* beeinflussen.

Die entstandene Obermenge $S \supseteq L$ muß gewährleisten, daß *S* in bezug auf *L* nicht zu viele zusätzliche Mengen einschließt. Neben *S* wird auch dessen *negative border* ermittelt.

Die Menge $S \cup Bd^-(S)$ ergibt sich aus den *candidate* und *large itemsets*, die bei der Anwendung des Apriori auf die Stichprobe gebildet werden. Danach wird die Datenbank komplett gescannt, um den Support aller Mengen in $S \cup Bd^-(S)$ und daraus abgeleitet alle *large itemsets* der gesamten Datenbank zu bestimmen.

$S \cup Bd^-(S)$ basiert auf wahrscheinlichkeitstheoretischen Annahmen. D.h., es kann nicht garantiert werden, daß die erzeugte Menge *S* alle *large itemsets* der Datenbank beinhaltet. Mit Hilfe der *negative border* kann dies geprüft werden. Diese enthält alle erzeugten *candidate itemsets*, die nicht *large* sind.

---

[286] Vgl. Toivonen, Hannu: Sampling Large Databases for Association Rules, 1996, S. 3 ff.

[287] Vgl. Mannila, Heikki; Toivonen, Hannu: On an algorithm for finding all interesting sentences, 1996, S. 3 ff.

Zeigt sich nach dem Scannen der Datenbank, daß ein *itemset* der *negative border* doch *large* ist, so deutet dies auf einen Fehler hin. Bspw. können die *candidate itemsets* in $S \cup Bd^-(S)$ fehlen, die aus diesem *large itemset* ableitbar sind. Nicht beachtete *candidate itemsets* müssen der Menge $S \cup Bd^-(S)$ hinzugefügt werden. Innerhalb eines notwendigen zweiten Datenbankscans müssen diese nicht berücksichtigten *candidate itemsets* gezählt werden.

Liegen keine Fehler vor, endet der Algorithmus. Damit wird garantiert, daß alle *large itemsets* gefunden werden.

Die wesentlichen Schritte des Sampling-Algorithmus sind im Folgenden dargestellt.[288]

1	*draw a random sample s of size ss from D;*
2	*Pr=0;*
3	*lowsup=minsup;*
4	$C_1 = \{\{A\} \| A \in R\};$
5	$k = 1;$
6	*while* $(C1 \neq \emptyset);$
7	*{*
8	*forall* $(c \in C_k)$
9	*{*
10	*if(frequency(c,s)<lowsup)*
11	*{*
12	*pr=probability[c is large];*
13	*if(* $(pr/(\Delta - \mathrm{Pr}) > \gamma)$
14	*{*
15	*lowsup:=frequency(c,s);*
16	*}*
17	*else*
18	*{*
19	*Pr=1-(Pr-1)x(1-pr);*
20	*}*
21	*}*
22	*if (frequency(c,s)* $\geq$ *lowsup)*
23	*{*
24	$S_k=S_k \cup \{c\};$
25	*}*
26	*}*
27	*k++;*
28	C_k*=compute_candidates(* S_{k-1}*);*
29	*}*
30	*compute L={ c* $\in \bigcup_{i<k} C_i \|$ *frequency(c,D)* $\geq$ *min sup };*
31	*report if there possible was a failure;*

---

[288]   Vgl. Toivonen, Hannu: Sampling Large Databases for Association Rules, 1996, S. 10.

4.2.7   DHP

Der **D**irect **H**ashing and **P**runing[289] (DHP)-Algorithmus basiert auch auf dem Apriori-Verfahren. Durch Erweiterung soll die Funktionalität verbessert werden. Dabei wird an drei Stellen angesetzt:[290]

- Reduktion der *candidate itemsets,*
- Reduktion der Datenbankgröße und
- Reduktion der Anzahl von Datenbankscans.

Reduktion der candidate itemsets
Der Apriori generiert vor allem für *k=2* sehr viele *candidate itemsets.* Nach dem Zählprozeß zeigt sich, daß aber weniger als 1 % wirklich *large* sind.

Mit einem zusätzlichen Hash-Verfahren werden im DHP die *candidate itemsets* reduziert. Daraus folgt, daß die sich anschließenden Schritte zur Bestimmung der *large itemsets* (Aufbau des Hash-Tree, Bestimmung des Supports) effizienter durchgeführt werden können.

Beispiel
Das folgende Beispiel besteht aus vier Transaktionen (vgl. Abbildung 40). In der Iteration *k=1* werden die *candidate itemsets* gezählt. Gleichzeitig wird eine Hash-Tabelle H_2 erzeugt. Alle zweielementigen Teilmengen jeder Transaktion werden unter Anwendung der Hash-Funktion darin eingeordnet.

In der zweiten Iteration (*k=2)* wird der Vorteil des Verfahrens deutlich. Anstatt sofort nach der Erzeugung des *candidate 2-set* mit der Zählung fortzufahren, wird jedes *candidate itemset* gegen die Hash-Tabelle H_2 geprüft und entfernt, wenn die Anzahl der Einträge im korrespondierenden Feld unterhalb des absoluten Mindestsupports $minsup_a$ liegt.

Wird die Hash-Funktion auf das *candidate itemset* c={1 2} angewandt, liefert die Tabelle den Wert *h=5* zurück. Da sich im korrespondierenden Feld der Hash-Tabelle weniger als $minsup_a=2$ Einträge befinden, kann c={1 2} gelöscht werden. Während des folgenden Zählprozesses wird parallel die Hash-Tabelle H_3 aufgebaut. Es werden alle dreielementigen Teilmengen der Transaktionen eingeordnet.

Reduktion der Datenbankgröße
Der DHP-Algorithmus reduziert ähnlich wie AprioriTid während der Abarbeitung die Datenbasis. Pro Iteration *k* werden die *items* bzw. Transaktionen aus der Datenbank entfernt, die für die Bildung der *large (k+1)-itemsets* nicht mehr relevant sind. Dieses Trimmen der Datenbank basiert dabei auf zwei Konzepten:

- Entfernung der Transaktionen pro Iteration *k*, die nicht der Bedingung |*T*|>*k* entsprechen und
- Reduktion der *items* pro Transaktion.

[289] Vgl. Park, Jong Soo; Chen, Ming-Syan; Yu, Philip S.: Using a Hash-Based Method with Transaction Trimming and Database ScanReduction for Mining Association Rules, 1997, S. 6ff.

[290] Da sich der Algorithmus stark am Apriori-Algorithmus orientiert, wird an dieser Stelle auf die Abbildung des Pseudocodes verzichtet.

Ausgangssituation

Datenbank

TID	itemset	2-subsets
1	1;3;4	{1;3} {1;4} {3;4}
2	2;3;4	{2;3} {2;4} {3;4}
3	1;2;3;5	{1;2} {1;3} {1;5} {2;3} {2;5} {3;5}
4	2;5	{2;5}

candidate k-set generieren ⟶
candidate k-set zählen ----▶
large k-set filtern ·········▶
Hash-Verfahren ─··─··▶

Mindestsupport $minsup_a = 2$
Hash-Funktion h=itemset[0]*10+itemset[1] mod 7

candidate k-set generiert	candidate k-set reduziert	candidate k-set gezählt	large k-set

C_1

itemset
1
2
3
4
5

C_1

itemset	sup_a
1	2
2	3
3	3
4	1
5	3

L_1

itemset	sup_a
1	2
2	3
3	3
5	3

H_2

0	1	2	3	4	5	6
{3;5}	{1;5}	{2;3}		{2;5}	{1;2}	{1;3}
{3;5}		{2;3}		{2;5}		{1;3}
{1;4}				{2;5}		{1;3}

C_2

itemset
1;2;4
1;2;6
1;4;6

C_2

itemset	/bucket/
~~1;2~~	1
1;3	3
~~1;5~~	1
2;3	2
2;5	3
3;5	3

...   ...

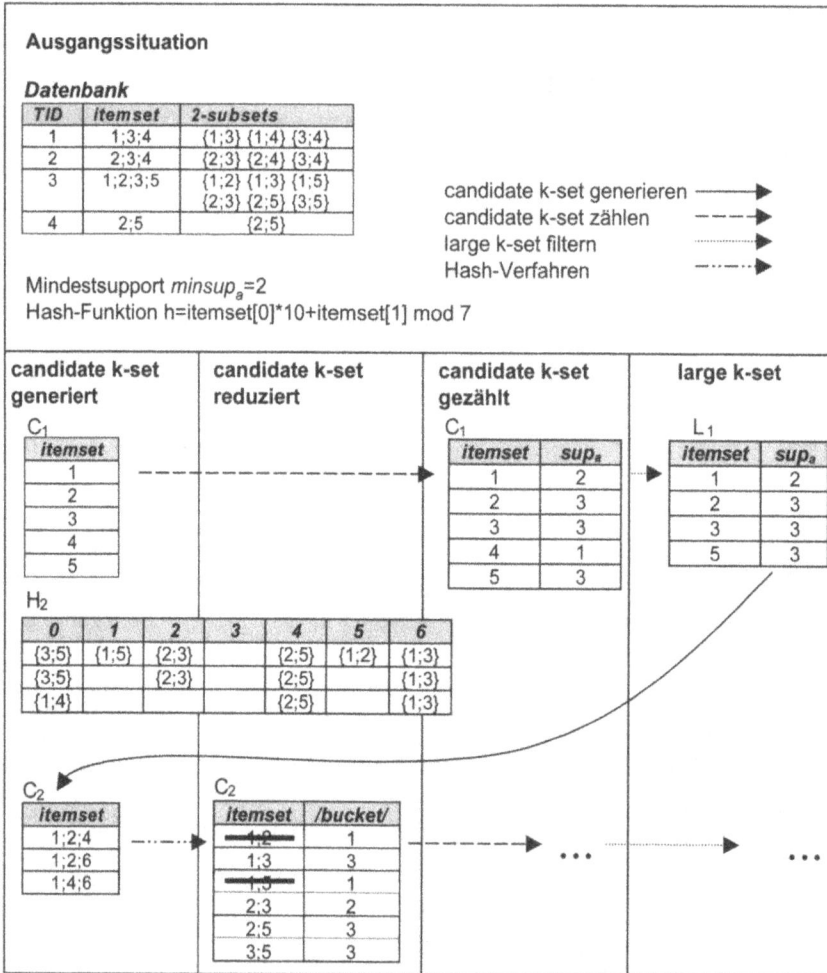

Abbildung 40: Beispiel für den DHP - Algorithmus (Quelle: In Anlehnung an Park, Jong Soo; Chen, Ming-Syan; Yu, Philip S.: Using a Hash-Based Method with Transaction Trimming and Database ScanReduction for Mining Association Rules, 1997, S. 11.)

Die Reduktion der *items* basiert auf der Erkenntnis, daß jede Teilmenge eines *large itemset* ebenfalls *large* ist. Jedes *item* eines *large (k+1)-itemset* ist genau k mal in den *(k+1) k-*Teilmengen enthalten. Umfaßt eine Transaktion einige *large (k+1)-itemsets*, dann ist jedes *item* der *(k+1)-itemsets* mindestens k-mal im *candidate k-set* C_k vorhanden. Wenn ein *item* der Transaktion *t* nicht k-mal in den in *t* enthaltenen *candidate k-itemsets* vorkommt, kann es gelöscht werden. Auf diese Weise verringert sich die Transaktionslänge.

Beispiel

Gegeben sei die Transaktion $t=\{1;2;3;5\}$. In der Iteration $k=2$ werden die in *t* enthaltenen *candidate itemsets* generiert. Diese sind {1;3}, {2;3}, {2;5} und {3;5}. Das *item* 1 tritt nur einmal in den *candidate 2-itemsets* auf. Es kann geschlußfolgert werden, daß das mit 1 erzeugbare *itemset* {1;2;3} nie large sein kann. Das item 1 wird aus der Transaktion gelöscht. Da die restlichen *items* jeweils 2-mal in den *candidate 2-itemsets* enthalten sind, ergibt sich $t=\{2;3;5\}$.

Reduktion der Anzahl der Datenbankscans

Nach mehreren Iterationen k sinkt die Differenz zwischen der Anzahl der erzeugten *candidate k-itemsets* $|C_k|$ und der Anzahl der daraus abgeleiteten *large k-itemsets* $|L_k|$. Aus C_k wird C_{k+1} gebildet und in einem einzigen Datenbankscan wird L_k und L_{k+1} ermittelt. Entscheidend für die vorteilhafte Abarbeitung ist die optimale Bestimmung des Umschaltpunktes dieser Scan-Reduction. Wenn die Bedingungen $|C_{k+1}| > |C_k|$ und $k \geq 2$ erfüllt sind, wird die Datenbank noch einmal gescannt. Ab der nächsten Iteration werden alle *candidate k-sets* gebildet, die anschließend über die Datenbank gezählt werden.

4.2.8   DIC

Die meisten der bisher behandelten Algorithmen versuchen die Anzahl der Datenbankscans zu minimieren. Dies führt teilweise zu einem starken Anstieg der erzeugten *candidate itemsets*. Der **Dynamic Itemset Counting**[291] (DIC)-Algorithmus stellt einen weiteren Versuch dar, die Anzahl der Datenbankscans bei einem begrenzten Wachstum der *candidate k-sets* zu reduzieren.

Der Apriori-Algorithmus erzeugt pro k-ter Iteration *candidate* und *large itemsets* der Länge k. Erst nach einem kompletten Datenbankscan steht fest, welche *k-itemsets* in der kompletten Datenbank *large* sind und somit zur Erzeugung des *candidate (k+1)-set* der nächsten Iteration herangezogen werden können. Der DIC-Algorithmus geht davon aus, daß die *candidate k-itemsets* teilweise schon nach dem Lesen eines Teils der Datensätze den Mindestsupport erreichen. Damit muß nicht gewartet werden, bis der Support aller *candidate k-itemsets* bestimmt wurde. Die als *large* identifizierten *candidate k-itemsets* werden mitten in der Iteration herausgegriffen und zur Bildung der *candidate (k+1)-itemsets* herangezogen. Die Zählung von *candidate k-itemsets* verschiedener Längen k erfolgt parallel.

Die Datenbank wird in n Teile zerlegt. Eine Partition besteht aus M Transaktionen. Pro *candidate itemset* werden Support und Status gespeichert. Es werden folgende Stati unterschieden:

- *active+*   (Das *candidate itemset* wird gezählt und hat den festgelegten Mindestsupport erreicht.)
- *active-:*   (Das *candidate itemset* wird gezählt und hat den Mindestsupport nicht erreicht.)
- *counted+:* (Das *candidate itemset* wurde komplett über die Datenbank gezählt und hat den festgelegten Mindestsupport erreicht.)
- *counted-:* (Das *candidate itemset* wurde komplett über die Datenbank gezählt und hat den Mindestsupport nicht erreicht.)

---

[291] Vgl. Brin, Sergey; Motwani, Rajeev; Ullman, Jeffrey D.; Tsur, Shalom: Dynamic Itemset Counting and Implication Rules for Market Basket Data, 1997, S. 2ff.

Der DIC-Algorithmus umfaßt folgende Arbeitsschritte:[292]

1. Initialisierung aller *candidate 1-itemsets* mit *active-* ,
2. Einlesen der *M* Transaktionen und Aktualisieren des Supports aller *active+* oder *active-* gesetzten *candidate itemsets* löschen,
3. Prüfen des Status eines *candidate itemset* auf Erreichen der Supportschranke und ggf. Veränderung des Status auf *active+* ,
4. Bildung neuer *candidate itemsets* aus den *active+* und *counted+* gesetzten *large itemsets* (analog zu Apriori),
5. Anpassen des Status, wenn der Support eines *candidate itemset* einmal komplett über die Datenbank gezählt wurde, (Änderung von *active+* auf *counted+* bzw. von *active-* auf *counted-)*.

Der Algorithmus iteriert solange, bis kein *candidate itemset* mehr den Status *active+* oder *active-* besitzt.

Für die Wahl von *M* geben die Entwickler keine konkreten Werte an. Diese Größe sollte so niedrig wie möglich festgelegt werden, um ein frühes Zählen der verschiedenen *candidate k-sets* zu ermöglichen. Das kann die erhofften Performancevorteile nicht eintreten lassen. Die Überlegenheit des Algorithmus ist von Fall zu Fall zu prüfen. Es kann bei ungünstiger Belegung von Transaktionen auch vorkommen, daß die Anzahl der Datenbankscans nicht rapide sinkt oder zusätzlicher Rechenaufwand die Vorteile ausgleicht.

4.2.9   FP-growth

Der FP-growth-Algorithmus[293] (Frequent Pattern growth) unterscheidet sich von den bisher dargestellten Ansätzen grundsätzlich. Es werden keine *candidate sets* generiert. Für diesen Algorithmus ist folgendes Vorgehen charakteristisch:

- Aus allen Transaktionen der Datenbank wird ein *frequent pattern tree* (*FP-tree*) aufgebaut.
- Eine rekursiver Algorithmus extrahiert aus dem erzeugten *FP-tree* alle *large itemsets*.

Erzeugung des FP-tree
Der *FP-tree* stellt die erweiterte Datenstruktur eines *Prefix-Tree* dar. Im *FP-tree* werden alle relevanten Informationen über das zu bildende *large set* gespeichert. Ein Knoten repräsentiert jeweils ein *large 1-itemset*. Häufige *items* besitzen aufgrund ihrer Anordnung im Baum eine höhere Wahrscheinlichkeit, einen Knoten zu teilen als weniger häufige. Neben Zeigern auf Eltern- und Kinderknoten, besteht jeder Knoten aus drei Feldern:

- Name bzw. TID des *items*,
- Zähler, der die Anzahl der Transaktionen speichert, die über diesen Knoten in den *Prefix-Tree* eingetragen wurden und
- Zeiger auf den nächsten gleichnamigen Knoten.

---

[292]   Da sich der Algorithmus stark am Apriori orientiert, wird an dieser Stelle auf die Abbildung des Pseudocodes verzichtet.

[293]   Vgl. Han, Jiawei; Pei, Jian; Yin, Yiwen: Mining Frequent Patterns without Candidate Generation, 2000, S. 2ff.

In einer zusätzlichen Tabelle *header table* wird pro *item* ein Zeiger auf den ersten vorkommenden Knoten gleichen Namens im *Prefix-Tree* gespeichert. Alle Knoten sind miteinander verlinkt. Dies vereinfacht die Ermittlung aller Knoten eines *items*. Die Datenstruktur wird im Einzelnen folgendermaßen erzeugt:

- Ermittlung des Supports durch einen kompletten Datenbankscan,
- Absteigende Sortierung der davon abgeleiteten *large 1-itemsets*,
- Aufbau eines *FP-tree* über zweiten Datenbankscan, (dazu werden aus jeder Transaktion die *items* entfernt, die nicht *large* sind.)
- Sortierung der restlichen Menge in Abhängigkeit des ermittelten Supports und Eintragung in den *Prefix-Tree*. (Ist für das einzufügende *item* ein Knoten bereits vorhanden, wird der entsprechende Zähler inkrementiert, sonst ein neuer Knoten hinzugefügt und die Verlinkung im *header table* aktualisiert.)

Ermittlung von large itemsets

Nachdem der *FP-tree* erzeugt wurde, werden alle *large itemsets* mit der unten dargestellten Funktion FP-growth() gebildet. Der erzeugte FP-tree und das itemset $\alpha = \{\emptyset\}$ werden an die Funktion FP-growth() übergeben. Falls der Baum nur aus einem Pfad besteht, stellen die Ver-

```
1    FP-growth(Tree, α );
2    {
3         if(Tree contains a single path Pa);
4         {
5              for each combination (denoted as β ) of the nodes in the path Pa do
6              {
7                   generate pattern β ∪ α with sup=minimum sup of nodes in β
8              }
9         else
10        {
11             for each aᵢ in the header table to Tree do
12             {
13                  generate pattern β = aᵢ ∪ α with sup=aᵢ.sup;
14                  construct β 's conditional pattern base and
15                  the β 's conditional FP-tree Tree β ;
16                  if(Tree ≠ ∅ )
17                  {
18                       FP-growth(Tree β , β );
19                  }
20             }
21        }
22   }
23   }
```

einigungen von α mit allen möglichen Kombinationen der Knoten des Pfades die gesuchten *large itemsets* dar. Besteht der Baum hingegen aus mehreren Ästen, sind weitere Umformungsschritte notwendig.

Es werden alle *items a_i* des *header table* einzeln betrachtet. Nachdem das *large itemset (frequent pattern) $\beta = a_i \cup \alpha$* erzeugt wurde, wird eine sogenannte *conditional pattern base* von β gebildet. Diese enthält die Subpfade der über das item a_i verlinkten Knoten des Prefix-Tree. Anschließend werden die *items* aus der *conditional pattern base* entfernt, die den definierten Mindestsupport nicht erreichen. Mit dem aus diesen *itemsets* erzeugten *conditional FP-tree* und dem *itemset β*, wird anschließend die Funktion FP-growth() erneut aufgerufen.[294]

Der Prefix-Tree wird zerlegt, bis er aus einem einzelnen Pfad besteht. Das Wachstum von β zur Ermittlung der *large itemsets* stellt damit den Kern des Algorithmus dar.

In Abbildung 41 ist die Funktionsweise des FP-growth beispielhaft dargestellt. Für den absoluten Mindestsupport wurde *minsup$_a$=3* gewählt. In Tabelle L_1 sind die sortierten *large 1-itemsets* des ersten Datenbankscan enthalten. Alle Transaktionen werden unter Nutzung dieser Information gefiltert und sortiert.

Die Transaktion *t.TID=3* besteht nach der Umformung nur noch aus dem itemset {6;2}. Aus den gefilterten und sortierten Transaktionen entsteht der *FP-tree*. Für das erste *itemset* {6;3;1;8;9} werden sowohl neue Knoten im *Prefix-Tree* als auch neue Einträge im *header table* erzeugt. Die ersten drei *items* des nächsten einzutragenden *itemset* {6;3;1;2;8} sind im *Prefix-Tree* bereits vorhanden. Die korrespondierenden Supportzähler werden erhöht. Für die folgenden zwei *items* 2 und 8 müssen neue Knoten erzeugt werden. Da das item 8 schon im *header table* existiert, zeigt der Link des über diesen Eintrag erreichbaren letzten Knotens auf ihn.

Wenn der *FP-tree* vollständig aufgebaut ist, werden die *large itemsets* extrahiert. Der *Prefix-Tree* besteht nicht aus einem Pfad. Deshalb ist der Baum pro Eintrag des *header table* zu zerlegen. Im Beispiel wird dies am *item* 8 erläutert. Für das *item* 8, das sogleich das erste *large itemset* bildet, existieren 2 Knoten. Aus den jeweils ableitbaren Subpfaden (vom Knoten zur Wurzel) wird die *conditional pattern base* festgelegt. Die Supportzähler der einzelnen *items* werden pro Pfad auf den jeweiligen Wert des Knotens 8 gesetzt. Anschließend wird das *item* 2 eliminiert, da dieses den definierten Mindestsupport nicht erreicht. Die übrigen Pfade bilden einen komplett neuen *conditional FP-tree* und die Rekursion beginnt von vorn. Da der erzeugte *Prefix-Tree* aus nur einem Pfad besteht, leiten sich alle weiteren *large itemsets* aus der jeweiligen Vereinigung des *item* 8 mit Kombinationsmöglichkeiten der items 6; 3 und 1 ab.

---

[294] Vgl. Han, Jiawei; Pei, Jian; Yin, Yiwen: Mining Frequent Patterns without Candidate Generation, 2000, S. 7.

Ausgangssituation

Datenbank

TID	itemset
1	1;3;6;8;9
2	1;2;3;6;7;8
3	2;4;6
4	1;3;4;9
5	1;3;5;6;7;8;9

Mindestsupport $minsup_a$=3

Transaktionen filtern und sortieren

L_1 (sortiert)

item	sup_a
6	4
3	4
1	3
2	3
8	3
9	3

Datenbank(gefiltert und

TID	itemset
1	6;3;1;8;9
2	6;3;1;2;8
3	6;2
4	3;2;9
5	6;3;1;8;9

FP-tree erzeugen

header table

item	link
6	
3	
1	
2	
8	
9	

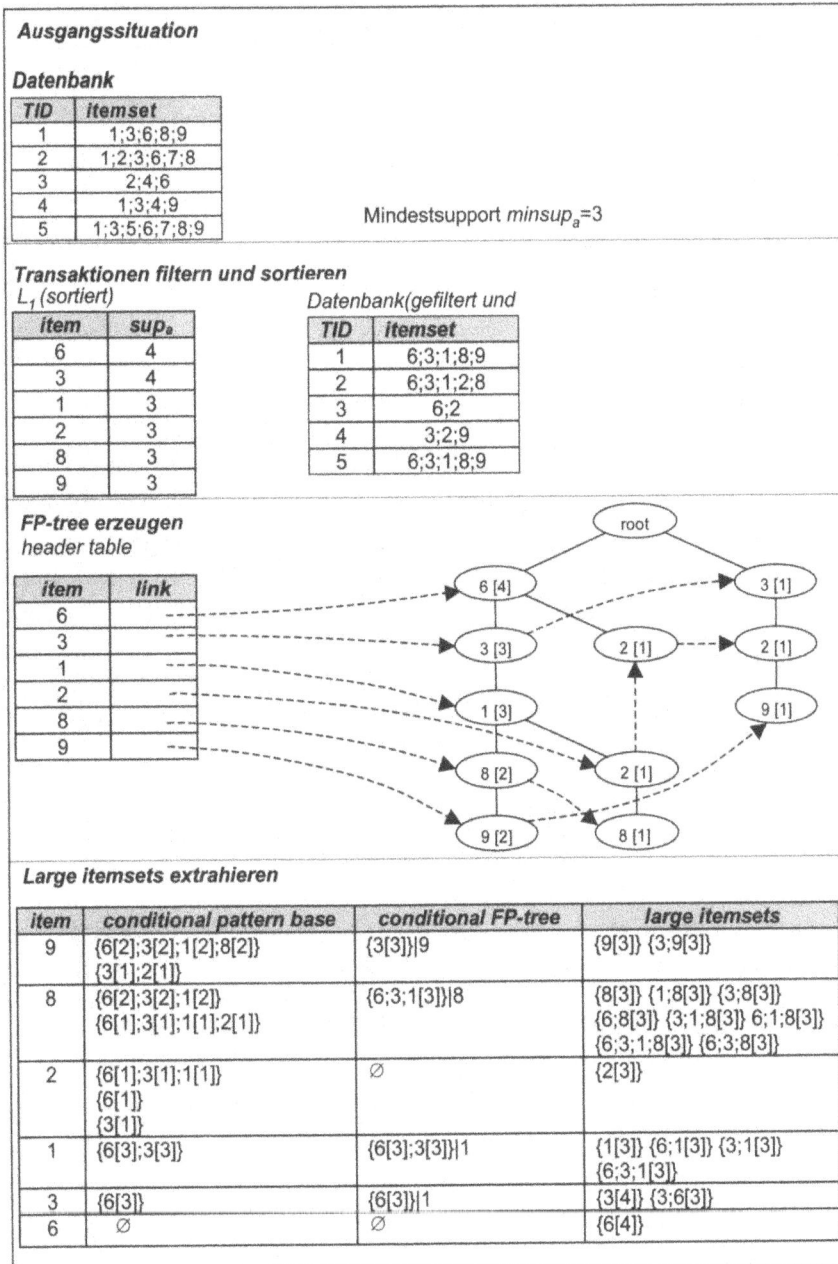

Large itemsets extrahieren

item	conditional pattern base	conditional FP-tree	large itemsets
9	{6[2];3[2];1[2];8[2]} {3[1];2[1]}	{3[3]}|9	{9[3]} {3;9[3]}
8	{6[2];3[2];1[2]} {6[1];3[1];1[1];2[1]}	{6;3;1[3]}|8	{8[3]} {1;8[3]} {3;8[3]} {6;8[3]} {3;1;8[3]} 6;1;8[3]} {6;3;1;8[3]} {6;3;8[3]}
2	{6[1];3[1];1[1]} {6[1]} {3[1]}	∅	{2[3]}
1	{6[3];3[3]}	{6[3];3[3]}|1	{1[3]} {6;1[3]} {3;1[3]} {6;3;1[3]}
3	{6[3]}	{6[3]}|1	{3[4]} {3;6[3]}
6	∅	∅	{6[4]}

Abbildung 41: Beispiel für den FP-growth – Algorithmus (Quelle: In Anlehnung an Han, J.; Pai, J.; Yin, Y: Mining Frequent Patterns without Candidate Generation, 2000, S. 3ff.)

4.2.10   Generierung von Assoziationsregeln

Ein Assoziationsverfahren läuft in den zwei Hauptphasen ab:

- Bestimmung der *large itemsets* und
- Generierung von Regeln.

Die folgenden Darstellungen zur Generierung von Regeln $(l-r) \to r$ eines *large k-itemset l* greifen das Verfahren von AGRAWAL und SRIKANT auf:[295]

- Bildung aller nicht leeren Teilmengen r von l
- Prüfung, ob der Quotient aus dem Support von l und $(l-r)$ die definierte Mindestkonfidenz *minconf* erreicht bzw. übersteigt.

Übersteigt bzw. erreicht die Regel $(l-r) \to r$ die Mindestkonfidenz, so gilt dies auch für alle Regeln der Form $(l-\bar{r}) \to \bar{r}$, wobei $\bar{r}$ eine nicht leere Teilmenge von r darstellt. In dieser Aussage finden sich Parallelen zum Apriori-Algorithmus, bei dem alle Teilmengen eines *large itemsets* ebenfalls *large* sind. Dies bedeutet im Umkehrschluß, wenn eine Regel $(l-\bar{r}) \to \bar{r}$ die Mindestkonfidenz nicht erfüllt, werden keine weiteren Regeln der Form $(l-r) \to r$ die Mindestkonfidenz erreichen.

Es folgt eine Beschreibung der Schritte zur Generierung von Assoziationsregeln. Dabei wird nur die Erzeugung der Konklusionen R_l dargestellt, aber nicht die Generierung und Ausgabe der aus R_l ableitbaren Regeln.[296]

```
1     forall (l_k, k > 2)
2     {
3           R_1={consequents of rules derived from l_k with one item in the consequent}
4           ap_genrules (l_k,R_1);
5     }
6     ap_genrules(l_k:large k-itemsets, R_j: set of j-item consequents)
7     {
8           if(k>j+1)
9           {
10                R_{j+1}=apriori_gen(R_j);
11          {
12          forall (r_{j+1} ∈ R_{j+1})
13          {
14                conf=sup(l_k)/sup(l_k-r_{j+1});
15                if (conf ≥ minconf)
```

---

[295] Vgl. Agrawal, Rakesh; Srikant, Ramakrishnan: Fast Algorithms for Mining Association Rules, 1994, S. 13 f.

[296] Vgl. Hettich, Stefanie; Hippner, Hajo: Assoziationsanalyse, 2000, S. 436.

```
16                    {
17
18                            output the rule (l_k - r_{j+1}) → r_{j+1};
19                    }
20                    else
21                    {
22                            delete r_{j+1} from R_{j+1};
23                    }
24            }
25            ap_genrules (l_k, R_{j+1});
26    }
```

Jedes *large k-itemset* wird einzeln betrachtet. Zuerst generiert das Verfahren alle Regeln des *itemset*, deren Konklusionen R_1 aus einem *item* bestehen.[297] Mit der Menge dieser *items* und dem zugehörigen *large itemset* erfolgt im Anschluß der Aufruf der rekursiven Funktion *ap_genrules()*. Pro Iteration werden erst die Konklusionen der Länge *j+1* unter Anwendung der Funktion *apriori_gen()* (siehe Abschnitt 4.2.3) gebildet. Übersteigt bzw. erreicht die daraus abgeleitete Regel die Mindestkonfidenz *minconf*, wird sie ausgegeben. Anderenfalls wird die Konklusion gelöscht. Denn nach der oben angeführten Erkenntnis erreicht eine Regel, deren Konklusion diese Teilmenge enthält, nicht die Mindestkonfidenz. Mit den übrig gebliebenen Konklusionen und dem bekannten *large itemset* erfolgt die nächste Rekursion.

Beispiel

Abbildung 42 bezieht sich auf das Beispiel zum Apriori-Algorithmus (siehe Abschnitt 4.2.3). Die folgenden Beschreibungen beschränken sich auf das *large 3-set L_3*. Im ersten Schritt werden die Regeln mit den Konklusionen der Länge *j=1* erzeugt. Aus dem *itemset {1;2;4}* werden die einelementigen Konklusionen $R_1\{\{1\};\{2\};\{4\}\}$ abgeleitet. Für die entsprechenden Regeln wird die Konfidenz bestimmt. Zwei Regeln erreichen die festgelegte Mindestkonfidenz. Die Konklusion r=2 wird gelöscht.

Aus den restlichen einelementigen Konklusionen $R_1=\{\{1\};\{4\}\}$ wird unter Anwendung der Funktion apriori_gen() die Menge der zweielementigen Konklusionen $R_2=\{\{1;4\}\}$ gebildet. Die einzige ableitbare Regel $\{2\} \rightarrow \{1;4\}$ erreicht die Mindestkonfidenz. Der Algorithmus endet.

---

[297] Vgl. Agrawal, Rakesh; Srikant, Ramakrishnan: Fast Algorithms for Mining Association Rules, 1994, S. 14.

Ausgangssituation-large set

L_1

itemset	sup_a
1	7
2	3
4	5
6	2

L_2

itemset	sup_a
1;2	3
1;4	4
1;6	2
2;4	2

L_3

itemset	sup_a
1;2;4	2

Mindestkonfidenz *minconf*=60%

Regelgenerierung

Generierung der Regeln aus L_2

L_2	R_1	Regeln	conf
1;2	1	2 → 1	3/3=1,00
	~~2~~	~~1 → 2~~	~~3/7=0,43~~
1;4	1	4 → 1	4/5=0,80
	~~4~~	~~1 → 4~~	~~4/7=0,57~~
1;6	1	6 → 1	2/2=1,00
	~~6~~	~~1 → 6~~	~~2/7=0,29~~
2;4	~~2~~	~~4 → 2~~	~~2/5=0,40~~
	4	2 → 4	2/3=0,67

Generierung der Regeln aus L_3

L_3	R_1	Regeln	conf
1;2;4	1	2;4 → 1	2/2=1,00
	~~2~~	~~1;4 → 2~~	~~2/4=0,50~~
	4	1;2 → 4	2/3=0,67

Generierung der Regeln aus L_3

L_3	R_1	Regeln	conf
1;2;4	1;4	2 → 1;4	2/3=0,67

Abbildung 42: Beispiel zur Generierung von Assoziationsregeln (Quelle: In Anlehnung an Hettich, Stefanie; Hippner, Hajo: Assoziationsanalyse, 2001, S. 437)

4.3   Erweiterungen der Assoziationsverfahren

Quantitative Assoziationsregeln[298]

Die Daten weisen in der Realität sowohl quantitatives (z.B. Anzahl der gekauften Artikel) als auch qualitatives Skalenniveau (z.B. Postleitzahl) auf. Eine Assoziationsregel könnte bspw. lauten: „Die Kunden, die 3 Hemden kaufen, erwerben mit einer Wahrscheinlichkeit von 60% auch 2 Krawatten." Das von SRIKANT und AGRAWAL vorgestellte Verfahren überführt das

---

[298]   Vgl. Srikant, Ramakrishnan; Agrawal, Rakesh: Mining Quantitative Association Rules in Large Relational Tables, 1996, S. 1 f.

quantitative in ein qualitatives (Boolesches) Problem, indem pro Ausprägung eines jeden Attributs ein neues Attribut (Artikel) eingeführt wird (vgl. Abschnitt 2.3.1). Damit für zu große Wertebereiche nicht zu viele Attribute erzeugt werden müssen, ist eine Zerlegung in Intervalle vorteilhaft. Auf die transformierten Transaktionen kann anschließend ein Boolescher Assoziationsalgorithmus angewandt werden.

Generalisierte Assoziationsregeln[299]

Generalisierte Assoziationsregeln ermitteln Regeln, die aufgrund vorgegebener Supportschranken nicht generiert werden würden, aber durch die Einführung einer zusätzlichen Aggregationsstufe gefunden werden. Dazu müssen zu den Transaktionen Taxonomien gespeichert werden. Dies sind Beziehungen der Form „ist-ein". Bspw. ist in Abbildung 43 eine Jacke eine Oberbekleidung. So können Regeln generiert werden, obwohl die damit abgedeckten Artikel den definierten Mindestsupport nicht erreichen.

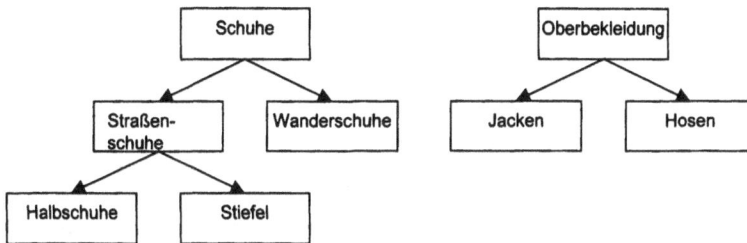

Abbildung 43: Beispiel Taxonomien (Quelle: In Anlehnung an Srikant, Ramakrishnan; Agrawal, Rakesh: Mining Generalized Association Rules, 1995, S. 2.)

Bspw. könnte die Regel „Die Kunden, die Straßenschuhe kaufen, erwerben auch Jacken" generiert werden. Dagegen würde die Regel „Die Kunden, die Stiefel kaufen, erwerben auch Jacken" wegen einer zu hohen Supportschranke nicht erzeugt werden. Es ist auch möglich, multiple Taxonomien einzuführen. So könnten gleichzeitig Auswertungen über Marken, Produktgruppen oder Sonderangebote durchgeführt werden.

Sequenzanalysen[300]

Bzgl. der Warenkörbe oder anderer transaktionsähnlicher Daten stehen neben den gekauften Artikeln und der zugehörigen Transaktionsnummer teilweise weitere Daten für Auswertungszwecke zur Verfügung, bspw. Kundennummer und Transaktionszeitpunkt. Die notwendige Information liefert der Käufer bei Internet- oder Katalogbestellungen durch die Identifikation. Aber auch im klassischen Handel ist durch die steigende Verbreitung von Kredit- und Kundenkarten die Erfassung dieser Daten möglich.

Im Gegensatz zur klassischen Assoziationsanalyse stellt die Sequenzanalyse keine Zeitpunkt-, sondern eine Zeitraumanalyse dar.[301] Es werden zeitliche Beziehungen untersucht. Eine Se-

---

[299] Vgl. Srikant, Ramakrishnan; Agrawal, Rakesh: Mining Generalized Association Rules, 1995, S. 1 f.

[300] Vgl. Agrawal, Rakesh; Srikant, Ramakrishnan: Mining Sequential Patterns, 1994, S. 1 f.

[301] Vgl. Hettich, Stefanie; Hippner, Hajo: Assoziationsanalyse, 2000, S. 441.

quenz beinhaltet die von einem Kunden über einen Zeitraum durchgeführten Transaktionen. Das Ziel der Analyse besteht darin, die Sequenzen (sequentielle Muster) zu finden, die maximal sind und den definierten Mindestsupport erreichen. Eine Sequenz gilt als maximal, wenn sie in keiner anderen Sequenz enthalten ist.

Bspw. könnte ein sequentielles Muster lauten: „Eine bestimmte Kundengruppe schließt bei einer Versicherungsgesellschaft zuerst eine KFZ-Versicherung, einige Zeit später eine Haftpflichtversicherung, danach eine Rechtsschutzversicherung und später eine Lebensversicherung ab."[302] Erweitert werden kann die Analyse durch die Einführung von Taxonomien oder das Berücksichtigen von Zeiträumen.[303] AGRAWAL und SRIKANT schlagen einige Algorithmen vor, die maßgeblich auf dem Apriori basieren.

Maximale Muster[304]

Der Apriori-Algorithmus geht bei der Ermittlung der *large itemsets* schrittweise vor. Nach den *large 1-itemsets*, werden die *large 2-itemsets* erzeugt, usw. Sind in der Datenbank sehr lange *large k-itemsets* enthalten, zeigen sich Performancenachteile. Liegt der Schwerpunkt der Analyse gerade auf der Identifikation langer Muster, ist diese „*bottom-up*"-Vorgehensweise unvorteilhaft.

Der von LIN und KADEM vorgestellte Algorithmus ermittelt durch zusätzliches „*top-down*"-Vorgehen lange Muster schnell. Dieses Vorgehen kann die Anzahl der Datenbankscans nicht verringern, sie führt jedoch wegen einer kleineren Kandidatenmenge zu Laufzeitvorteilen.

Nebenbedingungen[305]

In der Praxis sind oft nur Assoziationsregeln über Teilmengen der vorkommenden Artikel von Interesse. Zwar können durch Filtertechniken nach der Analyse irrelevante Regeln entfernt werden, aber die Integration von Nebenbedingungen in den Algorithmus bewirkt Performancevorteile. Die einfachste Form stellen Boolesche Nebenbedingungen dar.

Das folgende Beispiel bezieht sich auf die in Abbildung 43 dargestellten Taxonomien. Die Nebenbedingung

$$(\text{Halbschuhe} \wedge \text{Jacken}) \vee (\text{Nachkomme(Schuhe)} \wedge \neg \text{Vorfahre(Hosen)})$$

sagt aus, daß nur Regeln gesucht sind, die entweder (1) Halbschuhe und Jacken beinhalten, oder (2) Schuhe oder Nachkommen von Schuhen und keine Hosen und Oberbekleidung enthalten.

---

[302]   Vgl. Hettich, Stefanie; Hippner, Hajo: Assoziationsanalyse, 2000, S. 441.

[303]   Vgl. Srikant, Ramakrishnan; Agrawal, Rakesh: Mining Sequential Patterns: Generalisations and Performance Improvements, 1995, S. 4 ff.

[304]   Vgl. Lin, Dao-I.; Kadem, Zvi M.: Pincer-Search: A New Algorithm for Discovering the Maximum Frequent Set, 1997, S. 1 ff.

[305]   Vgl. Srikant, Ramakrishnan; Vu, Quoc; Agrawal, Rakesh: Mining Association Rules with Item Constraints, 1997, S. 1 f.

Frequent Closed Itemsets[306]

Die in diesem Kapitel betrachteten Assoziationsverfahren generieren besonders für niedrige Mindestsupportwerte sehr viele *large itemsets* und sehr viele Regeln. Eine Konzentration auf *frequent (large) closed itemsets*, aus denen sich alle *large itemsets* ableiten lassen, bringt zwei Vorteile mit sich:

- die geringere Anzahl generierter *large itemsets* in kürzeren Laufzeiten und
- wesentlich weniger Regeln.

Diese Regeln stellen eine interessante Teilmenge aller bisher in den bekannten Algorithmen generierten Regeln dar. Bei Bedarf können in einem weiteren Schritt alle generierbaren Regeln erzeugt werden. Der erste Algorithmus, der nur die *frequent closed itemsets* berücksichtigte, war der A-Close.[307] Inzwischen wurden auch auf diesem Gebiet zahlreiche Erweiterungen entwickelt, bspw. die Algorithmen CLOSET[308] und CHARM[309].

4.4 Evaluierung und Interpretation

Je nach Konfiguration liefern Assoziationsverfahren oft eine kaum überschaubare Anzahl von Regeln. Der Anwender wird mit dem Problem konfrontiert, die für seine Entscheidungen relevanten Regeln zu identifizieren. Ein einfacher Lösungsansatz besteht darin, die Darstellungsform der Regeln zu ändern. Folgende Möglichkeiten sind zu unterscheiden:[310]

- die Regeln werden nicht gemäß der Generierungsreihenfolge dargestellt, sondern werden in Abhängigkeit ihrer Merkmale (z.B. Support, Konfidenz) sortiert ausgegeben,
- Filter verringern die darzustellenden Regeln, indem der Anwender festlegt, daß bspw. nur Regeln angezeigt werden, die einen bestimmten Artikel enthalten,
- grafische Darstellungen verschaffen dem Anwender einen schnellen Überblick über die Regeln und unterstützen dabei, interessante Zusammenhänge zu identifizieren.

Diese Möglichkeiten versetzen den Anwender jedoch nur bedingt in die Lage, aus der Menge an generierten Regeln interessante Sachverhalte hervorzuheben.[311]

---

[306] Vgl. Pei, Jian; Han, Jiawei; Moa, Runying: CLOSET: An Efficient Algorithm for Mining Frequent Closed Itemsets, 2000, S. 1f.

[307] Vgl. Pasquier, Nicolas; Bastide, Yves; Taouil, Rafik; Lakhal, Lotfi: Discovering Frequent Closed Itemsets for Association Rules, 1999, S. 1.

[308] Vgl. Pei, Jian; Han, Jiawei; Moa, Runying: CLOSET: An Efficient Algorithm for Mining Frequent Closed Itemsets, 2000, S. 1.

[309] Vgl. Zaki, Mohammed Javeed; Hsiao, Ching-Jui: CHARM: An Efficient Algorithm for Closed Association Rule Mining, 1999, S. 1.

[310] Vgl. Hettich, Stefanie; Hippner, Hajo: Assoziationsanalyse, 2001, S. 444.

[311] Vgl. Hettich, Stefanie; Hippner, Hajo: Assoziationsanalyse, 2001, S. 445.

Problematisch ist die Art und Weise der Berechnung der Assoziationsregeln. Bspw. werden Regeln generiert, obwohl die Prämisse von der Konklusion statistisch unabhängig ist, oder die Konfidenz bleibt konstant, obwohl sich die Häufigkeit der Prämisse ändert.[312] Support und Konfidenz sind nicht ausreichend, um den in den Daten vorhandenen Sachverhalt geeignet zu beschreiben."[313]

In diesem Zusammenhang werden Interessantheitsmaße diskutiert.[314] Die Ableitung von Assoziationsregeln unter dem Aspekt der Konfidenz ist nicht zwingend. Der Anwender kann das für seine Aufgabenstellung am besten geeignete Interessantheitsmaß zur Berechnung von Assoziationsregeln heranziehen.

---

[312] Vgl. Hettich, Stefanie; Hippner, Hajo: Assoziationsanalyse, 2001, S. 445 f.

[313] Vgl. Säuberlich, Frank: KDD and Data Mining als Hilfsmittel zur Entscheidungsunterstützung, 2000, S. 133.

[314] Zu einem Überblick über 17 in der Literatur behandelte Interessantheitsmaße vlg. Hilderman, Robert J.; Hamilton, Howard J.: Knowledge Discovery and Interestingness Measures: A Survey, 1999, S. 7ff.

5   Klassifizierung

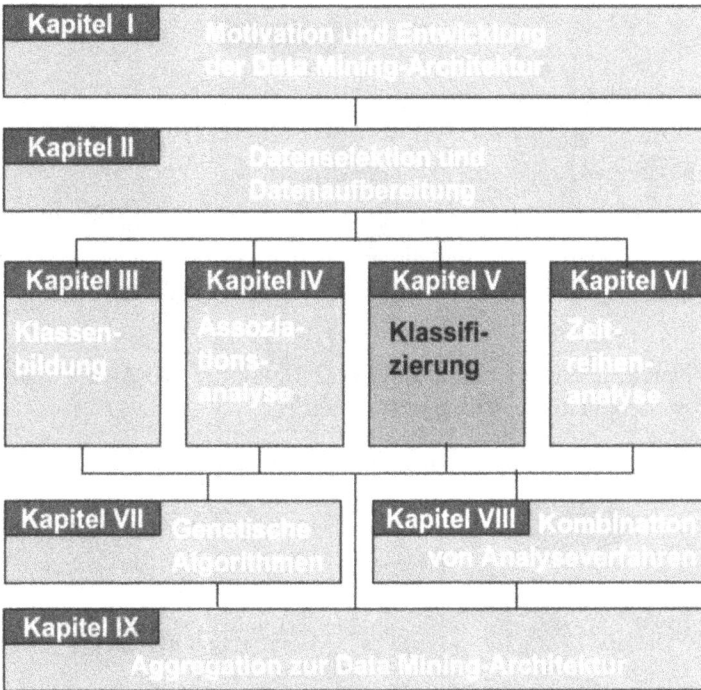

Abbildung 44: Einordnung von Kapitel 5 in die Struktur der Arbeit

5.1   Klassifizierung mit neuronalen Netzen

5.1.1   Backpropagation-Netze

Klassifizierung setzt im zu analysierenden Datenmaterial voraus, daß die Zuordnung von Objekten zu Klassen bekannt ist. Mit dem Klassifizierungsalgorithmus (bspw. Backpropagation) wird versucht, ein Modell zu finden, welches eine allgemeingültige Klassenzuordnungsvorschrift für eine bestimmte Datenmenge beinhaltet (vgl. Abbildung 45).

Klassen-
zugehörigkeit (en)   Kreditwürdigkeit

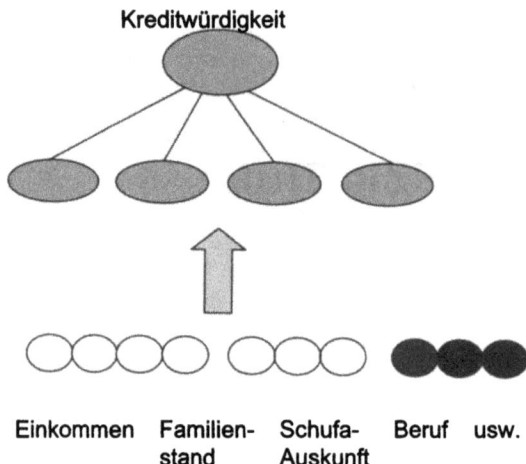

Klassifizierungs-
merkmale   Einkommen   Familien-   Schufa-   Beruf   usw.
                                    stand   Auskunft

Abbildung 45: Beispiel für Ein- und Ausgabevektor bei einem Klassifizierungsproblem

Neben dem angegebenen Beispiel könnte auch eine Prognose von diskreten Werten als Klassifizierungsproblem aufgefaßt werden. Zur Lösung dieser Probleme stellt der Backpropagation- Algorithmus nach WERBOS[315], RUMELHART, HINTON und WILLIAMS[316] einen interessanten Ansatz dar.

Backpropagation-Netze zählen zu den überwacht lernenden KNN. Aufbau und Arbeitsweise von Backpropagation-Netzen werden im Folgenden beschrieben.

Abbildung 46 zeigt die einfache Topologie eines Backpropagation-Netzes.

Ausgabeschicht

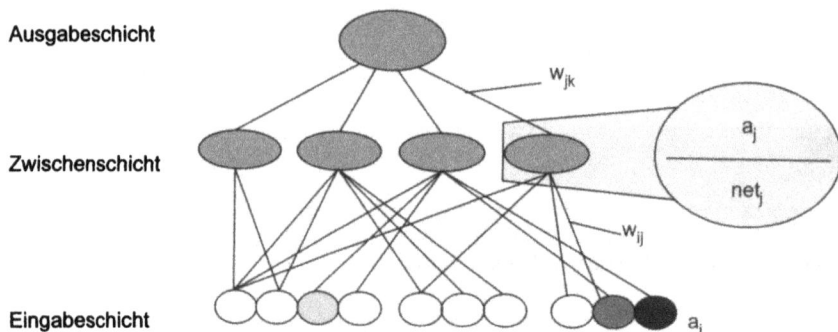

Zwischenschicht

Eingabeschicht

W_{ij} ... Gewicht zwischen einem signalsendenden Neuron *i* und
                      einem signalempfangenden Neuron *j*

Abbildung 46: Beispielstruktur eines Backpropagation-Netzes

---

[315] Vgl. Werbos, Paul J.: Beyond regression: New tools for prediction and analysis in the behavioral sciences, 1974.

[316] Vgl. Rumelhart, David E.; Hinton, Geoffrey E.; Williams, Ronald J.: Learning representations by back-propagating errors, 1986.

Die Informationsverarbeitung erfolgt von der *Eingabeschicht i* über die *Zwischenschicht j* zur *Ausgabeschicht k*. Daran schließt sich von der Ausgabeschicht bis zur Eingabeschicht ein Lernprozeß derart an, daß eine Gewichtsanpassung vorgenommen wird. Die Gewichtsanpassung erfolgt in Abhängigkeit von dem jeweiligen Zielerreichungsgrad, eine erwartete Ausgabe mit dem Modell berechnen zu können. In jeder Schicht werden die Neuronen bewertet. Die Ausgabewerte der Neuronen werden mit dem entsprechenden Gewicht jeweils multipliziert und über alle Kanten summiert. In der Ausgabeschicht erfolgt die Berechnung eines Fehlers, der die Übereinstimmung von Netzausgabe und gewünschter Ausgabe (Zieloutput) nach jedem Schritt mißt. Ist das Fehlersignal größer als eine vorgegebene Schranke, so wird dies zur Ausgabeschicht zurückpropagiert und dient als Eingabe für die Lernregel, mit der die Gewichtsveränderung vorgenommen wird.[317]

Die Aktivität a_j eines Neurons j der inneren Schicht berechnet sich aus Nettoinput net_j dieses Neurons und der Aktivierungsfunktion $\sigma(net_j)$ (häufig sigmoide Funktion). Die Aktivitäten a_i der Neuronen i *(i=1,...,m)* in der Eingabeschicht werden mit den m Komponenten des Eingabevektors identifiziert.

$$(68) \qquad net_j = \sum_i w_{ij} \cdot a_i$$

$$(69) \qquad \sigma(net_j) = \frac{1}{1 + \exp(-net_j)}$$

$$(70) \qquad a_j = \sigma(net_j).$$

Für die Neuronen der Ausgabeschicht ergibt sich demnach die Aktivierung

$$(71) \qquad a_k = \sigma(\sum_j w_{jk} \cdot a_j).$$

Zur Berechnung der neuen Gewichte zwischen zwei Neuronen a und b für den Zeitpunkt *t+1* gilt:

$$(72) \qquad w_{ab}(t+1) = w_{ab}(t) + \Delta w_{ab}(t)$$

$$(73) \qquad \Delta w_{ab} = \eta \frac{\partial E_p}{\partial w_{ab}}$$

---

[317] Die folgenden Ausführungen basieren auf Schöneburg, Eberhard; Hansen, Nikolaus; Gawelczyk, Andreas: Neuronale Netzwerke. Einführung, Überblick und Anwendungsmöglichkeiten, 1992, S. 90-100.
Kruse, Hilger; Mangold, R. ; Mechler, Bernhard; Penger, O.: Programmierung Neuronaler Netze, 1991, S. 99-110.
Ritter, Helge; Martinetz,Thomas; Schulten, Klaus: Neuronale Netze. Eine Einführung in die Neuroinformatik selbstorganisierender Netze, S. 53-60.
Rumelhart, David E.; Hinton, Geoffrey E.; Williams, Ronald J.: Learning representations by back-propagating errors, 1986, S. 318-362.

$w_{ab}(t+1)$	*Gewicht zwischen Neuron a und Neuron b zum Zeitpunkt t+1.*
$w_{ab}(t)$	*Gewicht zwischen Neuron a und Neuron b zum Zeitpunkt t*
$\Delta w_{ab}(t)$	*Gewichtsänderung zwischen Neuron a und Neuron b zum Zeitpunkt t*
E_p	*Netzausgabefehler (MSE) zwischen Netzausgabe- und Zielvektor bzgl. des Objektes (Musters) p*

Mit einer nicht linearen und differenzierbaren Aktivierungsfunktion und der Idendititätsfunktion als Ausgabefunktion wird das Fehlersignal δ_k für die Ausgabeschicht folgendermaßen bestimmt:

$$(74) \qquad \delta_k = F'(net_k) \cdot (z_k - a_k)$$

$$(75) \qquad F'(net_k) = a_k(1 - a_k)$$

$F'(net_k)$	*erste Ableitung der sigmoiden Transferfunktion*
δ_k	*Fehlersignal für ein Neuron k*
z_k	*Solloutput (Komponente des Zielvektors) bzgl. eines Neurons k*[318]
a_k	*Netzoutput für ein Neuron k.*

Das Fehlersignal für verdeckte Schichten δ_j ergibt sich folgendermaßen: [319]

$$(76) \qquad \delta_j = F'(net_j) \cdot \sum_k \delta_k \cdot w_{jk}$$

$$(77) \qquad \delta_j = a_j(1 - a_j) \cdot \sum_k a_k(1 - a_k) \cdot (z_k - a_k) \cdot w_{jk}$$

Bei der Berechnung der neuen Gewichte zwischen Ausgabe- und Zwischenschicht wird zum Fehlersignal noch die Lernrate η berücksichtigt, so daß sich für $w_{jk}(t+1)$ folgendes ergibt:

$$(78) \qquad w_{jk}(t+1) = w_{jk}(t) + \eta(t) \cdot \delta_k(t) \cdot a_j(t)$$

$\eta(t)$	*Lernrate im Intervall [0,...,1] zum Zeitpunkt t*

Die Berechnung der neuen Gewichte zwischen Zwischen- und Eingabeschicht $w_{ij}(t+1)$ erfolgt analog:

$$(79) \qquad w_{ij}(t+1) = w_{ij}(t) + \eta(t) \cdot \delta_j(t) \cdot a_i(t).$$

---

[318] Dieser Erwartungswert entspricht dem bekannten, zu einem Inputmuster gehörigen Wert. (Bspw. könnte bekannt sein, daß eine 10-Jahres –Rendite von 6,856 am zu lernenden Tag aktuell war. Dieser Wert entspricht dem Sollwert, der zur Berechnung des Fehlersignals dem Netzwert gegenübersteht.

[319] Wegen der Einbeziehung des Gewichts $w_{jk}(t)$ ist hier das Fehlersignal eines Neurons um so größer, je mehr es am Fehlersignal der darüberliegenden Schicht beteiligt war. So erfolgt die Verteilung des Gesamtfehlers des Netzes bis zur Eingabeschicht.

Um die Lerngeschwindigkeit zu beschleunigen und die *Beträge der Gewichtsänderungen vorangegangener Lernschritte* $\cdot \Delta w_{ab}(t-1)$ zu berücksichtigen, kann die Berechnung der neuen Gewichte zwischen je zwei Neuronen a und b durch Einführung eines Momentum-Faktors μ verbessert werden:

$$(80) \quad \Delta w_{ab}(t) = \eta(t) \cdot \delta_b(t) \cdot a_a(t) + \mu \cdot \Delta w_{ab}(t-1)$$

μ *Momentum im Intervall [0,...,1].*[320]

$\Delta w_{ab}(t-1)$ *Gewichtsänderung zwischen zwei Neuronen a und b im vorherigen Lernschritt*

Die Gesamtheit aller Verbindungen wird zu jedem Zeitpunkt t in der Konnektionsmatrix (Gewichtsmatrix) erfaßt. Sie bilden das sogenannte Verbindungsmuster, in dem das zeitabhängige Wissen des Netzes gespeichert ist.

Netztopologie, Aktivierungs- und Ausgabefunktion sowie Gewichtsmatrix bilden auch hier am Ende des Lernprozesses das entstandene Modell.

Die Anwendung des Modells erfolgt analog zu SOM und ART in einem Recallvorgang.

5.1.2   Weitere neuronale Netze zur Klassifizierung

Im vorigen Abschnitt wurde der Backpropagation-Algorithmus vorgestellt. Neben diesem sehr oft angewandten Algorithmus zur Klassifizierung wurden innerhalb der neuronalen Netze weitere Netztypen entwickelt, die aber in diesem Buch nicht weiter verfolgt werden. Sie stellen interessante Herausforderungen für analytische Anwendungen zur Klassifizierung dar, z.B.:[321]

- Perzeptron,
- Modifikationen von Backpropagation
- SuperSAB
- Quickprop
- Resilient Propagation,
- Backpercolation,
- Cascade Correlation,
- Counterpropagation,
- Probabilistische neuronale Netze,
- Adaline oder
- Madaline.

---

[320] Ein Momentum bestimmt, wie stark die Gewichtsänderung des unmittelbar vorausgegangenen Lernschrittes beim aktuellen Lernschritt beachtet wird. Der Lernprozeß kann so beschleunigt werden.

[321] Vgl. Zell, Andreas: Simulation Neuronale Netze, 1994.
Vgl. Schöneburg, Eberhard; Hansen, Nikolaus; Gawelczyk, Andreas: Neuronale Netzwerke. Einführung, Überblick und Anwendungsmöglichkeiten, 1992.

5.2   Klassifizierung mit Entscheidungsbaumalgorithmen

5.2.1   Einführung in Entscheidungsbaumverfahren

Entscheidungsbaumverfahren dienen der Klassifikation durch Klassifizierung. Entscheidungsbäume stellen eine hierarchische Anordnung von Knoten dar. Diese sind durch Kanten miteinander verbunden. Die Hierarchie wird durch Klassifizierung auf Basis von Attributwerten aus Trainingsdaten erzeugt. Dazu wird ein Trainingsset gebildet. Dieses besteht aus mehreren Objekten. Ein Objekt o_j $(j=1,...,n)$ wird durch seine Eigenschaften, durch seine Attribute a_i $(i=1, ..., m)$ gekennzeichnet. Für jedes Objekt wird die Zugehörigkeit zur Klasse k_r $(r=1, ..., c)$ angegeben.

Als Klasse wird eine Entscheidung definiert, die zu treffen ist, wenn ein Objekt bestimmte Attributausprägungen hinsichtlich der Entscheidung besitzt. Attribute können ordinales oder nominales Skalenniveau besitzen und eine fest vorgegebene Menge von diskreten Werten annehmen. Ausgehend von einem Wurzelknoten wird Knoten für Knoten durch alle Ebenen des Baums je ein Attribut abgefragt und eine Entscheidung getroffen.

Das Ziel besteht darin, das Trainingsset T_{train} solange nach den Ausprägungen der Attribute in disjunkte Teilmengen T_i aufzuspalten, bis jede Teilmenge nur noch Objekte aus einer Klasse enthält. Der entsprechende Knoten wird als Blatt bezeichnet, da keine weitere Verzweigung stattfindet. Der so entstandene Entscheidungsbaum soll alle Objekte aus Trainingsset T_{train} und Testset T_{test} mit einer möglichst kleinen Fehlerquote klassifizieren (vgl. Abbildung 47).[322]

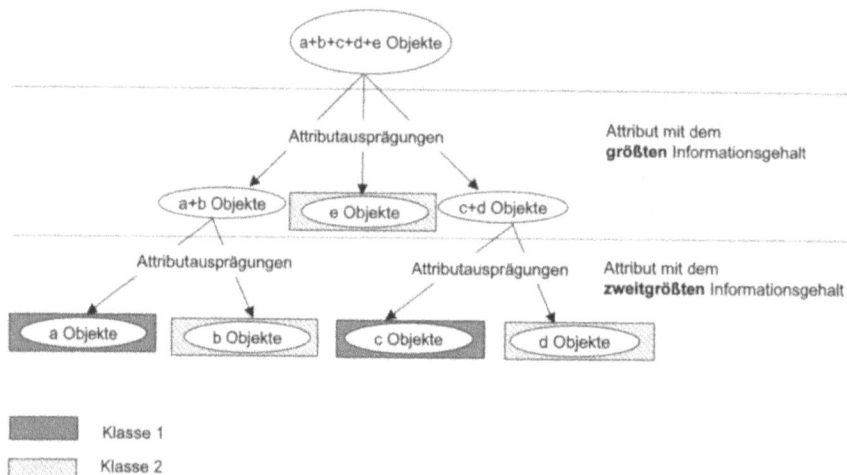

Abbildung 47: Allgemeines Beispiel für einen Entscheidungsbaum

---

[322]   Vgl. Krahl, Daniela; Windheuser, Ulrich; Zick, Friedrich-Karl: Data Mining. Einsatz in der Praxis, 1998, S. 69.

Entscheidungsbäume bestehen aus folgenden Komponenten:[323]

- *Baumwurzel*, ihr sind alle zur Klassifikation vorgesehenen Objekte zuordenbar.
- *Knoten*, diese repräsentieren Teilmengen der Objektmenge.
- *Kanten*, sie legen einzelne Attribute fest.
- *Aufspaltung* eines Knotens, diese wird durch bestimmte Ausprägungen eines Attributs bestimmt.
- *Blätter*, sie bilden eine Partition der Objektmenge, ihnen wird eine bestimmte Klasse zugewiesen.

Die Modellierung von Entscheidungsbäumen wird in der Literatur als iteratives Verfahren beschrieben, ähnlich wie die Modellierung von KNN. Unter Verwendung der sogenannten „Windowtechnik" wird wie folgt verfahren:[324]

1. Aus dem gesamten Datenbestand wird ein bestimmter Anteil (z.B. 10 Prozent) von Objekten ausgewählt. Diese Menge von Objekten wird als Trainingsset T_{train}[325] bezeichnet.
2. Aus dem Trainingsset wird ein Entscheidungsbaum generiert. Die übrigen Objekte, die nicht zur Erzeugung des Entscheidungsbaums benutzt wurden, bilden das Generalisierungsset T_{gen} und werden mit diesem Entscheidungsbaum klassifiziert. Wurden alle diese Objekte korrekt klassifiziert, bricht das Verfahren ab und der generierte Baum wird als endgültig betrachtet.
3. Die falsch klassifizierten Objekte werden zusätzlich in das Trainingsset aufgenommen. Es folgt eine Wiederholung des Verfahrens ab dem zweiten Schritt. So wird durch die Hinzunahme aller falsch eingeordneten Objekte das Trainingsset ständig erweitert.

Entscheidungsbäume werden generiert durch:

- Induktion (Entwicklung) und
- Pruning (Optimierung).

Die Induktion erfolgt anhand von Objekten aus der Vergangenheit, dem Trainingsset. Mit Hilfe von Aufspaltungsalgorithmen wird ein Baum erzeugt. Dieser weist oft eine starke Verästelung auf und besitzt daher nur geringe Generalisierungsfähigkeit. Das ist auf Beispieldaten zurückzuführen, die Spezialfälle und widersprüchliche Daten enthalten. Deshalb ist darauf zu achten, daß Knoten, die keine oder nur geringe statistische Relevanz besitzen, nicht entstehen bzw. aus dem Baum entfernt werden. Dies erfolgt mit sogenannten „Pruning-Verfahren".

---

[323] Vgl. Steurer, Elmar: Ökonometrische Methoden und maschinelle Lernverfahren zur Wechselkursprognose: Theoretische Analyse und empirischer Vergleich, 1997, S. 190.

[324] Vgl. Jafar-Shaghaghi, Fariba: Maschinelles Lernen, Neuronale Netze und Statistische Lernverfahren zur Klassifikation und Prognose, 1994, S. 111.

[325] In der Literatur auch als "Working-Set" bezeichnet.

Pruning-Verfahren werden nach drei Vorgehensweisen unterschieden:[326]

- *Pruning vor der Entwicklung des Baums*:
  Hierbei handelt es sich um eine geeignete Vorbereitung der Daten. Es wird eine Vorauswahl der für das Training vorgesehenen Daten vorgenommen. Das läßt sich bspw. damit realisieren, daß bestimmte Objekte, die zu einer Überspezialisierung führen würden, nicht mit in die Analyse einbezogen werden.
- *Pruning während der Entwicklung des Baums*:
  Durch Prüfen eines Abbruchkriteriums wird festgestellt, ob der aktuelle Knoten ein Endknoten wird. Im Fall einer weiteren Aufspaltung ist ein neues Abbruchkriterium zu bestimmen. Für einen Endknoten erfolgt zudem die Klassenzuweisung.
- *Pruning nach der Entwicklung des Baums*:
  Diese Verfahren verbessern die Güte eines Entscheidungsbaums. Nach dem Erzeugen des gesamten Baums werden Teilbäume durch einzelne Endknoten ersetzt. Die Anzahl der Klassen wird somit auf ein möglichst überschaubares Maß reduziert.

Die prinzipielle Methodik zur Entscheidungsbaum-Modellierung umfaßt vier Phasen:[327]

1. *Attributauswahl zur Aufspaltung eines Knotens*
   Für das Analyseergebnis von entscheidender Bedeutung sind die Festlegung eines Attributs und die Reihenfolge der Attribute zur Aufspaltung eines Knotens. Aus den zur Verfügung stehenden Attributen wird schrittweise eines ausgewählt. Diese Auswahl hängt von dessen Informationsgehalt ab, der mit Hilfe eines Entropiemaßes berechnet wird[328]. Für jede Verzweigung in einem Knoten kann damit die Verbesserung der Klassifikation bestimmt werden.
2. *Aufspaltung des Knotens*
   Bezüglich des ausgewählten Attributs wird je nach Attributausprägung eine Menge an Objekten in zwei oder mehrere Teilmengen aufgeteilt.
3. *Abbruchkriterium zur Endknotenbestimmung*
   Um den Abbruchzeitpunkt bei der Baumgenerierung zu bestimmen, wird der durch eine Aufteilung erwartete Informationsgewinn gemessen. Ist dieser im statistischen Sinne durch eine neue Aufteilung nur sehr gering, so wird der betrachtete Knoten zu einem Endknoten. Dann muß die Klassenzuweisung der Objekte erfolgen. Dieser Endknoten könnte z.B. die Klasse mit der größten absoluten Häufigkeit an Objekten zugewiesen bekommen. Reale Datensätze beinhalten identische Objekte, für die aber aufgrund der erfaßten Attributbeschreibungen und des Aufspaltungsalgorithmus eine unterschiedliche Klassenzugehörigkeit ermittelt werden könnte (Erfassungsfehler, Meßfehler oder Fehl-

---

[326] Vgl. Jafar-Shaghaghi, Fariba: Maschinelles Lernen, Neuronale Netze und Statistische Lernverfahren zur Klassifikation und Prognose, 1994, S. 121 f.

[327] Vgl. Steurer, Elmar: Ökonometrische Methoden und maschinelle Lernverfahren zur Wechselkursprognose: Theoretische Analyse und empirischer Vergleich, 1997, S. 193 ff.

[328] Im Rahmen seiner Untersuchungen zu Unsicherheiten konkreter Nachrichten führte Shannon 1963 innerhalb der Informationstheorie das Entropiemaß ein. Er übertrug das Konzept der Entropie aus der Thermodynamik auf die Informatik. Heute wird es auch verwendet, um die Klassifikationsgüte eines Entscheidungsbaums zu messen.

klassifikationen). Um die Fehler der Klassifikation zu minimieren, werden für die Entwicklung des Baums Pruning-Verfahren benutzt.

4. *Post-Pruning*

Oft werden große Datenmengen analysiert. Dabei tritt das Problem der Überspezialisierung auf. Das Ziel einer möglichst korrekten Klassifikation führt zu sehr komplexen Bäumen.[329]

Es existieren zahlreiche Endknoten, die nur sehr wenige Objekte enthalten. Diese werden als Sonderfälle betrachtet. Eine verminderte Generalisierungsfähigkeit und damit schlechte Klassifikation der Objekte des Testsets sind die Folge. Post-Pruning ist daher ein wichtiger Bestandteil zur Generierung eines funktionsfähigen Entscheidungsbaums. Dieses Pruning läuft als eigenständiges Verfahren nach der Induktion (Erzeugung) des Baums ab (vgl. Seite 148 ff.).[330]

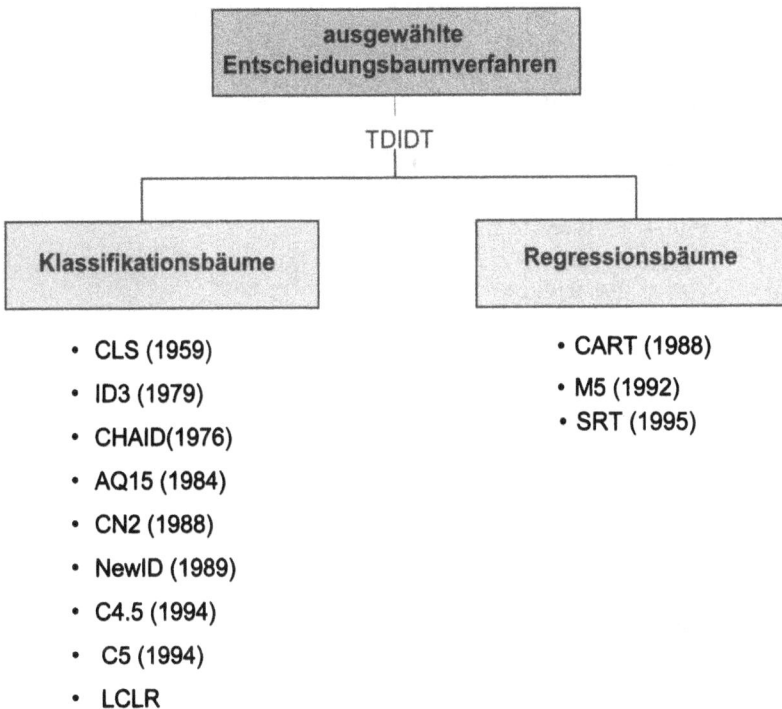

```
          ┌──────────────────────────┐
          │      ausgewählte          │
          │ Entscheidungsbaumverfahren│
          └──────────────────────────┘
                       │
                     TDIDT
          ┌────────────┴────────────┐
┌───────────────────┐      ┌───────────────────┐
│ Klassifikationsbäume│     │ Regressionsbäume  │
└───────────────────┘      └───────────────────┘
```

• CLS (1959)   • CART (1988)

• ID3 (1979)   • M5 (1992)

• CHAID(1976)   • SRT (1995)

• AQ15 (1984)

• CN2 (1988)

• NewID (1989)

• C4.5 (1994)

• C5 (1994)

• LCLR

Abbildung 48: System und Entwicklung ausgewählter Entscheidungsbaumverfahren (Quelle: In Anlehnung an Shaghaghi, F.: Maschinelles Lernen, Neuronale Netze und Statistische Lernverfahren zur Klassifikation und Prognose, 1994, S. 108)

---

[329] Die Tiefe bzw. der Grad des Baums ist sehr hoch und der Baum ist stark verzweigt.

[330] Ausführungen dazu auch in Quinlan, J. Ross: Simplifying Decision Trees, 1987, o. S.

Entscheidungsbaumverfahren zählen zu den überwacht modellierenden Verfahren. Sie arbeiten *rekursiv partitionierend*. Zu den für das Data Mining interessantesten Vertretern zählen die Algorithmen aus der TDIDT-Familie (**Top-Down-Induction-of-Decision-Trees**).[331] Diese lassen sich in zwei Klassen einteilen (vgl. Abbildung 48):[332]

- Klassifikationsbaumverfahren und
- Regressionsbaumverfahren.

Allgemeine Bezeichnungen für die folgenden Abschnitte:

T_{train}	Trainingsset
T_i	Teilmengen von T_{train}
$T = T_i \quad i \in \{1,...,m\}$	betrachtete Teilmenge
T_{test}	Testset
$A = \{a_i \mid i = 1,...,m\}$	Menge aller Attribute a_i
$W = \{W_i \mid i = 1,...,m\}$	Menge aller Wertebereiche der Attribute a_i
$W_i = \{w_{i,l} \mid l = 1,...,z_i\}$	Menge der Werte von Attribut a_i
$K = \{k_r \mid r = 1,...,c\}$	Menge aller Klassen
$O = \{o_j \mid j = 1,...,n\}$	Menge aller Objekte $\left(o_j = (o_{j,1}, o_{j,2},...,o_{j,m})\right)$
$h_{abs}(T)$	Anzahl der Objekte von T
$h_{abs}(T, k_r)$	Anzahl der Objekte von T, die der Klasse k_r zuzuordnen sind
$h_{abs}(T, a_i, w_{i,l})$	Anzahl der Objekte von T, bei denen das Attribut a_i den Wert $w_{i,l}$ besitzt
$h_{abs}(T, a_i, w_{i,l}, k_r)$	Anzahl der Objekte von T, bei denen das Attribut a_i den Wert $w_{i,l}$ besitzt und die der Klasse k_r zuzuordnen sind
$P(...)$	Wahrscheinlichkeitsverteilung.

---

[331] Vgl. Budde, C.: Data Mining-Methoden der Datenmustererkennung, 1996, S. 62.

[332] Vgl. Jafar-Shaghaghi, Fariba: Maschinelles Lernen, Neuronale Netze und Statistische Lernverfahren zur Klassifikation und Prognose, 1994, S. 161.

5.2.2 Klassifikationsbaumverfahren

5.2.2.1 CLS

Das Concept-Learning-System (CLS) gilt als Basis vieler entscheidungsbaumgenerierender Verfahren. Es wurde Ende der 50er Jahre von HOVELAND und HUNT entwickelt.[333] Dieser Algorithmus erzeugt einen Entscheidungsbaum, welcher nicht nur klassifiziert, sondern auch Komplexitäts- und Fehlklassifikationskosten berücksichtigt. Die Suche nach den besten Entscheidungen ist auf minimale Kosten ausgerichtet.

5.2.2.2 Entropiemaß zur Attributauswahl bei Entscheidungsbäumen

Bei der Anwendung des Entscheidungsbaums wird durch Klassenzuweisung die Nachricht erzeugt, zu welcher Klasse ein Objekt gehört.[334] Da diese Nachricht für den Empfänger (z.B. den Analysten) für einen Zweck von Bedeutung ist, in diesem Fall für die Nutzung der Klassifikationsergebnisse, erhält sie den Charakter von Information.

Entscheidungsbaumverfahren bedienen sich deshalb bei der Auswahl des Attributs häufig eines Entropiemaßes. Dieses liefert ein Kriterium, nach dem an jedem Knoten die Attributselektion erfolgen kann. Es ist jeweils das Attribut auszuwählen, welches für die Klassifikation am geeignetsten ist, d. h. den größten Informationszuwachs verspricht. Dieses Kriterium muß weiterhin so konstruiert sein, daß dadurch möglichst kleine Bäume gebildet werden können.

Dazu wird ein Ansatz aus der Informationstheorie verwendet.[335] Der Informationsgehalt einer Nachricht bezieht sich auf deren Wahrscheinlichkeit und wird in Bit angegeben. Sie berechnet sich aus dem negativen dualen Logarithmus ihrer Wahrscheinlichkeit.

Die Attributauswahl basiert zunächst auf der Berechnung der Wahrscheinlichkeit, daß ein Beispiel zu einer bestimmten Klasse gehört. Die Wahrscheinlichkeiten können durch relative Häufigkeiten ersetzt werden.

Der Informationsgehalt I einer Nachricht beträgt unter der Annahme, daß das Eintreffen von acht Nachrichten gleich wahrscheinlich ist, $-\log_2(1/8)$ oder 3 Bit.

Die Wahrscheinlichkeit der Nachricht, daß ein Objekt aus einer zufälligen Teilmenge zu einer bestimmten Klasse gehört entspricht:

$$(81) \quad P(T) = \left(\frac{h_{abs}(T,k_1)}{h_{abs}(T)}, \cdots, \frac{h_{abs}(T,k_c)}{h_{abs}(T)} \right).$$

[333] Vgl. Quinlan, J. Ross: C4.5: Programs for Machine Learning, 1993, S. 17.

[334] Vgl. Steurer, Elmar: Ökonometrische Methoden und maschinelle Lernverfahren zur Wechselkursprognose: Theoretische Analyse und empirischer Vergleich, 1997, S. 196.

[335] Die Erläuterungen zum Gain-Kriterium beziehen sich auf Quinlan, J. Ross: C4.5: Programs for Machine Learning, 1993, S. 21.

Aus ihnen kann der mittlere Informationsgehalt bei Unterteilung nach den Klassen,

$$(82) \qquad I(T) = -\sum_{r=1}^{c} \frac{h_{abs}(T,k_r)}{h_{abs}(T)} \log_2 \frac{h_{abs}(T,k_r)}{h_{abs}(T)},$$

bestimmt werden.

Bei der Aufspaltung nach einem Attribut a_i werden aus dem Trainingsset T_{train}[336] jeweils z Teilmengen entsprechend der Ausprägungen w_{il} gebildet. Soll der Informationsgehalt des gesamten Baums in Kenntnis des Attributs bestimmt werden, so ist diese Aufteilung zu berücksichtigen. Die folgenden Ausführungen orientieren sich stark an JAFAR-SHAGHAGHI.[337]

Die Entropie zur Berechnung der Information durch Klassifikation wird als Informationsgehalt $I(T)$ ausgewiesen. Ist $I(T) = 0$, dann gibt es keine Klassen. Je größer die Anzahl der Klassen ist, desto größer ist auch das Maß für die Entropie. Gleiches gilt für die Attribute. Je mehr Attributausprägungen vorhanden sind, desto informativer ist das Attribut. Zur Berechnung des erwarteten Infomationsgehalts $EI(T|a_i)$ eines Attributs ist der mittlere Informatiosgehalt der Ausprägungen $I(T|w_{i,l})$ über alle Klassen zu ermitteln und gewichtet mit ihrer Auftrittswahrscheinlichkeit zu summieren.

Der mittlere Informationsgehalt bei einer Unterteilung nach dem Attribut a_i wird über die relativen Häufigkeiten

$$(83) \qquad P(T,w_{i,l}) = \left(\frac{h_{abs}(T,a_i,w_{i,l},k_1)}{h_{abs}(T,a_i,w_{i,l})}, \ldots, \frac{h_{abs}(T,a_i,w_{i,l},k_c)}{h_{abs}(T,a_i,w_{i,l})} \right)$$

$$mit\ l = 1, \ldots, z_i,$$

folgendermaßen berechnet:

$$(84) \qquad I(T \mid w_{i,l}) = -\sum_{r=1}^{c} \frac{h_{abs}(T,a_i,w_{i,l},k_r)}{h_{abs}(T,a_i,w_{i,l})} \cdot \log_2 \frac{h_{abs}(T,a_i,w_{i,l},k_r)}{h_{abs}(T,a_i,w_{i,l})}.$$

Der Erwartungswert ergibt sich dann aus:

$$(85) \qquad EI(T \mid a_i) = \sum_{l=1}^{z_i} \frac{h_{abs}(T,a_i,w_{i,l})}{h_{abs}(T)} \cdot I(T \mid w_{i,l}).$$

Zum Schluß wird der erwartete Informationsgewinn (information gain) berechnet:

$$(86) \qquad IG(a_i) = I(T) - EI(T \mid a_i).$$

IG ist zu maximieren. Das so ermittelte a_i ist dann dasjenige Attribut, nach dem eine Unterteilung der Ausgangsmenge vorzunehmen ist.

---

[336]   im folgenden T

[337]   Vgl. Jafar-Shaghaghi, Fariba: Maschinelles Lernen, Neuronale Netze und Statistische Lernverfahren zur Klassifikation und Prognose, 1994, S. 116.

Bei der Suche nach dem geeigneten Attribut mittels Informationsgewinnverhältnis *IGR* wird der ermittelte Informationsgewinn noch durch den mittleren Informationsgehalt

$$(87) \qquad I(T \mid a_i) = -\sum_{l=1}^{z_i} \frac{h_{abs}(T, a_i, w_{i,l})}{h_{abs}(T)} \cdot \log_2 \frac{h_{abs}(T, a_i, w_{i,l})}{h_{abs}(T)}$$

gewichtet, d.h.

$$(88) \qquad IGR(a_i) = \frac{IG(a_i)}{I(T \mid a_i)}.$$

Das gesuchte Attribut ergibt sich wieder durch Maximieren, hier des *IGR*.

Das Informationsgewinnverhältnis ist am besten zur Bestimmung des Attributes geeignet, da beim Informationsgewinn oft diejenigen Attribute bevorzugt werden, für die aufgrund der Ausprägungen viele Nachfolger entstehen. Dadurch wird der zu bestimmende Entscheidungsbaum zu groß.

5.2.2.3   ID3

Modellierungsschritte des ID3-Algorithmus
Der „Iterative-Dichotomizing-3rd"-Algorithmus (ID3) von QUINLAN[338] wird sehr häufig und weit verbreitet angewandt. Er wurde Ende der 70er Jahre entwickelt, dient der Modellierung von Klassifikationsbäumen[339] und ist auf CLS zurückzuführen. Dieser Algorithmus war der Grundbaustein für viele Weiterentwicklungen (z.B. C4.5, C5 oder NewID).

Um umfangreichere Induktionsaufgaben erfolgreich zu lösen, verfolgt der ID3 die Strategie, einen „guten" Entscheidungsbaum ohne großen Rechenaufwand zu erstellen.[340] Dies wird dadurch erreicht, daß zuerst Tests durchgeführt werden, durch die möglichst viel Information über die Klassenzugehörigkeit von Objekten gewonnen wird. Dabei ist die Auswahl des richtigen Attributs zur Aufspaltung des Trainingssets entscheidend. QUINLANs ID3 mißt mit einem Gain-Kriterium (vgl. S. 141ff.) den Gewinn an Information über die Objekte durch die jeweiligen Attribute.

Gesucht sind disjunkte Teilmengen (Klassen) von Objekten.

Die folgenden Schritte werden ausgeführt, bis alle Blätter homogen sind, d. h. alle Objekte eines Blattes gehören zu ein und derselben Klasse:[341,342]

---

[338]   Vgl. Quinlan, J. Ross: Learning Efficient Classification Procedures and their Application to Chess End Games, 1984, o. S.

[339]   Vgl. Piatesky-Shapiro, G.: Tools for Knowledge Discovery in Data, 1997

[340]   Die folgenden Ausführungen zu dem Algorithmus stützen sich auf Holsheimer, Marcel; Siebes, Arno: Data Mining: the search for knowledge in databases, 1998, S. 49 ff. sowie Ferber, Reginald: Data Mining und Information Retrieval, 1996, S. 59 ff.

[341]   Vgl. Zimmermann, Hans-Jürgen: Fuzzy Technologien-Prinzipien, Werkzeuge, Potentiale, 1993, S. 80

[342]   Vgl. Ferber, Reginald: Data Mining und Information Retrieval, 1996, S. 59.

1. Zuordnung aller Objekte des Trainingssets T_{train} zu einem Wurzelknoten N.
2. Generieren eines neuen Knotens n_k.[343]
3. Aus der Menge der Attribute a_i, nach denen auf dem Weg von der Wurzel bis zum Knoten n_k noch nicht aufgespalten wurde, wird für den aktuellen Knoten ein Attribut ausgewählt, nach dem aufgespalten werden soll.[344]
4. Anhängen eines Kindknotens $(n_{k+1}, ..., n_{k+zi})$ für jede mögliche Ausprägung $(w_{i,1}, ..., w_{i,zi})$ des ausgewählten Attributs a_i.
5. Verteilung der Objekte des Knotens gemäß der Attributwerte auf die Kindknoten.
6. Prüfung, ob die Teilmenge in einem Kindknoten nur aus Objekten einer Klasse k_r besteht.[345] Falls ja: Beendigung des Zweiges. Falls nein: Fortsetzung bei Schritt 2, ausgehend von diesem Kindknoten.

Abbruchkriterium bei ID3
Enthält ein Knoten nur Objekte einer Klasse, ergibt sich für die zusätzlich gewonnene Information $IG(a_i)=0$. Es wird solange aufgespalten, bis sich in einem Knoten nur noch Objekte derselben Klasse befinden. Dieser Knoten wird ein Endknoten (Blatt). Er enthält die Klassenzuordnung.

Beispiel
Anhand der Kriterien (Umsatz, Gewinn, Marktanteil) sind sieben Emittenten von bestimmten Finanztiteln hinsichtlich ihrer Bonität zu klassifizieren.[346]

Tabelle 11: Attributausprägung und Klassifizierung von sieben Emittenten

Emittent	Umsatz	Gewinn	Marktanteil	Beurteilung (Klasse)
1	stagnierend	stark wachsend	fallend	SPECULATIVE
2	gering wachsend	stark wachsend	gering wachsend	SPECULATIVE
3	stark wachsend	stark wachsend	gering wachsend	INVESTMENT
4	stagnierend	stark wachsend	gering wachsend	SPECULATIVE
5	stark wachsend	stagnierend	fallend	SPECULATIVE
6	stark wachsend	stark wachsend	fallend	INVESTMENT
7	gering wachsend	stagnierend	fallend	SPECULATIVE

---

[343] Beim ersten Mal ist n_k = N.

[344] Die Auswahl erfolgt mit Hilfe des Gain-Kriteriums.

[345] Alle Blätter sind homogen.

[346] Die anschließenden Ausführungen gehen zurück auf Jafar-Shaghaghi, Fariba: Maschinelles Lernen, Neuronale Netze und Statistische Lernverfahren zur Klassifikation und Prognose, 1994, S. 113 ff.

Dazu stehen die beiden Klassen *INVESTMENT Grade* (geringes Bonitätsrisiko, sichere Anlage) oder *SPECULATIVE Grade* (hohes Bonitätsrisiko, unsichere Anlage) zur Verfügung.

Folgende Zuordnungen gelten:

- Objekte: Emittenten
- Attribute: Umsatz, Gewinn, Marktanteil
- Attributausprägungen: stark wachsend, gering wachsend, stagnierend, fallend
- Klassen: Investment Grade, Speculative Grade

Es wird ein Entscheidungsbaum gesucht, der alle Emittenten einer der beiden Klassen richtig zuordnet. Dazu sind in Tabelle 11 die sieben Emittenten, die zur Bewertung benötigten Attribute, ihre jeweiligen Ausprägungen und die Klassenzugehörigkeit für jeden Emittenten angegeben.

Zu Beginn ist der Entscheidungsbaum leer. Der Informationsgehalt bzgl. der Klassenzugehörigkeit beträgt

$I(T) = 0{,}863$ Bit.

Die Berechnungen der Erwartungswerte der drei Attribute ergeben:

$$EI(T \mid a_{Umsatz}) \quad = \quad 0{,}394 \text{ Bit,}$$

$$EI(T \mid a_{Gewinn}) \quad = \quad 0{,}694 \text{ Bit,}$$

$$EI(T \mid a_{Marktanteil}) \quad = \quad 0{,}857 \text{ Bit.}$$

Der erwartete Informationsgewinn variiert je Attribut folgendermaßen:

$$IG(a_{Umsatz}) \quad = \quad 0{,}863\text{-}0{,}394 = 0{,}469 \text{ Bit,}$$

$$IG(a_{Gewinn}) \quad = \quad 0{,}863\text{-}0{,}694 = 0{,}169 \text{ Bit,}$$

$$IG(a_{Marktanteil}) \quad = \quad 0{,}863\text{-}0{,}857 = 0{,}006 \text{ Bit.}$$

Im Sinne der Informationstheorie ist der Umsatz das erste zu wählende Attribut.

Dieses Attribut bildet die Wurzel. Es kann die Werte *stark wachsend, gering wachsend* und *stagnierend* annehmen. Der Baum wird daher anhand dieser Ausprägungen verzweigt.

Es entsteht der in Abbildung 49 dargestellte Baum.

Die Objekte 1, 4, 2 und 7 können mit dem Attribut „Umsatz" bereits über die Attributausprägungen *stagnierend* und *gering wachsend* richtig klassifiziert werden. Die Objekte in diesem Knoten gehören jeweils zur selben Klasse.

Die Objekte 3, 5 und 6 müssen nach weiteren Attributen und deren Ausprägungen eingeordnet werden. Es werden keine weiteren Attribute benötigt. Die beiden entstehenden Knoten sind Endknoten mit der Klassenzuweisung, während andere Knoten den Attributnamen enthalten. Für die Attributausprägung *stark wachsend* des Attributs Umsatz ist jedoch keine eindeutige Klassifikation möglich. Deshalb muß hier das nächste Attribut herangezogen und der Baum weiter aufgespalten werden. Dieses Attribut ist der Gewinn mit seinen Ausprägungen *stark wachsend* und *stagnierend*. Wie in Abbildung 49 zu sehen, ist hier eine eindeutige Klassifikation möglich. Der entstandene Baum ist nun in der Lage, alle Objekte korrekt zu klassifizieren. Die beiden zuletzt entstandenen Knoten bilden Endknoten. Das Attribut Marktanteil wird zur Klassifikation nicht benötigt. Der Baum in Abbildung 49 stellt den endgültigen Entscheidungsbaum dar.

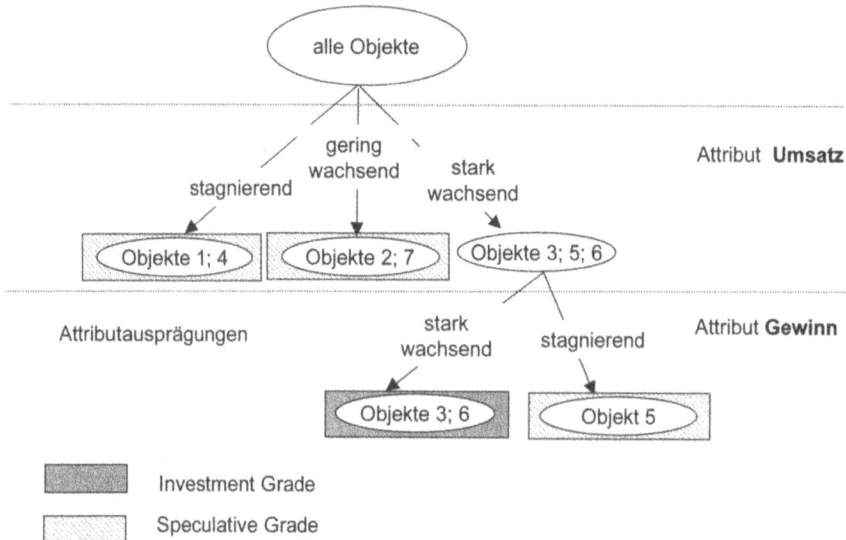

Abbildung 49: Entscheidungsbaum-Emittenten

Pruning bei ID3
Um die Genauigkeit des ID3-Algorithmus für praktische Anwendungen zu erhöhen, wurden Pruning-Verfahren entwickelt.[347]

Diese stellen Erweiterungen des ID3-Algorithmus dar und werden auf Seite 148 f. (Pruning) eingeführt.

Einschätzung des ID3
Durch ID3 werden Bäume erzeugt, die für den Anwender relativ leicht verständlich und daher einfach zu behandeln und zu bearbeiten sind. Dies ist auf die gut nachvollziehbare Repräsentation zurückzuführen. Die Klassifikationsgenauigkeit des ID3 ist als hoch einzustufen.[348] ID3 ist in der Lage, innerhalb weniger Iterationen aus großen Datenmengen Bäume zu erzeugen. Der Algorithmus ist auf schnelle Klassifikation ausgerichtet.

---

[347]   Vgl. Quinlan, J. Ross: Simplifying Decision Trees, 1987.
        Vgl. Quinlan, J. Ross: Induction of Decision Trees, 1986.
        Vgl. Mingers, John: An empirical comparison of pruning methods for decision tree induction, 1989, S. 227 ff.
[348]   Vgl. Holsheimer, Marcel; Siebes, Arno: Data Mining: the search for knowledge in databases, 1998, S. 53.

Bei manchen Daten kann sich dieser Vorteil aber auch in einen Nachteil wandeln.

So reagiert ID3 sehr empfindlich auf verrauschte Daten. Bei jedem Trainingsbeispiel wird die Klassifikation erneut angepaßt. Geringste Änderungen der Attributwerte bewirken Anpassungen des Entscheidungsbaums. Dies führt letztendlich zu ungenauer oder falscher Klassifikation. Fehlt bei einem Objekt ein Attributwert, so kann auch das zu einer falschen Klassifikation führen. Konkret ist ID3 an zwei Voraussetzungen gebunden[349]:

1. Die Attributwerte müssen diskret sein. Bei Attributen, die aus kontinuierlichen bzw. stetigen Werten bestehen, wird eine Schranke definiert, mit deren Hilfe im aktuellen Knoten Objekte aufgeteilt werden. Der gesamte Bereich, der als Attributwerte vorkommenden Zahlen, wird in bestimmte Intervalle eingeteilt. Ein Intervall wird dann als Attributwert betrachtet.
   Ein möglicher Algorithmus für eine derartige Diskretisierung ist StatDisc.
2. Die Daten müssen unverrauscht und fehlerfrei sein.

Die Aufspaltung in Intervalle kann zu Informationsverlust führen. Anzahl und Lage der Intervalle beeinflussen die Güte des Entscheidungsbaums. Die Bestimmung der günstigsten Intervallgrenzen ist formal bisher nicht gelöst, hier werden Heuristiken eingesetzt.

Beim ID3-Algorithmus wird im Sinne der Informationstheorie das Attribut ausgewählt, welches den größten Informationsgewinn verspricht. Als Folge davon wird das Attribut mit den meisten Ausprägungen bevorzugt, was jedoch nicht immer die geeignete Vorgehensweise ist.

Ein weiterer Nachteil kann daraus erwachsen, daß das Problem der Minimierung des Suchaufwandes mit Hilfe einer Heuristik gelöst wird, die sich „greedy search"[350] nennt.

Es wird hier zunächst die aktuelle Situation bewertet. Anschließend wird die am nächsten stehende, beste Alternative ausgewählt. Das bedeutet aber, daß der Algorithmus auch bei Erreichen eines lokalen Maximums stoppt. Ein Nachteil entsteht dann, wenn lokale Maxima existieren, in denen der Algorithmus abbricht, aber ein globales Maximum gesucht wird.

Bei realen Daten kann es vorkommen, daß Objekte mit gleichen Attributwerten zu zwei verschiedenen Klassen gehören. Dies kann mit ID3 nicht abgebildet werden, da an jedem Knoten immer nur ein Attribut untersucht wird. Dies widerspricht auch dem Inhalt der Klassifikation. Der hier vorgestellte Algorithmus ist einer der klassischen Ansätze zur Erstellung von Entscheidungsbäumen und wurde für viele Anwendungen zum Data Mining implementiert.[351]

Diese Linearität geht jedoch auf Kosten der Mächtigkeit. Die Aussagefähigkeit der von ID3 entwickelten Konzepte in Form von Entscheidungsbäumen ist stärker eingeschränkt als solche von z.B. Regelgenerierungssystemen.

---

[349] Vgl. Jafar-Shaghaghi, Fariba: Maschinelles Lernen, Neuronale Netze und Statistische Lernverfahren zur Klassifikation und Prognose, 1994, S. 118.

[350] „gierige Suche"

[351] Vgl. Ferber, Reginald: Data Mining und Information Retrieval, 1996, S. 62.

Positiv ist vor allem, daß der Zeitaufwand für den Suchalgorithmus nur linear mit der Schwierigkeit zunimmt. Die Schwierigkeit wird dabei definiert als das Produkt aus:

- der Anzahl an Objekten des Trainingssets,
- der Anzahl der Attribute zur Objektbeschreibung und
- der Komplexität (gemessen an der Knotenzahl des Baums).

Dies wirkt sich allerdings negativ auf die Verständlichkeit aus. Wenn komplexe Baumstrukturen oder Blätter mit wenigen Beispielen entstehen, so sind die dahinter stehenden Konzepte unter Umständen nur schwer überschaubar.[352]

In der Literatur werden vielfältige Modifikationen des ID3-Algorithmus beschrieben und diskutiert. Dies zeigt zum einen die Schwächen des Basisalgorithmus, aber auch dessen Flexibilität. Zu den wichtigsten Kriterien zur Beurteilung der Qualität der Ergebnisse von Algorithmen zählt der Umgang mit Datenstörungen (noise). Empirische Untersuchungen zeigen, daß Modifikationen möglich sind, die in realen Datenbeständen mit entsprechenden Fehlern Ergebnisse mit guter Qualität erzeugen.[353]

5.2.2.4   Pruning

Bei der Generierung und Anwendung von Entscheidungsbäumen besteht eine wesentliche Aufgabe darin, das Regelwerk und damit den Entscheidungsbaum möglichst klein zu halten, Overfitting zu verhindern und unnötige Kanten, Knoten und Blätter abzuschneiden.

Für Entscheidungsbäume spezifisch bedeutend sind das Pruning während der Baumentwicklung und das Post-Pruning nach der Baumentwicklung. Die zuerst genannte Form des Pruning erfolgt durch Abbruch des Baumaufbaus mittels Abbruchkriterien während der Generierung eines Baumes. Beim Post-Pruning werden nach dem Generieren des Baumes Äste „zurückgeschnitten".[354]

Die folgenden Abbruchkriterien werden werden beim Pruning während der Baumentwicklung am häufigsten eingesetzt:

1. Alle Datensätze eines Knotens gehören derselben Klasse an,
2. alle Datensätze eines Knotens besitzen den gleichen Merkmalsvektor, gehören aber nicht unbedingt zur selben Klasse,
3. die Zahl der Datensätze in einem Knoten ist kleiner als ein vorgegebener Schrankenwert,
4. der χ^2-Test auf Unabhängigkeit zwischen einem Merkmal und dem Klassenmerkmal wird nicht verworfen und
5. die Werte des Auswahlmaßes weiterer möglicher Unterteilungen sind zu gering.

Im Folgenden werden wichtige Post-Pruning-Verfahren vorgestellt.

---

[352] Vgl. Quinlan, J. Ross: Learning Efficient Classification Procedures and their Application to Chess End Games, 1984, S. 464.

[353] Vgl. Bissantz, Nicolas: Clusmin - Ein Beitrag zur Analyse von Daten des Ergebniscontrollings mit Datenmustererkennung (Data Mining), 1996, S. 68.

[354] http://viror.wiwi.uni-karlsruhe.de/webmining.ws99/script/12/Pruning-Techniken-3.html
http://viror.wiwi.uni-karlsruhe.de/webmining.ws99/script/12/Pruning-Techniken-4.html

Cost-Complexity Pruning[355]
Ziel dieses Verfahrens ist es, den Baum zu finden, der in bezug auf die geschätzte wahre (aber unbekannte) Fehlklassifikationsrate optimal ist, unter der Nebenbedingung einer möglichst geringen Komplexität.[356]

Die Fehlerrate nimmt mit zunehmender Anzahl Knoten monoton ab. Wird die Anzahl der Knoten zu hoch, so verliert das Netz jedoch an Generalisierungsfähigkeit. Es kommt zur Überspezifizierung – dem sogenannten „Overfitting".

Bspw. wird beim CART-Algorithmus (Abschnitt 6.2.2) nach dem Baumaufbau stets ein Pruning angeschlossen. Dabei handelt es sich meist um das sehr rechenintensive Cost-Complexity Pruning.

Bei dieser Methode wird die Stärke $g(n_k)$ für alle inneren Knoten berechnet.

$$(89) \qquad g(n_k) = \frac{R(n_k) - R(UB_{blatt})}{h_{abs}(UB_{blatt}) - 1} \qquad mit$$

$$(90) \qquad R(n_k) = r(n_k)p(n_k),$$

$$(91) \qquad r(n_k) = 1 - \max_r \frac{h_{abs}(n_k, k_r)}{h_{abs}(n_k)},$$

$$(92) \qquad p(n_k) = \frac{h_{abs}(n_k)}{h_{abs}(T)} \qquad und$$

$$(93) \qquad R(UB_{blatt}) = \sum_{n_k' \in UB_{blatt}} R(n_k').$$

$r(n_k)$ *Rate der Fehlklassifizierungen*

$R(UB_{blatt})$ *statistische Signifikanz eines Blattes.*

n_k' *Nachfolger (Tochterknoten) des Knotens n_k.*

Der Unterbaum mit der geringsten Stärke kann vom Baum abgetrennt werden.

Pessimistic-Error Pruning[357]
Der maximale Baum bildet den Ausgangspunkt. Es werden dessen Unterbäume untersucht. Mittels der bekannten Relation von richtig und falsch klassifizierten Trainingsobjekten wird die Fehlerrate für einen unbekannten Datensatz pessimistisch geschätzt.

---

[355] Ausführliche Darstellung in: Breiman, Leo; Friedman, Jerome H.; Olshen, Richard A.; Stone, Charles J. (Hrsg.): Classification and Regression Trees, 1984.

[356] Vgl. Steurer, Elmar: Ökonometrische Methoden und maschinelle Lernverfahren zur Wechselkursprognose: Theoretische Analyse und empirischer Vergleich, 1997, S. 210.

[357] Vgl. Quinlan, J. Ross: Simplifying Decision Trees, 1987.

Beim Pessimistic-Error Pruning wird für eine bessere Schätzung der Fehler eine stetige Korrektur der Binomialverteilung benutzt und $e(n_k)$ durch $e(n_k)+1/2$ ersetzt.[358]

$e(n_k)$	*Zahl der im Knoten n_k falsch klassifizierten Objekte*
$e(i)$	*Zahl der im Unterbaum falsch klassifizierten Objekte*
Y	*Blätter des Unterbaumes UB*
Y_{UB}	*Anzahl der Blätter des Unterbaumes UB.*

Die mit Binomialverteilung korrigierte Fehlerrate im Knoten n_k ergibt sich aus

$$(94) \quad r(n_k) = \frac{e(n_k) + \frac{1}{2}}{h_{abs}(n_k)}.$$

Die Fehlerrate des Unterbaumes mit Wurzel n_k ist

$$(95) \quad r\big(UB(n_k)\big) = \frac{\sum_{i \in Y} e(i) + \frac{Y_{UB(n_k)}}{2} + SF}{\sum_{i \in Y} h_{abs}(i)} \qquad mit$$

$$(96) \quad SF = \sqrt{\frac{\sum_{i \in Y} e(i) + \frac{Y_{UB(n_k)}}{2} \cdot \left(h_{abs}(T) - \sum_{i \in Y} e(i) - \frac{Y_{UB(n_k)}}{2} \right)}{h_{abs}(T)}}.$$

Der Unterbaum, für den $r(n_k) \leq r\big(UB(n_k)\big)$ gilt, wird gegen seinen bestmöglichen Endknoten ausgetauscht.

Dieser Vorgang wird solange wiederholt, bis kein Unterbaum mehr existiert, welcher unter o. g. Bedingung durch einen Endknoten ersetzt werden kann.

Bei dieser Methode besteht ein wesentlicher Nachteil darin, daß nur ein einziger Baum generiert und modifiziert wird, so daß keine Auswahlmöglichkeit besteht. Außerdem kann der entstehende Baum instabil sein.

Error-Complexity Pruning
Zuerst wird die im betrachteten Knoten n_k am meisten vertretene Klasse bestimmt:

$$(97) \quad k_{r'} = \max_{r=1,\dots,c} h_{abs}(n_k, k_r).$$

---

[358] Vgl. Jafar-Shaghaghi, Fariba: Maschinelles Lernen, Neuronale Netze und Statistische Lernverfahren zur Klassifikation und Prognose, 1994, S. 124 f.

Danach werden die Fehlerraten im Knoten n_k und im Unterbaum von n_k ermittelt:

$$(98) \qquad R(n_k) = \frac{\sum_{r \neq r'} h_{abs}(n_k, k_r)}{h_{abs}(T)},$$

$$(99) \qquad R(UB(n_k)) = \sum_{i \in Y} R(i).$$

Das Error-Complexity Maß α ergibt sich dann aus:

$$(100) \qquad \alpha = \frac{R(n_k) - R(UB(n_k))}{Y_{UB(n_k)} - 1}.$$

Dies wird für alle möglichen Unterbäume durchgeführt. Zurückgeschnitten wird der Baum an dem Knoten n_k, an dem α minimal ist. Der Knoten n_k bleibt erhalten. Es werden nur die Nachfolger von n_k entfernt.

Aus den geprunten Bäumen wird dann derjenige als endgültiger Baum ausgewählt, der bezogen auf eine unabhängige Testdatenmenge die kleinste Fehlklassifikationsrate hat.

Critical-Value Pruning
Beim Critical-Value Pruning wird die Wichtigkeit eines Knotens geschätzt.

Sie erfolgt über einen Kriteriumswert. Das Attribut mit dem größten Kriteriumswert wird zur Teilung in die verschiedenen Klassen genutzt. Der Kriteriumswert ist geeignet zu definieren. In einem nächsten Schritt werden alle die Knoten gelöscht, die den kritischen Wert nicht erreichen.

Der kritische Wert wird in Abhängigkeit vom Teilungskriterium, welches während des Baumaufbaus genutzt wurde, gewählt.

Reduced-Error Pruning
Auch hier ist der größtmögliche Baum Ausgangspunkt. Dieser wird mit einem Testset evaluiert und geprunt. Für jeden Zwischenknoten, d.h. Knoten, die keine Endknoten sind, wird der nachfolgende Unterbaum betrachtet. Es wird geprüft, ob der Unterbaum durch den Zwischenknoten ersetzt werden kann. Dies ist stets dann der Fall, wenn die Fehlklassifikation des gesamten Baums durch das Ersetzen nicht ansteigt.[359]

Das Verfahren versucht, so viele Unterbäume wie möglich zu ersetzen.

Für das Pruning ist ein separater Datensatz erforderlich. Spezialfälle könnten unbemerkt wegfallen. Dies führt u.a. dazu, daß es mit diesem Verfahren nicht immer möglich ist, den besten Entscheidungsbaum zu generieren.

---

[359] Es kann auch ersetzt werden, wenn der entstehende Baum weniger als x Prozent schlechter klassifiziert als der ursprüngliche, wobei standardmäßig x = 10 Prozent beträgt.

Es wird wieder eine unabhängige Testdatenmenge verwendet. Für jeden inneren Knoten wird die Fehlerrate $\dfrac{g}{h_{abs}(T,n_k)}$ berechnet.

Der Fehler am Knoten n_k ist

$$(101) \qquad g(n_k) = h_{abs}(T,n_k) - h_{abs}(T,n_k,k_r).$$

Alle Teilbäume werden durch diejenigen Blätter ersetzt, bei denen sich durch das Prunen die berechnete Fehlerrate nicht vergrößert.

Der nächste Kandidat wird dann bestimmt durch

$$(102) \qquad \max_{n_k} \sum_{n_T} \left(g(n_T) - g(n_k) \right).$$

Zuletzt wird der kleinste Baum mit der besten Fehlerrate bezüglich der unabhängigen Testmenge ermittelt.

Probleme treten bei dieser Methode im Falle zu geringer Anzahl von Trainingsbeispielen auf.

Minimum-Error Pruning
Es wird der Baum mit der kleinsten Fehlerrate bzgl. der unabhängigen Testmenge ermittelt. Dabei werden Annahmen über die Klassenverteilung getroffen.

Es gibt eine Datenmenge mit c Klassen, $h_{abs}(T)$ und $h_{abs}(T,k_r)$. Ein Knoten bekommt die Klassenzugehörigkeit zugewiesen, der die meisten seiner Objekte angehören.

Bei der Klassifikation werden alle unbekannten Objekte der Klasse k_r zugewiesen, wobei angenommen wird, daß alle Klassen gleichverteilt sind.

5.2.2.5   NewID

Besonderheiten des NewID-Algorithmus
Der New-Iterative-Dichotomizer-Algorithmus (NewID) ist eine Weiterentwicklung von ID3, die von BOSWELL[360] am Turing Institut in Glasgow entwickelt wurde. Die wichtigsten Eigenschaften von NewID sind[361]:

- Verarbeitung von diskreten und stetigen Attributwerten,
- Zuweisung in diskrete und auch in stetige Klassen,
- Reduced-Error Pruning.

---

[360]   Vgl. Boswell, Robin A.: Manual for NewID Version 4.1, 1990.

[361]   Vgl. Steurer, Elmar: Ökonometrische Methoden und maschinelle Lernverfahren zur Wechselkursprognose: Theoretische Analyse und empirischer Vergleich, 1997, S. 195.

Attributauswahl zur Knotenaufspaltung bei NewID

NewID baut auf ID3 auf. Unterschiede bestehen bzgl. der Verwendung von Attributen, Beispielen und des implementierten Pruning-Algorithmus. Die Standardversion von ID3 läßt nur nominale Attribute zu. Bei NewID dürfen Attribute diskrete und stetige Werte annehmen. Es wird in beiden Fällen ein gewichtetes Entropiekriterium verwendet.

In NewID sind numerische Klassenattribute erlaubt.

Die für das Training verwendeten Beispiele dürfen fehlende Attribute enthalten.

Wie bei ID3 besteht das Ziel darin, den Informationsgehalt eines Knotens lokal zu maximieren. Formale Darstellungen des NewID erfolgen in Anlehnung an STEURER.[362]

1. Diskrete Attributwerte

   Es wird analog zu den Gleichungen (83) bis (88) und des ID3-Algorithmus vorgegangen und der erwartete Informationsgewinn (information gain) berechnet.

   Die abschließende Entscheidung, welches Attribut als nächstes zur Aufspaltung herangezogen werden soll, erfolgt auch hier unter der Prämisse der Maximierung des Informationsgewinns.

   Es wird das Attribut ausgewählt, für das die Entropie am kleinsten ist. Dieses Attribut spaltet den Vaterknoten in z_i Tochterknoten auf.

2. Für stetige Attributwerte

   Stetige Attributwerte müssen vor Beginn des oben beschriebenen Algorithmus diskretisiert werden. Dies erfolgt über die attribute-subsetting-Methode.[363] In einem Knoten n_k, der ein stetiges Attribut betrachtet, werden die Attributwerte $w_{i,l}$ des Attributs a_i aufsteigend sortiert. Anschließend werden Schwellenwerte α_l berechnet, die als Mittelwerte von jeweils zwei aufeinanderfolgenden Attributwerten definiert sind:

   $$(103) \quad \alpha_l = \frac{w_{il} + w_{il+1}}{2} \quad (l = 1, ..., (z_i - 1))$$

   Die Schwellenwerte gehen in die Berechnung des Informationsgehalts ein. Der beste Wert wird für die binäre Aufspaltung des Baums verwendet.[364]

---

[362] Vgl. Steurer, Elmar: Ökonometrische Methoden und maschinelle Lernverfahren zur Wechselkursprognose: Theoretische Analyse und empirischer Vergleich, 1997, S. 196 ff.

[363] Vgl. Steurer, Elmar: Ökonometrische Methoden und maschinelle Lernverfahren zur Wechselkursprognose: Theoretische Analyse und empirischer Vergleich, 1997, S. 198.

[364] Ausführliche Darstellungen hierzu in: Fayyad, Usama M.; Irani, Keki B.: On the handling of continuous-valued attributes in decision tree generation, 1992.
Fayyad, Usama M.; Irani, Keki B.: Multi-interval discretization of couninuous-valued attributes for classification learning, 1993.

Abbruchkriterium und Pruning bei NewID
Im Gegensatz zu ID3 verwendet NewID keine Windowtechnik. Ausgehend von der Wurzel, in der alle Objekte enthalten sind, wird jeder Knoten rekursiv aufgeteilt, bis die Abbruchbedingung erfüllt ist.

Analog zu den Attributausprägungen ist auch hier wieder zwischen zwei Fällen zu unterscheiden:

1. Diskrete Klassen
   Wenn ein Tochterknoten nur noch Objekte derselben Klasse enthält, ist erneutes Aufspalten sinnlos, da laut Informationstheorie kein Informationsgewinn mehr realisiert werden kann. Deshalb endet dann bei diskreten Klassen das Verfahren. Aufgrund widersprüchlicher oder verrauschter Daten kann es unmöglich sein, die im Tochterknoten zu klassifizierenden Objekte einer einzigen Klasse zuzuordnen.
   Dann wird die Klasse mit der größten absoluten Häufigkeit der Objekte dem Tochterknoten zugewiesen. Er wird Endknoten.

2. Stetige Klassen
   Im Falle stetiger Klassen wird als Abbruchbedingung die Standardabweichung der Klassenwerte verwendet:

   $$(104) \qquad \sigma(T_{n_T}) \leq \frac{1}{g}\sigma(T)$$

   $\sigma(T_{n_T})$ *Standardabweichung der Klassenwerte der Objekte eines Tochterknotens vom Knoten n_k*

   $\sigma(T)$ *Standardabweichung der Klassenwerte aller Objekte im aktuellen Knoten*

   g *vom Benutzer zu wählender Parameter[365]*

Es wird solange verzweigt, bis die Streuung in einem Knoten einen bestimmten Bruchteil g der Gesamtstreuung ausmacht.

NewID verwendet zum Pruning das Reduced-Error Pruning. Für das Pruning sollte ein vom Trainingsset unabhängiger Datensatz genutzt werden.

Einschätzung des NewID
NewID konstruiert Entscheidungsbäume, welche sowohl stetige als auch diskrete Attributwerte verarbeiten können. Dies ist ein großer Vorteil gegenüber ID3. Ein weiteres Leistungsattribut ist die Möglichkeit diskrete und stetige Klassen zuzuweisen. Damit ist NewID eines der wenigen Entscheidungsbaumverfahren, welche diese Fähigkeit besitzen.

---

[365] Die Anwender benötigen hier eine gewisse Erfahrung und Fingerspitzengefühl. Die Wahl von g hängt von der jeweiligen Anwendung ab. Je größer g gewählt wird, desto flacher sind die entstehenden Entscheidungsbäume. Bei NewID ist standardmäßig g = 0,1 festgelegt.
Vgl. Steurer, Elmar: Ökonometrische Methoden und maschinelle Lernverfahren zur Wechselkursprognose: Theoretische Analyse und empirischer Vergleich, 1997, S. 199.

Ein weiterer Vorteil besteht in der Behandlung fehlender Attributwerte. Dazu werden zwei Fälle unterschieden[366]:

1. *„Unknown value"*

Ist der Attributwert eines Objekts ein „Unknown value"[367], so wird dieses Objekt vervielfältigt. Dies erfolgt entsprechend der Anzahl vorhandener Ausprägungen des betreffenden Attributs. Für jede Ausprägung existiert dieses vervielfältigte Objekt. D. h. bei z_i vorkommenden Attributausprägungen der übrigen Objekte sind nach Vervielfältigung z_i Objekte vorhanden, die bis auf den „unbekannten Wert" mit dem Ausgangsobjekt identisch sind.

Allen neuen Objekten wird ein Anteil Attributausprägung $w_{i,l}$ zugeordnet, wobei laut SHAGHAGHI[368] gilt:

$$(105) \qquad \sum_{l=1}^{z_i} w_{i,l} = 1$$

Für die weitere Aufspaltung und das Abbruchkriterium werden die neuen Objekte entsprechend ihrer Anteile berücksichtigt.

2. *„Don't care value"*

Erfolgt die Einordnung eines fehlenden Attributwertes als „Don't care value"[369], so wird eine ähnliche Vorgehensweise angewendet, wie unter 1. beschrieben. Der Unterschied besteht darin, daß nicht generell eine Vervielfältigung stattfindet. Nur wenn eine Aufspaltung nach dem Attribut erfolgt, dessen Ausprägung bei einem Objekt als „Don't care value" angegeben wird, so muß auch eine Vervielfältigung durchgeführt werden. In allen anderen Verzweigungen werden die Objekte mit „Don't care"-Werten nicht verändert.

NewID kann nicht nur mit unbekannten Daten, sondern auch mit widersprüchlichen Daten umgehen. Sollten in einem Knoten Objekte auftauchen, die gleiche Attributwerte haben, aber unterschiedlichen Klassen angehören, so wird der Knoten als „CLASH" („Widerspruch") gekennzeichnet und das Verfahren bricht ab, da eine weitere Aufspaltung nicht möglich ist.

Ein Nachteil des NewID-Algorithmus ist, daß er zur Einschätzung des Informationsgehaltes eines Knotens, wie einige andere Entscheidungsbaumverfahren auch, ein gewichtetes Entropiekriterium benutzt. Damit ist auch er grundsätzlich nur zu lokaler Maximierung fähig. Außerdem wird, wie bei ID3, immer das Attribut ausgewählt, das die meisten Ausprägungen hat, da hierdurch der Informationsgewinn am größten ist. Wie bereits angesprochen wurde, ist das nicht immer die günstigste Wahl.

---

[366] Vgl. Jafar-Shaghaghi, Fariba: Maschinelles Lernen, Neuronale Netze und Statistische Lernverfahren zur Klassifikation und Prognose, 1994, S. 131 f.

[367] „unbekannter Wert"

[368] Vgl. Jafar-Shaghaghi, Fariba: Maschinelles Lernen, Neuronale Netze und Statistische Lernverfahren zur Klassifikation und Prognose, 1994, S. 131 f.

[369] „Don't care value" - Wert, der keinen oder nur geringen Einfluß auf die Klassifikation eines Objektes hat.

Bei NewID wird keine Windowtechnik benutzt. Stets wird das gesamte Trainingsset verwendet. Das kann speziell bei sehr großen Datensets zu einem Nachteil werden. Dem wirkt jedoch entgegen, daß der Algorithmus die Verteilung der Objekte unterschiedlicher Klassen in den Knoten sehr schnell ändert, bis die Abbruchbedingung erreicht ist.

5.2.2.6   C4.5

Besonderheiten des C4.5-Algorithmus
Der C4.5-Algorithmus ist eine weitere Ableitung des ID3. Er stammt aus dem Jahre 1993 und wurde von QUINLAN[370] entwickelt. Er zählt zu den bekanntesten Algorithmen zur Generierung von Entscheidungsbäumen.[371] Der grundsätzliche Aufbau gleicht dem der Basisversion. Die Veränderungen betreffen vor allem Teilschritte und Erweiterungen.[372]

Das bereits erwähnte Gain-Kriterium zur Auswahl des Attributs, mit dessen Hilfe der aktive Knoten aufgeteilt wird, wurde verbessert. Beim ID3 werden Objekte mit vielen Attributen bevorzugt. Durch die Einführung des durch Normalisierung gewonnenen Gain-Ratio-Kriteriums wird dies ausgeglichen.

Bei kontinuierlichen Werten kann analog zu Gleichung *(103)* ein Schwellenwert ausgewählt werden, um die Objekte in Gruppen oberhalb bzw. unterhalb dieses einzuteilen. Der Wert ergibt sich aus den Mittelwerten von jeweils zwei aufeinanderfolgenden Attributausprägungen zweier Objekte.

Mit dem Gain-Ratio-Kriterium kann die „beste" Schranke (Schwellenwert) ausgewählt werden.

Eine weitere Modifikation des ID3 ist das Windowing.[373] Dieses Verfahren dient der Verbesserung der Vorhersagegenauigkeit. Erreicht wird das durch eine zufällige Zweiteilung des Trainingssets. Mit dem einen Teil, dem Window, wird der Entscheidungsbaum erstellt, mit dem anderen wird er verifiziert. Falsch klassifizierte Objekte werden dem Window hinzugefügt und die Generierung des Baums wiederholt. Dieser iterative Prozeß setzt sich fort, bis ein vollständiger und korrekt klassifizierender Baum entsteht oder ein akzeptables, vorher festgelegtes Maß an Vorhersagegenauigkeit erreicht ist. Der wesentliche Vorteil dieses Verfahrens liegt in der schnelleren Konstruktion eines Baums.

Zusätzlich enthält der C4.5 ein regelgenerierendes Modul. Das ermöglicht die Extraktion einzelner Regeln aus dem Entscheidungsbaum. Die Verwendung von Regeln anstelle von Bäumen erleichtert die Klassifikation und macht sie transparenter. Außerdem verringern Entscheidungsregeln die Irrtumswahrscheinlichkeit.

Wie bereits erwähnt, läßt sich die Neigung der Bäume zur Übergröße und damit zur Unübersichtlichkeit durch Pruning reduzieren. Es setzt hier am unteren Ende des Baums an. Jeder

---

[370]   Vgl. Quinlan, J. Ross: C4.5: Programs for Machine Learning, 1993.

[371]   Vgl. Zheng, Zijian: Scaling Up the Rule Generation of C4.5, 1998, S. 349.

[372]   Vgl. Chamoni, Peter; Budde, C.: Methoden und Verfahren des Data Mining, 1997, S. 58 f.

[373]   Vgl. Holsheimer, Marcel; Siebes, Arno: Data Mining: the search for knowledge in databases, 1998, S. 52.

Unterbaum, der nicht aus nur einem Blatt besteht, wird dabei untersucht. Es wird die jeweilige Irrtumswahrscheinlichkeit des Unterbaums berechnet. Anschließend wird ein neues Blatt gebildet, indem die alten Blätter abgeschnitten werden (vgl. Abbildung 50).

Hat dieses neue Blatt eine geringere Irrtumswahrscheinlichkeit als der alte Unterbaum, so folgt, daß auch der neue komplette Baum eine geringere Irrtumswahrscheinlichkeit hat. Somit war das Pruning sinnvoll.[374]

Wesentliche Merkmale von C4.5 sind[375]:

- Verarbeitung von diskreten und stetigen Attributwerten,
- Modifiziertes Kriterium zur Aufspaltung,
- Regelgenerierung,
- Pruning durch Abbruchkriterium während des Baumaufbaus,
- Verwendung mehrerer Post-Pruning Methoden,
- Möglichkeit zur Nutzung der Windowtechnik.

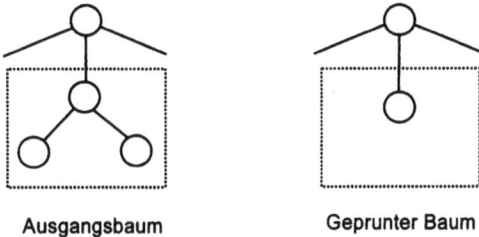

Ausgangsbaum   Geprunter Baum

Abbildung 50: Pruning eines Baums (Quelle: In Anlehnung an Chamoni, Peter; Budde, C.: Methoden und Verfahren des Data Mining 1997, S. 59.)

Attributauswahl zur Knotenaufspaltung bei C4.5
C4.5 benutzt zur Generierung eines Entscheidungsbaums einen „Teile und Herrsche"-Ansatz, der von HUNT[376], MARIN und STONE eingeführt wurde.[377]

Die bisher betrachteten Algorithmen haben den Schwachpunkt, daß die zur Berechnung des Informationsgehalts verwendeten Formeln stets Attribute mit sehr vielen Ausprägungen bevorzugen. Um diesen Nachteil auszugleichen, wird bei C4.5 zusätzlich zum Informationsgehalt eines Knotens der Informationsgehalt eines Attributs berücksichtigt. Dieser kann entsprechend der Gleichung (87) bestimmt werden.[378]

---

[374] Vgl. Chamoni, Peter; Budde, C.: Methoden und Verfahren des Data Mining, 1997, S. 59.

[375] Vgl. Steurer, Elmar: Ökonometrische Methoden und maschinelle Lernverfahren zur Wechselkursprognose: Theoretische Analyse und empirischer Vergleich, 1997, S. 200.

[376] Vgl. Hunt, Earl B.; Marin, Janet; Stone, Philip J.: Experiments in Induction, 1966.

[377] Vgl. Quinlan, J. Ross: Improved Use of Continuous Attributes in C4.5, 1996, S. 78.

[378] Vgl. Jafar-Shaghaghi, Fariba: Maschinelles Lernen, Neuronale Netze und Statistische Lernverfahren zur Klassifikation und Prognose, 1994, S. 127 f.

$I(T|a_i)$ steigt mit der Anzahl der verschiedenen Attributwerte. Es wird deshalb als sogenann-
ter "Penalty-Term" benutzt. Durch diese Konstruktion erhalten Attribute mit vielen Ausprägungen schlechtere Informationswerte. Ein scheinbarer Informationsgewinn nur aufgrund der
größeren Anzahl von Attributwerten wird bestraft.

Auch C4.5 kann mit stetigen Attributwerten arbeiten. Es wird eine ähnliche Methode verwendet, wie die für NewID beschriebene attribute-subsetting-Methode.

Zur Verbesserung der Klassifizierungsgüte des entstehenden Baums werden mehrere Modifikationen von QUINLAN[379] vorgeschlagen.

Abbruchkriterium bei C4.5
Wie bereits angedeutet, wird bei C4.5 dem Gedanken des Pruning bereits bei der Festlegung
des Abbruchkriteriums Rechnung getragen. Dies ist darauf zurückzuführen, daß weiteres
Teilen eines Knotens, der mit unterschiedlichen Klassenzuweisungen besetzt ist, dann nicht
sinnvoll ist, falls eine gegebene, sich widersprechende Klassenzuweisung durch zufällig
verrauschte Daten zustande gekommen ist.

Dazu wird ein χ^2- Test auf die stochastische Unabhängigkeit eines Attributs von der Verteilung der Klassen durchgeführt. Mit Hilfe des χ^2- Tests wird überprüft, ob die weitere Aufspaltung eines Knotens durch das Attribut einen signifikant unterschiedlichen Einfluß auf die
Verteilung der Klassen besitzt.

Zuerst wird hierbei die erwartete Anzahl von Objekten in einem Tochterknoten berechnet,
für die das Attribut a_i den Attributwert $w_{i,l}$ besitzen und die der Klasse k_r angehören:

$$(106) \qquad h_{erw}(T,a_i,w_{i,l},k_r) = \frac{h_{abs}(T,a_i,w_{i,l})}{h_{abs}(T)} \cdot h_{abs}(T,k_r)$$

$h_{erw}(T,a_i,w_{i,l},k_r)$ *erwartete Anzahl Objekte in einem Tochterknoten für die das
           Attribut a_i die Ausprägung $w_{i,l}$ hat und welche Klasse k_r angehö-
           ren.*

Als Teststatistik ergibt sich ein χ^2- verteilter Goodness-of-fit-Wert der Differenzen zwischen tatsächlicher und erwarteter Anzahl:

$$(107) \qquad \chi^2 = \sum_{l=1}^{z_i} \sum_{r=1}^{c} \frac{(h_{abs}(T,a_i,w_{i,l},k_r) - h_{erw}(T,a_i,w_{i,l},k_r))^2}{h_{erw}(T,a_i,w_{i,l},k_r)}$$

χ^2 *Pearsons Chi-Quadrat*

Das Ziel dieses Vorgehens besteht darin, die Nullhypothese, daß eine weitere Aufspaltung
nicht sinnvoll ist, zu verwerfen oder zu bestätigen. Nur wenn der errechnete Goodness-of-fit-
Wert ausreichend groß ist, kann davon ausgegangen werden, daß die Aufteilungen stochastisch unabhängig sind. Die Nullhypothese gilt dann als bestätigt, d. h. es finden keine
weiteren Aufspaltungen statt.

---

[379]   Vgl. Quinlan, J. Ross: Improved Use of Continuous Attributes in C4.5, 1996, S. 77 ff.

Abschließend erfolgt in diesem Knoten die Klassenzuweisung.

Durch die beschriebene Vorgehensweise kann es vorkommen, daß in einem Endknoten Objekte mehrerer Klassen vorhanden sind. Daher gibt es bei C4.5 zwei Formen der Klassenzuweisung:

- Es wird die Klasse mit der größten absoluten Häufigkeit der Objekte zugewiesen.
- Die Beschreibung des Knotens n_k wird durch die Wahrscheinlichkeit der Klassenzugehörigkeit $P(k_r)$ erweitert, wobei gilt:

$$(108) \qquad P(k_r) = \frac{h_{abs}(T, k_r)}{h_{abs}(k_r)} \quad .$$

Pruning bei C4.5
Bei C4.5 werden drei im Abschnitt 5.2.2.4 beschriebene Pruning-Verfahren benutzt. Dies sind im einzelnen:

- Cost-Complexity Pruning,
- Reduced-Error Pruning und
- Pessimistic-Error Pruning.

Zusätzlich kann ein weiteres Verfahren implementiert werden, welches als „Regelgenerierungsverfahren" oder „Regelpruning" bezeichnet wird. Die Regelgenerierung verläuft in zwei Schritten[380]:

1. *Umwandlung des Entscheidungsbaums in Produktionsregeln*
   Es wird ausgehend vom Wurzelknoten bis zu einem Endknoten jede Verzweigung durch die Abfrage nach einem Attributwert für das entsprechende Attribut ersetzt. Es entstehen genau so viele Produktionsregeln, wie ursprünglich Endknoten vorhanden waren. Anschließend wird mit einem χ2-Test überprüft, ob ein Attribut für die richtige Klassifikation relevant ist. Ist ein Attribut irrelevant, so wird es aus dem Bedingungteil der betreffenden Produktionsregel entfernt. Der Vorgang wird solange fortgesetzt, bis keine Bedingung mehr gestrichen werden kann. Auf diese Art und Weise werden alle Produktionsregeln überprüft. Folgende Regelmenge könnte für das auf Seite 144 vorgestellte Beispiel entstehen:
   - wenn $a_1 = w_{11}$ dann k_1
   - wenn $a_1 = w_{12}$ dann k_1
   - wenn $a_1 = w_{13}$ und $a_2 = w_{21}$ dann k_1
   - wenn $a_1 = w_{13}$ und $a_2 = w_{22}$ dann k_2

2. *Überprüfung der reduzierten Produktionsregeln auf gute Klassifikationsergebnisse*
   Weiterhin wird überprüft, ob einzelne Regeln weggelassen werden können. Dazu wird ein Test durchgeführt, um festzustellen, ob die Restregelmenge die Objekte noch klassifizieren kann und ob sich die Fehlklassifikation nicht erhöht hat. Sollte dies der Fall sein,

---

[380] Vgl. Zheng, Zijian: Scaling Up the Rule Generation of C4.5, 1998, S. 348 f.
Vgl. Quinlan, J. Ross: Simplifying Decision Trees, 1987, S. 221 ff.

so wird die unwichtige Regel entfernt. Der Vorgang wird solange wiederholt, bis keine Regel mehr weggelassen werden kann, ohne daß sich die Klassifizierungsgüte der Regelmenge verschlechtert.

Die Regeln sind sehr gut handhabbar und leicht nachzuvollziehen. Dieses Pruning-Verfahren benötigt kein separates Testset. Es wird empfohlen, den C4.5-Baum vor der Regelgenerierung mit Hilfe eines anderen Verfahrens zu prunen. So kann die generierte Regelmenge im Hinblick auf die Güte, die Minimierung der Baumgröße und des erforderlichen Rechenaufwandes verändert werden.[381]

Einschätzung des C4.5
Das Datenmaterial enthält oft stetige Attributwerte. Mit C4.5 können diese in den Klassifizierungsprozeß einbezogen werden. Fehlende Attributwerte werden dahingehend korrigiert, daß Attribute mit fehlenden Attributwerten den Informationsgewinn reduzieren.[382]

C4.5 wird gegenüber NewID als leistungsfähiger eingeschätzt.[383]

Mit C4.5 können nur diskrete Klassenwerte zugewiesen werden. Für die Anwendung von z.B. Zeitreihenprognosen muß die Zeitreihe im Vorfeld diskretisiert werden, was jedoch mit Informationsverlust verbunden ist.

Ein wesentlicher Mangel der ID3-basierten Algorithmen ist die fehlende Anpassungsfähigkeit des generierten Entscheidungsbaums an neue strukturbestimmende Objekte. Dieser wird durch die Modifikation von UTGOFF, dem ID5R behoben. ID5R generiert mit dem Trainingsset den gleichen Entscheidungsbaum wie der ID3. Um neue Objekte in den Baum einzufügen, ist aber kein neues Training notwendig, da der ID5R in der Lage ist, inkrementell zu lernen.[384]

5.2.2.7   CHAID

Besonderheiten des CHAID-Algorithmus
Der Chi-Squared-Automatic-Interaction-Detector (CHAID) erzeugt nichtbinäre Entscheidungsbäume. Er wurde 1976 von KASS vorgestellt.[385] Als Attribut-Auswahlverfahren verwendet CHAID den Chi-Quadrat-Unabhängigkeitstest, um eine Aussage über die Abhängigkeit zwischen zwei Variablen zu treffen. Die Form der Abhängigkeit ist dabei nicht näher spezifiziert.

---

[381] Vgl. Zheng, Zijian: Scaling Up the Rule Generation of C4.5, 1998, S. 357 f.

[382] Vgl. Jafar-Shaghaghi, Fariba: Maschinelles Lernen, Neuronale Netze und Statistische Lernverfahren zur Klassifikation und Prognose, 1994, S. 130.

[383] Vgl. Steurer, Elmar: Ökonometrische Methoden und maschinelle Lernverfahren zur Wechselkursprognose: Theoretische Analyse und empirischer Vergleich, 1997, S. 200.

[384] Vgl. Holsheimer, Marcel; Siebes, Arno: Data Mining: the search for knowledge in databases, 1998, S. 53.

[385] Vgl. Groth, Robert: Data Mining: a hands-on-approach for business professionals, 1998, S. 100.

Der umfangreiche Algorithmus[386] stellt sich folgendermaßen dar:

a_i	*unabhängige Variable, i=1, ..., m, dies entspricht dem vorherzusagenden Attribut mit den ursprünglichen Werten 1, ..., z_i*
a_0	*abhängige Variable, vorherzusagendes Attribut mit den Klassen, die den Werten 1, ..., c entsprechen*
c	*Anzahl der Klassen (Anzahl der Werte von Attribut a_0)*
z_i	*Anzahl der ursprünglichen Werte von a_i*
r_i	*Anzahl der zusammengesetzten Werte von a_i*
α_V	*Signifikanzniveau für die Verschmelzung der Werte*
α_T	*-- "-- für die Trennung zusammengesetzter Werte*
α_P	*-- "-- für die Trennung einer Gruppe durch ein Attribut*
b_k	*Anzahl der Beobachtungen in Gruppe k (Teilmengengröße)*
k	*Index der jeweils auszuwählenden Gruppe (Teilmenge)*
$minb$	*Mindestzahl an Beobachtungen in einer betrachteten Gruppe*
j	*Index der (zusammengefaßten) Werte von a_i mit j=1, ..., z_i bzw. j=1, ..., r_i (für alle i=1, ..., m)*
p	*p-Wert (statistische Signifikanz) hier bzgl. der Attribute a_i*
$p_{i\text{-}korr}$	*korrigierter p-Wert*

1. Die Ausgangsgruppe k ist die gesamte Stichprobe.
2. $i=1$:

Verschmelzung:

3. Stelle die $z_i \times c$-Kontingenztafel auf:

	1	...	c
1			
⋮			
z_i			

---

[386] Vgl. Temme, T.; Decker, R.: CHAID als Instrument des Data Mining in der Marketingforschung, 1999, S. 21-23.
Vgl. Barth, Manuela: Verfahren der Klassifikation - Entscheidungsbäume, Bayessche Regel, Faktorenanalyse, 2001, S. 16ff.

4. Ermittle für alle Zweierkombinationen der Werte von a_i: Wenn innerhalb der Gruppe k_r zwei Werte von a_i enthalten sind, stelle die $2{\times}c$-Kontingenztafel auf. Berechne den p-Wert der Chi-Quadrat-Verteilung.

5. Nun betrachte alle Wertepaare und die entsprechenden p-Werte: Wenn bei allen $p < \alpha_V$ gilt, dann gehe zu Schritt (6). Andernfalls wähle das Paar mit dem größten p-Wert und fasse die beiden Werte zusammen. Wenn noch mindestens zwei zusammengesetzte Werte existieren, gehe zurück zu Schritt (4), sonst zu Schritt (6).

6. Wenn $\alpha_T \geq \alpha_V$ ist, dann gehe zu Schritt (7), andernfalls überprüfe, ob mindestens ein zusammengefaßter Wert vorhanden ist, der aus mindestens drei ursprünglichen Werten besteht. Wenn dies nicht zutrifft, gehe zu Schritt (7). Wenn es zutrifft, stelle die $2{\times}c$-Kontingenztafeln für alle erlaubten Zweiteilungen dieser zusammengefaßten Werte auf und berechne die p-Werte. Wenn mindestens ein $p \leq \alpha_T$ ist, wähle das kleinste, trenne die Werte und gehe zu Schritt (4), andernfalls zu Schritt (7).

7. Stelle die $r_i{\times}c$-Kontingenztafel auf und berechne den p-Wert.
Anschließend führe die sog. Bonferroni-Korrektur durch:
Wenn die Werte von a_i geordnet sind:

$$p_{i\_korr} = p \cdot \binom{z_i - 1}{r_i - 1}.$$

Wenn die Werte von a_i ungeordnet sind:

$$p_{i\_korr} = p \sum_{j=0}^{r_i-1} (-1)^j \frac{(r_i - j)^{z_i}}{j!(r_i - j)!}.$$

Wenn die Werte von a_i mit Ausnahme eines Wertes geordnet sind:

$$p_{i\_korr} = p \cdot \binom{z_i - 2}{r_i - 2} + r_i \cdot \binom{z_i - 2}{r_i - 1}.$$

Wenn $i \neq m$ ist, erhöhe i und gehe zu Schritt (3), wenn $i = m$ zu Schritt (8).

Trennung:

8. Wenn es mindestens ein Attribut gibt, für das der korrigierte p-Wert $p_{i\_korr} \leq \alpha_P$ ist, wähle das Attribut mit dem kleinsten korrigierten p-Wert, teile die Gruppe k_r auf die r_i zusammengefaßten Werte auf und gehe zu Schritt (10). (Diese Aufteilung bedeutet also, daß jeder, der r_i zusammengefaßten Werte des Attributes, eine Untergruppe der Gruppe k_r erhält.) Andernfalls wird die Gruppe k nicht aufgeteilt und ebenfalls Schritt (10) angeschlossen.

9. Wenn $b_k \geq minb$ ist, gehe zurück zu Schritt (2), sonst zu Schritt (10).

10. Wenn es eine noch nicht analysierte (Unter-)Gruppe gibt, betrachte eine davon als neue Gruppe k_r und gehe zu Schritt (9), andernfalls ist der Prozeß beendet.

# 5.2.3	Verfahren zur Regelinduktion

### 5.2.3.1	Einführende Bemerkungen zur Regelinduktion

Genau wie die Entscheidungsbaumverfahren generieren Verfahren zur Regelinduktion aus gegebenen Trainingsobjekten, deren Klassenzugehörigkeit bekannt ist, Regeln. Diese werden benutzt, um neue Objekte aufgrund ihrer Attribute in die vorhandenen Klassen einzuteilen. Um strukturelle Nachteile der Entscheidungsbaumverfahren, wie insbesondere die Neigung zur Übergröße, zu beseitigen, wurden Verfahren entwickelt, um Regeln in logischen Formeln abzubilden. Diese Form der Darstellung bietet einige Vorteile:

- die Regeln sind leicht verständlich,
- sie lassen sich leicht generalisieren und spezialisieren,
- jede einzelne Regel kann für sich allein angewandt werden und
- Regeln sind sehr verbreitet für die Darstellung von Wissen, z.B. in Expertensystemen.

Nachteilig wirkt sich aus, daß die Bedingungen in der Nähe der Wurzel oft gespeichert und überprüft werden müssen. Dies trifft auf einen Großteil der Regeln zu. Hinzu kommt, daß durch die fehlende Verknüpfung der Regeln untereinander zusätzliche Mechanismen notwendig sind, um Regelkonflikte aufzulösen. Im folgenden wird auf einige Algorithmen, die zur Generierung von Entscheidungsregeln entwickelt wurden, näher eingegangen. Dabei kann zwischen zwei grundsätzlichen Verfahren unterschieden werden, dem Regellernen mittels

- Covering und
- attributorientierter Induktion.

Als Beispiele für das Covering werden die beiden bekanntesten Vertreter beschrieben, der AQ15- und der CN2-Algorithmus. Auf die attributorientierte Induktion wird mit dem LCLR-Algorithmus näher eingegangen.

### 5.2.3.2	AQ15

Besonderheiten des AQ15

Der AQ15-Algorithmus wurde von MICHALSKI bereits 1984 beschrieben und gehört zu einer Gruppe von Verfahren, die unter dem Namen „AQ-Algorithmen" zusammengefaßt sind.[387] Er ist eine weitverbreitete Methode zur Generierung von Entscheidungsregeln.

Der AQ15 ist speziell für die Generierung von Regeln entworfen worden, die für jede Klasse alle positiven und negativen Objekte einschließen (starke Regeln). Der Algorithmus bedient sich dabei des Covering. Das zugrundeliegende Prinzip besteht darin, möglichst viele Objekte einer Klasse mit einer Regel abzudecken. Diese Objekte werden dann aus T_{train} entfernt. Aus den restlichen Objekten wird eine neue Klasse gebildet. Das geschieht solange, bis alle

---

[387] Vgl. Holsheimer, Marcel; Siebes, Arno: Data Mining: the search for knowledge in databases, 1998, S. 53.

Objekte durch Regeln abgedeckt sind. Ergebnis des Algorithmus sind if-then-Regeln, die Klassen nach dem Variable-valued-Logic-System-1 (VL₁) beschreiben.[388]

Zum Verständnis des Algorithmus sind Erläuterungen zu einigen Begriffen erforderlich. Ein Selektor (selector) bezeichnet eine Disjunktion von elementaren Bedingungen an ein einzelnes Attribut. Selektoren können z.B. in der folgenden Form dargestellt werden

$$(109) \quad \left(a_i = w_{i,1}\right) \vee \left(a_i = w_{i,2}\right) \vee \dots \vee \left(a_i = w_{i,z_i}\right)$$

$$(110) \quad \left(a_i \in \left\{w_{i,1}, \dots, w_{i,z_i}\right\}\right)$$

Ein Komplex (complex) beschreibt eine Konjunktion von Selektoren. Er ist somit eine spezielle konjunktive Normalform. Der Bedingungsteil einer Regel besteht hier aus einer Disjunktion von Komplexen, der Abdeckung (cover). Die gesuchte Regel hat die Form „IF <Abdeckung>, THEN <Klasse>", wobei <Abdeckung> eine Boolsche Kombination von Attributtests ist.[389]

Zur Generierung von Entscheidungsregeln führt der Algorithmus eine heuristische Suche im Raum aller Abdeckungen durch. Dadurch sollen diejenigen Entscheidungsregeln identifiziert werden, die alle positiven und keine negativen Objekte beschreiben. Um zwischen mehreren gültigen Abdeckungen auszuwählen, können Präferenzkriterien definiert werden. Diese können z.B. die Zahl der Selektoren je Komplex oder eine spezifische Kostenfunktion für einen einzelnen Selektor sein.

Die Suche im Raum der Abdeckungen erfolgt konstruktiv durch Operationen, die Generalisieren und Spezialisieren, z.B.:

- erlaubte Werte einem Selektor hinzufügen (Generalisieren),
- einen Komplex einer untersuchten Abdeckung hinzufügen (Generalisieren),
- einen Komplex mit einem weiteren Selektor kreuzen (Spezialisieren).

Der Algorithmus geht entweder von einer vorgegebenen oder einer leeren Abdeckung aus. Für ein zufälliges Objekt, das zur Klasse, aber nicht zum Komplex gehören darf, werden alle zutreffenden Komplexe gesucht. In diesen Komplexen darf jedoch kein Trainingsbeispiel liegen, welches nicht zur Klasse gehört. Die Vereinigung über diese Komplexe ist eine Abdeckung, die die Klasse beschreibt.[390] Das Konstrukt des Sterns (star) ist ein zentraler Punkt des Algorithmus mit folgender vereinfachten Darstellung.

Der Stern eines Objektes $o_j \in T$, unter der Einschränkung $Y \subset T$, ist die Menge aller Komplexe C, die o_j enthalten, aber zu Y disjunkt sind. Es gilt $o_j \in C$ und $C \cap Y = \emptyset$. Wird die Menge der maximal enthaltenen Komplexe vorgegeben, so wird von einem beschränkten Stern gesprochen. Im folgenden Algorithmus werden Sterne oft für die Elemente in einer

[388] Die folgenden Ausführungen zu dem Algorithmus stützen sich auf Holsheimer, Marcel; Siebes, Arno: Data Mining: the search for knowledge in databases, 1998, S. 53 ff. und Ferber, Reginald: Data Mining und Information Retrieval, 1996.
[389] Vgl. Clark, Peter Edward; Niblett, Tim: The CN2 Induction Algorithm, 1988, S. 5.
[390] Vgl. Ferber, Reginald: Data Mining und Information Retrieval, 1996, S. 79.

Klasse $X \in T$, $X = \{o_j \in k_r\}$ berechnet. Das heißt, es gilt $Y = T \setminus X$ und $C \in X$. Der AQ15-Algorithmus zum Lernen einer einzelnen Klasse aus einer Menge von konsistenten Beispielen mit Attributen kann wie folgt beschrieben werden:[391]

1. Es sei $B \subset X$ eine vorgegebene Abdeckung, die eine Teilmenge von X (der Objekte o_j in der Klasse k_r) beschreibt oder die leere Abdeckung.
2. Wird X von B vollständig abgedeckt, d.h. ist $B=X$, dann Beenden des Algorithmus, andernfalls Auswählen eines Objektes $o_j \in X|B$ aus der Klasse, für die durch B noch nicht die Abdeckung erreicht wird. Berechnung der maximalen Komplexe $C_1, ..., C_k$ von o_j in X.
3. Nach vorgegebenem Kriterium Auswahl des besten Komplexes C_s aus $C_1, ..., C_k$ und disjunktives Anhängen dieses Komplexes an die Abdeckung $B := B \cup C_s$. Fortsetzung bei Schritt 2.

Ein Komplex $C \subset X$ für ein Objekt o_j wird maximaler Komplex genannt, wenn ein Komplex $Q \neq C$ mit $C \subset Q$ existiert und $Q \not\subset X$ folgt. Ein Element kann mehrere maximale Komplexe haben, zwischen ihnen können keine Teilmengenrelationen herrschen.

In Schritt 2 des AQ15-Algorithmus kann eine Annäherung an die maximalen Komplexe eines Elementes $o_j \in X$ berechnet werden. Dies geschieht mit Hilfe eines beschränkten partiellen Sterns (partial star) für ein positives Beispiel o_j in X:[392]

1. Sei $PS = (C_1, ..., C_k)$ eine Liste mit k Komplexen und $C_s = T$ für alle $s = 1, ..., k$. $PS = (C_1, ..., C_k)$ wird als partieller Stern bezeichnet, da er nur für Teilmengen der Klasse berechnet wird.
2. Beenden des Algorithmus, falls $C_s \subset X$ für alle $s = 1, ..., k$ gilt, sonst Auswahl eines Beispiels $o_{j2} \in (T \setminus X) \cap C_s, s \in \{1, ..., k\}$ und Berechnung der maximalen Komplexe im Stern von o_j unter der Einschränkung $\{o_{j2}\}$. Diese Komplexe werden durch den Selektor eines Attributs, in dem sich o_j und o_{j2} unterscheiden, beschrieben.
3. Paarweises Schneiden der Komplexe aus PS mit den generierten Komplexen. Auswahl der nach dem externen Kriterium besten k Komplexe. Einsetzen dieser als $C_1, ..., C_k$ in den partiellen beschränkten Stern PS. Weiter bei Schritt 2.

Da sich der AQ15 auf die Entdeckung starker Regeln beschränkt, müssen inkonsistente oder verrauschte Daten in vor- bzw. nachgelagerten Prozessen behandelt werden. Die Qualität der generierten Regeln ist mit von menschlichen Experten aufgestellten Regeln vergleichbar. Der Algorithmus ermöglicht inkrementelles Lernen mit vollständiger Erinnerung an die bislang gesehenen Beispiele. Weiterhin kann er durch vordefinierte Regeln Domain-Wissen benutzen.[393]

---

[391] Vgl. Ferber, Reginald: Data Mining und Information Retrieval, 1996, S. 80.

[392] Vgl. Ferber, Reginald: Data Mining und Information Retrieval, 1996, S. 80.

[393] Vgl. Holsheimer, Marcel; Siebes, Arno: Data Mining: the search for knowledge in databases, 1998, S. 55.

Einschätzung des AQ15

Ein wesentlicher Nachteil des AQ15 besteht in der mangelnden Behandlung verrauschter Daten. Die Anpassung des Algorithmus an die notwendigen vor- bzw. nachgelagerten Prozesse ist schwierig und abhängig von speziellen Trainingsmustern.

5.2.3.3   CN2

Besonderheiten des CN2

Der Algorithmus von CLARK und NIBLETT (CN2) [394] ist eine Ableitung des AQ15. Wie die AQ-Algorithmen bedient sich der CN2 des Covering. Sein Ziel ist es, diese Abhängigkeit auszugleichen und Techniken zur Behandlung des Rauschens in den Algorithmus zu integrieren. Durch die Verwendung von Pruning-Techniken und Regeln ähnlich denen des AQ-Systems kombiniert der CN2 die besten Eigenschaften von ID3 und AQ. [395]

Das Ergebnis des CN2 ist eine **geordnete** Liste von IF-THEN-Regeln und wird auch als Entscheidungsliste bezeichnet. Entscheidungslisten ermöglichen es, die Redundanz in der Gesamtmenge der Regeln zu reduzieren. Die Regeln in der geordneten Liste von CN2 besitzen alle die Form „IF <Komplex> THEN <Klasse>", wobei <Komplex> wie bei AQ, als Konjunktion von Attributtests definiert wird. Die Regeln gleichen damit denen, die der AQ-Algorithmus generiert, jedoch mit dem Unterschied, daß der Bedingungsteil ein Komplex ist und keine Konjunktion von Komplexen wie die Abdeckungen beim AQ.

Um ein Objekt zu klassifizieren, wird am Anfang der Liste begonnen und für jedes Objekt geprüft, ob es die Bedingung erfüllt. Trifft dies zu, wird das Objekt der zugehörigen Klasse zugewiesen. Im anderen Fall wird mit der nächsten Bedingung fortgefahren. Wird die letzte Bedingung der Liste erreicht, ohne daß eine Bedingung erfüllt wurde, wird das Objekt der zur letzten Bedingung gehörigen Klasse zugeordnet. Denn diese Bedingung wird a priori immer erfüllt.

Der CN2 verwendet eine Beam-Suche ähnlich der des AQ, ohne dessen Abhängigkeit von speziellen Trainingsbeispielen während der Suche. Außerdem wird der Suchraum um Regeln erweitert, die nicht perfekt mit dem Trainingsset funktionieren. Das geschieht durch Erweiterung des Prozesses zur Untersuchung aller Spezialisierungen eines Komplexes, ähnlich des Wegs beim ID3 zur Überprüfung aller Attribute bei der Auswahl eines neuen Knotens. Es ist allerdings anzumerken, daß sich der CN2 bei einer Beam-Weite von 1 ähnlich dem ID3 verhält, bei dem nur ein Ast entsteht. Folglich ist bei der Top-down-Suche nach einem Komplex ein Cut-off-Kriterium, ähnlich dem Pruning, einzuführen, um die Spezialisierung zu beenden, wenn sie statistisch nicht signifikant ist.

Der Algorithmus arbeitet iterativ. Jede Wiederholung sucht einen Komplex, der eine große Zahl von Objekten einer einzelnen Klasse k_r und einige Objekte anderer Klassen abdeckt. Der Komplex muß vorhersagend und verläßlich sein. Dies wird definiert durch die Evaluierungsfunktion des CN2.

---

[394]   Vgl. Clark, Peter Edward; Niblett, Tim: The CN2 Induction Algorithm, 1988.

[395]   Die folgenden Ausführungen stützen sich auf Clark, Peter Edward; Niblett, Tim: The CN2 Induction Algorithm, 1988, S. 9 ff.

Wurde ein guter Komplex gefunden, werden die von ihm abgedeckten Beispiele aus dem Trainingsset entfernt und die Regel „IF <C_s> THEN <k_r>" an das Ende der Liste angefügt. Dieser Prozeß wird so lange wiederholt, bis keine zufriedenstellenden Komplexe mehr gefunden werden.

Bei jeder Stufe der Suche nach Komplexen behält CN2 eine in der Größe beschränkte Menge der besten bisher gefundenen Komplexe (Stern S). Es werden nun Spezialisierungen dieser Menge untersucht, indem es eine Beam-Suche in der Menge durchführt.

Ein Komplex wird spezialisiert durch Hinzufügen eines neuen konjunktiven Selektors oder das Entfernen eines disjunkten Elementes aus einem der Selektoren. Jeder Komplex kann auf verschiedene Arten spezialisiert werden. CN2 generiert und evaluiert alle möglichen Spezialisierungen. Der Stern wird nach Abschluß dieses Schrittes getrimmt, indem das Element mit dem niedrigsten Wert, gemessen an der Evaluierungsfunktion, entfernt wird. Der hier beschriebene Spezialisierungsschritt besteht darin, die Menge aller möglichen Selektoren mit dem aktuellen Stern zu kreuzen (intersect)[396]. Alle Elemente, die unverändert oder null sind, werden so aus der entstehenden Menge eliminiert.[397]

CN2 kann auch mit kontinuierlichen Attributen umgehen. Dies geschieht nach einer ähnlichen Verfahrensweise wie beim Entscheidungsbaumverfahren. Es wird eine Schranke gebildet, um die Beispiele in Wertebereiche ober- bzw. unterhalb der Schranke einzuordnen. Die Festlegung der Schranke und damit die Einteilung der Wertebereiche obliegt dem Benutzer.

Der CN2 trifft zwei heuristische Entscheidungen während des Lernprozesses. Dies erfordert zwei Evaluationsfunktionen zur Beurteilung folgender Sachverhalte:

- Einschätzung der Qualität der Komplexe, d.h. prüfen, ob ein neuer Komplex den bisher besten gefundenen Komplex ersetzt und
- Bestimmung des Komplexes, der im Stern S entfernt werden soll, wenn die maximale Größe überschritten ist.

Dafür ist es notwendig, erstens die Menge T der Objekte zu finden, die von einem Komplex abgedeckt wird und zweitens die Wahrscheinlichkeitsverteilung $P = (p_1, p_2, ..., p_c)$ der jeweiligen Objekte T in den Klassen zu ermitteln, wobei c die Zahl der repräsentierten Klassen im Trainingsset ist. Auch CN2 nutzt die Entropie als Maß, hier um die Qualität der Komplexe zu berechnen (analog den Gleichungen (81) und (82)).

Hier gilt, je niedriger die Entropie, um so qualitativ besser der Komplex. Diese Funktion bevorzugt Komplexe, die eine große Zahl von Beispielen einer einzigen Klasse und einige Beispiele anderer Klassen abdecken. Die Verwendung der Entropie lenkt die Suche in Richtung von Regeln mit erhöhter Signifikanz.[398]

---

[396] Eine Kreuzung (intersection) der Menge A mit der Menge B ist die Menge $\{x \wedge y | x \in A, y \in B\}$.

[397] Ein Null-Komplex ist ein Komplex, der inkompatible Selektoren enthält, z.B. big=y $\wedge$ big=n.

[398] Vgl. Clark, Peter Edward; Niblett, Tim: The CN2 Induction Algorithm, 1988, S. 13.

Weiterhin wird der Komplex auf seine Signifikanz getestet. CN2 vergleicht die beobachtete Verteilung der Beispiele in den Klassen mit der Verteilung, die entstehen würde, wenn die Beispiele der Komplexe zufällig ausgewählt würden. Einige Unterschiede in diesen Verteilungen sind das Ergebnis zufälliger Variationen. Das Ziel besteht darin, herauszufinden, ob die beobachtete Differenz zu groß ist, um rein zufällig zu sein. Dazu wird die Signifikanz mit dem Likelihood-Ratio-Test geprüft.

$$(111) \qquad \lambda = 2\sum_{r=1}^{c} h_{abs}(T,k_r,C_s)\log\left(\frac{h_{abs}(T,k_r,C_s)}{h_{erw}(T,C_s)}\right)$$

$h_{abs}(T,k,C_s)$ *Anzahl der Objekte im betrachteten Trainingsset, die der Klasse k_r angehören und durch den Komplex C_s abgedeckt werden*

$h_{erw}(T,C_s)$ *erwartete Häufigkeit der Objekte im betrachteten Trainingsset unter der Annahme, daß der Komplex Beispiele zufällig wählt.*

Diese Statistik liefert ein informationstheoretisches Maß zum Abstand zwischen den zwei Verteilungen. Diese sollten annähernd χ^2-verteilt sein, mit c-1 Freiheitsgraden.

Je niedriger das Maß, um so höher ist die Wahrscheinlichkeit, daß die scheinbare Regelmäßigkeit ein Ergebnis des Zufalls ist. Es werden nur Komplexe betrachtet, die eine vorher festgelegte Signifikanzschwelle überschreiten.

Der Algorithmus wird in Clark, Niblett ausführlich dargestellt.[399]

Einschätzung des CN2
Die entwickelten geordneten Regeln haben, wie auch die ungeordneten Regeln des AQ15, Vor- und Nachteile hinsichtlich der Verständlichkeit. Hier treten Schwierigkeiten auf, da ja jede Regel von anderen Regeln innerhalb der Liste abhängig ist.

Prinzipiell ist es auch dem CN2 möglich, ungeordnete Regeln zu produzieren, indem die Evaluierungsfunktion (Entropie) angepaßt wird. Im Vergleich zu Entscheidungsbäumen sind Entscheidungslisten übersichtlicher. Der benötigte Rechenaufwand ist aber sehr hoch.

5.2.3.4   LCLR

Besonderheiten des LCLR
Der Learning-Classification-Rules-Algorithmus (LCLR) beruht auf der Methode der attributorientierten Induktion und damit auf den überwachten Lernverfahren. LCLR erzeugt Regeln zur Einteilung von Objekten in Klassen.[400] Aufgrund der inhaltlichen Nähe zu den beiden zuletzt beschriebenen Algorithmen und dessen, daß es sich um eine überwachte Modellierung handelt, wird LCLR in diesem Kapitel vorgestellt.

Die Regeln werden gefunden, indem identische Datensätze, die durch das Generalisieren von Attributwerten entstehen, verschmolzen werden. Der Algorithmus generiert Regeln für die

---

[399]   Vgl. Clark, Peter Edward; Niblett, Tim: The CN2 Induction Algorithm, 1988, S. 12.

[400]   Vgl. Zintz, Ulrike: Attributorientierte Induktion, Semantische Optimierung, 1996, S. 19.

Einteilung der Objekte in jeweils zwei Klassen, die Zielklasse und deren Gegenbeispielklasse. Um ihn einsetzen zu können, müssen einige Voraussetzungen erfüllt werden:

- Aufstellen von Bedingungen für die Zugehörigkeit der Objekte zur Zielklasse und
- Bildung einer Konzepthierarchie für jedes Attribut.

In Abbildung 51 ist eine Konzepthierarchie beispielhaft dargestellt.

Zusätzlich ist für jedes Attribut eine obere Schranke der Anzahl seiner möglichen Werte erforderlich. Sind diese Voraussetzungen erfüllt, kann der folgende LCLR-Algorithmus eingesetzt werden:

1. Zuordnung aller Objekte, die die festgelegten Bedingungen erfüllen, zur Zielklasse. Alle anderen Tupel gehören der Gegenbeispielklasse an.
2. Berechnung des Durchschnitts aus Ziel- und Gegenbeispielklasse und Markierung der identischen Objekte.
3. Vergleich der Anzahl der Attributwerte für ein Attribut mit der oberen Schranke. Wird die Schranke überschritten, dann Ersetzen des Attributs durch das höhere Konzept. Markieren der identischen Objekte in beiden Klassen und Entfernen der gleichen Objekte innerhalb der Klassen.
   Existiert kein höheres Konzept, Entfernen des Attributs.
4. Wiederholung von Schritt 3 für alle Attribute.
5. Ermittlung der Anzahl Objekte in der Zielklasse.
   Bei Überschreitung der oberen Schranke, weiter mit Schritt 3 für das Attribut mit der höchsten Anzahl unterschiedlicher Werte.
6. Wiederholung von Schritt 5, bis die Schranke nicht mehr überschritten wird.
7. Entfernung der markierten Objekte aus Ziel- und Gegenbeispielklasse.
8. Generierung von Klassifikationsregeln für Ziel- und Gegenbeispielklasse aus den restlichen Objekten.

Durch die Reduktion der Objektanzahl in beiden Klassen und die Abstraktion der Attribute wird die Aufstellung der Klassifikationsregeln stark vereinfacht (Schritt 8). Sie kann z.B. durch einen logischen Ausdruck erfolgen.

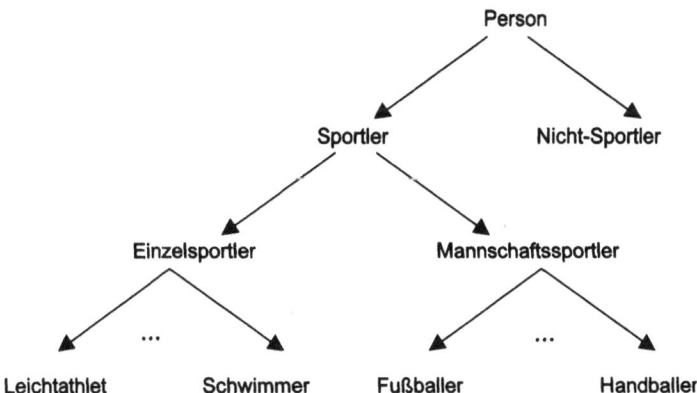

Abbildung 51: Konzepthierarchie (Quelle: In Anlehnung an Zintz, Ulrike: Attributorientierte Induktion, Semantische Optimierung, 1996, S. 20)

Einschätzung des LCLR

Zu den Verfahren der attributorientierten Induktion gehört der verwandte Learning-Characteristic-Rules-Algorithmus (LCHR).[401] Im Gegensatz zum LCLR-Algorithmus besteht dessen Ziel jedoch darin, aus einer bereits abgeschlossen Klassifikation Regeln zu formulieren. Diese basieren auf der Zugehörigkeit der Objekte zu den Klassen und erlauben eine äußerst präzise Klassenbeschreibung.

5.3 Evaluierungskriterien für die anwendungsorientierte Bewertung der Güte einer Klassifizierung

Die Vielzahl an Verfahren zur Klassifizierung und als Spezialfall zur klassifizierenden Trendprognose erschweren die Beurteilung und Vergleichbarkeit von Analyseergebnissen auf Grundlage gemeinsamer Kriterien. Die Ursache ist darin zu sehen, daß jede Methode ihr eigene Kriterien zur Entwicklung des Klassifizierungsmodells verwendet und das Modell danach optimiert. Ein KNN optimiert bspw. die Gewichtsstruktur auf Basis des Mean Squared Errors, während ein Entscheidungsbaumalgorithmus als Klassifizierungskriterium den Informationsgehalt der Attribute für eine Klassenzugehörigkeit verwendet. Damit ist generell die Gegenüberstellung verschiedener Verfahren mit dem Ziel eines bewertenden Vergleichs aufgrund der vielen Freiheitsgrade theoretisch nicht exakt möglich.

Für den Anwender ergeben sich zwei zentrale Fragestellungen:

1. Wie läßt sich die Güte des Modells bewerten?
2. Wie kann das Modell optimiert werden?

Die erste Frage führt zu einer Diskussion über geeignete Fehlermaße. Die zweite Frage verlangt die zielgerichtete Veränderung des Modells anhand der Fehlermaße. Zu diesem Aspekt werden in Kapitel 7 Möglichkeiten der Optimierung mit genetischen Algorithmen vorgestellt.

Für den Vergleich der Ergebnisse verschiedener Prognosemodelle ist es wenig sinnvoll, alle verfügbaren Gütemaße zu berechnen, da viele inhaltlich dieselbe Aussagekraft besitzen. Vielmehr ist eine Auswahl zu treffen, die alle Aspekte der Untersuchung abdeckt.[402] Häufig verwendete Kriterien sind:

1. Mean Squared Error (MSE),
2. Theilscher Ungleichheitskoeffizient (TU),
3. Korrelationskoeffizient nach Bravis-Pearson (r),
4. Trefferquote,
5. Wegstrecke (W) und
6. Hannan-Quinn-Information (HQ).

---

[401]   Vgl. Zintz, Ulrike: Attributorientierte Induktion, Semantische Optimierung, S. 19.

[402]   Vgl. Poddig, Thorsten: Analyse und Prognose von Finanzmärkten, S. 429.

Zu 1: Mean Squared Error (MSE)

$$(112) \quad MSE = \frac{1}{N} \sum_{i=1}^{N} (\hat{x}_i - x_i)^2$$

$\hat{x}_i$ ...   *prognostizierter Wert*

x_i ...   *tatsächlicher Wert*

N ...   *Anzahl der prognostizierten Werte.*

Der *MSE* gibt die durchschnittliche quadratische Abweichung zwischen prognostiziertem und tatsächlichem Wert an. Dabei handelt es sich um ein sog. Lagemaß.[403]

Zu 2: Theilscher Ungleichheitskoeffizient (TU)

Auf den *MSE* aufbauend wurde der Theilsche Ungleichheitskoeffizient entwickelt. Hierzu wird häufig die naive Prognose[404] als Benchmark herangezogen und der *MSE* der zu beurteilenden Methode zu dem der naiven Prognose ins Verhältnis gesetzt. Daraus ergibt sich folgender Ausdruck:[405]

$$(113) \quad TU = \frac{MSE_{Modell}}{MSE_{Naiv}}$$

Ist *TU* < 1, liefert das untersuchte Modell bessere Prognosen als die naive Prognose. Analog dazu sind bei *TU* > 1 schlechtere Ergebnisse zu verzeichnen.

Zu 3: Korrelationskoeffizient nach Bravais-Pearson (r)

Mit Hilfe des Korrelationskoeffizienten r_{BP} nach Bravis-Pearson kann bestimmt werden, inwiefern sich die Verläufe von prognostizierten und tatsächlich realisierten Werten entsprechen. Er ist wie folgt definiert:[406]

$$(114) \quad r_{BP} = \frac{\sum_{i=1}^{N} (\hat{x}_i - \bar{\hat{x}})(x_i - \bar{x})}{\sqrt{\sum_{i=1}^{N} (\hat{x}_i - \bar{\hat{x}})^2 \sum_{i=1}^{N} (x_i - \bar{x})^2}}$$

$\hat{x}_i$ *prognostizierter Wert*

$\bar{\hat{x}}$ *Mittelwert der prognostizierten Werte*

x_i *tatsächlicher Wert*

---

[403] Vgl. Poddig, Thorsten: Analyse und Prognose von Finanzmärkten, S. 429.

[404] Die naive Prognose ist ein sehr einfaches aber dennoch wirksames Prognoseverfahren. Es existieren hierfür 2 Ansätze: no change und same change. Bei der naiven Prognose wird davon ausgegangen, daß eine zu prognostizierende Größe prinzipiell keine Veränderungen aufweist. Als Prognose wird deshalb der gerade aktuelle Wert angenommen. Dieses Vorgehen ist bei vorherrschendem Seitwärtsmarkt sehr effizient.
Der same change– Ansatz hingegen unterstellt, daß die gerade vorherrschende Veränderung sich zukünftig fortsetzen wird. Eine entsprechende Vorhersage setzt sich somit aus dem aktuellen Wert der Prognosegröße und ihrer Veränderung zusammen. Diese Art der Prognose ist bei Verläufen mit konstantem Trend sehr erfolgreich.

[405] Vgl. Poddig, Thorsten: Analyse und Prognose von Finanzmärkten, 1996, S. 432.

[406] Vgl. Poddig, Thorsten: Analyse und Prognose von Finanzmärkten, 1996, S. 432.

$\bar{x}$	*Mittelwert der tatsächlichen Werte*
N	*Anzahl der prognostizierten Werte.*
k	*Anzahl der freien empirischen Parameter.*

Zu 4: Trefferquote

Eine häufig genutzte Maßzahl für die Güte eines Prognosemodells ist die Trefferquote. Dazu wird die Anzahl korrekt vorausgesagter Trends zur Anzahl aller Bewegungen innerhalb der Zeitreihe ins Verhältnis gesetzt. Ist jedoch zusätzlich zur Veränderungsrichtung noch die Stärke der Veränderung von Bedeutung, ist die Trefferquote als unzureichend anzusehen. So besteht durchaus die Möglichkeit, daß ein Prognosemodell mit 75 Prozent Trefferquote Verluste generiert, weil die falsch vorausgesagten Bewegungen von großer wirtschaftlicher Bedeutung sind.[407]

Zu 5: Wegstrecke (W)

Ein weiteres Kriterium für die Güte eines Modells ist die Wegstrecke W. Sie wird wie folgt berechnet:

$$(115) \quad W = \frac{\sum_{t=1}^{T} signal(t)(x_{t+1} - x_t)}{\sum_{t=1}^{T} |x_{t+1} - x_t|}$$

signal(t)	*Vorzeichen des vom Modell prognostizierten Trends[408]*
x_t	*Wert (z.B. Kurs) zum Zeitpunkt t*
x_{t+1}	*Wert zum Zeitpunkt t+1*
T	*Anzahl Perioden.*

Es wird das *signal(t)* +1, wenn der Trend positiv ist (z.B. ein Kurs steigt), ansonsten −1. Die Wegstrecke ist insbesondere für Handelsmodelle interessant, da sie das Verhältnis von realisiertem zu maximal möglichem Gewinn angibt.

Zu 6: Hannan-Quinn-Information (HQ)

Speziell zur Beurteilung von Finanzdaten wird auch die Hannan-Quinn-Information HQ als „In-sample-criterion" vorgeschlagen.[409]

$$(116) \quad HQ = n \cdot \log(MSE) + k \cdot \log(\log(n))$$

n	*Anzahl der trainierten Werte*
k	*Anzahl der freien empirischen Parameter.*

---

[407] Vgl. Poddig, Thorsten: Analyse und Prognose von Finanzmärkten, S. 433.

[408] Vgl. Poddig, Thorsten: Analyse und Prognose von Finanzmärkten, S. 434.

[409] Vgl. McNelis, Paul D.: Neural Networks and Genetic Algorithms: Tools for Forecasting and Risk Analysis in Financial Markets, 1998, S. 44 ff.

6 Zeitreihenanalyse

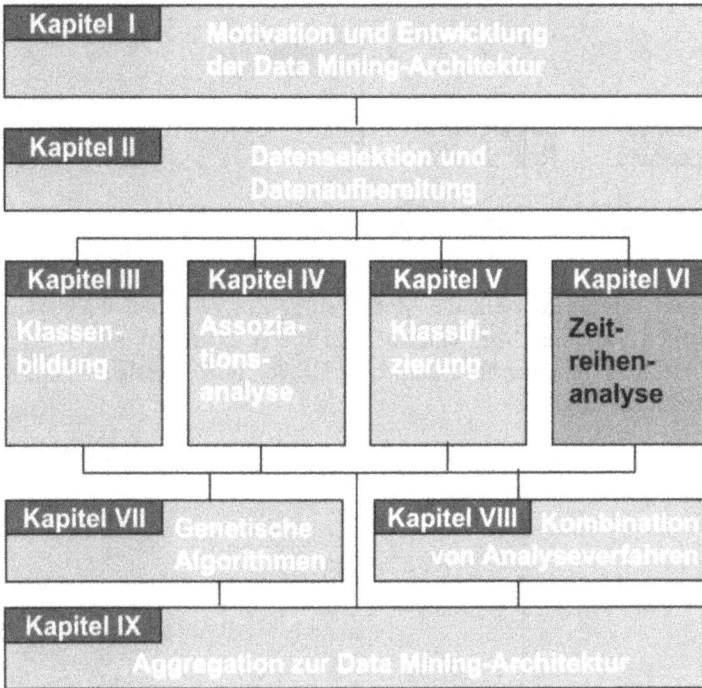

Abbildung 52: Einordnung von Kapitel 6 in die Struktur der Arbeit

6.1 Zeitreihenanalyse mit neuronalen Netzen

6.1.1 Typische Eigenschaften von Zeitreihen

Zeitreihenanalyse umfaßt im Gegensatz zur Klassifizierung Verfahren, mit denen es möglich ist, Modelle zur Prognose eines konkreten Wertes zu entwickeln. Beispiele hierfür wären konkrete Aussagen über die künftige Entwicklung von Zinskursen, Umsatzzahlen oder Durchlaufzeiten von bspw. Prozessen (vgl. Abbildung 53).

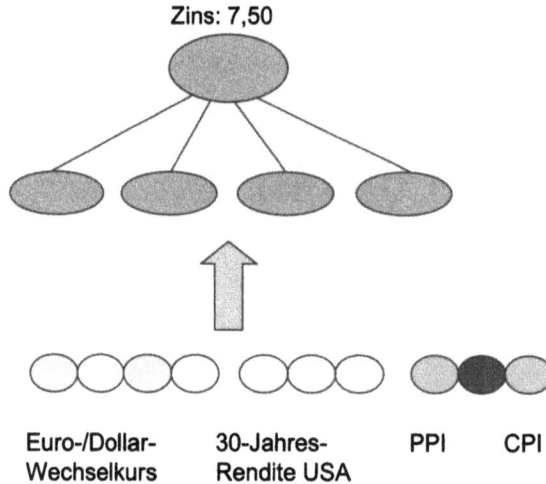

abhängige Variable

Zins: 7,50

unabhängige Variablen   Euro-/Dollar-   30-Jahres-   PPI   CPI
                             Wechselkurs   Rendite USA

Abbildung 53: Beispiel für Ein- und Ausgabevektor bei einem Punktprognoseproblem

Ein spezielles Zeitreihenanalyseproblem stellt die Modellierung des Zusammenhangs von unabhängigen und abhängigen Variablen bzgl. einer oder mehrerer Zeitreihen dar. Je nach Anwendung wird die Entwicklung einander beeinflussender Größen im Zeitverlauf in einem oder mehreren Modellen berücksichtigt.

Eine Zeitreihe besteht aus Beobachtungswerten für eine Variable, die meist zu äquidistanten Zeitpunkten erhoben wurde (vgl. Abbildung 54).

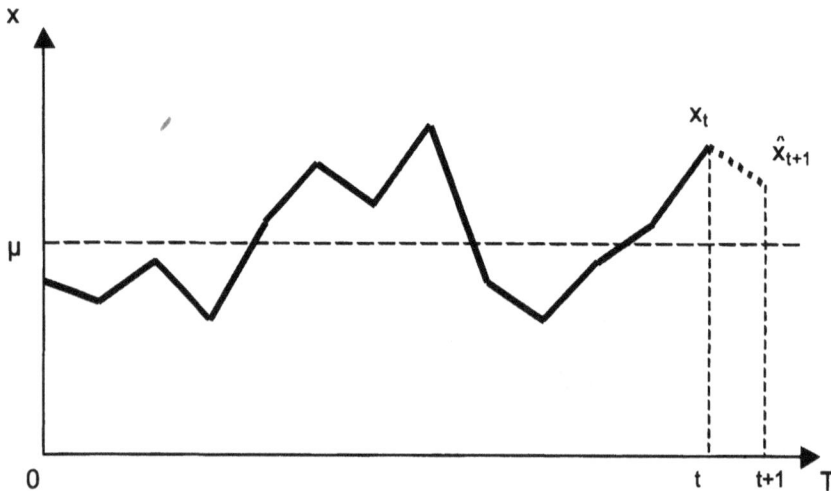

Abbildung 54: Beispiel einer Zeitreihe

Als Modell einer Zeitreihe kann eine Regel angesehen werden, die den stochastischen Prozeß beschreibt, der die Beobachtungswerte erzeugt haben könnte. Ein stochastischer Prozeß läßt sich als Folge $(X_t)_{t \in T}$ von Zufallsvariablen X_t definieren, wobei t Element der maximal abzählbaren Indexmenge T ist.[410]

Voraussetzung für die Nutzung eines derartigen Modells zur Prognose ist, daß sich der zugrunde liegende stochastische Prozeß nicht verändert. Diese geforderte Eigenschaft wird als Stationarität bezeichnet.[411]

Zeitreihenanalytische Problemstellungen können bspw. wirtschaftliche, technische, astronomische oder medizinische Hintergründe besitzen. Innerhalb der Wirtschaft bildet die Finanzanalyse eine Anwendungsdomäne. In diesen Darstellungen liegt der Anwendungsschwerpunkt auf Kursprognosen.

Der Frage, inwieweit finanzanalytische Instrumentarien bei der Einschätzung von Kursentwicklungen (Währungen, Zinsen/Renten, Aktien und Indizes) überhaupt gerechtfertigt sind, ist Gegenstand gängiger Kapitalmarkthypothesen. Insbesondere die Hypothese informationseffizienter Märkte stellt komplizierte Finanzanalysen in Frage. Nach ihr ist verfügbare und preisrelevante Information bspw. bereits in den Preisen eines Investments enthalten,[412] was auch die Analyse der Daten einer Zeitreihe von nur einem Merkmal rechtfertigen würde.

Das Vorgehen mathematisch-statistischer Zeitreihenanalyse umfaßt drei Schritte:

1. Analyse von Zeitreihen mit dem Ziel, die Eigenschaften einer Zeitreihe zusammenzufassen und ihre herausragenden Merkmale zu charakterisieren,
2. Modellierung von Zeitreihen mit dem Ziel, ein Modell für die Prognose künftiger Werte zu erstellen und
3. Prognostizieren von zukünftigen Werten mit dem Ziel, der realen Entwicklung zu entsprechen.

Bei einer technischen Analyse werden auf der Basis von Zeitreihen Kennziffern, Trendindikatoren und Grafiken erstellt. Zwei Annahmen liegen zu Grunde:

- Renditen oder Aktienkurse verlaufen in Trends, die eine bestimmte Zeit anhalten und
- Trendwechsel und Wendepunkte kündigen sich durch bestimmte Verläufe (sog. Formationen) an.

In diesem Fall werden Veränderungen einer Variablen ausschließlich durch sie selbst, ihre eigene Vergangenheit oder ihre relative Position auf dem Zeitpfad erklärt.

Fundamentale Analysen suchen nach einer Verhaltensgleichung zwischen abhängigen und unabhängigen Variablen. Dies ist in diesem Sinne Bestandteil ökonometrischer Modellierung.

---

[410] Vgl. Schlittgen, Rainer; Streitberg, Bernd H.J.: Zeitreihenanalyse, 1995, S. 90.

[411] Vgl. Harvey, Andrew C.: Zeitreihenmodelle, 1995, S. 12.
Vgl. Schlittgen, Rainer; Streitberg, Bernd H.J.: Zeitreihenanalyse, 1995, S. 100.

[412] Vgl. Kerling, Matthias: Moderne Konzepte der Finanzanalyse: Markthypothesen, Renditegenerierungsprozesse und Modellierungswerkzeuge, 1998, S. 1.

Die Verfahren zur Zeitreihenanalyse lassen sich in lineare und nichtlineare und diese wiederum je in univariate und multivariate unterteilen. Problematisch wird die Zuordnung einzelner Verfahren zu diesen Kategorien.

Für lineare Modelle gibt es nach HARVEY in der Literatur scheinbar keine allgemein akzeptierte Definition. Wichtig ist es deshalb, zwischen unkorrelierten und unabhängigen Zufallsvariablen zu unterscheiden. Unkorrelierte Störgrößen schließen Nichtlinearität von Schätzgrößen künftiger Beobachtungen nicht aus. Jedes Modell, das eine lineare Zustandsraumform hat und Gaußsche Störgrößen aufweist, ist linear.[413] Da Stör- und Schätzgrößen für Backpropagation keine explizite Relevanz besitzen, soll hier eine Unterscheidung zwischen univariaten und multivariaten Ansätzen genügen.

Univariate Verfahren modellieren auf Basis einer Zeitreihe mit einer unabhängigen Variablen, Lags und Prognosehorizont zur Prognose der abhängigen Variablen, die in diesem Fall mit der unabhängigen identisch ist.

Multivariate Verfahren modellieren auf Basis keiner und/oder einer und/oder mehrerer Zeitfenster von mehreren Zeitreihen jeweils mehrerer unabhängiger Variablen, Lags und Prognosehorizonte zur Prognose der abhängigen Variablen, die mit einer unabhängigen Variablen zwar identisch sein kann, aber nicht zwingend sein muß.

Der statistische Ansatz zur Prognose basiert auf der Konstruktion eines Modells. Gleiches gilt für Backpropagation. Es wird eine „Regel" definiert, mit der die untersuchten Beobachtungswerte produziert worden sein könnten.

Backpropagation- und die ihnen ähnlichen Jordan- und Elman-Netze eignen sich zur Modellierung von Zeitreihen. Sie werden in den nächsten Abschnitten vorgestellt.

Einen weiteren Ansatz stellen Radial Basis Function-Netze (RBF-Netze) dar.[414]

6.1.2   Jordan- und Elman-Netze

6.1.2.1   Partiell rekurrente Netze

Für die Analyse von Mustern einer Zeitreihe ist es sinnvoll, einfache Feedforward-Netze zu verwenden. Sogenannte sliding-windows bilden als Teilfolgen von Mustern gleichzeitig einen Eingabevektor. Dieses Teilfenster wird für jedes folgende Muster um vorgegebene Positionen zeitlich nach hinten verschoben. Die Größe des Eingabefensters ist durch die Netztopologie fest vorgegeben.

Es handelt sich hierbei um eine relativ einfache Methodik mit folgenden Nachteilen:[415]

---

[413]   Vgl. Harvey, Andrew C.: Zeitreihenmodelle, 1995, S. 322.

[414]   Vgl. Zell, Andreas: Simulation Neuronaler Netze, 1994, S. 225 ff.

[415]   Vgl. Zell, Andreas: Simulation Neuronaler Netze, 1994, S. 137.

- Die Größe des Eingabefensters ist durch die Netztopologie fest vorgegeben.
- Zur Erzeugung einer Netzausgabe kann nur die relative Position eines Musters innerhalb des Eingabefensters eine Rolle spielen, nicht jedoch die absolute Position in der gesamten Eingabefolge.
- Zwei gleiche Teilfolgen der Länge n erzeugen immer die selbe Ausgabe, unabhängig vom Kontext, in den die Teilfolgen eingebettet sind.

Um diese Nachteile zu umgehen, ist es sinnvoll, eine aus den vorwärtsgerichteten Netzen (z.B. Backpropagation) abgeleitete Netztopologie, sogenannte partiell rekurrente Netze, zu verwenden. Diese Netze enthalten zur bekannten Struktur verdeckte Zellen (Kontextzellen), mit denen ein Speichermechanismus realisiert werden kann. Diese Kontextzellen besitzen Rückkopplungsschleifen. Sie erhalten Eingaben von den verdeckten Zellen oder Ausgabezellen und leiten diese verarbeitet wieder in das übrige Netzwerk weiter.

Sie besitzen eine ähnliche Struktur wie bspw. Backpropagation-Netze. Im Unterschied zu diesen bestehen zwischen Neuronen auch rückwärtsgerichtete Verbindungen. Der Informationsfluß erfolgt nicht mehr streng von Eingabeschicht zu Ausgabeschicht, sondern es kann auch Information von einer Schicht auf eine ihr vorgelagerte Schicht oder auf sich selbst übertragen werden. Die im Unterschied zu den Feedforward-Netzen rückwärtsgerichteten Verbindungen führen zur Bezeichnung „rekurrent". „Partiell rekurrent" werden diese Netze bezeichnet, da nicht alle Neuronen rückwärtsgerichtete Verbindungen besitzen. Dies ist gleichzeitig ein wesentliches Unterscheidungsmerkmal zwischen Jordan- und Elman-Netzen.

6.1.2.2   Jordan-Netze

Grundsätzlich gehören JORDAN-Netze zu den partiell rekurrenten Netzen.

Bei Jordan-Netzen existiert für jedes Neuron in der Ausgabeschicht genau ein zusätzliches Neuron in der Eingabeschicht. Diese werden als Kontextneuronen bezeichnet. Die Kontextneuronen sind wie die übrigen Neuronen der Eingabeschicht ausschließlich mit allen Neuronen der nächstfolgenden Schicht verbunden. Im Gegensatz dazu bezieht aber jedes Kontextneuron seine Eingabewerte einerseits aus seinem eigenen Ausgabewert und andererseits aus dem Ausgabewert genau eines Neurons der Ausgabeschicht. Die Verbindung zwischen je einem Ausgabe- und Kontextneuron ist gewichtet, stellt aber eine feste Verbindung dar, d. h., diese ist nicht modifizierbar sondern konstant.

Alle Gewichte der Verbindungen von Kontextneuronen auf sich selbst werden mit λ bezeichnet. Die Verbindungen der Neuronen der Ausgabeschicht auf Kontextneuron erhalten die Bezeichnung γ[416]. In Abbildung 55 ist ein Jordan-Netz mit elf Eingabeneuronen, darunter ein Kontextneuron dargestellt.

Zwischen der Funktionsweise von Jordan-Netzen und Feedforward-Netzen bestehen starke Analogien.

---

[416] Vgl. Zell, Andreas: Simulation Neuronaler Netze, 1994, S. 138 f.

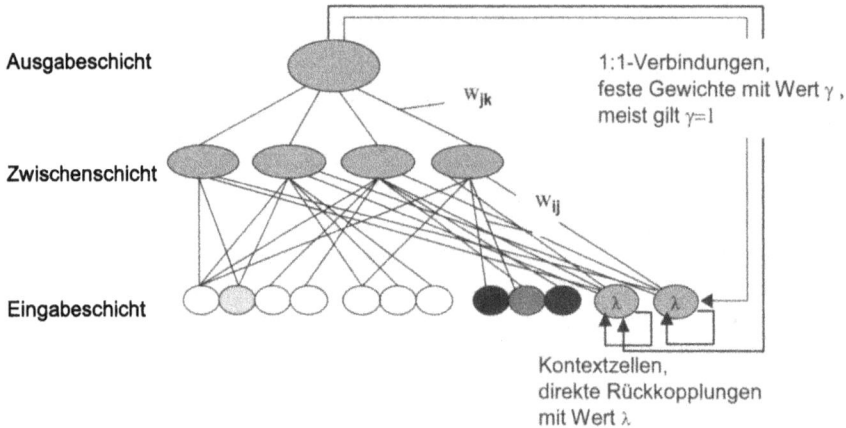

Ausgabeschicht

w_{jk}

1:1-Verbindungen, feste Gewichte mit Wert γ, meist gilt $\gamma=1$

Zwischenschicht

w_{ij}

Eingabeschicht

Kontextzellen, direkte Rückkopplungen mit Wert λ.

Abbildung 55: Aufbau eines Jordan-Netzes (Quelle: In Anlehnung an Zell, Andreas: Simulation Neuronaler Netze, 1994, S. 138)

Zusätzlich zu den aus o. g. Backpropagation-Algorithmus bekannten Berechnungsschritten, verarbeiten die Kontextneuronen analog zu den übrigen Neuronen aus den Eingabewerten einen Ausgabewert. Kontextneuronen greifen dabei auf Ausgabewerte aus dem unmittelbar vorherigen Berechnungsschritt zurück. Vor dem ersten Schritt werden diese initialisiert. Aufgrund der Kontextneuronen im Jordan-Netz ergeben sich wesentliche Unterschiede zu den Feedforward-Netzen. Wird bspw. eine Sequenz von Eingabevektoren betrachtet, so berechnet das Feedforward-Netz zu einem Eingabevektor immer den gleichen Ausgabevektor, unabhängig von dessen Position in der Sequenz. Dies liegt daran, daß die Informationsverarbeitung vom Eingabevektor und den Verbindungsgewichten abhängt. Letztere bleiben aber nach erfolgtem Training bei der Anwendung des Netzes unverändert. Ein Jordan-Netz kann durch die Ausgaben seiner Kontextneuronen zeitliche Verschiebungen berücksichtigen. Der gleiche Eingabevektor kann somit in Abhängigkeit vom augenblicklichen Zustand der Kontextneuronen unterschiedliche Ausgabevektoren produzieren.

Die Ausgabe des Netzes ergibt sich also aus der externen Eingabe und den Werten der Kontextzellen. Folgende Gleichungen beschreiben das Verhalten des Netzes:[417]

(117) $O(t) = F(S(t), I(t))$

(118) $S(t+1) = G(S(t), I(t))$

$O(t)$	*aktuelle Ausgabe des Netzes*
F	*Ausgabefunktion des Netzes*
G	*Übergangsfunktion*
$S(t)$	*aktueller interner Zustand*
$I(t)$	*externe Eingabe*
$S(t+1)$	*Folgezustand*

---

[417]   Vgl. Zell, Andreas: Simulation Neuronaler Netze, 1994, S. 139

$$(119) \quad S(t+1) = \widetilde{G}(S(t), O(t))$$
$$= \widetilde{G}(S(t), F(S(t), I(t)))$$
$$= G(S(t), I(t))$$

Ausgehend von einem Startzustand S_0 ergibt sich für den Zustandsvektor S zur Zeit t:

$$(120) \quad S(t) = \begin{cases} S_0 & \textit{falls} \cdot t = 1 \\ \lambda S(t-1) + \gamma \, O(t-1) & \textit{falls} \cdot t > 1 \end{cases}$$

bzw.

$$(121) \quad S(t) = \lambda^{t-1} S_0 + \gamma \sum_{n=1}^{t-1} \lambda^{n-1} O(t-n).$$

Es werden folgende Vereinfachungen festgelegt: Der Initialkontext entspricht dem Nullvektor und die Rückkopplungsverbindungen von den Ausgabe- zu den Kontextzellen besitzen alle den Wert $\lambda = 1$. Ausgehend von diesen Vereinfachungen reduziert sich Gleichung (121) zu:

$$(122) \quad S(t) = \sum_{n=1}^{t-1} \lambda^{n-1} O(t-n).$$

Durch diese Übergangsfunktion werden alle bisherigen Ausgaben exponentiell gewichtet und summiert. Dies hat den Vorteil, daß in dem Zustand alle bisherigen Eingaben repräsentiert werden. Der Wert λ steuert das »Erinnerungsvermögen« des Netzes. Er liegt im Bereich [0,1]. Je kleiner λ gewählt wird, desto weniger werden weiter zurückliegende Zustände durch das Netz berücksichtigt. Jüngere Zustände finden dagegen relativ starke Berücksichtigung. Damit vergißt das Netz zwar relativ stark, reagiert aber flexibel auf neuere Änderungen. Liegt der Wert λ nahe bei 1, tritt der umgekehrte Fall ein.

Im Extremfall $\lambda = 1$ werden alle Ausgaben summiert. Ein Kompromiß zwischen der Einbeziehung vergangener Ausgaben und der Flexibilität für neue Änderungen läßt sich finden, indem λ auf 0,5 festgelegt wird.[418]

Prinzipiell ist es möglich, die Gewichte der rekurrenten Verbindungen variabel zu gestalten und zu trainieren, bringt aber hier keinen großen Nutzen.

Mit festen Eingaben können bei Jordan-Netzen ganze Sequenzen von Ausgabewerten assoziiert werden. Dies bedeutet, daß das Netz bei gleichbleibender Eingabe die ganze Sequenz Schritt für Schritt generieren kann. Es ist auch in der Lage, den gleichen Eingabewert, abhängig von den vorigen Werten, mit verschiedenen Ausgabesequenzen zu assoziieren.

Ein Widerspruch in diesem Modell ergibt sich aus der Tatsache, daß für viele Probleme einerseits ein kleiner Wert für λ benötigt wird, um flexibel auf neue Änderungen zu reagieren, andererseits für λ Werte nahe bei 1,0 erwünscht sind, um länger zurückliegende Ausgaben

---

[418] Vgl. Zell, Andreas: Simulation Neuronaler Netze, 1994, S. 140.

berücksichtigen zu können. Ein weiteres Problem besteht darin, daß die Kontextzellen nur die Ausgaben des Netzes speichern können, aber nicht die Werte der Zellen in den verdeckten Schichten. Dazu sind Elman-Netze in der Lage.[419]

6.1.2.3   Elman-Netze

Elman-Netze sind modifizierte Jordan-Netze. Bei ELMAN-Netzen bestehen die Rückkopplungen nicht mehr von den Ausgabezellen zu den Kontextzellen, sondern von den verdeckten Zellen zu den Kontextzellen. Außerdem entfallen die direkten Rückkopplungen der Kontextzellen. Daraus ergibt sich die in Abbildung 56 dargestellte Netzstruktur. Aufgrund der bestehenden Rückkopplungsverbindungen muß die Zahl der Kontextzellen mit der Anzahl verdeckter Zellen übereinstimmen. Rückkopplungen besitzen ein festes Gewicht von 1,0. Die Kontextzellen beinhalten, genau wie bei den Jordan-Netzen, die Identitätsfunktion als Aktivierungsfunktion.

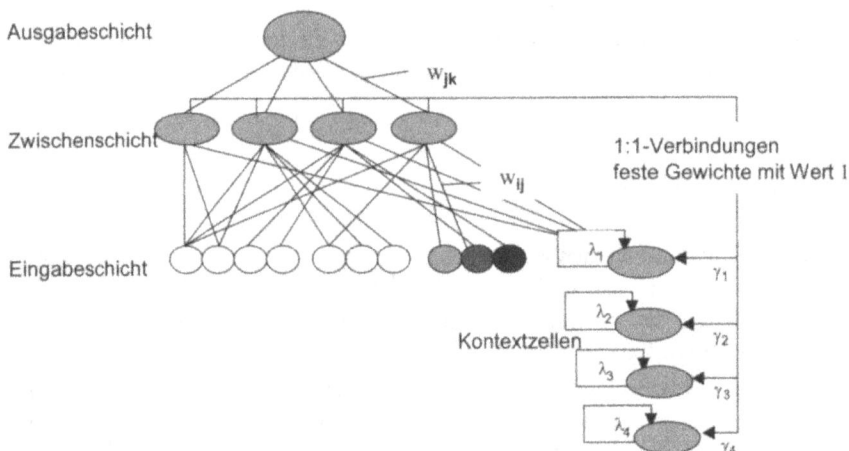

Abbildung 56: Beispielstruktur eines Elman-Netzes

Die Verarbeitung beginnt mit dem Anlegen des ersten Musters einer Musterfolge an die Eingabezellen, diese und die Kontextzellen aktivieren die verdeckten Zellen. Vor dem ersten Durchlauf werden die Kontextzellen auf definierte Werte gesetzt. Da die Kontextzellen die Identität als Aktivierungsfunktion besitzen, ergeben sich die neuen Werte der Kontextzellen als Kopie der Ausgabe der verdeckten Zellen. Die Ausgaben der verdeckten Zellen werden an die Ausgabezellen weitergeleitet. Beim nächsten Durchlauf enthalten die Kontextzellen die Aktivierungen der verdeckten Zellen des vorigen Eingabemusters, so daß auf diese Weise ein zeitlicher Bezug zu früheren Mustern hergestellt werden kann.

Die verdeckten Zellen in Feedforward-Netzen entwickeln während des Trainings eine interne Repräsentation der Eingabemuster mit dem zugehörigen Ausgabemuster. Das Netz ist dann

---

[419]   Vgl. Zell, Andreas: Simulation Neuronaler Netze, 1994, S. 140.

in der Lage, bestimmten Eingabemustern bestimmte Ausgabemuster zuzuordnen. Bei Elman-Netzen werden durch die zusätzlichen Kontextzellen die Aktivierungen der verdeckten Zellen durch vorangegangene Muster gespeichert. Beim Training des Netzes besteht die Aufgabe der verdeckten Zellen darin, bestimmten Mustern, die an die Eingabezellen angelegt werden, im Zusammenhang mit dem Zustand der Kontextzellen bestimmte Ausgabemuster zuzuordnen. Es werden damit die zeitlichen Eigenschaften der Eingabefolge in den verdeckten Zellen kodiert.[420]

6.1.2.4 Lernverfahren partiell rekurrenter Netze

Partiell rekurrente Netze verfügen nicht nur über einen ähnlichen Aufbau wie Feedforward-Netze, sondern sie werden auch mit ähnlichen Lernverfahren trainiert. So kann z.B. eine leicht modifizierte Form des Backpropagation-Algorithmus verwendet werden. Die Abwandlung resultiert daraus, daß aufgrund der festen Gewichte die rekurrenten Verbindungen außer acht gelassen werden können. Die Kontextzellen werden lediglich als zusätzliche Eingabezellen betrachtet. Der erweiterte Eingabevektor besteht aus dem normalen Eingabevektor und dem Zustandsvektor der Kontextzellen. Dieser Zustandsvektor wird aufgrund der festen Übergangsfunktion in jedem Schritt definiert. Dadurch kann folgender Backpropagation-Algorithmus zum Training partiell rekurrenter Netze verwendet werden:[421]

1. Initialisierung der Kontextzellen.
2. Anlegen des Eingabemusters und Vorwärtspropagierung bis zur Ausgabe (ohne Beachtung der rekurrenten Verbindungen),
3. Vergleich der tatsächlichen Ausgabe mit der erwünschten Ausgabe und Berechnung des Fehlersignals für jede Ausgabezelle,
4. Rückwärtspropagierung der Fehlersignale von den Ausgabezellen zu den Eingabezellen (ohne Beachtung der rekurrenten Verbindungen),
5. Berechnung der Gewichtsänderungen mit Hilfe der Fehlersignale, Adaption der Gewichte,
6. Berechnung des Folgezustands der Kontextzellen gemäß ihrer Eingangsverbindungen.

6.1.2.5 Einschätzung von Jordan- und Elman-Netzen

Im Aufbau eines hierarchischen Elman-Netzes wird jede verdeckte Schicht einer Schicht von Kontextzellen zugeordnet. Gleiches gilt für die Ausgabeschicht. Hierarchische Elman-Netze enthalten somit auch Merkmale von Jordan-Netzen.

Gegenüber Jordan-Netzen sind Elman-Netze nicht direkt von der zu erzeugenden Ausgabesequenz abhängig. Der zeitliche Kontext wird durch die verdeckten Zellen repräsentiert. Die hier vorgestellten Elman-Netze besitzen nur eine Schicht verdeckte Neuronen. Für kompliziertere Problemstellungen erzielen Netze mit mehreren Schichten etwas bessere Ergebnisse. Es bietet sich die Anwendung von hierarchischen Elman-Netzen an.[422]

---

[420] Vgl. Zell, Andreas: Simulation Neuronaler Netze, 1994, S. 141.
[421] Vgl. Zell, Andreas: Simulation Neuronaler Netze, 1994, S. 143.
[422] Vgl. Zell, Andreas: Simulation Neuronaler Netze, 1994, S. 143.

Partiell rekurrente Netze stellen einen Zwischenschritt zwischen den Feedforward-Netzen und den (vollständig) rekurrenten Netzen (z.B. Hopfield-Netze[423]) dar. Sie haben gegenüber rekurrenten Netzen den Vorteil, daß sie mit geringfügig modifizierten Lernverfahren für Feedforward-Netze trainiert werden können. Für die Prognose von sich häufig ändernden Zeitreihen (z.B. Aktienkurse) ist es oft notwendig, das Modell neu zu erstellen. Deshalb sollten relativ schnelle Trainingsalgorithmen verwendet werden.

6.2   Zeitreihenanalyse mit Regressionsbaumverfahren

6.2.1   Einführung in Regressionsbaumverfahren

Die bislang hier behandelten Entscheidungsbaumalgorithmen dienen hauptsächlich der Klassifizierung. Für Aufgabenstellungen mit zu prognostizierenden Variablen, die in der Regel stetig sind, eignen sich die bisher vorgestellten Algorithmen nicht oder nur bedingt.

Da eine vorgeschaltete Diskretisierung sehr oft mit Informationsverlust verbunden ist, sind Algorithmen erforderlich, die stetige Werte mit einer akzeptablen Klassifizierungsgüte zuweisen können. Ein derartiger Algorithmus wurde mit NewID bereits entwickelt.

Regressionsbaumverfahren stellen neben Modellbaumverfahren weitere Entwicklungen zur Bewältigung dieser Probleme dar. Ein Regressionsbaum ist ein spezieller Entscheidungsbaum. Er verarbeitet stetige Klassen. Regressionsbaumverfahren erzeugen Bäume mittels effektiver rekursiver Splittungsalgorithmen. Die Wahl des Verzweigungstests an einem Knoten wird gewöhnlich durch geringste-Fehlerquadrat-Berechnungen ermittelt.[424]

6.2.2   CART

6.2.2.1   Besonderheiten des CART

Der Classification-And-Regression-Tree-Algorithmus (CART) wurde von den Statistikern BREIMAN[425], FRIEDMAN, OLSHEN und STONE entwickelt.[426] Das Verfahren generiert binäre Entscheidungsbäume und arbeitet mit kontinuierlichen bzw. stetigen, abhängigen Variablen, wie z.B. Einkommensbereichen:

0-1000 EUR; 1000-2000 EUR usw.

CART zeichnet sich durch folgende Eigenschaften aus:

---

[423]   Vgl. Ritter, Helge; Martinetz,Thomas; Schulten, Klaus: Neuronale Netze. Eine Einführung in die Neuroinformatik selbstorganisierender Netze, 1991, S. 49 ff.

[424]   Vgl. Camacho, Rui: Experiments with CART and the Incremental Correction Model, 1997, S. 13.

[425]   Vgl. Breiman, Leo; Friedman, Jerome H.; Olshen, Richard A.; Stone, Charles J. (Hrsg.): Classification and Regression Trees, Belmont, 1984.

[426]   Vgl. Groth, Robert: Data Mining: a hands-on-approach for business professionals, 1998, S. 24.

- Erzeugung von Klassifikationsbäumen und Regressionsbäumen,
- Verarbeitung stetiger und diskreter Attribute,
- Zuweisung in stetige und diskrete Klassen,
- Binäre Verzweigungen.

Im Abschnitt 5.2.2 wurden Klassifikationsbaumverfahren bereits ausführlich behandelt.

Im Folgenden wird dargestellt, wie mit CART Regressionsbäume erzeugt werden können.

6.2.2.2   Attributauswahl zur Knotenaufspaltung bei CART

Der CART-Algorithmus erzeugt einen binären Baum. An jeder Verzweigung wird das Trainingsset in zwei Teilmengen zerlegt. Aufgrund der binären Aufspaltung kann die Anzahl der Aufspaltungsebenen sehr groß werden. Es existieren daher auch mehrere Möglichkeiten, um mit Hilfe bestimmter Kriterien die optimale Aufteilung zu finden.

Bei der linearen Regression besteht das Ziel darin, einen systematischen Zusammenhang zwischen exogenen Variablen (Attribute) und endogenen Variablen (zu prognostizierende Variablen, Klassenzuordnung) zu finden. Dabei sind exogene und endogene Variablen grundsätzlich stetig. Bei stetigen Attributausprägungen wird die attribute-subsetting-Methode angewandt. Es werden Schwellenwerte α_i berechnet. Für jeden Schwellenwert α_i wird die Objektmenge des Vaterknotens (hier $n_V = n_k$) in zwei Tochterknoten n_L und n_R aufgeteilt. Dabei werden alle Objekte, deren Attributausprägungen kleiner als α_i sind, dem Tochterknoten n_L zugeordnet. Alle Objekte mit größeren Attributausprägungen als α_i fallen dem Tochterknoten n_R zu. Für die Wertzuweisung diskreter oder stetiger Klassen bestehen zwei Möglichkeiten:[427]

1. *Diskrete Klassen*
   Zuerst stellt sich die Frage, nach welchem Kriterium die Aufteilung ausgewählt werden soll. Dazu wurden mehrere Unreinheitsmaße entwickelt, welche versuchen, eine Menge T von Objekten so in zwei Mengen aufzuteilen, daß diese in bezug auf die Klassenwerte „reiner" werden als die ursprüngliche Menge T. Dabei ist die „Unreinheit" um so größer, je gleichverteilter in einem Knoten die Objekte über die Klassen sind. Sind in einem Knoten nur Objekte einer Klasse, so ist die „Unreinheit" am niedrigsten. Als Unreinheitsmaß werden beim CART-Algorithmus zwei Entropiemaße verwendet, das Gini-Kriterium und das Twoing-Kriterium.[428] Durch das Gini-Kriterium wird die Entropie $I(T|n_k)$ wie folgt berechnet: Der Knoten n_k soll in genau zwei Nachfolger unterteilt werden, einen linken n_L und einen rechten n_R. Der sog. Gini-Index (Entropie im Knoten n_k) lautet:

---

[427] Vgl. Steurer, Elmar: Ökonometrische Methoden und maschinelle Lernverfahren zur Wechselkursprognose: Theoretische Analyse und empirischer Vergleich, 1997, S. 209 f.

[428] Vgl. Lagacherie, Matthieu; Martin, D.: The Data Mining, 2001.
       Vgl. Barth, Manuela: Verfahren der Klassifikation - Entscheidungsbäume, Bayessche Regel, Faktorenanalyse, 2001, S. 13.

$$(123) \quad I(T|n_k) = \frac{h_{abs}(T,n_L)}{h_{abs}(T,n_k)} \sum_{r=1}^{c} \frac{h_{abs}(T,n_L,k_r)}{h_{abs}(T,n_L)} \left(1 - \frac{h_{abs}(T,n_L,k_r)}{h_{abs}(T,n_L)} \right)$$
$$+ \frac{h_{abs}(T,n_R)}{h_{abs}(T,n_k)} \sum_{r=1}^{c} \frac{h_{abs}(T,n_R,k_r)}{h_{abs}(T,n_R)} \left(1 - \frac{h_{abs}(T,n_R,k_r)}{h_{abs}(T,n_R)} \right)$$

Als Gini-Kriterium zur Unterteilung des Knotens dient dann die Funktion des Informationsgewinns für diesen Knoten:

$$(124) \quad IG(n_k) = \sum_{r=1}^{c} \frac{h_{abs}(T,n_L,k_r) + h_{abs}(T,n_R,k_r)}{h_{abs}(T,n_k)} \left(1 - \frac{h_{abs}(T,n_L,k_r) + h_{abs}(T,n_R,k_r)}{h_{abs}(T,n_k)} \right) - I(T|n_k)$$

Ein zweiter Weg ist die Nutzung des Twoing-Kriteriums, dabei wird versucht, das bestehende Problem auf ein Zwei-Klassen-Problem zu reduzieren. Um dies zu erreichen bildet der Algorithmus aus den gegebenen Klassen zwei künstliche Klassen. Das Entropiemaß zur Bildung der zwei Superklassen ist der Twoing-Wert

$$(125) \quad IT(n_k) = \frac{\dfrac{h_{abs}(T,n_L)}{h_{abs}(T,n_k)} \dfrac{h_{abs}(T,n_R)}{h_{abs}(T,n_k)}}{4} \left[\sum_{r=1}^{c} \left| \frac{h_{abs}(T,n_L,k_r)}{h_{abs}(T,n_L)} - \frac{h_{abs}(T,n_R,k_r)}{h_{abs}(T,n_R)} \right| \right]^2 .$$

Auch hier ist also die Reduktion der „Unreinheit" das Auswahlkriterium für die Klassenkombination und Verzweigung. Bei dieser Technik wirkt sich vorteilhaft aus, daß mit der gewählten besten Aufteilung jedes Knotens gleichzeitig zwei Mengen von Objekten entstehen, die sich am meisten unterscheiden. Außerdem ist das Twoing-Kriterium günstig, falls bei der Untersuchung viele Klassen vorliegen. Probleme kann es nur geben, wenn die Zahl der Klassen zu groß ist. Wenn aus c Klassen zwei Superklassen gebildet werden, gibt es dafür $2^{c-1} - 1$ Möglichkeiten. Aus diesem Grunde sollte das Twoing-Kriterium nur bei nicht zu großer Zahl an ursprünglichen Klassen angewandt werden.

2. *Stetige Klassen*
Hier wird nach der Berechnung der Schwellenwerte α_l und dem Festlegen der Tochterknoten n_L und n_R für jede Aufteilung der mittlere quadratische Fehler (Mean-Squared-Error, MSE) berechnet:

$$(126) \quad MSE_{n_L} = \frac{1}{h_{abs}(T,n_L)} \sum_{k_r \in n_L} (k_r - \bar{k})^2 \ \ mit \ \ \bar{k} = \frac{1}{h_{abs}(T,n_L)} \sum_{k_r \in n_L} k_r$$

$$(127) \quad MSE_{n_R} = \frac{1}{h_{abs}(T,n_R)} \sum_{k_r \in n_R} (k_r - \bar{k})^2 \ \ mit \ \ \bar{k} = \frac{1}{h_{abs}(T,n_R)} \sum_{k_r \in n_R} k_r$$

$h_{abs}(T,n_L)$ *Anzahl der Objekte im Tochterknoten n_L*

$h_{abs}(T,n_R)$ *Anzahl der Objekte im Tochterknoten n_R*

k_r *Klassenwerte der im Tochterknoten n_L bzw. n_R enthaltenen Objekte*

$\bar{k}$ *Mittelwert aller im Tochterknoten n_L bzw. n_R enthaltenen Klassenwerte*

Dies wird für alle Attribute a_i durchgeführt. Letztendlich wird das beste Attribut mit einem Schwellenwert bestimmt, der folgende Funktion minimiert:

$$(128) \qquad MSE_{ges} = MSE_{n_L} + MSE_{n_R}$$

Entscheidend ist auch hier die Wahl des Attributs zur Aufteilung des jeweiligen Knotens in die zwei nachfolgenden Kindknoten. CART führt dazu eine rekursive und vollständige Suche in allen Variablen durch, um das optimale Attribut zu finden.

CART berechnet zur Aufteilung des aktuellen Knotens n_k das optimale Attribut wie folgt:[429]

$$(129) \qquad F(attribut, n_k) = \max_i F(a_i, n_k).$$

Die Güte des jeweiligen Attributs a_i ist zu maximieren. Sie berechnet sich nach:

$$(130) \qquad F(a_i, n_k) = 2 \frac{h_{abs}(T, n_L)}{h_{abs}(T, n_k)} \cdot \frac{h_{abs}(T, n_R)}{h_{abs}(T, n_k)} \sum_{r=1}^{c} \left| \frac{h_{abs}(T, n_L, k_r)}{h_{abs}(T, n_k)} - \frac{h_{abs}(T, n_R, k_r)}{h_{abs}(T, n_k)} \right|$$

$h_{abs}(T, n_L)$ *Anzahl der Objekte aus T im linken Tochterknoten n_L vom Vaterknoten n_k*

$h_{abs}(T, n_R)$ *Anzahl der Objekte aus T im rechten Tochterknoten n_R vom Vaterknoten n_k*

$h_{abs}(T, n_L, k_r)$ *Anzahl der Objekte aus T im linken Tochterknoten n_L, die Klasse k_r zugeordnet sind*

$h_{abs}(T, n_R, k_r)$ *Anzahl der Objekte aus T im rechten Tochterknoten n_R, die Klasse k_r zugeordnet sind*

$h_{abs}(T, n_k)$ *Anzahl der Objekte im Vaterknoten n_k.*

Sind nur diskrete Attributwerte vorhanden, werden alle möglichen binären Aufteilungen erzeugt und untersucht. Dies ist jedoch bei CART als Regressionsbaumverfahren nur von untergeordneter Bedeutung.

6.2.2.3   Wertzuweisung des Tochterknotens bei CART

Die zugewiesenen Werte an den Endknoten sind feste Werte. Insofern kann der Prognosevorgang als Klassifizierung aufgefaßt werden. Der Unterschied besteht in einer kleinen Änderung des Lernvorgangs, speziell in der Wertzuweisung des Tochterknotens.[430]

Bei Verwendung von CART als Klassifikationsbaumverfahren werden zwei Möglichkeiten angeboten:

1. Es wird die Klasse mit der größten Häufigkeit ausgewählt und dem Tochterknoten zugewiesen.

---

[429] Die folgenden Ausführungen zu dem Algorithmus stützen sich auf Kennedy, R. L. et al.: Solving data mining problems through pattern recognition, 1998, S. 10-56.

[430] Vgl. Jafar-Shaghaghi, Fariba: Maschinelles Lernen, Neuronale Netze und Statistische Lernverfahren zur Klassifikation und Prognose, 1994, S. 196.

2. Für jeden Knoten werden die zugehörigen Klassen mit ihrer Wahrscheinlichkeit gespeichert. So entstehen Bäume, die keine Klassenzuweisung vornehmen, sondern für jedes Objekt die Wahrscheinlichkeit der Klassenzugehörigkeit angeben. Derartige Bäume werden auch als Klassenwahrscheinlichkeitsbäume bezeichnet.

Wird der CART-Algorithmus als Regressionsbaumverfahren benutzt, so muß ein Prognosewert für diese Menge bestimmt werden, der den MSE im Knoten n_k minimiert (vgl. Gleichungen (126)-(128):[431]

$$(131) \qquad MSE_{n_k} = \frac{1}{h_{abs}(n_k)} \sum_{k_r \in n_k} (k_r - \bar{k})^2 \,.$$

Der Wert $\bar{k}$, der den MSE minimiert, wird dem Tochterknoten zugewiesen.[432]

Die beschriebene Vorgehensweise entspricht der Anwendung der kleinste-Quadrate-Schätzung bei der linearen Regression. Darauf ist auch die Bezeichnung Regressionsbaum zurückzuführen.

6.2.2.4 Abbruchkriterium bei CART

Für die Entscheidung, ob ein Knoten zu einem Endknoten wird, können bei CART zwei Möglichkeiten herangezogen werden. Beide Kriterien können unabhängig voneinander erfüllt sein:

1. Als Abbruchkriterium wird die noch vorhandene Anzahl an Objekten herangezogen, die vom Benutzer festgelegt wird. Befinden sich in einem Knoten weniger als die festgelegte Anzahl an Objekten, so bricht das Verfahren ab und der Knoten wird Endknoten.
2. Es wird ein Schwellenwert für die Streuung (Varianzschranke) der endogenen Variable k_r festgelegt. Hierzu dient, ähnlich wie bei NewID, die Standardabweichung bzw. die Varianz als Streuungsmaß der Klassenwerte in einem Knoten. Das Verfahren bricht ab, wenn die Varianzschranke unterschritten wird.

6.2.2.5 Pruning bei CART

Bei CART kommt als Pruning-Verfahren das Minimale Kosten-Komplexitäts-Pruning zum Einsatz.

Zuerst wird ein sehr großer Entscheidungsbaum generiert. Um dies zu erreichen, ist es notwendig, zunächst eine sehr kleine Varianzschranke zu wählen. Dann wird der Baum mit Hilfe des auf Seite 148 ff. beschriebenen minimalen Kosten-Komplexitäts-Pruning schrittweise verkleinert. Anschließend kann mit Hilfe eines Testsets der beste Baum ausgewählt werden.

---

[431] Vgl. Steurer, Elmar: Ökonometrische Methoden und maschinelle Lernverfahren zur Wechselkursprognose: Theoretische Analyse und empirischer Vergleich, 1997, S. 210.

[432] Vgl. Breiman, Leo; Friedman, Jerome H.; Olshen, Richard A.; Stone, Charles J. (Hrsg.): Classification and Regression Trees, 1984.

Bei diesem Verfahren wirkt sich nachteilig aus, daß es sehr rechenintensiv ist und ein separates Testset benötigt wird.

6.2.2.6 Einschätzung des CART

Regressionsbaumverfahren verfügen über die Möglichkeit, stetige Klassen zuzuweisen, um Prognosen zu realisieren. Darin liegt ein großer Vorteil. Aufgrund der Ähnlichkeit zu Klassifikationsbaumverfahren können allerdings nur solche Prognoseaufgaben gelöst werden, die als Klassifikationsprobleme formulierbar sind.

Mit Regressionsbaumverfahren werden Objekte mit fehlenden Attributwerten verarbeitet. Bei CART wird in diesem Fall die „Stellvertretende Aufteilung"[433] benutzt. Bei der stellvertretenden Aufteilung wird diejenige Aufteilung gesucht, die eine optimale Aufspaltung eines Knotens n_k ersetzen kann. Dazu werden, ausgehend von der optimalen Aufteilung durch das Attribut a_i, alle durch andere Attribute möglichen Aufteilungen untersucht. Als stellvertretende Aufteilung wird dann diejenige bezeichnet, welche die optimale Aufteilung am besten und genauesten vorhersagt. Bei Objekten, mit fehlender Attributausprägung des aufzuspaltenden Attributs, wird folgendermaßen vorgegangen: Es wird die optimale und die stellvertretende Aufteilung mit allen Objekten ermittelt, deren Attributwerte des betreffenden Attributs bekannt sind. Dann werden die Objekte, welche wegen fehlender Attributwerte nicht der optimalen Aufteilung zugeordnet werden konnten, mit der stellvertretenden Aufteilung den entstandenen Tochterknoten zugewiesen.

Vorteile dieses Verfahrens sind die relativ geringe Wahrscheinlichkeit für eine falsche Klassifikation von Objekten mit fehlenden Attributen oder fehlenden Attributausprägungen. Im Vergleich zur klassischen linearen Regression ist CART sehr robust und verfügt über den Vorteil, daß im Aufgabenfeld der Prognoseerstellung die Möglichkeit besteht, zusätzliches Expertenwissen in die Vorhersage einzubeziehen.

Ein wesentlicher Nachteil bei CART wie auch bei den anderen Algorithmen zur Generierung von Entscheidungsbäumen ist die begrenzte Anzahl der Blätter und damit ein eingeschränkter Wertebereich für die Prognose. Werte, die nicht Bestandteil des Trainingssets sind, können somit nie vorausgesagt werden. Dies ist gerade bei stetigen Variablen, welche die Regression charakterisieren, ein nicht zu unterschätzendes Defizit.[434]

CART erzeugt einen binären Baum. Dadurch kann die Zahl der möglichen Aufspaltungen sehr groß werden und ein tiefer, komplexer Baum entstehen. Derartige Bäume sind schlechter handhabbar und schwerer zu verstehen als flache, einfache Bäume.

---

[433] Vgl. Breiman, Leo; Friedman, Jerome H.; Olshen, Richard A.; Stone, Charles J. (Hrsg.): Classification and Regression Trees, 1984, S. 140.

[434] Vgl. Steurer, Elmar: Ökonometrische Methoden und maschinelle Lernverfahren zur Wechselkursprognose: Theoretische Analyse und empirischer Vergleich, 1997, S. 211.

6.2.3 M5

6.2.3.1 Besonderheiten des M5

Die bisher besprochenen Algorithmen beschränken die Anzahl der möglichen Prognosewerte. Um diesem Nachteil zu begegnen, wurden von QUINLAN[435] Modellbaumverfahren in Form des M5-Algorithmus entwickelt. Dieser verbindet Eigenschaften von Entscheidungsbaumverfahren mit denen der linearen Regression und kann als Weiterentwicklung von CART angesehen werden.

Die Idee von Modellbaumverfahren besteht darin, einem Endknoten statt eines Mittelwertes $\bar{k}$ eine Funktion $\hat{k}$ zuzuordnen. Diese Funktion entsteht in Abhängigkeit von Attribut- und Klassenwerten der Objekte in den Endknoten. Bei Modellbäumen entspricht dies der Durchführung einer linearen Regression in einem Endknoten.[436]

Bei M5 enthält der Wurzelknoten ein Regressionsmodell für das gesamte Trainingsset. Es wird zuerst die Standardabweichung der Klassenwerte der Objekte des Trainingssets berechnet. Analog zu anderen Entscheidungsbaumverfahren wird danach die Objektmenge anhand eines Entropiekriteriums sukzessive aufgeteilt.

M5 zeichnet sich durch folgende Merkmale aus:[437]

*   Schätzung eines linearen Regressionsmodells in einem Endknoten,
*   Vereinfachung der linearen Regressionsmodelle,
*   Linearität in der Entwicklung der Modelle,
*   Pruning-Methode,
*   Aufnahme eines Glättungsverfahrens bzgl. des Prognosewertes.

Der generierte Modellbaum wird dann verwendet, um zu berechnen, mit welcher Wahrscheinlichkeit ein Objekt der bestimmten Klasse zuzuordnen ist (vgl. Abbildung 57).

6.2.3.2 Attributauswahl zur Knotenaufspaltung bei M5

Wie bei CART wird die Objektmenge in jeweils zwei Teilmengen aufgespalten. Auch die Bestimmung des zur Verzweigung verwendeten Attributs sowie des Schwellenwertes, mit dem der Vaterknoten aufgeteilt wird, erfolgt durch Minimierung der Streuung der Klassenwerte innerhalb der beiden Teilmengen.

---

[435] Vgl. Quinlan, J. Ross: Learning with continuous classes, 1992, S. 343-348.
Steurer, Elmar: Ökonometrische Methoden und maschinelle Lernverfahren zur Wechselkursprognose: Theoretische Analyse und empirischer Vergleich, 1997, S. 213.

[436] Vgl. Frank, Eibe; Wang, Yong; Inglis, Stuart; Holmes, Geoffrey; Witten, Ian H.: Using Model Trees for Classification, 1997.
Wang, Y. et al.: Inducing Model Trees for Continuous Classes, 1997.

[437] Vgl. Steurer, Elmar: Ökonometrische Methoden und maschinelle Lernverfahren zur Wechselkursprognose: Theoretische Analyse und empirischer Vergleich, 1997, S. 213.

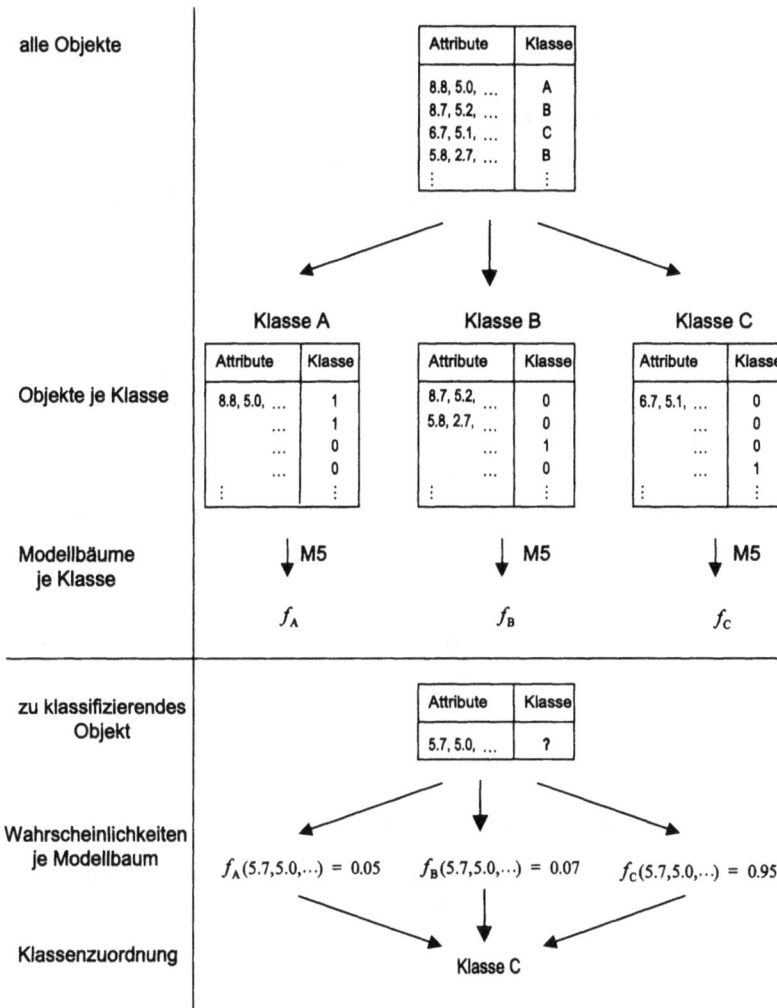

Abbildung 57: Modellbaumverfahren zur Klassifikation (Quelle: In Anlehnung an Frank, Eibe; Wang, Yong; Inglis, Stuart; Holmes, Geoffrey; Witten, Ian H.: Using Model Trees for Classification, 1997, S. 4)

Im Unterschied zu CART wird bei M5 die Standardabweichung als Streuungsmaß der zu klassifizierenden Werte verwendet. Nach Berechnung der Standardabweichungen der Klassenwerte kann die erwartete Fehlerreduktion ΔE nach einem Test (bei CART wird an dieser Stelle die Reduzierung des Unreinheitsmaßes berechnet) bspw. für den linken Tochterknoten folgendermaßen bestimmt werden: [438]

---

[438] Vgl. Steurer, Elmar: Ökonometrische Methoden und maschinelle Lernverfahren zur Wechselkursprognose: Theoretische Analyse und empirischer Vergleich, 1997, S. 212.
Vgl. Jafar-Shaghaghi, Fariba: Maschinelles Lernen, Neuronale Netze und Statistische Lernverfahren zur Klassifikation und Prognose, 1994, S. 162 ff.

$$(132) \qquad \Delta E = \sigma(T_{n_k}) - \sum_j \frac{h_{abs}(T, n_L)}{h_{abs}(T, n_k)} \sigma(T_{n_L})$$

T_{n_k}	*Menge aller Objekte o_j ($j=1, ..., n$) im Knoten n_k*
T_{n_L}	*Untermenge von T im linken Tochterknoten n_L*
$\sigma(T_{n_k})$	*Standardabweichung der Klassenwerte aller Objekte*
$\sigma(T_{n_L})$	*Standardabweichung der Klassenwerte der Objekte der Unter-menge T im linken Tochterknoten n_L*

Es werden alle möglichen Testvarianten überprüft und alle ΔE berechnet. M5 wählt am Ende das Attribut und den Schwellenwert zur Aufspaltung, der die erwartete Fehlerreduktion maximiert. Grundlegende Unterschiede und Besonderheiten, verglichen mit CART, treten nach der Induktion des Baums auf.

Ein Problem von Entscheidungsbaumverfahren stellt das Overfitting dar. Um Overfitting zu vermeiden, mißt QUINLAN den effektiven Informationsgewinn. Beim Erzeugen des Baums werden die Residuen der vom Modell geschätzten Werte und der tatsächlichen Klassenwerte als absolute Differenz berechnet. Als Fehlerschätzung wird der Mittelwert angegeben. Wird bei der Anwendung von Entscheidungsbäumen mit Daten gearbeitet, welche bei der Generierung des Baums nicht verwendet wurden, werden diese unterschätzt. Zur Beseitigung des Problems wird das Fehlermaß um den Faktor x korrigiert:

$$(133) \qquad x = \frac{h_{abs}(T) + v}{h_{abs}(T) - v}$$

v	*Anzahl der geschätzten Parameter des Regressionsmodells*

Der Faktor x wird als Penalty-Term benutzt. Er bewirkt, daß der Fehler bei Modellen mit vielen Parametern, die aus wenigen Objekten erzeugt wurden, steigt.

6.2.3.3   Pruning bei M5

Nach Berechnung des Regressionsmodells wird es durch Eliminierung von Parametern vereinfacht. Dies geschieht, um den geschätzten Fehler zu reduzieren. Eine Parametereliminierung führt grundsätzlich zu einer Erhöhung des Residuen-Mittelwertes, welcher das Fehlermaß darstellt. Unter Berücksichtigung des Korrekturfaktors x kommt es aber beim Weglassen von unwichtigen Parametern zu einer Verringerung des effektiven Fehlers, was dazu führt, daß diese Parameter aus der Regressionsgleichung entfernt werden. Besonders bei stark verrauschten Daten ist es möglich, daß nach und nach sämtliche Parameter eliminiert werden, so daß am Ende nur die übrigbleibende Konstante den Prognosewert bestimmt.

Durch die Linearität in der Modellentwicklung wird ein einfaches Pruning-Verfahren ermöglicht. Für jeden inneren Knoten besteht die Möglichkeit, entweder ein vereinfachtes lineares Regressionsmodell über oder ein lineares Regressionsmodell unter diesem Knoten zu wählen. Die Auswahl erfolgt in Abhängigkeit vom geringeren geschätzten Fehler. Weist das über einem Knoten liegende Regressionsmodell einen geringeren geschätzten Fehler auf, so wird der unter dem Knoten liegende Teilbaum entfernt und der Knoten wird ein Endknoten.

Um die Genauigkeit der Modellschätzungen zu verbessern, ist eine Glättung vorzunehmen. Die Prognosewerte der inneren Knoten eines Teilbaums sollen in die Berechnung des Prognosewertes des Endknotens mit einfließen. Dazu wird wie folgt vorgegangen:

- Der geschätzte Wert im Endknoten entspricht dem Wert, welcher vom Regressionsmodell im Endknoten berechnet wurde. Dieser Wert bleibt unverändert.
- Der Verlauf erfolgt vom Endknoten zurück zur Wurzel.

Der geschätzte Wert P_{TB}, welcher an einen Teilbaum TB zurückzugeben ist, wird folgendermaßen berechnet:

$$(134) \qquad P_{TB} = \frac{n_{TB} * M_{TB} + g * M_{TB}}{n_{TB} + g}$$

n_{TB}	*Anzahl der Objekte in TB*
M_{TB}	*der durch das Modell in TB gegebene Wert*
g	*Glättungskonstante*

Das Glätten ist dann sinnvoll, wenn der Klassenwert eines Objekts von der Wurzel bis zum Endknoten durch verschiedene Modelle unterschiedlich prognostiziert wird oder einige Modelle nur mit wenigen Trainingsobjekten entwickelt worden sind. Weiterhin können mit Glättungsverfahren am ehesten Ausreißer modelliert werden.

6.2.3.4   Einschätzung des M5

Die Linearität in der Entwicklung der Modelle weist darauf hin, daß in den Teilbäumen nur diejenigen Attribute in die Schätzung des Regressionsmodells eingehen, die bereits in den höheren Ebenen des Baums vorhanden waren. So wird nur gleiche Information an tieferliegende Bäume übertragen. Die Regressionsmodelle werden immer kleiner, je tiefer der Baum verzweigt ist. Ein weiterer Vorzug dieser Vorgehensweise ist, daß aufgrund der zunehmenden Spezialisierung die Teilbäume miteinander vergleichbar gemacht werden. Alle genannten Aspekte stellen in ihrer Gesamtheit ein wichtiges Hilfsmittel dar, um Overfitting zu vermeiden.

Der größte Vorteil von M5 besteht in der Verwendung einer Funktion für die knotenbezogene Wertzuweisung. Dies beschränkt die Möglichkeit der zu prognostizierenden Werte nicht auf im Testset vorkommende Werte.

Ein Vergleich der Klassifikationsergebnisse zwischen Modellbaumverfahren und Klassifikationsbaumverfahren in den verschiedensten Anwendungsbereichen ergab, daß die Modellbaumverfahren bei Klassifikationsproblemen mit nominellen Attributen großer Wertebereiche überwiegend bessere und bei Klassifikationsproblemen mit numerischen und binären Attributen immer bessere Ergebnisse lieferten. Die in Abschnitt 5.2.2 genannten Einsatzmöglichkeiten der Klassifikationsbäume sind daher auch hier denkbar.

STEURER untersuchte verschiedene Entscheidungsbaumverfahren zur Wechselkursprognose. Er kam zu dem Ergebnis, daß Entscheidungsbäume in Kombination mit Indikatoren der technischen Aktienanalyse bei der täglichen Prognose von Wechselkursen gute Ergebnisse

erzielen können.[439] Bei der längerfristigen Prognose[440] hingegen haben die Entscheidungsbaumverfahren durchweg schlecht abgeschnitten, wobei der M5-Algorithmus die besten
Ergebnisse lieferte.[441]

Ein Nachteil dieser Klassifizierungsmodelle besteht darin, daß sie nicht so leicht verständlich
wie herkömmliche Entscheidungsbäume sind. Aufgrund ihrer Vorgehensweise werden sie
am effizientesten für Datensätze mit einer geringen Anzahl an Attributen generiert.[442]

6.2.4   Structural Regression-Trees

6.2.4.1   Besonderheiten von SRT

Structural Regression-Trees[443] (SRT) sind Algorithmen, die ein Modell zur Vorhersage numerischer Werte aus einer Menge von Objekten und relationalem (nicht determiniertem)
Hintergrundwissen entwickeln.

Das Ziel des SRT ist es, einen Baum zu konstruieren, der ein Literal oder eine Verbindung
von Literalen in jedem Knoten enthält und jedem Endknoten einen numerischen Wert zu-
weist. Dazu generiert der SRT-Algorithmus eine ganze Reihe von immer komplexeren Bäumen und gibt am Ende den entsprechend einem bestimmten Referenzkriterium definierten
optimalen Baum aus. Auf diese Weise soll Overfitting durch verrauschte Daten vermieden
werden.

Um einen einzelnen Baum zu konstruieren, benutzt SRT einen Entscheidungsbaumalgorithmus. Rekursiv wird ein binärer Entscheidungsbaum aufgebaut, indem an jedem Knoten ein Literal oder eine Verbindung von Literalen untersucht wird, bis das Abbruchkriterium
erreicht ist. Mit jedem gewählten Literal bzw. mit jeder gewählten Verbindung werden die
am Knoten vorhandenen Objekte weiter aufgespalten, je nachdem, ob das überprüfte Objekt
das Literal oder die Verbindungen erfüllt oder nicht.

Jeder Pfad von der Wurzel des Baums bis zu einem Knoten kann als Klausel angesehen werden. Jedesmal, wenn der Baum durch Literale oder Verbindungen weiter aufgespalten wird,
entstehen zwei neue Klauseln. Das Abbruchkriterium ist erreicht, wenn durch kein(e) Lite-
ral(e) mehr ein Knoten aufgespalten werden kann. Damit entstehen zwei Klauseln, denen
jeweils mehr als eine vorher festgelegte minimale Anzahl an Trainingsobjekten zugeordnet
werden. Dieser Parameter wird „minimum-coverage" der Objekte genannt.

---

[439]   Vgl. Steurer, Elmar: Ökonometrische Methoden und maschinelle Lernverfahren zur Wechselkursprognose:
         Theoretische Analyse und empirischer Vergleich, 1997, S. 278 ff.

[440]   Es sollte eine Prognose einen Monat im voraus erstellt werden.

[441]   Vgl. Steurer, Elmar: Ökonometrische Methoden und maschinelle Lernverfahren zur Wechselkursprognose:
         Theoretische Analyse und empirischer Vergleich, 1997, S. 315 ff.

[442]   Vgl. Frank, Eibe; Wang, Yong; Inglis, Stuart; Holmes, Geoffrey; Witten, Ian H.: Using Model Trees for
         Classification, 1997, S. 11.

[443]   Vgl. Kramer, Stefan: Structural Regression Trees, 1997.

Der minimum-coverage-Parameter ermöglicht außerdem die Generierung von immer komplexeren Bäumen. Der SRT-Algorithmus startet mit einem sehr hohen minimum-coverage und erniedrigt ihn von Iteration zu Iteration. Sollten bei der Erzeugung des Baums mehrere Literale den minimum-coverage erfüllen, so wird das bzw. werden die Literal(e) mit der geringsten Fehlerquadratsumme zur Aufspaltung herangezogen.

Sollten jedoch Literale existieren, die zwar eine geringere Fehlerquadratsumme aufweisen, aber nicht genügend Objekte abdecken, so wird die maximale Abdeckung dieser Literale oder Verbindungen als minimum-coverage bei der Erzeugung des nächsten Baums gewählt.

Am Ende wählt SRT den Baum aus, der die höchste Datenkompression aufweist.

Nichtdeterminiertes Hintergrundwissen wird in Form nichtdeterminierter Literale implementiert. Ein Literal ist nichtdeterminiert, wenn es neue Attribute einführt, die verschiedene alternative Verbindungen eingehen können. Nichtdeterminierte Literale schaffen oft neue Strukturen, wie angrenzende Knoten in einem Graphen. Jedoch wird dadurch nicht automatisch die Güte eines Baums verbessert. Das eigentliche Problem ist das kontrollierte Einführen nichtdeterminierter Literale bei der Generierung eines Baums. Bei SRT muß der Benutzer angeben, welche Literale benutzt werden dürfen, um eine Klausel zu erweitern.

6.2.4.2 Einschätzung von SRT

SRT wurde bei verschiedenen realen Problemstellungen getestet und mit anderen existierenden Verfahren verglichen. Es wurde festgestellt, daß der Algorithmus bzgl. Zeitverhalten und Prognoseleistung akzeptabel arbeitet.[444],[445]

QUINLAN[446] setzte derartige Systeme zur Behandlung von Prognoseproblemen in verschiedenen Bereichen ein und stellte fest, daß mit kombinierten Verfahren erheblich bessere Prognosen erzielt werden können als mit einzelnen Verfahren.

6.3 Zeitreihenanalyse mit multivariaten statistischen Verfahren

Zeitreihenanalysen stellen typische Anwendungen in der Wirtschaft dar. Die Grundannahme der Zeitreihenanalyse besagt, daß es sich bei einer Zeitreihe um die Realisierung eines stochastischen Prozesses handelt, dessen Zufallsvariablen stochastisch voneinander abhängen. Das Ziel besteht darin, über sogenannte Kennwerte wie Erwartungswerte und Varianzen, den

---

[444] Vorteile sind die Anwendbarkeit auf relationale Regression bei gegebenem, nicht-determinierten Hintergrundwissen und die einfache Verständlichkeit der erzeugten Regeln.

[445] Vgl. Kramer, Stefan: Structural Regression Trees, 1997, S. 10.

[446] Vgl. Quinlan, J. Ross: C4.5: Programs for Machine Learning, 1993.

stochastischen Prozeß zu beschreiben und vorliegende Abhängigkeitsstrukturen (Kovarianzen) in einem Modell abzubilden.[447]

In der Ökonometrie beschränkt man sich grundsätzlich auf die Modellierung stochastischer stationärer Prozesse. D. h., Mittelwert- und Varianzfunktion sind über die Zeit konstant. Die Kovarianzen sind stationär bzw. sind lediglich vom betrachteten Lag abhängig.[448] Es wurden zahlreiche Verfahren zur Zeitreihenanalyse entwickelt und adaptiert. Sehr bekannt geworden sind ARMA und ARIMA. Unter ARMA (Autoregressiver Moving-Average) wird eine sehr flexible Klasse von Modellen für stationäre Zeitreihen zusammengefaßt. Für nichtstationäre Zeitreihen wurde ARMA zu ARIMA (Autoregressiv-integrierter Moving-Average nach BOX und JENKINS) erweitert.[449]

Nach HARVEY ist im Vergleich zu früher ARIMA-Modellierung heute weniger dominant.[450] Für ökonomische Anwendungen ist die Verwendung von nichtrestringierten Autoregressionen, verbunden mit Tests auf Unit Roots populär geworden. In seiner Monographie vertritt HARVEY den Standpunkt, daß der KALMAN-Filter beträchtliche Vorteile gegenüber ARIMA aufweist.[451]

6.4   Evaluierungskriterien für die anwendungsorientierte Bewertung der Güte einer Zeitreihenanalyse

PODDIG stellt mit Bezug auf HAMILTON für ARCH (Autoregressive Conditional Heteroskedasticity)- und GARCH (Generalised Autoregressive Conditional Heteroskedasticity)-Modelle eine nachhaltige Beachtung fest.[452] Die Beurteilung gebräuchlicher ökonometrischer Verfahren läuft darauf hinaus, daß mit der Unterstellung linearer funktionaler Zusammenhänge bspw. die Finanzanalyse nicht erschöpfend bewältigt werden kann. Gefragt sind Verfahren, die auch nichtlineare Zusammenhänge modellieren können. Dies motiviert zur genaueren Untersuchung von Analyseresultaten verschiedener Verfahren, darunter auch KNN, insbesondere Multilayer-Perzeptrons und rekurrente Netze.

---

[447]   Vgl. Kerling, Matthias: Moderne Konzepte der Finanzanalyse: Markthypothesen, Renditegenerierungsprozesse und Modellierungswerkzeuge, 1998, S. 199.

[448]   Vgl. Kerling, Matthias: Moderne Konzepte der Finanzanalyse: Markthypothesen, Renditegenerierungsprozesse und Modellierungswerkzeuge, S. 201.

[449]   Vgl. Harvey, Andrew C.: Zeitreihenmodelle, 1995, S. 129.

[450]   Vgl. Harvey, Andrew C.: Zeitreihenmodelle, 1995, S. XI.

[451]   Vgl. Harvey, Andrew C.: Forecasting, Structural Time Series Models and the Kalman Filter, 1989.

[452]   Vgl. Poddig, Thorsten: Analyse und Prognose von Finanzmärkten, 1996, S. 70.
         Vgl. Hamilton, James D.: Time Series Analysis, 1994, S. 657 ff.

Auch hier gilt, daß für den Vergleich der Ergebnisse verschiedener Prognosemodelle die Auswahl an geeigneten Kriterien zur Modellevaluierung vorzunehmen ist.[453] Für die Beurteilung von Modellen zur Punktprognose werden folgende Kriterien empfohlen:

1. Mean Squared Error (MSE),
2. Theilscher Ungleichheitskoeffizient (TU),
3. Korrelationskoeffizient nach Bravis-Pearson (r),
4. Wegstrecke (W) und
5. Hannan-Quinn-Information (HQ).

Die Kriterien wurden im Abschnitt 5.3 beschrieben.

---

[453] Vgl. Poddig, Thorsten: Analyse und Prognose von Finanzmärkten, 1996, S. 429.

7 Genetische Algorithmen

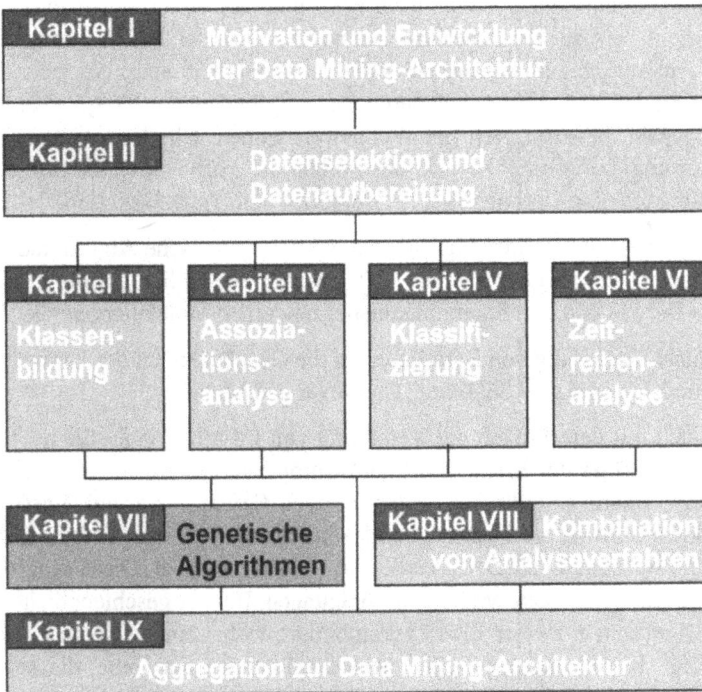

Abbildung 58: Einordnung von Kapitel 7 in die Struktur der Arbeit

7.1 Einführung in genetische Algorithmen

Die im folgenden geschilderten Verfahren stellen ein Hauptanwendungsgebiet der stochastischen Optimierung dar. Ihre viel allgemeinere Bedeutung ist der Suche nach geeigneten Konfigurationen von Verfahren zur Klassenbildung, Assoziationsanalyse, Klassifizierung und Zeitreihenanalyse zuzuschreiben. Diese Verfahren lassen viele Möglichkeiten der Parametrisierung zu. Jede führt zu anderen Lösungen, aber als Ergebnis der Anwendung dieser Verfahren wird ein dem Optimum nahekommendes Modell gesucht. Simulated Annealing und genetische Algorithmen unterstützen unter diesem Aspekt die Modellierung von Klassifikationsmodellen. Die Ausführungen orientieren sich stark am Beispiel der Optimierung eines Backpropagation-Netzes. Die Grundprinzipien der Kombination genetischer Algorithmen mit Data Mining-Algorithmen werden auf diese Weise beispielhaft erläutert. Sie sind auf andere Verfahren der multivariaten Statistik, auf Entscheidungsbaumalgorithmen aber auch auf Assoziationsverfahren übertragbar.

Eine Gruppe von Optimierungsverfahren wird unter der Bezeichnung „Evolutionäre Algorithmen" zusammengefaßt. Diese orientieren sich an der natürlichen Evolution. Die Idee, Optimierungsverfahren in Anlehnung an die Natur zu konzipieren, formulierte erstmals 1973 der Ingenieur Ingo Rechenberg. In seiner Dissertation befaßte er sich mit dem Thema: „Evolutionsstrategie: Optimierung technischer Systeme nach Prinzipien der biologischen Evolution". In der Natur findet ein permanenter Überlebenskampf statt. Dieser Druck generiert einen ständig während Auswahlprozeß. Bestimmte Individuen innerhalb einer Art weisen geringfügige, zufällig entstandene Merkmalsveränderungen auf. Sind deren Träger damit besser an die Umwelt angepaßt, besitzen diese im Wettbewerb höhere Überlebenschancen und kommen zur Fortpflanzung. Langfristig bewirkt das Prinzip des „survival of the fittest" bei stabilen Umweltverhältnissen eine Optimierung, bei instabilen eine Transformation.[454]

Zu den bekanntesten Vertretern evolutionärer Algorithmen gehören genetische Algorithmen, Evolutionsstrategien und genetische Programmierung. Alle basieren wesentlich auf der Evolutionstheorie von Charles Darwin und den Erkenntnissen der modernen Molekulargenetik.[455]

Evolution beinhaltet optimale Anpassung von Lebewesen an die Gegebenheiten der Umwelt. Ihre drei wesentlichen Grundelemente sind Selektion, Crossover und Mutation.[456]

Molekulargenetik befaßt sich mit dem Prozeß der Vererbung von Information an die nachfolgenden Generationen. Die Träger der Erbsubstanz sind Chromosomen. Ein wesentlicher Bestandteil dieser sich im Zellkern befindlichen, fadenförmigen Objekte sind Nukleinsäuren.[457] Die wichtigste Nukleinsäure ist die Desoxyribonukleinsäure (DNS; engl. DNA). Bestimmte zusammengehörige Abschnitte der DNS werden als Gene bezeichnet. Diese fungieren als Informationsspeicher für spezifische Merkmalausprägungen. Bei der geschlechtlichen Fortpflanzung werden Chromosomen zweier Eltern rekombiniert, wobei eine Mischung des Erbgutes (Crossover) erfolgt. Mutationen sind spontane Veränderungen der Gene, die entweder durch äußere Einflüsse oder durch ein Crossover ausgelöst werden.

Der Suchraum an Evolutionsalternativen beim Menschen kann durch die Kombinationsmöglichkeiten der menschlichen DNS beschrieben werden. Danach ergibt sich eine theoretisch mögliche Anzahl verschiedener Individuen von ca. $4^{3.000.000.000}$ [458] Dieses Beispiel verdeutlicht, wie effizient in einem komplexen Suchraum eine Optimierung durch evolutionäre Algorithmen sein muß.

---

[454] Vgl. Bäck, Thomas: Evolutionary Algorithms in Theory and Practice: Evolution Strategies, Evolutionary Programming, Genetic Algorithms, 1996, S. 8 ff.

[455] Vgl. Schöneburg, Eberhard; Heinzmann, Frank; Feddersen, Sven: Genetische Algorithmen und Evolutionsstrategien, 1994, S. 31 ff.

[456] Vgl. Goldberg, David E.: Genetic Algorithms in Search, Optimization & Machine Learning, 1989, S. 10 ff.

[457] Vgl. Kinnebrock, Werner: Optimierung mit genetischen und selektiven Algorithmen, 1994, S. 55 ff.

[458] Vgl. Schöneburg, Eberhard; Heinzmann, Frank; Feddersen, Sven: Genetische Algorithmen und Evolutionsstrategien, 1994, S. 96 ff.

Genetische Algorithmen sind Lösungsansätze, bei denen die Grundelemente der Evolution mit Hilfe der Erkenntnisse der Molekulargenetik annähernd simuliert werden. Sie werden eingesetzt, um komplexe Aufgabenstellungen mit vielen Lösungsalternativen zu bewältigen, für deren Lösung systematische Verfahren sehr viel Zeit benötigen würden. Dazu zählen bspw. Kombinations- und Reihenfolgeprobleme. Ein Standardbeispiel ist das Traveling-Salesman-Problem. Der Handlungsreisende muß eine Vielzahl von Städten aufsuchen und am Ende wieder am Startpunkt ankommen. Die Zahl der möglichen Routen, der Suchraum, unter denen die kostengünstigste zu finden ist, wächst mit der Anzahl an Städten enorm. Gleiches gilt für die industrielle Planungspraxis. Die Planung muß Möglichkeiten zur schnellen Reaktion auf Störungen (bspw. Maschinenausfall) oder auf unerwartete Änderungen im Auftragsbestand vorsehen. Bereits sehr wenige Aufträge, die an verschiedenen Maschinen bearbeitet werden müssen, lassen sich nicht exakt planen. Deshalb bieten sich stochastische Verfahren wie genetische Algorithmen an. Es wird hier auf das exakte Optimum verzichtet, aber in akzeptabler Rechenzeit eine Lösung gesucht, die nur unwesentlich davon abweicht.

Genetische Algorithmen gehen wie folgt vor: Zufällig ermittelte Lösungsalternativen stellen je ein Individuum dar und bilden in diesem Kontext eine Population. Analog zu biologischen Systemen wird jedem Individuum nach einem Test innerhalb einer spezifisch gewählten Umwelt eine Fitneß (Güte) zugeordnet. Je größer diese ist, desto eher entspricht die Lösung einem Optimum. Die Selektion erfolgt, indem jedes Individuum entsprechend seiner Fitneß die nachfolgende Generation (neue Population) durch Weitergabe von Eigenschaften beeinflußt. Je größer die Fitneß ist, desto häufiger reproduzieren sich die Lösungen. Die ungünstigsten werden eliminiert. Um verschiedene Kombinationen von Eigenschaften zu testen, werden diese durch spezielle Verfahren variiert bzw. gezielt modifiziert. Der Zyklus wird mehrfach wiederholt.

In den folgenden Abschnitten wird auf Möglichkeiten der Konfiguration genetischer Algorithmen eingegangen. Besonders erfolgversprechend ist die Verknüpfung von Lernen und Evolution in einem hybriden genetischen Algorithmus. Der genetische Algorithmus übernimmt nur die Groboptimierung der Struktur, bspw. des KNN. Die Feinoptimierung der Gewichte wird z.B. bei Backpropagation durch ein Gradientenabstiegsverfahren durchgeführt.

Ein weiterer verwandter stochastischer Optimierungsalgorithmus, der der Vollständigkeit halber an dieser Stelle kurz angesprochen wird, trägt die Bezeichnung „Optimierung durch simuliertes Ausglühen" und ist als Simulated Annealing bekannt. Hier liegt ein physikalischer Prozeß zugrunde. Beim Ausglühen von Metall werden die Atome des Metalls zuerst durch Erwärmung in hohe thermische Bewegung versetzt. Sehr langsames Abkühlen bewirkt, daß die Atome alle in die Positionen gelangen, für die sich die niedrigste Gesamtenergie ergibt. Es kommt weder zu Versetzungen noch zu anderen Kristallfehlern im Material. Das Lernverfahren der BOLTZMANN-Maschine besitzt Ähnlichkeit mit diesen technischen Prozessen und hat bspw. zur Lösung des HOPFIELD-Netz-Problems, der Stabilisierung in einem lokalen Minimum, geführt.[459]

---

[459] Vgl. Zell, Andreas: Simulation Neuronaler Netze, 1994, S. 207 ff.

7.2   Grundstruktur genetischer Algorithmen

7.2.1   Phasen eines genetischen Algorithmus

Dieser Abschnitt hat die Transformation grundlegender Prinzipien der natürlichen Evolution auf genetische Algorithmen zum Inhalt. Gegenstand der Optimierung mit genetischen Algorithmen sind Individuen. Ein Individuum umfaßt bspw. je eine konkrete Ausprägung aller wesentlichen Strukturmerkmale eines Modells (KNN, Entscheidungsbaum). Aufgrund der vielen möglichen Freiheitsgrade bei der Parametrisierung eines Modells lassen sich viele Varianten aufstellen, deren Beitrag zur Modellgüte geprüft werden sollte.

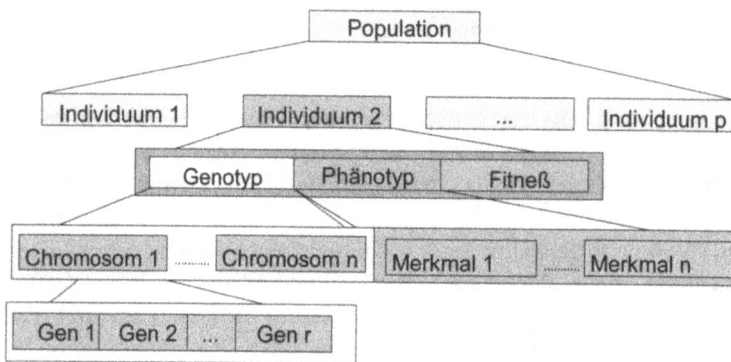

Abbildung 59: Beschreibung von Individuen im genetischen Algorithmus

Ein Individuum in einem genetischen Algorithmus repräsentiert damit einen Punkt im Suchraum. Es kann durch seinen Geno- und Phänotyp dargestellt werden (vgl. Abbildung 59).[460] Als Genotyp wird der in den Chromosomen gespeicherte Bauplan eines beliebigen Individuums bezeichnet. Die konkrete Ausprägung des Genotyps wird als Phänotyp bezeichnet und entspricht der realen Problemstellung.[461] Die im Genotyp kodierte Information wird durch eine sogenannte Mappingfunktion interpretiert und zur Konstruktion des Phänotyps verwendet. Anders als bei biologischen Systemen, wo der vollständige Phänotyp genetisch im Genotyp abgebildet ist, werden bei der simulierten Evolution nur die Merkmale, die Gegenstand der Optimierung sind, im Genotyp kodiert. Jedes Individuum besitzt darüber hinaus eine spezifische Fitneß, die der Qualität des Lösungsvorschlages bezüglich des Optimierungszieles entspricht.

---

[460] Vgl. Heistermann, Jochen: Genetische Algorithmen. Theorie und Praxis evolutionärer Optimierung, 1994, S. 16 ff.

[461] Vgl. Nissen, Volker: Einführung in Evolutionäre Algorithmen. Optimierung nach dem Vorbild der Evolution, 1997, S. 5 ff.

Eine Menge von Individuen wird als Population, deren Individuenanzahl als Populations-dichte bezeichnet. Während traditionelle Algorithmen nur eine Lösungsmöglichkeit analysie-ren können, ermöglicht die Darstellung der Individuen in Populationen die parallele Weiter-entwicklung einer Vielzahl erfolgversprechender Lösungen. Eine Population zu einem be-stimmten Zeitpunkt ist eine Generation. Dadurch läßt sich Evolution als iterativer Ablauf von in zeitlicher Abfolge aus einander hervorgehenden Generationen simulieren.

Ein genetischer Algorithmus (i.w.S.) umfaßt die beiden Phasen

1. Initialisierung (i.w.S.) und
2. Evolutionszyklus (genetischer Algorithmus i.e.S.).

Die Phase der Initialisierung stellt ein Pre-Processing für die Anwendung des genetischen Algorithmus i.e.S. dar. Es werden die Individuen für die weitere Verarbeitung vorbereitet. Dies umfaßt folgende Aufgaben:

- Wahl einer geeigneten Kodierungsform,
- Zufällige Initialisierung der Anfangspopulation,
- Auswahl der Evolutionsstrategien und
- Initialisierung der Evolutionsparameter.

Der Evolutionszyklus beinhaltet seiner Bezeichnung folgend sich wiederholende Schritte zur Veränderung von Parametern mit dem Ziel, eine Näherungslösung zu erlangen:

1. Evaluierung aller Individuen der aktuellen Generation gemäß Bewertungs- und/oder Fitneßfunktion, weiter bei 5., falls gewünschter Fitneßwert oder Abbruchkriterium er-reicht, sonst weiter bei 2.,
2. Selektion zweier Elternindividuen aus der aktuellen Generation und Erzeugen von Nach-kommen mittels Crossover,
3. Genetische Veränderung der Nachkommen,
4. Selektion der Mitglieder der neuen Generation und Ersetzen der aktuellen Generation, weiter bei 1.
5. Ausgabe der besten Individuen.

Abbildung 60 veranschaulicht vereinfacht den Ablauf eines genetischen Algorithmus im Zusammenhang mit der Suche nach einer optimalen Struktur eines KNN.

Genetische Algorithmen existieren in zahlreichen Varianten. Auf die einzelnen Schritte im Ablauf eines genetischen Algorithmus wird nachfolgend eingegangen.

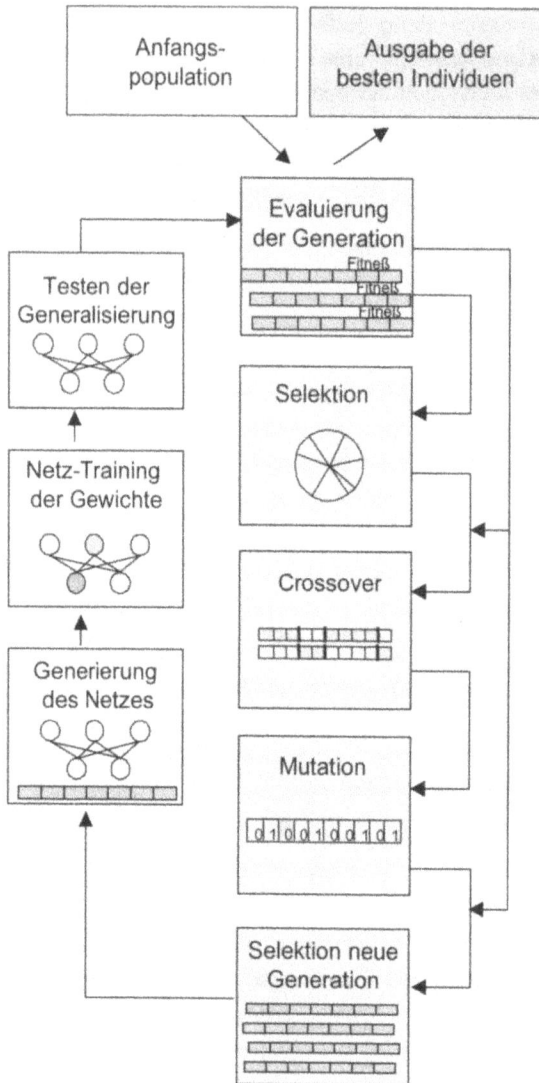

Abbildung 60: Anwendungsbezogener Evolutionszyklus eines einfachen genetischen Algorithmus (Quelle: In Anleh-nung an Mandischer, Martin: Representation and Evolution of Neural Networks, 1993, S. 644)

7.2.2   Initialisierung i.w.S.

Kodierung

Entscheidend für die Effizienz der genetischen Operatoren und für das Lösungsverhalten des genetischen Algorithmus ist die Wahl einer geeigneten Kodierungsform für den Genotyp der Individuen.[462] Die Kodierung der spezifischen Problemstellung in die Chromosomen der

---

[462]   Vgl. Bruns, Ralf: Wissensbasierte Genetische Algorithmen: Integration von Genetischen Algorithmen und Constraint-Programmierung zur Lösung kombinatorischer Optimierung, 1996, S. 12 ff.

Individuen umfaßt die Wahl eines geeigneten Zeichenvorrates und die Umsetzung der Aufgabenstellung in eine konkrete Struktur.

Die Kodierung der Chromosomen erfolgt analog zum natürlichen Vorbild durch als "Strings" bezeichnete Zeichenketten, deren Bestandteile die Gene sind. Dabei wird für die Kodierung des Genotyps traditionell die binäre Form verwendet, d. h., Chromosomen sind binäre Strings der Menge {0;1}. Da alle Chromosomen von gleicher, auch während des Optimierungsvorganges konstanter Länge sind, ist eine einfache Anwendung genetischer Operatoren möglich. Durch die binäre Kodierung der Chromosomen wird eine universelle Anwendbarkeit des genetischen Algorithmus erreicht, da die problemspezifischen Strukturinformationen des Phänotyps immer einheitlich dargestellt werden.[463] Als Gene werden Binärsequenzen zusammengehöriger Chromosomenabschnitte bezeichnet, welche einzelne Merkmalsausprägungen repräsentieren. Das Chromosom <<1,1,0>,<1>> besteht z.B. aus dem Gen Nr. 1 <1,1,0> und dem Gen Nr. 2 <1>.[464] Da das zur Kodierung verwendete Alphabet nur zwei Werte annehmen kann, wird die Weitergabe guter Teillösungen an nachfolgende Generationen begünstigt.

Bei der binären Kodierungsform ist die Positionsabhängigkeit und Wertigkeit der einzelnen Bits problematisch. Zum Beispiel müssen für die Modifikation der Zahl 7 (binär: 0111) zur Zahl 8 (binär: 1000) alle vier Bits geändert werden, während bei der Änderung der Zahl 6 (binär: 0110) zur Zahl 7 (binär: 0111) nur ein Bit verändert wird. Da somit die Effizienz der genetischen Operatoren beeinträchtigt werden kann, gilt grundsätzlich für die adäquate Repräsentation einer Problemstellung, daß zwei nahe beieinander liegende Punkte des Lösungsraums auch bei der Kodierung eng zusammen liegen müssen. Eine Lösungsmöglichkeit dafür ist die Anwendung des Gray-Code.[465] Die Besonderheit dieser Kodierungsform besteht darin, daß sich zwei aufeinanderfolgende natürliche Zahlen nur um ein Bit unterscheiden. Trotzdem kann auch die Modifikation von nur einem Bit einer Gray-Code Zahl zu großen Betragssprüngen bei den korrespondierenden natürlichen Zahlen führen (vgl. Tabelle 12).[466]

Ein Ansatz zur Vermeidung dieses Problems ist die Berücksichtigung der Position und Wertigkeit der Bits durch die verwendeten genetischen Operatoren.[467]

Für den genetischen Operator Mutation kann dies bspw. mittels sinkender Mutationswahrscheinlichkeit für Bits mit höherer Wertigkeit realisiert werden (vgl. Positionsmutation).

Bestimmte Problemstellungen wie Optimierungsaufgaben in einem großen reellwertigen Lösungsraum (z. B. multidimensionale Matrizen) können durch die binäre Kodierung nur unzureichend repräsentiert werden. Sie ist dafür unverhältnismäßig aufwendig und nur mit

---

[463] Vgl. Davis, Lawrence (Hrsg.): Handbook of Genetic Algorithms, 1991, S. 3 ff.

[464] Vgl. Schöneburg, Eberhard; Heinzmann, Frank; Feddersen, Sven: Genetische Algorithmen und Evolutionsstrategien, 1994, S. 187 ff.

[465] Vgl. Goldberg, David E.: Genetic Algorithms in Search, Optimization & Machine Learning, 1989, S. 100 ff.

[466] Vgl. Bäck, Thomas: Evolutionary Algorithms in Theory and Practice: Evolution Strategies, Evolutionary Programming, Genetic Algorithms, 1996, S. 110 ff.

[467] Vgl. Schöneburg, Eberhard; Heinzmann, Frank; Feddersen, Sven: Genetische Algorithmen und Evolutionsstrategien. Eine Einführung in Theorie und Praxis der simulierten Evolution, 1994, S. 194 ff.

Tabelle 12: Kodierung natürlicher Zahlen als normale binäre Kodierung und Gray-Code (Quelle: In Anlehnung an Schöneburg, Eberhard; Heinzmann, Frank; Feddersen, Sven: Genetische Algorithmen und Evolutionsstrategien, 1994, S. 194)

Natürliche Zahl	Binäre Kodierung	Gray-Code
0	0000	0000
1	0001	0001
2	0010	0011
3	0011	0010
4	0100	0110
5	0101	0111
6	0110	0101
7	0111	0100
8	1000	1100

einer gewissen Genauigkeit realisierbar, da für die Kodierung einer reellen Zahl eine große Anzahl Bits notwendig ist.[468] Für diese Probleme wird häufig die reelle Kodierung angewendet. Die Strukturinformationen des Phänotyps werden direkt im Genotyp abgebildet. Aufgrund des höheren Zeichenvorrates ist jedoch eine zusätzliche Anpassung der genetischen Operatoren an die spezifische Problemstellung notwendig.

Initialisierung der Anfangspopulation
Während des Optimierungsprozesses bleibt die Populationsdichte konstant. Die Initialisierung der Anfangspopulation erfolgt zufallsgesteuert.[469] Sollten bereits konkrete Vorstellungen hinsichtlich etwaiger Lösungsbereiche existieren, so können diese bei der Anfangsinitialisierung entsprechend berücksichtigt werden. Für das Lösungsverhalten des genetischen Algorithmus ist eine möglichst heterogene Anfangspopulation entscheidend, um eine möglichst hohe Lösungsvielfalt zu garantieren.[470] Damit wird ein großer Bereich des Suchraums mittels genetischer Operatoren effizient analysierbar, und es besteht eine hohe Wahrscheinlichkeit, daß hinreichend gute Lösungen lokalisiert werden.

7.2.3   Evolutionszyklus

7.2.3.1   Evaluierung der Individuen
Bei der Evaluierung aller Populationsmitglieder zu bestimmten Zeitintervallen erfolgt eine Unterscheidung in Bewertungs- und Fitneßfunktion. Der Bewertungswert *eval(x)* eines Individuums x quantifiziert nur die Güte des Lösungsvorschlages. Der Fitneßwert *fit(x)* eines

---

[468] Vgl. Michalewicz, Zbigniew: Genetic Algorithms + Data Structures = Evolution Programs, 1996, S. 97 ff.

[469] Vgl. Kinnebrock, Werner: Optimierung mit genetischen und selektiven Algorithmen, 1994, S. 66 ff.

[470] Vgl. Bruns, Ralf: Wissensbasierte Genetische Algorithmen: Integration von Genetischen Algorithmen und Constraint-Programmierung zur Lösung kombinatorischer Optimierung, 1996, S. 14 ff.

Individuums x bestimmt die Wahrscheinlichkeit, mit der x an der Produktion von Nachkommen für die Folgegeneration teilnimmt.[471]

$$(135) \quad p(x_i) = \frac{fit(x_i)}{Fit}$$

$$(136) \quad fit(x_i) = a \cdot eval(x_i) + b$$

$$(137) \quad Fit = \sum_i fit(x_i),$$

$p(x_i)$	*Wahrscheinlichkeit, daß Individuum x Nachkommen produziert*
$fit(x_i)$	*Fitneß eines Individuums*
Fit	*Summe der Fitneßwerte aller betrachteten Individuen*
$eval(x_i)$	*Güte der Lösung für ein Individuum x_i*
a,b	*Parameter*

Die Bewertungsfunktion stellt das eigentliche Optimierungskriterium dar. Sie orientiert sich am Phänotyp des Individuums und hängt von der Problemstellung ab. Da genetische Algorithmen nur geringe Anforderungen an die Bewertungsfunktion stellen, ist auch eine Verwendung nichtstetiger Funktionen möglich. Die Skalierung der Bewertungswerte der Individuen erfolgt mittels Fitneßfunktion, da die meisten Selektionsverfahren nur für Maximierungsprobleme mit positiven Werten anwendbar sind.[472] Dies führt zur exakteren Unterscheidung der besseren von den schlechteren Individuen. Überdurchschnittliche Individuen dürfen jedoch keinen zu starken Vorteil bei der Selektion erhalten, weil damit die Gefahr einer vorzeitigen Konvergenz des genetischen Algorithmus gegen lokale Optima besteht. Für die Fitneßfunktion wird häufig eine lineare Funktion mit den Parametern a und b gewählt.[473]

Für viele Optimierungsprobleme können identische Bewertungs- und Fitneßfunktionen verwendet werden bzw. ist eine simple Transformation der Bewertungswerte möglich. Damit erübrigt sich die Verwendung einer separaten Bewertungsfunktion. Die Fitneß der Individuen wird direkt berechnet.

7.2.3.2 Selektion der Eltern

Aufgabe der Selektion ist es, durch gerichtete Lenkung eine Entartung des Optimierungsprozesses zu einer Zufallssuche zu verhindern. Genetische Operatoren dienen hier nur zur Erzeugung neuer Individuen, weshalb eine rein zufällige Auswahl der Eltern zu keiner Ver-

---

[471] Vgl. Schöneburg, Eberhard; Heinzmann, Frank; Feddersen, Sven: Genetische Algorithmen und Evolutionsstrategien, 1994, S. 195 ff.

[472] Vgl. Bäck, Thomas: Evolutionary Algorithms in Theory and Practice: Evolution Strategies, Evolutionary Programming, Genetic Algorithms, 1996, S. 111 ff.

[473] Vgl. Goldberg, David E.: Genetic Algorithms in Search, Optimization & Machine Learning, 1989, S. 77 ff.

besserung der Lösung führt. Um dies zu erreichen, müssen bessere Individuen bei der Produktion von Nachkommen bevorzugt werden.[474] Die Fitneß wird hierfür als Maß der Qualität eines Individuums verwendet. Sie dient zur Selektion der Eltern, die für die Produktion der nachfolgenden Generation aus der jeweils aktuellen Population ausgewählt werden müssen. Die Strategie von traditionellen fitneßbasierten Selektionsverfahren besteht darin, daß Individuen mit überdurchschnittlicher Fitneß sehr wahrscheinlich gute Nachkommen erzeugen, die häufig sogar bessere Eigenschaften als die Elternindividuen aufweisen.[475] Die Selektionswahrscheinlichkeit der Individuen ist proportional zu ihrer Fitneß. Das Glücksrad-Prinzip ist der bekannteste Vertreter dieser Selektionsverfahren.[476] Jedes Individuum erhält auf dem Glücksrad einen festen Sektor, dessen Größe vom Verhältnis der Fitneß des Individuums zur Gesamtfitneß der Population abhängt.

Die Funktionsweise des Glücksrad-Prinzips beinhaltet folgende Schritte:[477]

1. Bewertung jedes Individuums x_i mit der Fitneßfunktion $fit(x_i)$,
2. Summenbildung über alle Fitneßwerte mit der Funktion Fit
3. Zufällige Anordnung aller Individuen in einer Liste,
4. Indizierung aller Individuen der Liste mit natürlichen Zahlen i,
5. Generierung von Zufallszahlen $n, m : 1 \leq n, m \leq Fit$,
6. Auswahl des Individuums x_{i1}, für das als erstes in der Liste gilt: $\sum_{i1} fit(x_{i1}) \geq n$,
7. Auswahl des Individuums x_{i2}, für das als erstes in der Liste gilt: $\sum_{i2} fit(x_{i2}) \geq m$ und
8. Ausgabe des Elternpaares (x_{i1}, x_{i2}) zur Durchführung des Crossover, weiter bei 6., bis alle Elternpaare bestimmt sind, sonst Abbruch.

Bei jeder Drehung des Glücksrades werden zufällig Elternindividuen für die Produktion von Nachkommen ausgewählt. Überdurchschnittliche Individuen werden aufgrund ihrer hohen Selektionswahrscheinlichkeit $p(x_i)$ häufiger bei der Selektion berücksichtigt als weniger gute Individuen.[478]

Abbildung 61 veranschaulicht diesen Sachverhalt grafisch.

Fitneßbasierte Selektionsverfahren tendieren zu starker Bevorzugung überdurchschnittlicher Lösungsvorschläge. Dadurch könnten einige wenige Individuen die gesamte Population beherrschen, würde sich die Suche des genetischen Algorithmus nur auf einen Teilbereich des Lösungsraums konzentrieren.[479] Andererseits dürfen gute Lösungsvorschläge nicht zu

---

[474] Vgl. Davis, Lawrence (Hrsg.): Handbook of Genetic Algorithms, 1991, S. 13 ff.

[475] Vgl. Nissen, Volker: Einführung in Evolutionäre Algorithmen. Optimierung nach dem Vorbild der Evolution, 1997, S. 65 ff.

[476] Vgl. Goldberg, David E.: Genetic Algorithms in Search, Optimization & Machine Learning, 1989, S. 11 ff.

[477] Vgl. Schöneburg, Eberhard; Heinzmann, Frank; Feddersen, Sven: Genetische Algorithmen und Evolutionsstrategien, 1994, S. 204.

[478] Vgl. Kinnebrock, Werner: Optimierung mit genetischen und selektiven Algorithmen, 1994, S. 71 ff.

[479] Vgl. Heistermann, Jochen: Genetische Algorithmen. Theorie und Praxis evolutionärer Optimierung, 1994, S. 123 ff.

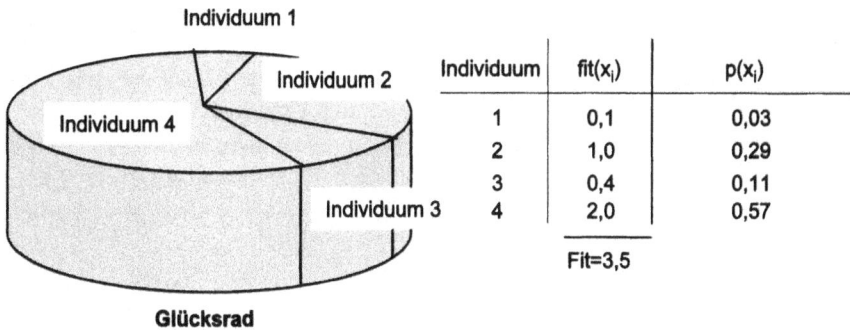

Individuum	fit(x_i)	p(x_i)
1	0,1	0,03
2	1,0	0,29
3	0,4	0,11
4	2,0	0,57

Fit=3,5

Abbildung 61: Glücksrad-Prinzip (Quelle: In Anlehnung an Nissen, Volker: Einführung in Evolutionäre Algorithmen. Optimierung nach dem Vorbild der Evolution, 1997, S. 65)

stark abgeschwächt werden, da damit die Effizienz des Verfahrens sinkt und/oder ein Optimum unter Umständen nicht erreicht wird. Für die Lösung dieses Problems bieten sich rangbasierte Selektionsverfahren an.[480] Hier werden die Fitneßwerte allein zur Sortierung der Individuen verwendet. Das Ergebnis ist ein fitneßbasiertes Ranking. Die Selektionswahrscheinlichkeit der Individuen ist jetzt vom Rang, nicht von den absoluten Fitneßwerten, abhängig. Für diese Methode spricht auch, daß keine Skalierung der Bewertungswerte durchgeführt werden muß.[481]

7.2.3.3   Genetische Operatoren zur Veränderung der Nachkommen

Genetische Operatoren werden zur Produktion von Nachkommen und zur Modifikation der Chromosomen benötigt. Sie wurden in ihrer grundlegenden Funktionsweise den biologischen Vorbildern nachempfunden. Zahlreiche Variationen und Erweiterungen haben sich in der simulierten Evolution als praktikabel herausgestellt. Ihr spezifischer Einsatz und die Wahl geeigneter Evolutionsparameter müssen daher stets in Abhängigkeit von der konkreten Aufgabenstellung erfolgen.

Crossover

Das Crossover als wichtigster Such-Operator genetischer Algorithmen dient der effizienten Suche im globalen Lösungsraum. Es läßt sich individuell der Problemstellung anpassen. Dadurch wird problemspezifisches Wissen über die Beschaffenheit des Suchraums bei der Produktion von Nachkommen durch koordinierten Austausch von Erbinformationen auf Genotypebene zwischen zwei oder mehreren Elternindividuen berücksichtigt.[482]

---

[480]   Vgl. Kinnebrock, Werner: Optimierung mit genetischen und selektiven Algorithmen, 1994, S. 72 ff.

[481]   Vgl. Nissen, Volker: Einführung in Evolutionäre Algorithmen. Optimierung nach dem Vorbild der Evolution, 1997, S. 69 ff.

[482]   Vgl. Schöneburg, Eberhard; Heinzmann, Frank; Feddersen, Sven: Genetische Algorithmen und Evolutionsstrategien, 1994, S. 198 ff.

Bewährte elterliche Teilstrukturen können direkt an die Nachkommen weitergegeben werden. Durch die Neukombination guter Teilstrings der Eltern sollen Nachkommen mit einer höheren Güte entstehen. Die Crossover-Wahrscheinlichkeit gibt an, wie hoch der Anteil der Eltern ist, aus denen in jeder Generation Nachkommen durch Crossover erzeugt werden.[483] Die wichtigsten Varianten des Crossover werden nachfolgend dargestellt (vgl. Abbildung 62).

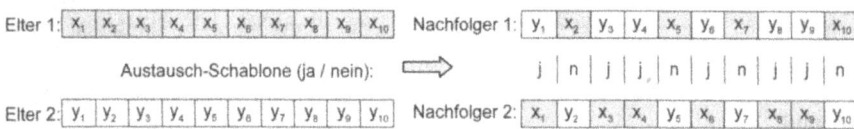

Abbildung 62: Crossover-Verfahren (Quelle: In Anlehnung an Nissen, Volker: Einführung in Evolutionäre Algorithmen. Optimierung nach dem Vorbild der Evolution, 1997, S. 53-54)

Die Standardform des Crossover ist das One-Point-Crossover.[484] Innerhalb der Chromosomen erfolgt am sogenannten Crossover-Punkt, einer zufällig bestimmten Bruchstelle p, ein kreuzweiser Austausch der binären Teilstrings der Elternindividuen:[485]

Für zwei Eltern $x_t=(x_{t,1},...,x_{t,n})$ und $y_t=(y_{t,1},...,y_{t,n})$ in der Generation t wird zufällig eine Zahl $p \in \{1,...,n-1\}$ gewählt und zwei Nachkommen für die Generation $t+1$ gebildet: $x_{t+1}=(x_{t+1,1},...,x_{t+1,p},\ y_{t+1,p+1},...,y_{t+1,n})$ und $y_{t+1}=(y_{t+1,1},...,y_{t+1,p},\ x_{t+1,p+1},\ ...,x_{t+1,n})$ (vgl. Abbildung 62).

Da nur eine geringe Durchmischung der Chromosomen stattfindet, ist diese Methode für komplexe Suchräume mit mehreren Dimensionen nicht ausreichend effizient.

---

[483] Vgl. Schwarz, Markus: Ein massiv paralleles Rechnersystem für die Emulation neuronaler Netzeund genetischer Algorithmen mit Anwendungen in der Bildmustererkennung, 1993, S. 24 ff.

[484] Vgl. Davis, Lawrence (Hrsg.): Handbook of Genetic Algorithms, 1991, S. 16 ff.

[485] Vgl. Schubart, Michael: http://www.ra.informatik.tu-darmstadt.de/lehre/seminare/studpublik/schubart/node14.html, 1999.

Das N-Point-Crossover ist eine Verallgemeinerung des One-Point-Crossover.[486] Es werden N Crossover-Punkte zufällig gewählt, an denen die binären Teilstrings wechselseitig miteinander vertauscht werden. Die Anzahl der Crossover-Punkte darf nicht zu hoch sein. Anderenfalls werden sonst gute Teilstrings zerstört, was das Konvergenzverhalten des genetischen Algorithmus verschlechtert.

Eine Crossover-Variante, bei der theoretisch jede beliebige Bitposition ausgetauscht werden kann, ist das Uniform-Crossover.[487] Hier bestimmt eine zufällig generierte Schablone, welche Bits der Elternindividuen miteinander vertauscht werden.

Normalerweise wird bei der Positionierung der Crossover-Punkte keine Rücksicht darauf genommen, ob die Trennung mitten durch Gene erfolgt. In der praktischen Anwendung hat es sich aber als vorteilhaft erwiesen, die Crossover-Punkte nur an den Gengrenzen zu plazieren, so daß zusammengehörige Teilbereiche nicht getrennt werden.[488] Im Falle nichtbinärer Kodierung sind bei der Durchführung des Crossover einige Besonderheiten zu beachten. Für reelle Zahlen könnte zwar auch ein Crossover-Verfahren Verwendung finden, das an den Crossover-Punkten einen wechselseitigen Austausch reeller Teilstrings durchführt, doch häufiger wird bei der reellen Kodierung das sogenannte Intermediäre Crossover angewendet (vgl. Abbildung 63).[489] Die Produktion eines Nachkommen erfolgt dabei durch Mittelwertbildung zwischen den reellen Attributen zweier Elternindividuen.

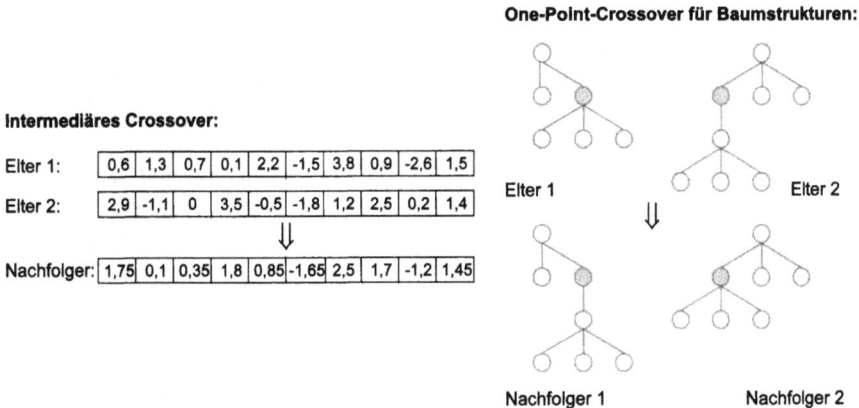

One-Point-Crossover für Baumstrukturen:

Intermediäres Crossover:

Elter 1:

| 0,6 | 1,3 | 0,7 | 0,1 | 2,2 | -1,5 | 3,8 | 0,9 | -2,6 | 1,5 |

Elter 2:

| 2,9 | -1,1 | 0 | 3,5 | -0,5 | -1,8 | 1,2 | 2,5 | 0,2 | 1,4 |

⇓

Nachfolger:

| 1,75 | 0,1 | 0,35 | 1,8 | 0,85 | -1,65 | 2,5 | 1,7 | -1,2 | 1,45 |

Elter 1   Elter 2

⇓

Nachfolger 1   Nachfolger 2

Abbildung 63: Intermediäres Crossover und One-Point-Crossover für Baumstrukturen (Quelle: In Anlehnung an Baumgartner, P.: Vergleich der Anwendung Neuronaler Netze und Genetischer Algorithmen, 1998, S. 146)

---

[486] Vgl. Bäck, Thomas: Evolutionary Algorithms in Theory and Practice: Evolution Strategies, Evolutionary Programming, Genetic Algorithms, 1996, S. 114 ff.

[487] Vgl. Bruns, Ralf: Wissensbasierte Genetische Algorithmen: Integration von Genetischen Algorithmen und Constraint-Programmierung zur Lösung kombinatorischer Optimierung, 1996, S. 16 ff.

[488] Vgl. Schwarz, Markus: Ein massiv paralleles Rechnersystem für die Emulation neuronaler Netzeund genetischer Algorithmen mit Anwendungen in der Bildmustererkennung, 1993, S. 24 ff.

[489] Vgl. Kinnebrock, Werner: Optimierung mit genetischen und selektiven Algorithmen, 1994, S. 76 ff.

Das Crossover für komplexe Datenstrukturen ist komplizierter, da der Crossover-Operator häufig angepaßt werden muß, um überlebensfähige Nachkommen zu erzeugen. Außerdem gibt es für die Wahl der Crossover-Punkte Beschränkungen, da nicht jede Position zulässig ist. Bei Baumstrukturen beispielsweise läßt sich das Crossover durch den wechselseitigen Austausch von Unterbäumen an bestimmten kompatiblen Knotenpunkten realisieren (vgl. Abbildung 63).[490] Keine feste Vorgabe beim Crossover gibt es hinsichtlich der Anzahl möglicher Eltern, allerdings hat sich eine Beschränkung auf zwei Elternindividuen als zweckmäßig herausgestellt.[491]

Mutation

Mutationen besitzen einen geringeren Stellenwert als Crossover, sie sind aber für das Verhalten des genetischen Algorithmus von großer Bedeutung.[492] Als Mutation wird eine zufällig auftretende, ungerichtete Veränderung einzelner Positionen in Chromosomen bezeichnet (vgl. Abbildung 64).

Abbildung 64: Mutation (Quelle: In Anlehnung an Kingdon, J.: Intelligent Systems and Financial Forecasting, 1997, S. 33)

Im Regelfall führen Mutationen lediglich zu geringfügigen, lokalen Modifikationen der Individuen. Manchmal erfolgen durch Mutationen Veränderungen, die zur Generierung noch nicht vorhandener Lösungen eines entfernten Bereichs des Lösungsraums führen.[493] Durch Mutationen können bereits ausgestorbene Lösungsvorschläge reanimiert werden. Sie sind entscheidend für die notwendige Inhomogenität innerhalb einer Population und beugen dem endgültigen Informationsverlust innovativer Lösungen entgegen. Durch Mutation kann eine vorzeitige Konvergenz des genetischen Algorithmus durch immer homogenere Populationen verhindert werden. Wurden durch Mutation Individuen geringerer Qualität generiert, dann werden diese durch Selektion in nachfolgenden Generationen wieder eliminiert. Traditionell wird für genetische Algorithmen die gleichverteilte Individuenmutation eingesetzt.

Die Mutationswahrscheinlichkeit ist die Wahrscheinlichkeit, mit der ein Individuum mutiert.[494] Es wird eine gleichverteilte Zufallszahl ermittelt, welche die zu mutierende Position innerhalb des betroffenen Individuums bestimmt. Bei binärer Kodierung wird die zu mutierende Chromosomenposition invertiert.

---

[490] Vgl. Dracopoulos, Dimitris C.: Evolutionary Learning Algorithms for Neural Adaptive Control, 1997, S. 121 ff.

[491] Vgl. Braun, Heinrich: Neuronale Netze: Optimierung durch Lernen und Evolution, 1997, S. 174 ff.

[492] Vgl. Goldberg, David E.: Genetic Algorithms in Search, Optimization & Machine Learning, 1989, S. 14 ff.

[493] Vgl. Bruns, Ralf: Wissensbasierte Genetische Algorithmen: Integration von Genetischen Algorithmen und Constraint-Programmierung zur Lösung kombinatorischer Optimierung, 1996, S. 17 ff.

[494] Vgl. Bäck, Thomas: Evolutionary Algorithms in Theory and Practice: Evolution Strategies, Evolutionary Programming, Genetic Algorithms, 1996, S. 113 ff.

Zu mutierendes Individuum: x		
Wähle für jede Position $x[i]$ eine feste Mutationswahrscheinlichkeit $m[i]$ $(0 \leq m[i] \leq 1)$		
$i = 0$		
	$i = i + 1$	
	Generiere eine gleichverteilte Zufallszahl z $(0 \leq z \leq 1)$	
	Wahr $m[i] \leq z$ Falsch	
	$x[i] = 1 - x[i]$	
WIEDERHOLE BIS: i = Länge(x)		
Ausgabe des mutierten Individuums x		

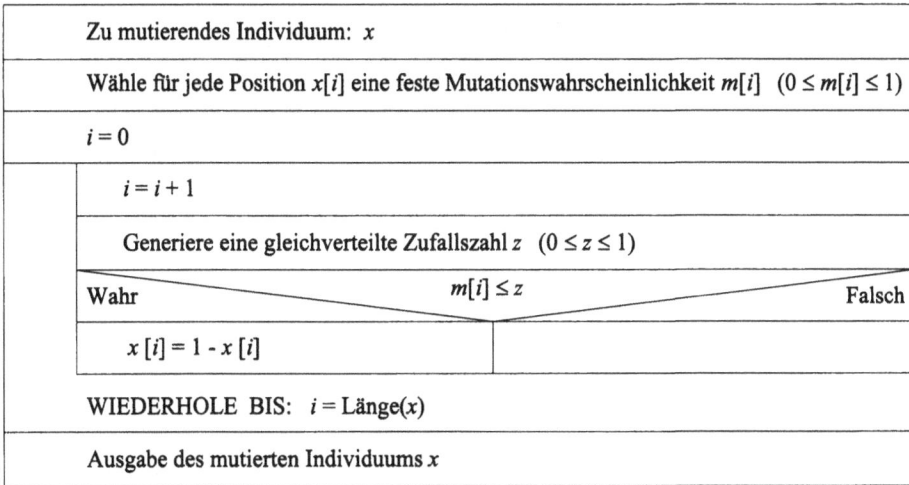

Abbildung 65: Funktionsweise der Positionsmutation (Struktogramm) (Quelle: In Anlehnung an Schöneburg, Eberhard; Heinzmann, Frank; Feddersen, Sven: Genetische Algorithmen und Evolutionsstrategien, 1994, S. 202)

Bei binärer Kodierung wird aufgrund der unterschiedlichen Wertigkeit der Positionen häufig die Positionsmutation verwendet (vgl. Abbildung 65).[495] Für jede Bitposition des Chromosoms wird die Mutationswahrscheinlichkeit individuell festgelegt, womit das binäre Kodierungsproblem entschärft wird, weil für höherwertige Positionen des binären Strings die Mutationswahrscheinlichkeit geringer wird.

Bei nichtbinärer Kodierung wird die Individuenmutation angewendet. Die konkrete Implementierung der Mutation hängt von der gewählten Kodierungsform ab. Bei reellen Zahlen wird ein zufällig bestimmter, kleiner Betrag zum aktuellen Wert addiert bzw. subtrahiert.[496]

Komplizierter ist die Mutation bei komplexen Datenstrukturen, wie z. B. Listen oder Baumstrukturen.[497] Die destruktive Mutation führt zum Löschen des zu mutierenden Elementes der Liste bzw. des betroffenen Blattes der Baumstruktur. Weniger gravierende Auswirkungen besitzt die Swap-Mutation. Bei der Swap-Mutation werden zwei kompatible Elemente innerhalb einer Liste bzw. zwei Blätter eines Baums miteinander vertauscht.

Eine weitere Möglichkeit für einen Mutations-Operator ist das zufällige Herausschneiden von Teilsequenzen einer Liste bzw. von Unterbäumen einer Baumstruktur und das Einfügen an einer kompatiblen Position.

---

[495] Vgl. Schöneburg, Eberhard; Heinzmann, Frank; Feddersen, Sven: Genetische Algorithmen und Evolutionsstrategien, 1994, S. 202 ff.

[496] Vgl. Rechenberg, Ingo: Evolutionsstrategien '94, 1994, S. 46 ff.

[497] Vgl. Koza, John R.: Genetic Programming: On the Programming of Compuers by Means of Natural Selection, 1992, S. 105 ff.

Die Wahl einer geeigneten Mutationswahrscheinlichkeit hat entscheidenden Einfluß auf das Verhalten des genetischen Algorithmus. Eine zu niedrige Mutationsrate kann die vorzeitige Konvergenz gegen lokale Minima oft nicht verhindern, eine zu hohe zerstört vorteilhafte Entwicklungen und verringert die Konvergenzgeschwindigkeit.[498] Die Mutationswahrscheinlichkeit wird normalerweise fest vorgegeben, kann allerdings auch variabel gestaltet werden und in Abhängigkeit vom Optimierungsverlauf angepaßt werden.[499]

Inversion
Die Inversion ist ein weiterer genetischer Operator. Damit wird eine Teilsequenz eines Chromosoms zwischen zwei zufällig bestimmten Inversionspunkten in ihrer Reihenfolge umgekehrt (vgl. Abbildung 66).[500]

x_1	x_2	x_3	x_4	x_5	x_6	x_7	x_8	x_9	x_{10}	$\Rightarrow$	x_1	x_6	x_5	x_4	x_3	x_2	x_7	x_8	x_9	x_{10}

Abbildung 66: Inversion (Quelle: In Anlehnung an Nissen, Volker: Einführung in Evolutionäre Algorithmen. Optimierung nach dem Vorbild der Evolution, 1997, S. 292)

Die Inversion bewirkt eine *zielgerichtete* Veränderung des Chromosoms im Gegensatz zur Mutation. Die Inversionswahrscheinlichkeit, d. h., die Wahrscheinlichkeit für die Durchführung der Inversion in einem Individuum, ist für gewöhnlich sehr klein. In der Praxis werden die Inversionspunkte an den Gengrenzen plaziert.[501] Häufig werden nicht die Reihenfolgen der einzelnen Bits, sondern nur die Positionen kompletter Gensequenzen umgekehrt.[502] Ist die Genanordnung positionsunabhängig, dann haben die Veränderungen der Inversion im Genotyp keine Auswirkungen auf den Phänotyp des Individuums. [503] Trotz dessen, daß der Phänotyp der Eltern unverändert ist, weisen die Nachkommen dieser Individuen unterschiedliche Eigenschaften auf, da die Position der Gene beim Crossover von Bedeutung ist. Mit der Inversion wird die optimale Anordnung der Gene untersucht. Praktisch ist sie nur selten sinnvoll einsetzbar und häufig wird sie nur verwendet, weil dieser genetische Operator in natura tatsächlich nachweisbar ist.

7.2.3.4   Selektion der Mitglieder der Nachfolgegeneration
Außer zur Auswahl der Elternpaare für das Crossover dient die Selektion der Auswahl von Individuen der Nachfolgegeneration. Alle Individuen, die im aktuellen Iterationsschritt keine Nachkommen produzieren, laufen Gefahr, bei der Auswahl der Folgegeneration nicht berücksichtigt zu werden, wodurch diese Entwicklungslinien aussterben würden.

---

[498]   Vgl. Dubiel, J.: Leistungsoptimierung KNN durch genetische Algorithmen, 1997, S. 91 ff.

[499]   Vgl. Rechenberg, Ingo: Evolutionsstrategien `94, 1994, S. 47 ff.

[500]   Vgl. Goldberg, David E.: Genetic Algorithms in Search, Optimization & Machine Learning, 1989, S. 166 ff.

[501]   Vgl. Dubiel, J.: Leistungsoptimierung KNN durch genetische Algorithmen, 1997, S. 92 ff.

[502]   Vgl. Schwarz, Markus: Ein massiv paralleles Rechnersystem für die Emulation neuronaler Netzeund genetischer Algorithmen mit Anwendungen in der Bildmustererkennung, 1993, S. 26 ff.

[503]   Vgl. Nissen, Volker: Einführung in Evolutionäre Algorithmen. Optimierung nach dem Vorbild der Evolution, 1997, S. 50 ff.

Die konstante Populationsdichte führt zu einem Selektionsdruck. Den Generationswechsel überstehen nur erfolgversprechende Lösungsvorschläge. Für die Selektion der Nachfolgegeneration existieren unterschiedliche Austauschstrategien.

Das einfachste Modell ist das Generational-Replacement,[504] welches zumeist dann zum Einsatz kommt, wenn die Fitneß nur mittels Approximation ermittelt werden konnte. Dabei werden alle Mitglieder der aktuellen Population vollständig durch ihre Nachkommen ersetzt. Dies kann die Dominanz einiger weniger Individuen der aktuellen Generation zerstören. Die Konvergenzgeschwindigkeit ist hierbei relativ niedrig. Nachteilig ist bei dieser Methode, daß gute Lösungsvorschläge durch die Ersetzung verloren gehen können, so daß die Nachfolgegeneration schlechter als die Generation der Eltern wäre. Für dieses Problem bieten Elitist-Strategien Lösungen.[505] Diese sollten dann angewandt werden, wenn sich die Fitneß der Individuen effizient und exakt berechnen läßt. Die Elite, d. h. eine fest vorgegebene Anzahl überdurchschnittlicher Individuen der aktuellen Generation, wird in die nächste Generation übernommen und kann die Nachfolgepopulation dann dominieren, wenn sie deutlich besser als die produzierte Nachkommenschaft ist. Wird die Elite zum Zwecke der Einflußreduktion auf die neue Generation vor der Übernahme Mutationsoperationen unterzogen, wird dies als schwache Elitist-Strategie bezeichnet.

Beim Steady-State Ansatz besteht die Nachfolgegeneration im Gegensatz zu den vorher vorgestellten Verfahren vorrangig aus den besten Mitgliedern der aktuellen Generation.[506] Jeder Generationswechsel führt nur zu minimalen Änderungen innerhalb der Population, da lediglich eine geringe Anzahl überdurchschnittlicher Nachkommen in die neue Generation aufgenommen wird.

Seltener werden stochastische Ersetzungsstrategien angewendet, bei denen die zu ersetzenden Mitglieder der aktuellen Generation zufällig bestimmt werden.

Die Terminierung genetischer Algorithmen erfolgt dann, wenn entweder bezüglich der Fitneß der Population ein zufriedenstellender Grad oder ein vorgegebenes Abbruchkriterium, wie z. B. die maximale Anzahl Generationen, erreicht wird.

7.2.4   Theoretischer Analyseansatz

7.2.4.1   Schemata-Theorem und implizite Parallelität

Das Schemata-Theorem[507] dient der theoretischen Untersuchung des Konvergenzverhaltens genetischer Algorithmen und wurde speziell für den genetischen Algorithmus mit binärer Kodierung, proportionaler fitneßbasierter Selektion, One-Point-Crossover und gleichverteilter Individuenmutation entwickelt. Er ist daher gut geeignet, das allgemeine Verhalten und die prinzipielle Funktionsweise genetischer Algorithmen nachzuvollziehen.

---

[504]   Vgl. Schöneburg, Eberhard; Heinzmann, Frank; Feddersen, Sven: Genetische Algorithmen und Evolutionsstrategien, 1994, S. 205 ff.

[505]   Vgl. Davis, Lawrence (Hrsg.): Handbook of Genetic Algorithms, 1991, S. 34 ff.

[506]   Vgl. Nissen, V.: Einführung in Evolutionäre Algorithmen, 1997, S. 72 ff.

[507]   Vgl. Goldberg, David E.: Genetic Algorithms in Search, Optimization & Machine Learning, 1989, S. 19 ff.

Als Schemata werden binäre Chromosomen bezeichnet, die zusätzlich zum normalen Zeichenvorrat {0;1} das Platzhalterzeichen ‚*' besitzen. Dieses „don't care" kodiert eine variable Position für die Werte 0 oder 1.[508] Für eine überdurchschnittliche Fitneß des Individuums sind allein die fixen Positionen des Chromosoms maßgeblich. So besitzt z. B. ein Individuum mit dem Chromosom <1,0,1> der Länge $m = 3$ insgesamt acht verschiedene Schemata: <1,0,1>, <*,0,1>, <1,*,1>, <1,0,*>, <*,*,1>, <1,*,*>, <*,0,*> und <*,*,*>.

Für eine Population mit p Individuen existieren zwischen 2^m (alle Individuen verfügen über identische Chromosomen) und $p \cdot 2^m$ Schemata (alle Populationsmitglieder besitzen unterschiedliche Chromosomen). Ein zu einem bestimmten Schema korrespondierender Binärstring wird als Instanz bezeichnet. Das Schema <1,*,0,0,1,*> verfügt über insgesamt 4 verschiedene Instanzen: <1,0,0,0,1,0>, <1,0,0,0,1,1>, <1,1,0,0,1,0> und <1,1,0,0,1,1>.

Einem Schema mit r variablen Positionen (‚*') können 2^r Instanzen zugeordnet werden.

Die Betrachtung der relevanten Teilsequenzen eines Binärstrings mit Schemata verdeutlicht, daß mehr Schemata durch dazugehörige Instanzen in einer Population repräsentiert werden, als die tatsächliche Populationsdichte ist. Die Anzahl der in einer Population enthaltenen und selektierten Schemata steigt überproportional mit der Anzahl der gleichzeitig betrachteten Individuen.[509] Diese Eigenschaft genetischer Algorithmen wird als impliziter Parallelismus bezeichnet. Bei einer Population mit p Mitgliedern liegt die Anzahl der indirekt gleichzeitig verarbeiteten Schemata pro Generation bei ca. $(p)^3$. Bei der Selektion überdurchschnittlicher Individuen werden alle zugehörigen Schemata mit ausgewählt und reproduziert.[510] Weil gleichzeitig mehrere Dimensionen analysiert werden, ist selbst in einem komplexen Lösungsraum eine äußerst effiziente Suche möglich. Im Gegensatz dazu untersuchen konventionelle Verfahren zu jedem Zeitpunkt nur einen Punkt des Suchbereichs.

In der praktischen Anwendung müssen genetische Algorithmen häufig an die spezifische Problemstellung angepaßt werden (z. B. reelle Kodierung). Derart erweiterte genetische Algorithmen lassen sich nicht durch das Schemata-Theorem analysieren.

7.2.4.2   Schemata-Theorem und Building Blocks

Definiert wird die Ordnung $o(S)$ eines Schemas S als Anzahl fixer Positionen eines Chromosoms, d. h. aller Stringpositionen ohne Platzhalterzeichen.[511] Die Länge $l(S)$ bezeichnet den Abstand zwischen der ersten und letzten fixen Position eines Chromosoms.

---

[508] Vgl. Heistermann, Jochen: Genetische Algorithmen. Theorie und Praxis evolutionärer Optimierung, 1994, S. 38 ff.

[509] Vgl. Schwarz, Markus: Ein massiv paralleles Rechnersystem für die Emulation neuronaler Netze und genetischer Algorithmen mit Anwendungen in der Bildmustererkennung, 1993, S. 23 ff.

[510] Vgl. Goldberg, David E.: Genetic Algorithms in Search, Optimization & Machine Learning, 1989, S. 38 ff.

[511] Vgl. Schöneburg, Eberhard; Heinzmann, Frank; Feddersen, Sven: Genetische Algorithmen und Evolutionsstrategien, 1994, S. 212 ff.

Beispiel

$$S_1 = (*,*,1,0,1,*,*,0,0) \qquad o(S_1) = 5 \qquad l(S_1) = 9 - 3 = 6$$

$$S_2 = (*,*,*,*,1,0,1,0,*) \qquad o(S_2) = 4 \qquad l(S_2) = 8 - 5 = 3$$

$$S_3 = (*,*,*,*,0,*,*,*,*) \qquad o(S_3) = 1 \qquad l(S_3) = 5 - 5 = 0$$

Die Instanzenanzahl eines Schemas S in der Generation t wird mit m (S,t) bezeichnet. Die Instanzendurchschnittsfitneß des Schemas S in der Generation t ist als $fit(S,t)$ definiert. Die Populationsdurchschnittsfitneß der Generation t ist $Fit(t)$.

Bei der gleichverteilten Individuenmutation wird die Mutationswahrscheinlichkeit eines Bits mit p_m und die Crossover-Wahrscheinlichkeit eines Individuums für das One-Point-Crossover mit p_c bezeichnet.

Für eine überdurchschnittliche Fitneß der Instanzen sind die fixen Positionen eines Schemas verantwortlich.[512] Bei fitneßbasierten Selektionsverfahren werden überdurchschnittliche Schemata zur Produktion von Nachkommen häufiger ausgewählt. Man berechnet die Anzahl der Instanzen des Schemas S in der Folgegeneration $m(S, t+1)$ durch Selektion wie folgt:

$$(138) \qquad m(S,t+1) = m(S,t) \cdot \frac{fit(S,t)}{Fit(t)}$$

$m(S, t+1)$	*Anzahl Instanzen des Schemas S in der Folgegeneration t+1*
$m(S,t)$	*Anzahl Instanzen des Schemas S der aktuellen Generation t*
$fit(S,t)$	*Fitneß des Schemas S der aktuellen Generation t*
$Fit(t)$	*Populationsdurchschnittsfitneß der aktuellen Generation t*

Die Häufigkeit eines Schemas in der neuen Generation hängt davon ab, wie sich die Durchschnittsfitneß aller Instanzen des Schemas zur durchschnittlichen Fitneß der Population verhält. Unter Vernachlässigung des Einflusses genetischer Operatoren ist festzustellen, daß die Anzahl der Nachkommen überdurchschnittlicher Schemata exponentiell anwächst.

Schemata können zerstört werden, indem durch Crossover oder Mutation die fixen Positionen verändert werden. Bspw. besteht beim Crossover die Gefahr, daß eine Abfolge fixer Positionen auseinandergerissen wird. Die Zerstörungswahrscheinlichkeit p_{Dc} eines Schemas S durch Crossover hängt vom Verhältnis der Länge $l(S)$ zur Gesamtlänge m des Schemas ab.

$$(139) \qquad p_{Dc}(S) \leq p_c \cdot \frac{l(S)}{m-1}$$

$p_{Dc}(S)$	*Zerstörungswahrscheinlichkeit eines Schemas S durch Crossover*
p_c	*Crossover-Wahrscheinlichkeit*
$l(S)$	*Abstand zwischen der ersten und letzten Position des Chromosoms*

---

[512] Vgl. Bäck, Thomas: Evolutionary Algorithms in Theory and Practice: Evolution Strategies, Evolutionary Programming, Genetic Algorithms, 1996, S. 124 ff.

Das Verhältnis entspricht der maximalen Zerstörungswahrscheinlichkeit eines Schemas durch Crossover. Beim Durchtrennen fixer Teilsequenzen eines Schemas besteht eine gewisse Wahrscheinlichkeit, daß das neu entstehende Schema wieder die gleiche fixe Teilsequenz enthält, wenn sich die Elternschemata am Crossover-Punkt ergänzen.

Die Zerstörungswahrscheinlichkeit p_{Dm} eines Schemas S durch Mutation hängt von dessen Ordnung $o(S)$ ab, da für jedes fixe Bit die gleiche Wahrscheinlichkeit besteht, mutiert zu werden. Für die Mutationswahrscheinlichkeit p_m werden stets sehr geringe Werte (z. B. 0,001) gewählt, so daß näherungsweise gilt:

$$(140) \qquad p_{Dm}(S) \approx p_m \cdot o(S)$$

$p_{Dm}(S)$ *Zerstörungswahrscheinlichkeit eines Systems S durch Mutation*

p_m *Mutationswahrscheinlichkeit*

$o(S)$ *Ordnung des Schemas S*

Die Mutationswahrscheinlichkeit eines relevanten Bits ist direkt proportional zur Anzahl fixer Positionen eines Chromosoms.

Für die Berechnung der Instanzenanzahl eines Schemas S in der Folgegeneration in Abhängigkeit von Selektion, Crossover und Mutation (Schemata-Theorem) ergibt sich folgender Zusammenhang:[513]

$$(141) \qquad m(S,t+1) \geq m(S,t) \cdot \frac{fit(S,t)}{Fit(t)} \cdot \left[1 - p_c \cdot \frac{l(S)}{m-1} - p_m \cdot o(S) \right]$$

Daraus resultiert, daß überdurchschnittliche Schemata geringer differierter Länge und niedriger Ordnung in den Folgegenerationen exponentiell häufig auftreten, da diese verstärkt Nachkommen produzieren. Dieses Verhalten bleibt auch dann erhalten, wenn durch Crossover und Mutation ein Teil der Nachkommen zerstört wird. Durch das Kombinieren kompakter Schemata mit überdurchschnittlicher Fitneß generieren genetische Algorithmen über mehrere Generationen hinweg möglichst optimale Lösungen. Dieses Grundprinzip ihrer Funktionsweise ist als Hypothese der Building-Blocks, guter Teillösungen, deren Wahrscheinlichkeit für eine Zerstörung durch Crossover und Mutation relativ gering ist, bekannt.[514]

Für spezifische Problemstellungen sind Kodierungsformen zu wählen, welche die Zusammenstellung von Building-Blocks begünstigen.[515]

Die Fitneß eines Individuums überdurchschnittlich beeinflussende Teilstrings müssen kompakt kodiert werden. Inhaltlich zusammengehörige Teilinformationen werden eng beieinander liegend kodiert, um die Wahrscheinlichkeit ihrer Zerstörung zu reduzieren.[516]

---

[513]   Vgl. Goldberg, David E.: Genetic Algorithms in Search, Optimization & Machine Learning, 1989, S. 30 ff.

[514]   Vgl. Almassy, Nikolaus: Genetic Evolution of Autonomous Agents, 1995, S. 33 ff.

[515]   Vgl. Michalewicz, Zbigniew: Genetic Algorithms + Data Structures = Evolution Programs, 1996, S. 52 ff.

[516]   Vgl. Schöneburg, Eberhard; Heinzmann, Frank; Feddersen, Sven: Genetische Algorithmen und Evolutionsstrategien, 1994, S. 215 ff.

7.2.5 Beispiel zur Optimierung einer einfachen Funktion

Am Beispiel der Optimierung einer einfachen Funktion soll der prinzipielle Ablauf genetischer Algorithmen verdeutlicht werden. Für die Funktion

$$(142) \quad f(x) = x \cdot \sin(10\pi \cdot x) + 1$$

ist das globale Maximum im Intervall [-1;2] zu bestimmen.

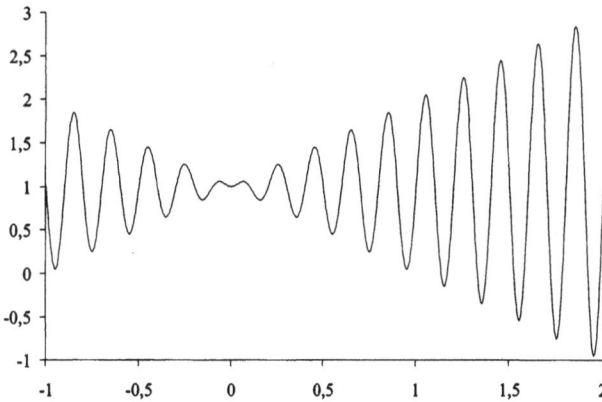

Abbildung 67: Grafische Darstellung der Funktion f(x) = x · sin(10π · x) + 1 (Quelle: In Anlehnung an Michalewicz, Zbigniew: Genetic Algorithms + Data Structures = Evolution Programs, 1996, S. 18)

Da diese Funktion mehrere lokale Maxima und Minima besitzt (vgl. Abbildung 67), ist sie zum Testen des Verhaltens genetischer Algorithmen gut geeignet.[517]

Innerhalb des Intervalls [-1;2] liegt das globale Maximum der Funktion bei 2,850274. Für die Variable x wurde die binäre Kodierung gewählt. Die reellen Zahlen wurden mit einer Genauigkeit von sechs Dezimalstellen binär kodiert. Durch das Intervall [-1;2] ergeben sich $3 \cdot 1.000.000$ diskrete Zustände zur Konvertierung des reellwertigen Phänotyps in den binären Genotyp. Zur Darstellung aller reellen Zahlen x des Intervalls ist ein 22 Bit-Vektor notwendig ($2^{22} = 4.194.304 > 3.000.000$). Der Binärstring b der Länge $l = 22$ muß zuerst in eine natürliche Zahl x' konvertiert werden.

$$(143) \quad \langle b_{l-1}, b_{l-2}, ..., b_2, b_0 \rangle = \sum_{i=0}^{l-1} b_i \cdot 2^i = x'$$

---

[517] Vgl. Michalewicz, Zbigniew: Genetic Algorithms + Data Structures = Evolution Programs, 1996, S. 18 ff.

Anschließend wird mit einer Mappingfunktion die zu x' korrespondierende reelle Zahl x berechnet. Die linke Intervallgrenze ist mit c ($c = -1$) und die rechte mit d ($d = 2$) bezeichnet.[518]

$$(144) \qquad x = c + x' \cdot \frac{d - c}{2^l - 1}$$

Die Anfangspopulation wird zufällig initialisiert und für die manuelle Simulation des genetischen Algorithmus eine Populationsdichte $p = 3$ gewählt. Als Bewertungsfunktion wird mit $eval(x) = f(x)$ die Zielfunktion (53) verwendet.

Die Anfangspopulation besteht aus folgenden drei Individuen:[519]

$x_1 = (100010111011010101000111) = 0,637197 \qquad eval(x_1) = 1,586345$
$x_2 = (000000111000000000010000) = -0,958973 \qquad eval(x_2) = 0,078878$
$x_3 = (111000000001111111000101) = 1,627888 \qquad eval(x_3) = 2,250650$

Die Bewertung $eval(x)$ der Individuen kann negative Zahlenwerte annehmen. Für die Berechnung der Fitneß der Populationsmitglieder $fit(x)$ (mit $eval_{min}$ als kleinsten Bewertungswert der Population) wurde folgende Funktion gewählt:

$$(145) \qquad fit(x) = \frac{eval(x) + |eval_{min}|}{\sum\limits_{i=1}^{p} \left(eval(x_i) + |eval_{min}| \right)}$$

Daraus ergeben sich für die drei Individuen folgende Fitneßwerte:

$fit(x_1) = 0,401$
$fit(x_2) = 0,038$
$fit(x_3) = 0,561$

Für das Crossover wird die Selektion der Eltern nach dem Glücksrad-Prinzip durchgeführt. Da die Chromosomen x_1 und x_3 die höchste Fitneß besitzen, werden sie mit einer hohen Wahrscheinlichkeit als Elternpaar für das Crossover ausgewählt. Die Nachkommen x_2' und x_3' entstehen, wenn der Crossover-Punkt nach der 5. Bitposition gesetzt wird:

$x_2 = \qquad (00000|011100000000010000)$
$x_3 = \qquad (11100|00001111111000101)$
$x_2' = \qquad (00000|00001111111000101) \qquad = -0,998113 \qquad eval(x_2') = 0,940865$
$x_3' = \qquad (11100|011100000000010000) \qquad = -1,666028 \qquad eval(x_3') = 2,459245$

Der Bewertungswert des Individuums x_3' ist höher als die Bewertung der Eltern. Angewendet wird die gleichverteilte Individuenmutation. Folgende Nachkommen x_3'' und x_3''' entstehen, wenn eine Mutation des Individuum x_3 an der 5. bzw. der 10. Bitposition erfolgt:

---

[518]   Vgl. Kinnebrock, Werner: Optimierung mit genetischen und selektiven Algorithmen, 1994, S. 79 ff.

[519]   Vgl. Michalewicz, Zbigniew: Genetic Algorithms + Data Structures = Evolution Programs, 1996, S. 19 ff.

$x_3'' =$ (1110000001111111000101) = 1,630818 $eval(x_3'') = 2,343555$
$x_3''' =$ (1110100000111111000101) = 1,721638 $eval(x_3''') = -0,082256$.

Die Mutation führte bei Individuum x_3'' im Vergleich zum Ausgangsindividuum x_3 zu einer Erhöhung des Bewertungswertes. Folgende Fitneßwerte ergeben sich für die Nachkommen der temporären Population der Größe $p = 4$:

$fit(x_2') = 0,171$
$fit(x_3') = 0,424$
$fit(x_3'') = 0,405$
$fit(x_3''') = 0$.

Zur Selektion der Individuen der Nachfolgegeneration wird die Elitist-Strategie verwendet. Das beste Individuum der alten wird mit in die Nachfolgegeneration übernommen. Die neue Generation besteht aus x_3, x_3' und x_3''. Das Individuum x_3 dominiert die Population. Für das gewählte Beispiel besteht die Gefahr einer vorzeitigen Konvergenz.

Zur Optimierung der Funktion (53) wurde eine Computersimulation durchgeführt. Deren repräsentatives Ergebnis ist in Tabelle 13 dargestellt. Als Parameter wurden verwendet: Populationsdichte = 50, Mutationsrate = 0,05 und Elite = 3.

Tabelle 13: Simulationsergebnisse für f(x) = x·sin(10πx)+1 (Quelle: Forster, Matthias: Optimierung Künstlicher neuronaler Netze mit genetischen Algorithmen, 1999, S. 42)

Generation	Durchschnittsbewertung der Population	Phänotyp bestes Individuum, x_{max}	Bewertung bestes Individuum, $eval(x_{max})$
1	1,623137	1,868582	2,559137
2	1,970544	1,859570	2,776164
7	2,716889	1,842767	2,795395
13	2,794733	1,850498	2,850272
14	2,785960	1,850552	2,850274

Bei 20 durchgeführten Testzyklen wurde das Optimum (2,850274) im Durchschnitt bereits nach 18,75 Generationen erreicht. Die minimale Anzahl benötigter Generationen lag bei vier, die maximale bei 38.

7.3   Evolutionsstrategien

Weitere Vertreter evolutionärer Algorithmen sind die Evolutionsstrategien. Im Gegensatz zu genetischen Algorithmen orientieren sich diese weniger genau am natürlichen Vorbild.[520] Evolutionsstrategien sind zur Optimierung reeller Parameter bei technischen Problemstellun-

---

[520] Vgl. Schöneburg, Eberhard; Heinzmann, Frank; Feddersen, Sven: Genetische Algorithmen und Evolutionsstrategien, 1994, S. 146 ff.

gen entwickelt worden. Die Kodierung findet durch Vektoren reeller Zahlen auf der Phäno-
typ-Ebene der Individuen statt und ist dadurch kompakter als bei genetischen Algorithmen.
Die Qualität eines Individuums bemißt sich an der zu optimierenden Funktion. Die wichtigsten Evolutionsstrategien werden nachfolgend kurz dargestellt.

(1+1)-Evolutionsstrategie:

Hier besteht die Population aus einem Individuum. Dieses wird zunächst identisch reproduziert. Im zweiten Schritt wird beim Nachkomme eine Mutation erzeugt. Dies erfolgt durch
Addition bzw. Subtraktion eines zufällig bestimmten, kleinen Wertes zu jeder reellen Zahl
des Vektors.[521] Elternindividuum und mutierter Nachkomme werden hinsichtlich ihrer Qualität bewertet und das bessere Individuum für die folgende Generation selektiert. Dieser Zyklus wiederholt sich, bis eine hinreichend optimale Lösung gefunden wurde oder ein Abbruchkriterium (z. B. Rechenzeit, Anzahl Generationen) erreicht wird.

(μ+λ)-Evolutionsstrategie:

Diese Strategie ist eine Verallgemeinerung der (1+1)-Evolutionsstrategie. Eine Population
besteht hier aus μ Individuen, von denen λ Elternindividuen für die Reproduktion ausgewählt werden ($\lambda < \mu$). Aus den μ besten Elternindividuen und den mutierten Nachkommen
wird eine neue Generation gebildet. Damit wird eine stetige qualitative Verbesserung der
Population gewährleistet.

Die Wahl der Parameter μ und λ orientiert sich am Selektionsdruck s. [522]

$$(146) \quad s = \frac{\mu}{\lambda}$$

s	*Selektionsdruck*
μ	*Anzahl Individuen innerhalb einer Klasse*
λ	*Anzahl Individuen aus μ, die als Eltern für Reproduktion be-stimmt worden sind*

Eine gute Konvergenz einer Evolutionsstrategie ist bei $s \approx 0,25$ erreicht. Der Selektionsdruck
besitzt einen entscheidenden Einfluß auf das Verhalten des Algorithmus. Da hoher Selektionsdruck zu starker Auslese führt, muß er in Abhängigkeit vom Optimierungsverlauf häufig
angepaßt werden.

(μ/ρ#λ)-Evolutionsstrategie:

Zusätzlich zum Mutations- wird ein Rekombinations-Operator verwendet, der dem Crossover bei genetischen Algorithmen ähnelt. Die μ Elternindividuen werden zufällig in λ Gruppen zu je ρ Individuen aufgeteilt (ρ ist normal 2). Die Erzeugung von Nachkommen benötigt
einen temporären Vektor, der die Mittelwerte aller reellen Zahlen der Elternvektoren gleicher

---

[521] Vgl. Rechenberg, Ingo: Evolutionsstrategien `94, 1994, S. 46 ff.

[522] Vgl. Schöneburg, Eberhard; Heinzmann, Frank; Feddersen, Sven: Genetische Algorithmen und
Evolutionsstrategien, 1994, S. 157 ff.

Position enthält. Der Nachkomme entsteht durch Mutation dieses Vektors. Es ist auch möglich, daß der temporäre Vektor durch zufälligen Austausch der reellen Zahlen der Elternvektoren gleicher Position gebildet wird.

Die in der Natur vorkommende Isolation von Populationen wird bei einer erweiterten Variante der Evolutionsstrategie berücksichtigt. Mehrere Populationen werden zunächst voneinander unabhängig weiterentwickelt. Nach einer bestimmten Anzahl von Generationen erfolgt
eine Vermischung der Populationen. Im Gegensatz zu genetischen Algorithmen ist der wichtigste Operator der Evolutionsstrategien die Mutation. Die Mutationsschrittweite gibt vor, in
welchen Größenordnungen die Veränderungen an den Individuen vorgenommen werden.
Damit bestimmt sie, wie schnell der Lösungsraum analysiert wird. Sie kann in Abhängigkeit
vom Optimierungsverlauf reguliert werden.[523]

Daß Evolutionsstrategien sehr schnell konvergieren, wurde durch empirische Tests nachge-
wiesen. In komplexen Suchräumen werden häufig nur lokale Optima bestimmt.[524] Genetische
Algorithmen dagegen analysieren durch die Anwendung des Crossover einen wesentlich
größeren Bereich des Lösungsraums. Bei komplexen Problemstellungen wird häufig das
globale Optimum gefunden. Dafür ist ihr Konvergenzverhalten problematisch. Selbst bei
einfachen Funktionen konvergieren sie relativ schlecht.

7.4   Erweiterungen genetischer Algorithmen

7.4.1   Penalty-Term

Es gibt zahlreiche Erweiterungen für die bisher beschriebene Grundvariante von genetischen
Algorithmen. Penalty-Terme (Bestrafungsterme) berücksichtigen zusätzliche Nebenbedingungen.[525] Fitneßwerte von Individuen mit unerwünschten Eigenschaften werden verringert,
um diese bei der Selektion zu benachteiligen. Die Höhe der Bestrafung sollte mindestens den
zusätzlichen „Kosten" (z. B. Zeit, Rechenleistung) entsprechen, die durch die negativen
Eigenschaften entstehen.[526] Zu hohe Strafen für Individuen sollten vermieden werden, da
sonst die Selektionswahrscheinlichkeit zu niedrig wird. Bspw. erfordert die Topologieoptimierung von KNN eine minimale Komplexität der generierten Netze. Komplexe Netzwerke müssen bestraft werden, damit deren Selektionswahrscheinlichkeit sinkt und kleinere
Netze bevorzugt werden.[527]

---

[523]   Vgl. Rechenberg, Ingo: Evolutionsstrategien `94, 1994, S. 47 ff.

[524]   Vgl. Bäck, Thomas: Evolutionary Algorithms in Theory and Practice: Evolution Strategies, Evolutionary
        Programming, Genetic Algorithms, 1996, S. 150 ff.

[525]   Vgl. Michalewicz, Zbigniew: Genetic Algorithms + Data Structures = Evolution Programs, 1996, S. 321 ff.

[526]   Vgl. Braun, Heinrich: Neuronale Netze: Optimierung durch Lernen und Evolution, 1997, S. 181 ff.

[527]   Vgl. Dubiel, J.: Leistungsoptimierung KNN durch genetische Algorithmen, 1997, S. 135 ff.

Die Berücksichtigung von Penalty-Termen in Fitneßfunktionen würde in diesem Fall folgendermaßen aussehen:

$$(147) \qquad fit_{Penalty}(x) = fit(x) - h(z)$$

$fit_{Penalty}(x)$ *Fitneß unter Berücksichtigung eines Penalty-Terms*

$fit(x)$ *Fitneß ohne Nebenbedingung*

$h(z)$ *Penalty-Funktion in Abhängigkeit von z.B. hier Anzahl Zwischenschichten in einem KNN*

Für die Penalty-Funktion wird meist eine exponentielle Funktion gewählt. Auch eine lineare Funktion ist möglich.[528] Über eine Gewichtung der Penalty-Terme kann die Auswirkung der Bestrafung einer Nebenbedingung auf die Optimierung kontrolliert werden.

Da genetische Operatoren stark in die Modellierung von Netzen eingreifen, kann es vorkommen, daß schlechte Netze in die Folgegeneration übernommen werden. Penalty-Terme bieten eine einfache Möglichkeit, die Selektionswahrscheinlichkeit dieser Netze so weit zu senken, daß sie mit einer hohen Wahrscheinlichkeit aussterben.[529] Die Anwendung von Penalty-Termen für die Bestrafung nicht funktionsfähiger Netze ist deshalb nur sinnvoll, wenn eine geringe Anzahl unzulässiger Netze generiert wird. Die fehlerhaften KNN müßten durch Reparaturalgorithmen korrigiert werden.[530]

7.4.2 Alterung

Die natürliche Evolution wird permanent von Alterungsprozessen begleitet. Bei genetischen Algorithmen kann durch Alterung die Dominanz elitärer Individuen nach Ablauf der Lebensspanne beendet werden.[531] Durch Berücksichtigung des Alterns ist die dauernde Verschiedenheit der Mitglieder einer Population gegeben, wird auch der vorzeitigen Konvergenz entgegengewirkt. Es besteht allerdings die Gefahr, daß überdurchschnittliche Populationsmitglieder durch Crossover und Mutation keine gleichwertigen Nachkommen generieren können, so daß beim Sterben des Individuums diese Entwicklungslinie verlorengeht.

Wird ein Alterungs-Operator eingeführt, steuert dieser eine sinkende Fitneß der Individuen mit zunehmendem Alter. Das kann über Penalty-Terme realisiert werden. Der Alterungsprozeß wird nach mehreren Generationen abgeschlossen. Zu Beginn des Lebenszyklus eines Individuums hat das Alter noch keine negativen Auswirkungen auf die Fitneß. Nach Erreichen einer bestimmten Altersgrenze sinkt die Fitneß des Individuums linear, bis sie den Wert Null erreicht und das Individuum stirbt. Die Kopplung des Alterungs-Operators mit einem zusätzlichen Penalty-Term ermöglicht, daß Individuen mit erfolgversprechenden Nachkommen belohnt werden, indem sie langsamer altern.

---

[528] Vgl. Schöneburg, Eberhard; Heinzmann, Frank; Feddersen, Sven: Genetische Algorithmen und Evolutionsstrategien, 1994, S. 357 ff.

[529] Vgl. Nissen, Volker: Einführung in Evolutionäre Algorithmen. Optimierung nach dem Vorbild der Evolution, 1997, S. 82 ff.

[530] Vgl. Michalewicz, Zbigniew: Genetic Algorithms + Data Structures = Evolution Programs, 1996, S. 320 ff.

[531] Vgl. Dubiel, J.: Leistungsoptimierung KNN durch genetische Algorithmen, 1997, S. 174 ff.

Die Fitneßfunktion $fit_{Alter}(x)$ für den fortschreitenden Alterungsprozeß kann folgendermaßen gestaltet werden:

$$(148) \quad fit_{Alter}(x) = fit(x) \cdot \frac{(L_{max} - A_{akt})}{L_{max}} + h(z)$$

L_{max} *maximale Lebensdauer*

A_{akt}.   *aktuelles Alter*

$h(z)$ *Penalty-Funktion in Abhängigkeit von z.B. hier Anzahl erfolg-*
                 versprechender Nachkommen

Der Alterungs-Operator kann allerdings nicht verhindern, daß sich ähnliche, elitäre Individuen untereinander fortpflanzen, deren Nachkommen die Population wiederum dominieren.

7.4.3   Verschiedenheit

Das Lösungsverhalten des genetischen Algorithmus ist von der Verschiedenheit der Individuen einer Population abhängig. Um eine optimale Lösung zu finden, sollten möglichst viele Bereiche des Lösungsraums analysiert werden. In der Natur drückt sich dieser Sachverhalt darin aus, daß „Inzest" grundsätzlich negative Auswirkungen auf die Population zur Folge hat.

Erfolgt ein Crossover von zwei einander ähnlichen Individuen, können Nachkommen entstehen, die den Eltern in vielen Merkmalen gleichen.[532] Wenige überdurchschnittliche Individuen könnten sich auf diesem Wege über mehrere Generationen exponentiell reproduzieren und die Population dominieren. Die vorteilhafte Verschiedenheit einer Population setzt eine gezielte Auswahl der Elternindividuen für Crossover voraus. Hierfür wird ein geeignetes Gütekriterium zur Beurteilung der Unterschiedlichkeit zweier Individuen benötigt. Die Ähnlichkeit zweier binär kodierter Individuen wird häufig durch den Hamming-Abstand beurteilt.[533] Er gibt an, in wievielen Positionen sich die beiden binären Strings voneinander unterscheiden. Der Hamming-Abstand kann nur dann sinnvoll eingesetzt werden, wenn eine Gray-Kodierung verwendet wird. Für die reelle Kodierungsform wird die euklidische Distanz als Ähnlichkeitsmaß verwendet. Diese setzt im konkreten Fall, der Suche nach Ähnlichkeit, eine Normierung der Vektoren voraus.

Außerdem kann die Homogenität auch über die Fitneß beurteilt werden, da verwandte Individuen häufig eine ähnliche Fitneß besitzen.[534]

Ist es nicht möglich, die vorzeitige Konvergenz gegen suboptimale Lösungen zu verhindern, dann müssen umfangreiche Mutationsoperationen bei den Individuen vorgenommen werden.

---

[532]   Vgl. Eshelman, Larry J.; Schaffer, J. David: Preventing Premature Convergence in Genetic Algorithms by Preventing Incest, 1991, S. 115 ff.

[533]   Vgl. Nissen, Volker: Einführung in Evolutionäre Algorithmen. Optimierung nach dem Vorbild der Evolution, 1997, S. 76 ff.

[534]   Vgl. Braun, Heinrich: Neuronale Netze: Optimierung durch Lernen und Evolution, 1997, S. 199 ff.

Ausgenommen sind die besten Populationsmitglieder.[535] Damit möglichst unterschiedliche Elternindividuen für Crossover ausgewählt werden können, ist eine langsame Konvergenz des genetischen Algorithmus notwendig. Das globale Optimum wird durch diese Strategie eher nicht gefunden, da überdurchschnittliche Nachkommen nur aus zwei überdurchschnittlichen Eltern produziert werden können. Es wäre möglich, über eine modifizierte Selektionsstrategie dafür zu sorgen, daß verwandte Nachkommen ihre ähnlichen Eltern ersetzen.[536]

7.4.4   Deletions-Operator

Die Deletion ist ein Spezialfall der Mutation. Ein Deletions-Operator kann ein komplettes Gen auf Null zurücksetzen. Zur Topologieoptimierung von KNN können durch den Deletions-Operator Verbindungen, Neuronen oder komplette Zwischenschichten gelöscht werden.[537]

Die Evolution verläuft in der Natur parallel. Parallele genetische Algorithmen optimieren gleichzeitig mehrere voneinander unabhängige Populationen. Diese makroskopische Sichtweise der Evolution läßt sich sehr gut auf Parallelrechnern implementieren, wodurch ein erheblicher Geschwindigkeitsgewinn erreicht wird.[538]

7.5   Einschätzung genetischer Algorithmen

Genetische Algorithmen sind gut für eine effiziente Analyse großer und komplexer Suchräume geeignet. Für sie spricht auch, daß sie sich für fast jede Problemstellung anwenden lassen. Sie benötigen nur minimales Wissen über den Anwendungsbereich, da keine Ableitungen zur Optimierung benötigt werden.[539] Ihr stochastischer Charakter ermöglicht die Analyse eines großen Bereichs des Lösungsraums. Bei hinreichend großer Populationsdichte können lokale Optima wieder verlassen werden.[540]

Dem gegenüber steht, daß genetische Algorithmen sehr rechenintensiv sind. Ständig werden neue Lösungsalternativen generiert und parallel weiterentwickelt. Sie bieten als heuristische Verfahren keinerlei Garantie, daß ein globales Optimum tatsächlich gefunden wird. Ein weiterer Nachteil ist auch die langsame Konvergenzgeschwindigkeit.

---

[535]   Vgl. Ruhland, Johannes: Topologieveränderndes Lernen in Neuronalen Netzen mittels GenetischerAlgorithmen, 1997, S. 24 ff.

[536]   Vgl. Eshelman, Larry J.; Schaffer, J. David: Preventing Premature Convergence in Genetic Algorithms by Preventing Incest, 1991, S. 116 ff.

[537]   Vgl. Dubiel, J.: Leistungsoptimierung KNN durch genetische Algorithmen, 1997, S. 173 ff.

[538]   Vgl. Schöneburg, Eberhard; Heinzmann, Frank; Feddersen, Sven: Genetische Algorithmen und Evolutionsstrategien, 1994, S. 237 ff.

[539]   Vgl. Bruns, Ralf: Wissensbasierte Genetische Algorithmen: Integration von Genetischen Algorithmen und Constraint-Programmierung zur Lösung kombinatorischer Optimierung, 1996, S. 28 ff.

[540]   Vgl. Dracopoulos, Dimitris C.: Evolutionary Learning Algorithms for Neural Adaptive Control, 1997, S. 117 ff.

8 Kombination von Analyseverfahren

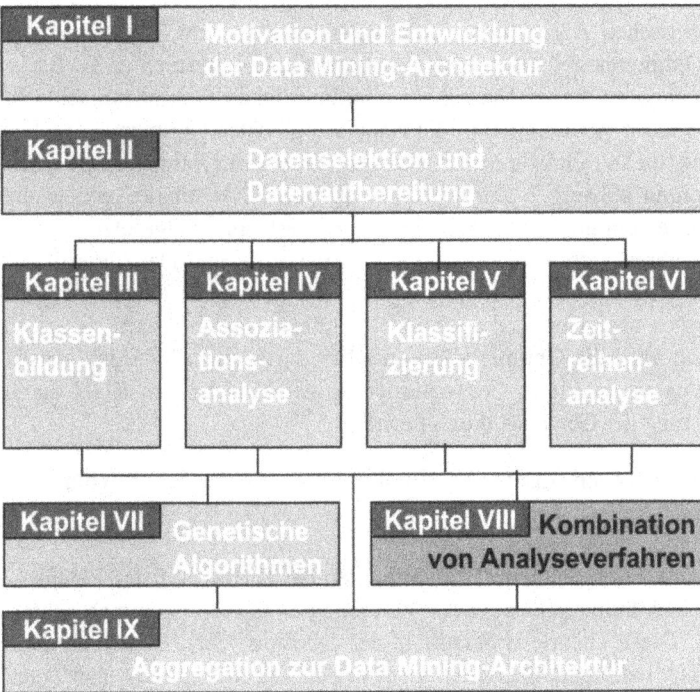

Abbildung 68: Einordnung von Kapitel 8 in die Struktur der Arbeit

8.1 Neuronale Netze und genetische Algorithmen

8.1.1 Optimierungsansätze für neuronale Netze

In der Natur optimieren Evolution und Lernen biologische KNN.[541] Die Evolution findet über mehrere Generationen statt, Lernen während der Existenz eines Individuums. Die Evolution führt zu größeren Veränderungen und bestimmt die grundlegende Struktur des Phänotyps von KNN. Lernvorgänge bewirken deren Feinoptimierung. Die Phänotypen unterliegen dabei nur geringen Änderungen.

Genetische Algorithmen eignen sich hervorragend für die Suche in komplexen Lösungsräumen. Ein Hauptproblem stellt ihr mangelndes Konvergenzverhalten dar. Oftmals wird das globale Optimum mit genetischen Algorithmen nicht vollständig erreicht,[542] sondern eine Lösung in der Nähe des Optimums gefunden. Gradientenorientierte Verfahren (z. B. Backpropagation) konvergieren dagegen immer. Sie können allerdings lokale Optima nur schlecht überspringen und gelangen meist nicht einmal in die Nähe des globalen Optimums. Die Ursache liegt darin, daß häufig mehrere lokale Minima existieren und der Optimierungsverlauf von der Anfangsinitialisierung abhängt.[543] Zur Optimierung von KNN können genetische Algorithmen, gekoppelt mit einem gradientenorientierten Lernverfahren, eingesetzt werden. Die Nachteile beider Verfahren werden damit aufgehoben. Dieser hybride Algorithmus durchsucht effizient lokale Regionen mit Backpropagation, der globale Lösungsraum wird durch genetische Algorithmen analysiert und auch lokale Optima können wieder verlassen werden.[544] Analog zur Natur wird die Optimierung von KNN durch einen hybriden genetischen Algorithmus in 2 Phasen unterteilt: Groboptimierung der Struktur von KNN durch Evolution und Feinoptimierung der Gewichte durch Lernen.

LAMARCK und BALDWIN entwickelten Ansätze zur Kombination von Lernen und Evolution.

Ansatz nach Lamarck
Der Naturwissenschaftler LAMARCK stellte im 19. Jahrhundert die Theorie auf, daß Fähigkeiten und erlerntes Wissen eines Individuums bei der Vererbung an die Nachkommen weitergegeben werden können.[545] Diese Theorie widerspricht der darwinistischen Evolution, denn erworbene Fertigkeiten eines Individuums können nicht in den Gencode zurück übertragen werden.[546] Für die Simulation ist jedoch eine Rücktransformation der Ergebnisse des lokalen Optimierungsverfahrens in den genetischen Code vorgesehen, so daß diese bei der Fortpflan-

---

[541]   Vgl. Braun, Heinrich: Neuronale Netze: Optimierung durch Lernen und Evolution, 1997, S. 193 ff.

[542]   Vgl. Ruhland, Johannes: Topologieveränderndes Lernen in Neuronalen Netzen mittels GenetischerAlgorithmen, 1996, S. 27 ff.

[543]   Vgl. Kinnebrock, Werner: Neuronale Netze: Grundlagen, Anwendungen, Beispiele, 1994, S. 42 ff.

[544]   Vgl. Kinnebrock, Werner: Optimierung mit genetischen und selektiven Algorithmen, 1995, S. 160 ff.

[545]   Vgl. Gruau, Frederic; Whitley, Darrell: The cellular developmental of neural networks: the interaction of learning and evolution, 1993, S. 10 ff.

[546]   Vgl. Almassy, Nikolaus: Genetic Evolution of Autonomous Agents, 1995, S. 38 ff.

zung an die Nachkommen vererbt werden können. Die lokale Optimierung erfolgt nach jedem Evolutionsschritt mit einem Gradientenabstiegsverfahren.[547] Hybride genetische Algorithmen nach der Lamarck-Evolution besitzen eine hohe Wahrscheinlichkeit schnell zu konvergieren, da sich die Lösungen auf nur wenige Bereiche des Lösungsraumes konzentrieren. Sie können dadurch nach wenigen Generationen gute Lösungen finden. Bei komplexen Funktionen werden oft nur lokale Optima gefunden.

Ansatz nach Baldwin

Eine weitere Möglichkeit Evolution und Lernen miteinander zu verbinden, ist die Anwendung des Baldwin-Effektes. Dieser widerspricht nicht den Prinzipien der darwinistischen Evolution. Der Naturwissenschaftler BALDWIN widerlegte die Theorie von Lamarck. Er zeigte, daß sich die Lernfähigkeit des Menschen positiv auf seine Fitneß auswirkt, wodurch sich seine Überlebens- und Reproduktionswahrscheinlichkeit erhöht.[548] Übertragen auf genetische Algorithmen bedeutet die Anwendung des Baldwin-Effektes, daß das Ergebnis der lokalen Optimierung nicht in den genetischen Code zurück übertragen wird, sondern nur zur Berechnung der Fitneß dient. Es ergibt sich eine veränderte Fitneßstruktur, wodurch die Selektionswahrscheinlichkeit der Individuen für die Produktion von Nachkommen beeinflußt wird. Der Baldwin-Effekt führt zu einer Glättung der Fitneßwerte in der Nähe lokaler Optima. Die Inhomogenität einer Population bleibt erhalten, da keine direkte Veränderung der einzelnen Individuen erfolgt. Untersuchungen haben gezeigt, daß hybride genetische Algorithmen unter Nutzung des Baldwin-Effektes *häufiger das globale Optimum* finden als traditionelle genetische Algorithmen bzw. hybride genetische Algorithmen mit Lamarckismus.[549] Allerdings benötigen genetische Algorithmen unter Nutzung des Baldwin-Effektes wesentlich mehr Generationen, bevor eine Lösung gefunden wird.

Lernen unter Anwendung des Baldwin-Effektes schneidet im Zeitvergleich mit dem Lamarckschen Herangehen schlechter ab. Aus diesem Grund ist es für zeitkritische Anwendungen günstiger, eine genetische Optimierung von bspw. KNN entsprechend des Lamarckismus zu realisieren.

8.1.2 Optimierungspotential bei neuronalen Netzen

8.1.2.1   Optimierung der Gewichtsstruktur

Genetische Algorithmen können zur Optimierung fast aller Parameter von KNN eingesetzt werden. Sie eignen sich auch als Trainingsverfahren zur Änderung der Gewichte eines KNN.[550] Zu Beginn des Netztrainings sind die in einer Population vertretenen Lösungen sehr

---

[547] Vgl. Whitley, Darrell; Gordon, V. Scott; Mathias, Keith E.: Larmarckian Evolution, The Baldwin Effect and Function Optimization, 1994, S. 6 ff.

[548] Vgl. Whitley, Darrell; Gordon, V. Scott; Mathias, Keith E.: Larmarckian Evolution, The Baldwin Effect and Function Optimization, 1994, S. 7 ff.

[549] Vgl. Whitley, Darrell; Gordon, V. Scott; Mathias, Keith E.: Larmarckian Evolution, The Baldwin Effect and Function Optimization, 1994, S. 11 ff.

[550] Vgl. Braun, Heinrich: Neuronale Netze: Optimierung durch Lernen und Evolution, 1997, S. 205 ff.

breit gestreut. Eine Aufgabe der genetischer Algorithmen ist es, unterschiedliche Gebiete des Suchraums effizient zu analysieren und schnell erfolgversprechende Lösungsräume einzugrenzen. Genetische Algorithmen konvergieren langsamer als bspw. Gradientenabstiegsverfahren, da die Information des Gradienten bei der Optimierung nicht berücksichtigt wird. Eine Kopplung genetischer Algorithmen mit gradientenorientierten Verfahren führt zu einer verbesserten Effizienz des Gewichtstrainings. Der genetische Algorithmus übernimmt bei einem solchen hybriden Ansatz nur die Groboptimierung der Gewichtsstruktur und lokalisiert schnell geeignete Startlösungen für die weitere Feinoptimierung der Gewichte durch ein Gradientenabstiegsverfahren.

Nicht in jedem Fall ist es sinnvoll, gradientenorientierte Algorithmen für das Trainieren der Gewichte von KNN einzusetzen. Bei Recurrent-Netzen z.B. können genetische Algorithmen erfolgreich eingesetzt werden, da sie keine Information über den Gradienten benötigen. Genetische Algorithmen werden dann direkt für das Training von KNN durch bestärkendes Lernen (reinforcement learning) angewendet.[551] Die Problemstellungen mit bestärkendem Lernen werden in ein Problem mit überwachtem Lernen (supervised learning) umgewandelt. Es wird indirekt oder heuristisch ein Ziel-Outputwert für jeden Inputwert generiert, um die Voraussetzungen für ein Gradientenverfahren zu schaffen. Dieses komplizierte Vorgehen ist für das Training von KNN beim bestärkenden Lernen durch genetische Algorithmen nicht notwendig. Als Gütekriterium der KNN mit unterschiedlicher Gewichtsstruktur dienen nur die relativen Leistungsunterschiede bezüglich ihrer Generalisierungsfähigkeit.

8.1.2.2   Optimierung der Netztopologie

Lernverhalten und Modellgüte eines KNN hängen wesentlich von dessen Netztopologie ab.[552] Diese wiederum muß aufgabenspezifisch entwickelt werden. Die Topologie eines KNN ist entscheidend für die Menge an Information, die mit einem Netz verarbeitet und gewonnen werden kann. Ein Problem besteht darin, daß einerseits oft in kleinen Netzen nicht genügend Information abgebildet werden kann, andererseits besitzen zu komplexe Netze eine schlechte Generalisierungsfähigkeit, da sie sich an die Aufgabenstellung optimal anpassen und diese auswendig lernen.[553] Die Wahl einer geeigneten Topologie ist ein zeitaufwendiger Prozeß, der beim Netzdesigner viel Erfahrung voraussetzt. Mit genetischen Algorithmen können zielgerichtet große Suchräume möglicher Netztopologien analysiert werden, um passende Modelle zu erhalten.[554] Die Topologieoptimierung von KNN umfaßt die Anzahl der Zwischenschichten, die Anzahl der Neuronen pro Schicht sowie die Verbindungen zwischen den Neuronen. Die Anzahl der Neuronen von Input- und Ausgabeschicht wird durch die reale Problemstellung vorgegeben.

---

[551]   Vgl. Whitley, Darrell: Genetic Algorithms and Neural Networks, 1995, S. 5 ff.

[552]   Vgl. Schöneburg, Eberhard; Heinzmann, Frank; Feddersen, Sven: Genetische Algorithmen und Evolutionsstrategien, 1994, S. 344 ff.

[553]   Vgl. Ruhland, Johannes: Topologieveränderndes Lernen in Neuronalen Netzen mittels GenetischerAlgorithmen, 1997, S. 57 ff.

[554]   Vgl. Patterson, Dan W.: Künstliche neuronale Netze: das Lehrbuch, 1996, S. 471 ff.

Bei der Topologieoptimierung kann konstruktiv und destruktiv vorgegangen werden.[555] Konstruktive Algorithmen beginnen mit einem minimalen Netzwerk, zu dem schrittweise Zwischenschichten, Neuronen und Verbindungen hinzugefügt werden, bis ein geeignetes Modell erreicht wird. Destruktive Algorithmen (z. B. Pruning-Algorithmen) verkleinern ein komplexes Netzwerk, indem nicht benötigte Verbindungen, Neuronen und Zwischenschichten gelöscht werden. Dies erfolgt solange, bis negative Auswirkungen auf das Verhalten des Netzwerkes festzustellen sind.[556] Destruktive und konstruktive Algorithmen modifizieren die Topologie eines einzelnen KNN, und nur das qualitativ bessere Netzwerk wird weiterentwickelt.[557] Somit wird nur ein kleiner Teilbereich des Lösungsraums untersucht, weshalb das globale Optimum nur selten lokalisiert wird.

Der Lösungsraum bei der Topologieoptimierung besitzt folgende Eigenschaften: [558]

- theoretisch unendlich groß, da die Anzahl der Neuronen und Verbindungen unbegrenzt ist,
- Differenzierbarkeit im Lösungsraum ist nicht gegeben, da nur diskrete Veränderungen der Neuronenanzahl oder der Verbindungen möglich sind (die Auswirkungen auf das Verhalten des KNN sind nicht kontinuierlich),
- komplex und verrauscht, da der Zusammenhang zwischen Modell und Verhalten des KNN nur indirekt abgebildet wird,
- nicht eindeutig, da KNN ähnlicher Topologie ein unterschiedliches Verhalten besitzen können und
- multimodal, da Netze unterschiedlicher Topologie ein ähnliches Verhalten besitzen können.

Die Optimierung der Topologie eines vollvernetzten Feedforward-Netzes setzt die Bestimmung der geeigneten Anzahl Neuronen für jede Zwischenschicht voraus. Die Anzahl möglicher Kombinationen $p(h,l)$ zur Aufteilung von h Neuronen auf l Zwischenschichten wird folgendermaßen rekursiv berechnet:[559]

$$(149) \quad p(h,l) = \begin{cases} 0 & \text{falls } h < 1 \\ 1 & \text{falls } h = 1 \text{ oder } l = 1 \\ p(h-1,l-1) + p(h-1,l) & \text{falls } h > l \end{cases}$$

---

[555] Vgl. Zhang, Byoung-Tak: Lernen durch Genetisch-Neuronale Evolution: Aktive Anpassung an unbekannte Umgebungen mit selbstentwickelnden parallelen Netzwerken, 1992, S. 151 ff.

[556] Vgl. Kingdon, Jason: Intelligent Systems and Financial Forecasting: Perspectives in NeuralComputing, 1997, S. 83 ff.

[557] Vgl. Angeline, Peter J.; Saunders, Gregory M.; Pollack, Jordan B.: An Evolutionary Algorithm that Constructs Recurrent Neural Networks, 1994, S. 54 ff.

[558] Vgl. Yao, Xin: Evolutionary Artificial Neural Networks, 1995, S. 17 ff.

[559] Vgl. Schiffmann, Wolfram; Joost, Merten; Werner, Randolf: Application of Genetic Algorithms to the Construction of Topologies for Multilayer Perceptrons, 1993, S. 675 ff.

Die nachfolgende Tabelle verdeutlicht, wie schnell die Anzahl der Kombinationsmöglich-keiten $p(h,l)$ zur Verteilung der Neuronen auf die einzelnen Zwischenschichten wächst:

Tabelle 14: Verteilungsmöglichkeiten einer festen Anzahl Neuronen auf Zwischenschichten (Quelle: In Anlehnung an Schiffmann, Wolfram; Joost, Merten; Werner, Randolf: Application of Genetic Algorithms to the Construction of Topologies for Multilayer Perceptrons, 1993, S. 676)

h / l	10	20	30	50	70	100
1	1	1	1	1	1	1
2	9	19	29	49	69	99
3	36	171	406	1176	2346	4851
4	84	969	3654	18424	52394	156849
5	126	3876	23751	211876	864501	3764376

Ein Feedforward-Netz mit sigmoider Aktivierungsfunktion und nur einer Zwischenschicht kann jede beliebige Funktion approximieren.[560] Komplexe Netze können häufig vereinfacht werden, ohne die Generalisierungsfähigkeit zu beeinträchtigen. Die minimale Komplexität der Topologie von KNN ist eine wichtige Nebenbedingung bei der Optimierung mit geneti-schen Algorithmen.[561] Diese Forderung hat gleichzeitig positive Auswirkungen auf das Lauf-zeitverhalten des Algorithmus, da der Trainingsvorgang für kleine Netze wesentlich schnel-ler verläuft. Bereits kleinste Topologieveränderungen wirken stark auf die Modellierung. Deshalb wird die Topologieoptimierung mit der Optimierung der Gewichtsstruktur kombi-niert. Neue Netzwerke benötigen auch immer wieder eine zusätzliche Trainingsphase der Gewichte, um sich erfolgreich bei der Selektion durchzusetzen. Dieses Vorgehen entspricht dem natürlichen Vorbild.[562] Die Anwendung genetischer Algorithmen zur Optimierung der Verbindungsstruktur bietet sich an. Konkret bedeutet dies, wenn die Anzahl der Zwischen-schichten und der Neuronen pro Schicht bestimmt sind, sollte die optimale Anzahl an Ver-bindungen gefunden werden. Für reale Problemstellungen sind vollvernetzte Topologien eher nachteilig, denn überflüssige Verbindungen verlangsamen den Trainingsprozeß.

Lernen in einem neuronalen Netz kann mit einem Gradientenabstiegsverfahren oder durch einen zweiten genetischen Algorithmus erfolgen. Durch den genetischen Algorithmus wird ein neuronales Netz mit veränderter Topologie erzeugt. Im Anschluß erfolgt das Training der Gewichte. Das Gradientenabstiegsverfahren findet bei einer zufälligen Initialisierung der Startgewichte häufig nur „schlechte" lokale Minima. Die Initialisierung der Gewichte sollte deshalb gezielt erfolgen, so daß häufiger „bessere" lokale Minima gefunden werden können. Dies ist bei Verwendung eines hybriden genetischen Algorithmus nach der Lamarck-Evo-lution möglich. Die Gewichte der trainierten Elternnetze werden an die Nachkommen als Initialgewichte für das nächste Lernverfahren weitergegeben. Dadurch wird dem Trainings-

---

[560] Vgl. Schiffmann, Wolfram; Joost, Merten; Werner, Randolf: Application of Genetic Algorithms to the Construction of Topologies for Multilayer Perceptrons, 1993, S. 675 ff.

[561] Vgl. Zhang, Byoung-Tak: Lernen durch Genetisch-Neuronale Evolution: Aktive Anpassung an unbekannte Umgebungen mit selbstentwickelnden parallelen Netzwerken, 1992, S. 164 ff.

[562] Vgl. Dubiel, J.: Leistungsoptimierung KNN durch genetische Algorithmen, 1997, S. 105 ff.

algorithmus eine Lernrichtung vorgegeben. Die Trainingszeit verkürzt sich erheblich. Die Ähnlichkeit zwischen den Netzwerktopologien der Eltern und der Nachkommen bewirkt, daß das Trainingsverfahren durch die Gewichte der überdurchschnittlichen Elternnetze auch für das neu generierte Netz ein gutes Minimum findet.[563] Gewichte, die zufällig initialisiert wurden, würden in vielen Fällen nur eine mittelmäßige Gewichtsstruktur finden und trotz guter Qualität, aufgrund der schlechteren Bewertung, frühzeitig aussterben. Die Anwendung des Lamarckismus führt bei der Topologieoptimierung von KNN zu einer schnelleren Konvergenz und ist für die effiziente Anwendung genetischer Algorithmen sinnvoll.

Um die Güte einer Topologie richtig bewerten zu können, ist es sinnvoll, mehrere Trainingsdurchgänge mit unterschiedlicher Anfangsinitialisierung der Gewichte zu realisieren. Die Verwendung der Gewichtsstruktur der Elternnetze als Initialgewichte für den Trainingsalgorithmus kann nicht garantieren, daß der Lernvorgang immer erfolgreich verläuft.[564]

Der Zeitbedarf für die Topologieoptimierung mit anschließendem Training der Gewichtsstruktur ist im Vergleich zur genetischen Optimierung, bei der nur die Gewichte oder die Topologie angepaßt werden, wesentlich höher.[565] Die Rechenzeiten sind meist so groß, daß sich die Optimierung der Topologie von KNN mit anschließender Gewichtsoptimierung in der Praxis nur auf kleine Netze beschränkt. Wird beispielsweise für die Evaluierung einer Topologie eines komplexen KNN mit mehr als 500 Verbindungen eine Stunde Rechenzeit benötigt, dann könnten in einem Jahr nur etwa 9000 verschiedene Netzkonfigurationen analysiert werden.[566]

8.1.2.3 Optimierung der Lernparameter

Neben der Optimierung von Gewichtsstruktur und Netztopologie können genetische Algorithmen auch für die Optimierung der Lernparameter angewandt werden. Im folgenden wird die Optimierung des Lernprozesses am Beispiel von Backpropagation betrachtet. Die manuelle Vorgabe der Lernparameter des Backpropagation-Algorithmus ist sehr schwierig, da sich die einzelnen Parameter wechselseitig beeinflussen und von der Problemstellung abhängig sind. Die Parameterkombination wirkt sich stark auf das Konvergenzverhalten von Backpropagation aus. Z. B. können die Lernrate η oder das Momentum α durch einen genetischen Algorithmus optimiert werden.[567] Eine gute Möglichkeit bietet die simultane Optimierung der Lernparameter und der Topologie bzw. der Gewichtsstruktur. Bei modernen Lernalgorithmen (z. B. Resilient Propagtion) ist eine Optimierung der Lernparameter nicht sinnvoll, da diese Verfahren sehr robust gegenüber Parameterveränderungen sind.[568] Weitreichender als die Optimierung einzelner Lernparameter ist die Optimierung der verwendeten Lernregeln.

---

[563] Vgl. Braun, Heinrich: Neuronale Netze: Optimierung durch Lernen und Evolution, 1997, S. 196 ff.

[564] Vgl. Braun, Heinrich: Neuronale Netze: Optimierung durch Lernen und Evolution, 1997, S. 206 ff.

[565] Vgl. Dubiel, J.: Leistungsoptimierung KNN durch genetische Algorithmen, 1997, S. 109 ff.

[566] Vgl. Kinnebrock, Werner: Neuronale Netze: Grundlagen, Anwendungen, Beispiele, 1994, S. 47 ff.

[567] Vgl. Belew, Richard K.; McInerney, John; Schraudolph, Nicol N.: Evolving Networks: Using the Genetic Algorithm with Connectionist Learning, 1990, S. 15 ff.

[568] Vgl. Baumgartner, Peter: Vergleich der Anwendung Neuronaler Netze und Genetischer Algorithmen zur Lösung von Problemen der Finanzprognose, 1998, S. 188 ff.

Es wird eine Schablone definiert, die der Grundstruktur eines Lernalgorithmus entspricht, ohne daß die einzelnen Koeffizienten und Variablen fest definiert werden. Bei praktischen Versuchen wurden durch genetische Algorithmen verschiedene Lernregeln generiert, unter anderem auch die Delta-Regel. Es ließen sich daraus aber keine neuen Algorithmen ableiten.[569]

Genetische Algorithmen eignen sich auch zur Optimierung der Aktivierungsfunktion.[570] Es lassen sich die Funktionsart (z. B. sigmoid, linear oder Schwellenwert) und die einzelnen Parameter der Funktion optimieren.

Eine weitere Möglichkeit bietet die Unterstützung genetischer Algorithmen bei der gezielten Auswahl der Trainingsmuster.[571] Der genetische Algorithmus wählt die Trainingsdaten aus, mit denen die besten Lernergebnisse und die beste Generalisierungsfähigkeit erzielt werden können. Dies ist bei der Analyse von Zeitreihen von Interesse, wo das gewählte Datenzeitfenster der Trainigsdaten einen starken Einfluß auf die Generalisierungsgüte des KNN ausübt.[572]

8.1.3   Probleme der Evolution neuronaler Netze

Das Crossover ist der wichtigste genetische Operator zur Erzeugung von Nachkommen. Es werden wechselseitig Teilsequenzen zwischen zwei KNN ausgetauscht. Die Crossover-Punkte sollten nicht innerhalb von Neuronen plaziert werden. Nur der Austausch kompletter Neuronensequenzen garantiert die Generierung funktionsfähiger Neuronen durch Rekombination.[573] Weiterhin spielt die Position der Neuronen eine Rolle. Eine Positionsänderung von Neuronen durch Crossover führt nicht unbedingt zu einer Änderung der Funktionalität des neuen Netzes (vgl. Abbildung 69).

In einem vollvernetzten Feedforward-Netz mit H Hiddenneuronen existieren $(H)!$ Symmetrien und somit $(H)!$ äquivalente KNN. In der Literatur ist dieser Sachverhalt auch als Permutationsproblem bekannt.[574] Durch Crossover können KNN mit unterschiedlichen Genotypen generiert werden. Diese besitzen einen identischen Phänotyp und die gleiche Funktionalität wie ihre Elternnetze.[575]

Das Permutationsproblem hat weitere Auswirkungen auf die Anwendung des Crossover bei KNN. Die Neuronen repräsentieren ein bestimmtes Merkmal. Diese Neuronen können sich in verschiedenen Netzen an unterschiedlichen Positionen innerhalb einer Zwischenschicht

---

[569]   Vgl. Chalmers, David J.: The Evolution of Learning: An Experiment in Genetic Connectionism, 1990, S. 81 ff.

[570]   Vgl. Yao, Xin: Evolutionary Artificial Neural Networks, 1995, S. 28 ff.

[571]   Vgl. Zhang, Byoung-Tak: Lernen durch Genetisch-Neuronale Evolution: Aktive Anpassung an unbekannte Umgebungen mit selbstentwickelnden parallelen Netzwerken, 1992, S. 123 ff.

[572]   Vgl. Baumgartner, Peter: Vergleich der Anwendung Neuronaler Netze und Genetischer Algorithmen zur Lösung von Problemen der Finanzprognose, 1998, S. 189 ff.

[573]   Vgl. Braun, Heinrich: Neuronale Netze: Optimierung durch Lernen und Evolution, 1997, S. 204 ff.

[574]   Vgl. Whitley, Darrell: Genetic Algorithms and Neural Networks, 1995, S. 4 ff.

[575]   Vgl. Belew, Richard K.; McInerney, John; Schraudolph, Nicol N.: Evolving Networks: Using the Genetic Algorithm with Connectionist Learning, 1990, S. 8 ff.

Zwei korrespondierende Netzwerk-Graphen:
(Hidden-Neuronen sind miteinander vertauscht)

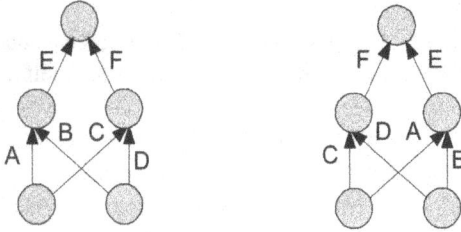

Kodierung der Gewichte:

A	B	C	D	E	F

C	D	A	B	F	E

N-Point-Crossover (N = 3)

Nachfolger-Netze:

A	B	A	B	E	E

C	D	C	D	F	F

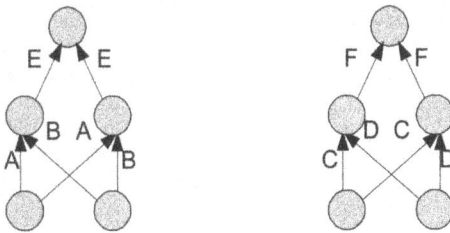

Abbildung 69: Permutationsproblem (Quelle: In Anlehnung an Nissen, Volker: Einführung in Evolutionäre Algorithmen. Optimierung nach dem Vorbild der Evolution, 1997, S. 286)

oder auf verschiedenen Zwischenschichten befinden. Werden Teile zweier KNN entfernt und ausgetauscht, kann dies zu Netzen führen, die den gewünschten Inhalt nicht mehr widerspiegeln.[576] Um durch Crossover bessere Netzwerke zu modellieren, sollten deshalb die ausgetauschten Neuronen von ähnlicher Funktion sein. Andernfalls können in den neu generierten Netzen bestimmte, notwendige Merkmale durch Neuronen nicht repräsentiert werden oder es können mehrere Neuronen gleicher Funktionalität existieren. Insbesondere beim Crossover zweier funktional äquivalenter Netze können nicht überlebensfähige Netze generiert werden.[577]

Durch den Permutationseffekt entstehen mehr äquivalente Netze, die homogener sind. Dies bewirkt eine vorzeitige Konvergenz beim Lernen.

---

[576] Vgl. Braun, Heinrich: Neuronale Netze: Optimierung durch Lernen und Evolution, 1997, S. 204 ff.

[577] Vgl. Nissen, Volker: Einführung in Evolutionäre Algorithmen. Optimierung nach dem Vorbild der Evolution, 1997, S. 285 ff.

Mitunter wird, analog zu Evolutionsstrategien, auf die Anwendung des Crossover-Operators vollständig verzichtet, um das Permutationsproblem zu vermeiden.

Bei vorzeitiger Konvergenz konvergiert der Optimierungsalgorithmus gegen suboptimale Lösungen, da einzelne KNN die Population dominieren. Die notwendige Vielfalt an Lösungsvarianten ist innerhalb der Population nicht mehr gewährleistet. Es können keine neuen Netze durch Crossover generiert werden. Durch Mutation kann in diesem Stadium die Dominanz einzelner Netze und eine vorzeitige Konvergenz verhindert werden. Allerdings ist ein genetischer Algorithmus, der nur noch durch Mutation neue Regionen des Lösungsraums erforscht, sehr langsam und ineffizient.[578] Das Erreichen eines lokalen Optimums darf nicht automatisch zu einer Konvergenz des Algorithmus führen. Es müssen weitere Bereiche des Suchraums auf die Existenz besserer Lösungen analysiert werden. Das erfordert eine hohe Inhomogenität innerhalb einer Population und somit einen niedrigen Selektionsdruck. Dadurch wiederum würde der genetische Algorithmus nur sehr langsam bzw. gar nicht konvergieren. Eine weitere Möglichkeit bietet die Anpassung der Evolutionsparameter an den Optimierungsverlauf.[579]

Der Selektionsdruck kann durch unterschiedliche Selektionsverfahren beeinflußt werden.

Folgende Angaben für Evolutionsparameter stellen übliche Ausgangswerte dar:

- Crossover-Wahrscheinlichkeit > 0,9, d. h. die Nachfolgepopulation besteht zu maximal 10 Prozent aus den besten Elternindividuen,
- Mutationsrate ca. 0,001,
- Populationsgrößen zwischen 20 und 100.

Zur Erklärung der fortschreitenden Weiterentwicklung von Individuen bei der natürlichen Evolution gibt es zwei Theorien: den Gradualismus und den Saltationismus. [580] Der Gradualismus berücksichtigt kleine und stetige Veränderungen der Individuen, die zu einer kontinuierlichen Evolution führen. Der Saltationismus geht von sprunghaften, qualitativen Veränderungen aus. Bei genetischen Algorithmen wird meistens ein gradualistischer Ansatz verwendet.[581] Ob ein saltationistischer oder ein gradualistischer Ansatz für die Verwendung des Crossover gewählt wird, hängt vom eingesetzten Crossover-Verfahren ab. Bspw. sind die Unterschiede zwischen den Nachkommen und den Elternnetzen bei der Anwendung des One-Point-Crossover geringer als beim Uniform-Crossover. Höhere Mutationsraten vermeiden vorzeitige Konvergenz.

---

[578] Vgl. Moriarty, David E.; Miikkulainen, Risto: Forming Neural Networks through Efficient and Adaptive Coevolution, 1995, S. 374 ff.

[579] Vgl. Davis, Lawrence (Hrsg.): Handbook of Genetic Algorithms, 1991, S. 93 ff.

[580] Vgl. Dubiel, J.: Leistungsoptimierung KNN durch genetische Algorithmen, 1997, S. 116 ff.

[581] Vgl. Schöneburg, Eberhard; Heinzmann, Frank; Feddersen, Sven: Genetische Algorithmen und Evolutionsstrategien, 1997, S. 127 ff.

8.1.4 Genetische Repräsentationsformen für neuronale Netze

Das Optimierungsverhalten eines genetischen Algorithmus hängt stark von der Repräsentationsform für ein neuronales Netz ab. Ein KNN muß entsprechend kodiert werden. Bei der Kodierung als binären Genotyp muß sichergestellt sein, daß jede beliebige Topologie dargestellt werden kann.[582] Über die Mappingfunktion wird für jeden binären String eine zulässige Netztopologie generiert. Bereits bei der Durchführung des Crossover und der Mutation ist darauf zu achten, daß nur funktionsfähige KNN generiert werden. Ansonsten müssen fehlerhafte Netze durch Reparaturalgorithmen korrigiert werden. Penalty-Terme verringern die Wahrscheinlichkeit unzulässiger Netztopologien für die Folgegeneration.

Die Kodierung von KNN hängt vom Optimierungsziel ab. Sie bestimmt die Leistungsfähigkeit des genetischen Algorithmus. Es wird zwischen direkten und indirekten Kodierungsverfahren unterschieden.[583]

Direkte Kodierung

Eine sehr einfache Form der direkten Kodierung ist die Abbildung der Gewichtsmatrix. Jedes Neuron und jede Verbindung des Netzes ist im Genotyp kodiert. Die Gewichte werden zeilen- oder spaltenweise hintereinander im Chromosom gespeichert (vgl. Abbildung 70).[584]

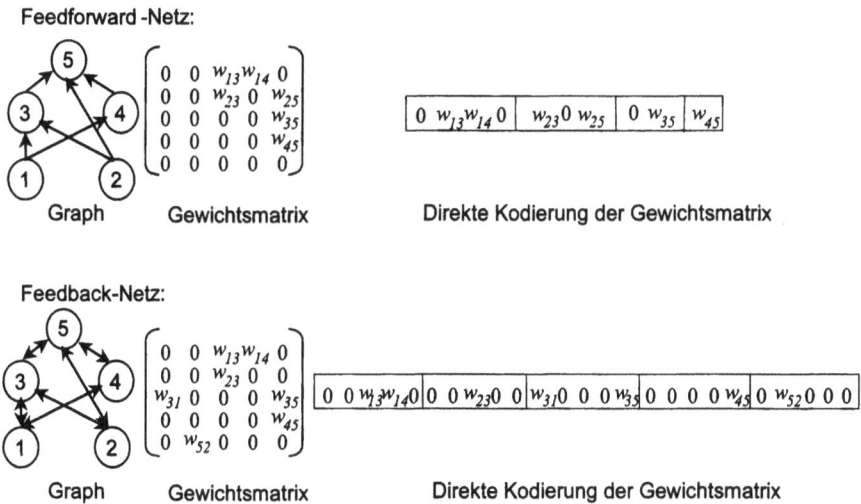

Abbildung 70: Direkte Kodierung neuronaler Netze (Quelle: In Anlehnung an Yao, Xin: Evolutionary Artificial Neural Networks, 1995, S. 20)

---

[582] Vgl. Ruhland, Johannes: Topologieveränderndes Lernen in Neuronalen Netzen mittels GenetischerAlgorithmen, 1997, S. 63 ff.

[583] Vgl. Nissen, Volker: Einführung in Evolutionäre Algorithmen. Optimierung nach dem Vorbild der Evolution, 1997, S. 287 ff.

[584] Vgl. Yao, Xin: Evolutionary Artificial Neural Networks, 1995, S. 19 ff.

Bei binärer Kodierung der Gewichte (z. B. mittels Gray-Code) können die klassischen genetischen Operatoren angewandt werden. Hierbei ist darauf zu achten, daß die Anzahl der Bit
nicht zu langen Binärstrings führt. Insbesondere bei großen Netzen wird dann der Evoluti-
onsprozeß ineffizient.[585] Bei komplexen Netzen entstehen sehr große Gewichtsmatrizen. Die
Länge der Chromosomen wächst überproportional zur Netzgröße. Deshalb wird die direkte
Kodierung nur für kleinere Netzwerke eingesetzt.

Die Abbildung reeller Zahlen als diskrete Binärstrings erfolgt durch reelle Kodierungsform
mit angepaßten genetischen Operatoren.[586]

Wird die Konnexionsmatrix durch den genetischen Algorithmus optimiert, ist ein zusätzlicher Lernvorgang zum Trainieren der Gewichte notwendig. Das Training kann durch einen
genetischen Algorithmus oder durch ein Gradientenabstiegsverfahren erfolgen. Die Gewichte
für Nachkommen werden zufällig initialisiert. Dabei dienen die Elternnetze als Ausgangsba-
sis.[587] Die Gewichte können partiell übernommen werden. Es ist darauf zu achten, daß die
Gewichte gelöschter Verbindungen entfernt werden. Die Gewichte neu generierter Verbindungen werden zufällig initialisiert. Dieses Vorgehen führt zu einer erheblichen Verkürzung
und Qualitätsverbesserung im Modellierungsprozeß. Für die Zusammenführung der trainierten Gewichte und der Topologien wurde ein Ansatz entwickelt, bei dem der Lamarckismus
oder der Baldwin-Effekt zum Tragen kommt. Damit werden unterschiedliche, gute Ge-
wichtsstrukturen für identische Netzwerktopologien bestimmt. Die Evaluierung der KNN
erfolgt durch die Bewertungs- bzw. Fitneßfunktion sehr stark verrauscht.[588]

Direkte Kodierung der Zwischenschichten
In der Praxis werden häufig vollvernetzte Feedforward-Netze verwendet. Für diese Netzwerke kann eine einfache Kodierungsform gewählt werden.

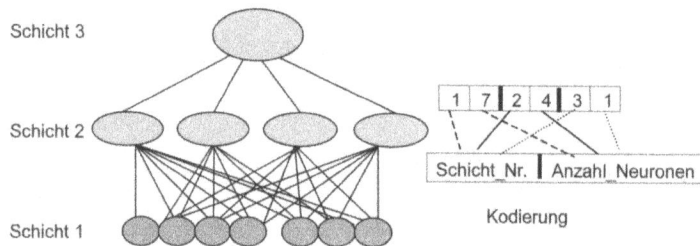

*Abbildung 71: Direkte Kodierung der Zwischenschichten eines Feedforward-Netzes (Quelle: In Anlehnung an
Kinnebrock, Werner: Optimierung mit genetischen und selektiven Algorithmen, 1994, S. 151)*

---

[585] Vgl. Belew, Richard K.; McInerney, John; Schraudolph, Nicol N.: Evolving Networks: Using the Genetic
        Algorithm with Connectionist Learning, 1990, S. 5 ff.
[586] Vgl. Yao, Xin: Evolutionary Artificial Neural Networks, 1995, S. 9 ff.
[587] Vgl. Utrecht, U.: Design Neuronaler Netze mit der Evolutionsstrategie, 1997, S. 64 ff.
[588] Vgl. Harp, Stephen A.; Samad, Tariq: Genetic Synthesis of Neural Network Architecture, 1991, S. 203 ff.

Direkte Kodierung der Verbindungen

Für teilvernetzte Feedforward-Netze ist eine direkte Kodierung der Gewichts- bzw. Konnexionsmatrix unzureichend. Die Schichtenstruktur wird nicht explizit für jede Verbindung berücksichtigt. Eine alternative Möglichkeit zur Repräsentation dieser Netzwerke stellt die Kodierung der einzelnen Verbindungen dar. Zu beachten ist, daß Verbindungen zwischen Neuronen benachbarter Schichten bestehen. Der Netzwerkgraph bildet den Ausgangspunkt für die Kodierung der teilvernetzen Feedforward-Netze:[589]

Netz 1:

Netz 2:

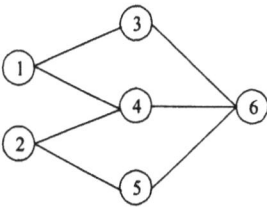

Listen-Kodierung 1:

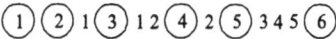

① ② 1 ③ 1 2 ④ 2 ⑤ 3 4 5 ⑥

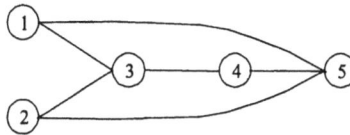

Listen-Kodierung 2:

① ② 1 2 ③ 3 ④ 1 2 4 ⑤

Abbildung 72: Kodierung der Verbindungen teilvernetzter Feedforward-Netze in Listen (Quelle: In Anlehnung an Schiffmann, Wolfram; Joost, Merten; Werner, Randolf: Application of Genetic Algorithms to the Construction of Topologies for Multilayer Perceptrons, 1993, S. 678)

Alle Neuronen werden durchnumeriert. Begonnen wird bei den Neuronen der Eingabeschicht. Zur Kodierung wird eine Listenstruktur gewählt. In dieser Liste werden für jedes Neuron die Nummern der Vorgängerneuronen kodiert (vgl. Abbildung 72).

Die Initialisierung der KNN erfolgt zufällig. Die Chromosomenlänge ist variabel. Das Crossover erfolgt durch angepaßtes One-Point-Crossover. Der Crossover-Punkt darf nur an gemeinsamen Knotenpunkten der Graphen der Elternnetze positioniert werden. Er muß hinter dem letzten Eingabeneuron und vor dem letzten Ausgabeneuron liegen. Dadurch wird sichergestellt, daß die neu generierten Netze die funktionsfähige Ein- und Ausgabeschicht ihrer Elternnetze besitzen. Beim Crossover werden alle Listeneinträge am Crossover-Punkt kreuzweise miteinander vertauscht (vgl. Abbildung 73).

Ein problemangepaßter Crossover-Operator stellt nicht sicher, daß nur sinnvolle KNN generiert werden. Seine Anwendung kann zu isolierten oder fixen Neuronen führen. Isolierte Neuronen besitzen keine nachfolgenden Neuronen. Fixe Neuronen weisen keine vorhergehenden Neuronen auf. Diese fehlerhaften Neuronen beeinflussen das Verhalten des KNN nicht. Sie können durch einen Reparaturalgorithmus gelöscht werden. Das Crossover führt zu Netzen mit unterschiedlicher Chromosomenlänge, da die Anzahl der Verbindungen variiert.

---

[589] Vgl. Schiffmann, Wolfram; Joost, Merten; Werner, Randolf: Application of Genetic Algorithms to the Construction of Topologies for Multilayer Perceptrons, 1993, S. 677 ff.

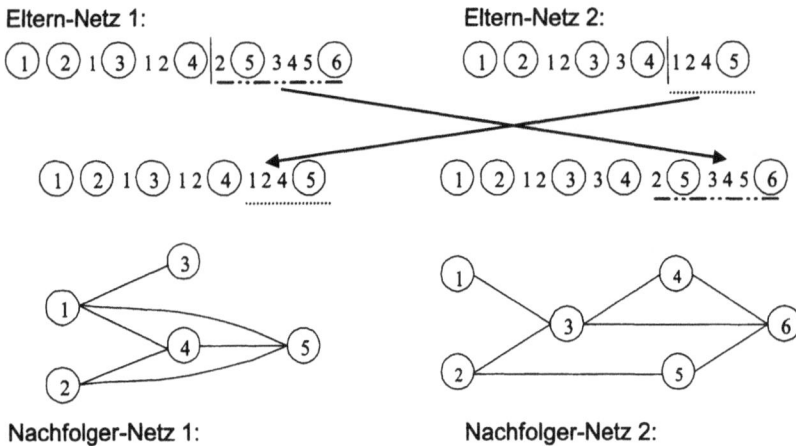

Abbildung 73: Crossover bei Kodierung der Verbindungen in Listen (Quelle: In Anlehnung an Harp, S. A.; Samad, T.: Genetic Synthesis of Neural Network Architecture, S. 678)

Bei dieser Kodierung wird das Permutationsproblem nicht vermieden. Da normalerweise kein Mutations-Operator verwendet wird, ist die maximale Anzahl der Neuronen bei dieser Kodierungsform durch das größte, zufällig generierte Elternnetz fest vorgegeben. Die Gewichte werden getrennt zur Topologie gespeichert und dienen nur zur Evaluierung der KNN. Das Training der Gewichte erfolgt z. B. durch Backpropagation. Der genetische Algorithmus optimiert die Anordnung der Neuronen und die Konnektivität des KNN. Dabei neigt er zur Konstruktion komplexer Netztopologien. Deshalb sollte bei der Evaluierung der KNN die Generalisierungsfähigkeit und die Netzwerkkomplexität berücksichtigt werden.

Die Parameter-Kodierung verwendet einen höheren Abstraktionsgrad zur Repräsentation von KNN als direkte Kodierungsformen. Die Struktur der KNN wird unter Vernachlässigung der Details als grober Entwurf (Blueprint) kodiert.[590]

Der Blueprint eines KNN besteht aus mehreren Segmenten, die einem zusammengehörigen Bereich, z. B. einer Schicht eines Feedforward-Netzes, entsprechen. In den Segmenten sind alle wesentlichen Parameter des KNN gespeichert (vgl. Abbildung 74). Jedes Segment ist in zwei Teilbereiche untergliedert, das Segment-Feld (APS) spezifiziert einen Bereich des KNN und das Projektionsfeld (PSF) die Konnektivität dieses Bereichs.[591] Das APS-Feld ist von konstanter Länge und enthält die Parameter des kodierten Segments: eine eindeutige Identifikationsnummer (z. B. Nummer der Zwischenschicht), die Anzahl der enthaltenen Neuronen sowie deren Anordnung. Zu jedem APS-Feld gehören ein oder mehrere PSF-Felder. Das PSF-Feld beschreibt die Verbindungen des aktuellen Segments zu einem spezifischen Zielsegment. Dadurch können auch teilvernetzte Feedforward-Netze kodiert werden.[592] Das PSF-

---

[590]   Vgl. Harp, Stephen A.; Samad, Tariq: Genetic Synthesis of Neural Network Architecture, 1991, S. 205 ff.

[591]   Vgl. Nissen, Volker: Einführung in Evolutionäre Algorithmen. Optimierung nach dem Vorbild der Evolution, 1997, S. 289 ff.

[592]   Vgl. Kuscu, I.; Thornton, C.: Artificial Neural Networks Using Genetic Algorithms, 1994, S. 413 ff.

Segment 0   Segment 1   Segment 2   Segment n

Start-Markierung   Start-Markierung   Stop-Markierung
eines Segmentes   eines PSF-Feldes   eines Segmentes

Segment-Parameter (APS)   Projektions-Parameter (PSF)

Segment-ID
Schicht-Nr.   Radius Dimension Y

                                                                  Radius Dimension X
Segmentgröße
(Anzahl Neuronen)   Zieladresse

Anzahl Dimensionen X   Adressierungs-Mode
                                                                  (relativ / absolut)
Anzahl Dimensionen Y   Verbindungsdichte

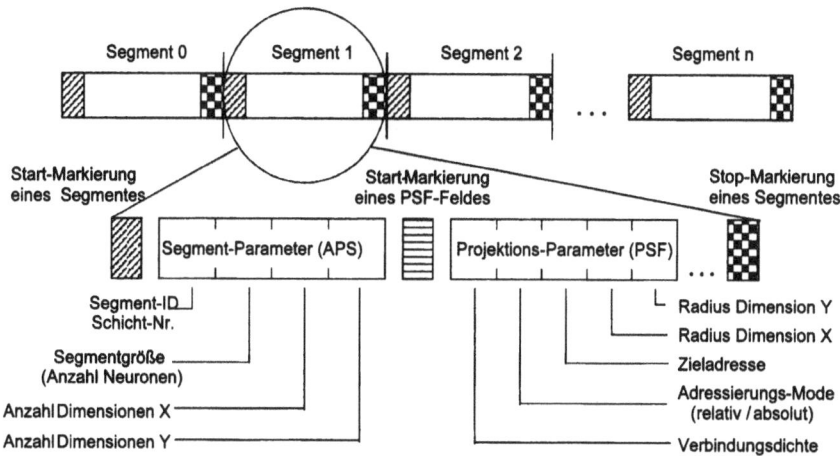

Abbildung 74: Aufbau von Blueprints neuronaler Netze (Quelle: In Anlehnung an Harp, S. A.; Samad, T.: Genetic Synthesis of Neural Network Architecture, 1991, S. 209.)

Feld besteht aus der Adresse des Zielsegments, der Dimension bzw. des Teilbereichs des Zielsegments sowie der Verbindungsdichte. Die Zieladresse eines Segments kann absolut, durch die Identifikationsnummer des Zielbereichs, oder relativ zur Position des aktuellen Segments definiert werden. Eine relative Adreßangabe mit dem Wert Null verweist auf das nächste Segment, und ein Wert n ungleich von Null zeigt als Ziel auf das n-te Segment, relativ zum aktuellen Segment. Existiert das Zielsegment nicht, da die relative Zieladresse zu hoch ist, wird automatisch auf das letzte existierende Segment verwiesen. Durch die Verwendung relativer und absoluter Adressen wird die Bildung funktionsfähiger Netze durch Crossover begünstigt. Bereits bei der Kodierung können besonders enge Zusammenhänge einzelner Bereiche eines KNN abgebildet werden, die über mehrere Generationen erhalten bleiben und nur gering modifiziert werden.

In Abbildung 75 ist eine Beispielkodierung eines Blueprints für ein vollvernetztes Feedforward-Netz erläutert.

KNN können bei der Parameter-Kodierung in beliebig viele Segmente unterteilt werden. Die Anzahl der PSF-Felder je Segment ist variabel. Eine Schicht bzw. Teilbereiche einer Schicht können Verbindungen zu mehreren Zielsegmenten besitzen. Zur Unterscheidung der Grenzen einzelner Schichten und zur Kennzeichnung der Anfangspunkte der PSF-Felder werden Markierungen verwendet. Die Kodierung ist sehr abstrakt gehalten. Es können weitere Parameter, wie z. B. die Lernparameter des verwendeten Trainingsverfahrens, abgebildet und optimiert werden.[593]

Die Kodierung des Blueprints erfolgt als binärer Gray-Code. Die einzelnen Parameter bestehen aus einer fixen Anzahl Bits, wodurch der zulässige Wertebereich vorgegeben ist. Beispielsweise ermöglicht eine 3 Bit-Kodierung acht verschiedene Zustände ($2^3=8$). Die Identi-

---

[593] Vgl. Harp, Stephen A.; Samad, Tariq: Genetic Synthesis of Neural Network Architecture, 1991, S. 208 ff.

Netzwerk-Graph:

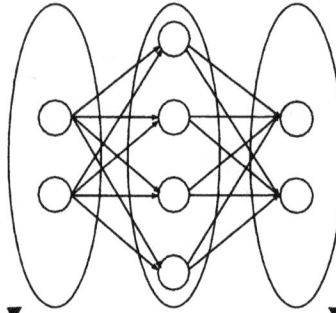

Blueprint-Kodierung:

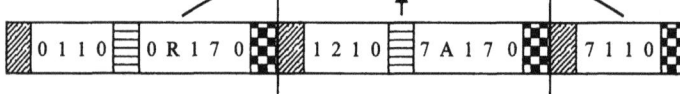

| 0 1 1 0 | 0 R 1 7 0 | 1 2 1 0 | 7 A 1 7 0 | 7 1 1 0 |

Kodierungsschema:
Individuum= { Segment}
Segment   = { APS, {PSF}}
APS   = { ID, Segment-Größe, Dim X, Dim Y }
PSF   = { Ziel-ID, Adress-Mode, Verbindungsdichte, Dim X, Dim Y}

Erklärungen:
Anzahl Bits pro Merkmal: 3
Segmentgröße: Anzahl Neuronen pro Schicht = 2
Adress-Mode: A - absolut,   R - relativ
Verbindungsdichte: 1 = 100%,   2 = 90%,   3 = 80 % ... 7 = 30 %
ID: Input-Layer ID = 0,   1. Hidden-Layer ID = 1, ... ,
                          Output-Layer ID = 7

Abbildung 75: Beispiel-Topologie eines Blueprints (Quelle: In Anlehnung an Harp, Stephen A.; Samad, Tariq: Genetic Synthesis of Neural Network Architecture, 1991, S. 211)

fikationsnummer der Eingabeschicht besitzt immer den Wert Null. Die Adresse der Ausgabeschicht erhält den größten zulässigen Wert, unabhängig von der tatsächlichen Anzahl der Zwischenschichten. Dadurch wird gewährleistet, daß die durch Crossover modifizierten KNN funktionsfähige Input- und Ausgabeschicht besitzen. Die Parameter werden nicht direkt kodiert, sondern entsprechen vordefinierten Zuständen. Beispielsweise kann die Verbindungsdichte bei einer 3 Bit-Kodierung genau 8 Werte annehmen, die einer diskreten Intervallskala im Bereich zwischen 30 Prozent, 40 Prozent 100 Prozent entsprechen. Dadurch wird der Blueprint des KNN sehr kompakt kodiert. Selbst bei komplexen Netzwerken ist die Chromosomenlänge relativ gering.

Aufgrund der variablen Segmentlänge wird ein modifiziertes Crossover eingesetzt, da das traditionelle Crossover den Austausch gleichwertiger Teilsequenzen nicht sicherstellen kann. Das modifizierte Two-Point-Crossover erkennt durch die Markierungen im Blueprint die kompatiblen Bereiche der KNN und wählt geeignete Crossover-Punkte aus. Es wird ein angepaßter Inversions-Operator eingesetzt, der innerhalb eines Blueprints zwei komplette Segmentsequenzen miteinander vertauscht. Zusätzlich wird ein Mutations-Operator verwendet. Allerdings ist die Mutationswahrscheinlichkeit sehr gering. Die genetischen Operatoren können, trotz der geschlossenen Kodierungsform der Blueprints, unzulässige KNN generieren.[594]

Folgende Problemfälle können auftreten: KNN ohne durchgängige Verbindung zwischen Input- und Ausgabeschicht, Neuronen ohne Vorgänger bzw. Nachfolger und unzulässige Rückkopplungen zwischen Neuronen. Die nicht funktionsfähigen Netze werden sofort nach Durchführung des Crossover aussortiert oder durch Penalty-Terme bestraft. Die Blueprints enthalten keine Information über die Gewichte. Sie sind eine Konstruktionsvorlage für unterschiedliche KNN. Nach einem Trainingsprozeß der Gewichte erfolgt die Evaluierung der KNN, und es werden implizit Rückschlüsse auf die Qualität der Blueprints gezogen. Die sigmoide Fitneßfunktion berücksichtigt durch Penalty-Terme mehrere Nebenbedingungen zur Bewertung der Blueprints. Die Beurteilungskriterien sind die Lerngeschwindigkeit, die Generalisierungsfähigkeit sowie die Größe und Komplexität des Netzwerkes durch die Anzahl der Neuronen und die durchschnittliche Vernetzungsdichte. Die Penalty-Terme werden gewichtet, so daß der Einfluß der Nebenbedingungen unterschiedlich ist und bei der Selektion verschiedene Netzwerkkonfigurationen bevorzugt werden.

Die Kodierung von KNN als Blueprints ermöglicht flexible Netzkonfigurationen mit variabler Chromosomenlänge. Dadurch ist die Größe der Topologie eines KNN nicht beschränkt, und es wird ein größerer Suchbereich analysiert, als es mit direkten Kodierungsformen möglich ist. Die Blueprints kodieren nur die grobe Struktur eines KNN. Zu einem Blueprint existieren mehrere verschiedene KNN, so daß die Bewertung verrauscht erfolgt und eine exakte Evaluierung der Blueprints schwierig ist. Der hohe Abstraktionsgrad ermöglicht eine kompakte Kodierung der Struktur komplexer neuronaler Netze. Die Parameter-Kodierung berücksichtigt nicht die einzelnen Verbindungen zwischen den Neuronen, da diese zu Neuronengruppen zusammengefaßt werden.[595]

8.2 Entscheidungsbäume und genetische Algorithmen

Wie oben beschrieben, basieren genetische Algorithmen zum Suchen und Optimieren auf natürlichen Grundprinzipien und stellen mit

- *Selektion* (Auswahl der besten Lösung(en) aus einer vorgegebenen Menge von Basislösungen),
- *Crossover* (Rekombination der Kenngrößen zur Entwicklung neuer Generationen von Basislösungen) und
- *Mutation* (zufällige Abänderungen der Basislösungen zur Sicherstellung neuer Eigenschaften)

---

[594] Vgl. Mandischer, Martin: Representation and Evolution of Neural Networks, 1993, S. 645 ff.

[595] Vgl. Yao, Xin: Evolutionary Artificial Neural Networks, 1995, S. 149 ff.

Verfahren bereit, die helfen können, um aus einer Menge von Entscheidungsbäumen den optimalen Baum herauszufinden.

Die Menge der Entscheidungsbäume wird als Population aufgefaßt. Größe und Gestalt der Bäume können durch Rekombination und Mutation verändert werden. Anhand eines Fitneßwertes wird entschieden, welche als neue Basislösungen in Frage kommen. So werden Generation für Generation immer bessere Bäume geschaffen bis ein Abbruchkriterium erreicht ist. Dieser Abbruch findet statt, wenn keine Lösung der Tochtergeneration besser ist als die beste Lösung der Elterngeneration.

Die Überführung der Lösung eines genetischen Algorithmus in einen Entscheidungsbaum und umgekehrt gestaltet sich sehr einfach, da ein Entscheidungsbaum als Repräsentation einer Zusammenstellung von Funktionen angesehen werden kann. Die Attribute des Lösungskonzeptes eines genetischen Algorithmus werden zu inneren Knoten und die Konzeptklassen zu Endknoten des Baumes. [596]

Eine andere Vorgehensweise wird von BALA[597] und seinen Mitarbeitern vorgeschlagen. Sie entwickelten ein hybrides Verfahren zur Musterklassifikation. Dieses basiert bspw. auf genetischen Algorithmen und ID3. Die grundlegende Idee besteht darin, genetische Algorithmen zu verwenden, um aus der gesamten Menge an zur Verfügung stehenden Attributen alle zur Erzeugung eines Baumes möglichen Teilmengen herauszufiltern. Es sollen so Untermengen gefunden werden, die möglichst wenige Attribute besitzen, aber dennoch ein hohes Klassifizierungspotential aufweisen. Der Fitneßwert wird hier direkt herangezogen, um die Größe und Klassifikationsperformance zu beurteilen. Dazu wird jedes Attributset betrachtet und mittels ID3 ein Baum konstruiert. Die Klassifikationsgüte des Baumes kann mit dem Fitneßwert abgeschätzt werden. Zur Fitneßmessung werden die Klassifikationsgüte des ID3-Baumes und die Größe der benutzten Attributmenge herangezogen.

Durch Kombination und Mutation der besten Attributsets werden neue Lösungen geschaffen. Dieser Prozeß wird iterativ abgearbeitet, bis ein Abbruchkriterium erreicht ist.

Am Ende wird die beste Teilmenge gespeichert und im aktuellen Klassifizierungssystem benutzt. Die Vorgehensweise ist in Abbildung 76 dargestellt.

Durch diese Konstruktion können kleinere und dennoch korrekt klassifizierende Bäume erstellt werden als mit einem Klassifikationsbaumverfahren allein. Durch den genetischen Algorithmus wird sichergestellt, daß nur die wirklich zum Klassifizieren benötigten Attribute selektiert und benutzt werden. Das Resultat ist ein sehr robustes Klassifikationssystem.

---

[596] Vgl. Nikolaev, Nikolay I.; Slavov, Vanio: Inductive Genetic Programming with Decision Trees, 1997, S. 183.

[597] Vgl. Bala, Jerzy; DeJong, Kenneth; Huang, Jeffrey; Vafaie, Haleh; Wechsler, Harry: Hybrid Learning Using Genetic Algorithms and Decision Trees for Pattern Classification, 1995.

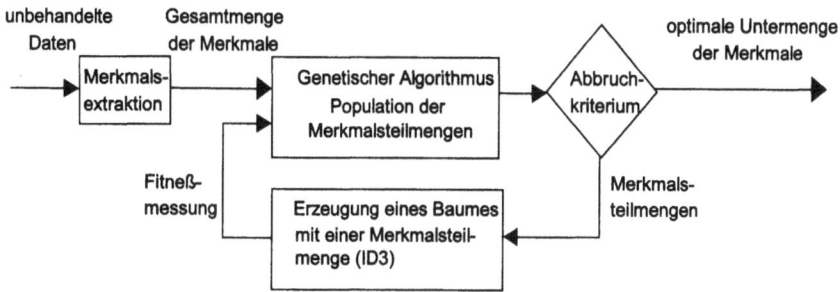

Abbildung 76: Genetischer Algorithmus und ID3 (Quelle: in Anlehnung an Bala, Jerzy; DeJong, Kenneth; Huang, Jeffrey; Vafaie, Haleh; Wechsler, Harry: Hybrid Learning Using Genetic Algorithms and Decision Trees for Pattern Classification, 1995 S. 2)

8.3   Neuro-Fuzzy-Ansätze

8.3.1   Einführende Betrachtungen zur Fuzzyfizierung

Die Wurzeln der Fuzzy-Theorie könnten theoretisch in der griechischen Philosophie gesucht werden. PLATON beschäftigte sich bereits mit der Hypothese, daß es zwischen wahr und falsch noch etwas geben muß.

Ein Beispiel soll zeigen, worum es bei Fuzzy im wesentlichen geht. Unter der Annahme, daß unendlich viele Grautöne existieren, ist es schwer, die Grenzen zwischen weißen, grauen und schwarzen Farbtönen festzulegen. Mittels Fuzzy-Theorie werden graduelle Zugehörigkeiten bestimmt, die aussagen, wie wahrscheinlich ein Grauton der Menge der schwarzen und der Menge der weißen Farben angehört.

ZADEH begründete im Jahr 1965 die Fuzzy-Theorie als Wissenschaft. Sie beinhaltet sowohl Elemente der klassischen Mengenlehre als auch der dualen Logik.[598]

Die Fuzzy-Theorie basiert auf Unbestimmtheit. Die Aufgabe von Fuzzy-Methoden besteht in der formalen, mathematischen Darstellung einer Domäne unter Erhaltung ihrer Interpretierbarkeit. Nachvollziehbarkeit und Interpretierbarkeit stehen der Genauigkeit antagonistisch gegenüber.[599] Die eingesetzten verbal formulierten Regeln müssen sinnvoll beliebig miteinander kombinierbar und technisch auswertbar sein. Sie stellen eine qualitative Beschreibung dar. Für die Modellierung der Regeln wird detailliertes Wissen über das Problem sowie dessen Meß- und Stellgrößen vorausgesetzt. Die Verantwortung hierfür liegt bei einem Experten, dem Knowledge Engineer, der die Beschreibungen und Vorgaben für die Wissensbasis fixiert. Das Expertenwissen wird in Form von *Zugehörigkeitsfunktionen* und *Fuzzy-Regeln* repräsentiert. *Zugehörigkeitsfunktionen* ordnen unscharfe Beschreibungen eines Sachverhal-

---

[598] Vgl. Zimmermann, Hans-Jürgen: Datenanalyse, 1995, S. 17.

[599] Vgl. Bothe, Hans-Heinrich: Neuro-Fuzzy-Methoden: Einführung in Theorie und Anwendungen, 1998, S. 35.

tes unscharfen Mengen zu. Die Funktionswerte werden mit definierten *Fuzzy-Regeln* auf einen unscharfen Ausgabewert abgebildet. Die Gültigkeitsbereiche von angewandten Regeln können sich durchaus überschneiden. Jederzeit kann neues Wissen über die Definition zusätzlicher Regeln hinzugefügt werden.

Die klassische Mengenlehre bezeichnet ein Element x dann als zu einer Menge gehörend, wenn es wenigstens in einer Eigenschaft mit den Elementen dieser Menge übereinstimmt. Der *Zugehörigkeitsgrad* eines Elementes x zu einer unscharfen Menge $\tilde{A}$ wird über eine *Zugehörigkeitsfunktion* $\mu(x)$ definiert. Die Funktionswerte $\mu_{\tilde{A}}(x)$ liegen stets zwischen 0 und 1.

Ein *Zugehörigkeitsgrad* von 0 bedeutet, daß ein Element gar nicht, ein *Zugehörigkeitsgrad* von 1, daß es voll zur Menge gehört. Zulässige Operationen mit unscharfen Mengen sind Durchschnitt, Vereinigung und Komplementbildung.

Das nachfolgende Beispiel soll die Zusammenhänge etwas verdeutlichen.

Eine an der Börse gehandelte Aktie wird vereinfacht über den Indikator „Kurs-Gewinn-Verhältnis (KGV)" den Mengen „*kaufen*", „*halten*" sowie „*verkaufen*" zugeordnet. Mathematisch stellt das KGV den Quotienten aus dem aktuellen Kurs einer Aktie und dem erwarteten Gewinn dieser dar. Das KGV wird als die Anzahl der Jahre interpretiert, die das entsprechende Unternehmen bei gleichbleibendem Gewinn arbeiten müßte, um den aktuellen Kurs zu rechtfertigen. Folgende Zuordnungen wären denkbar:

- KGV<10 - „*kaufen*",
- KGV~20 - „*halten*" und
- KGV>30 - „*verkaufen*".

Wann die *Zugehörigkeitsfunktion* die Grenzwerte 0 bzw. 1 annimmt und wie diese zwischen den Werten verläuft, wird von den Marktteilnehmern individuell verschieden eingeschätzt.

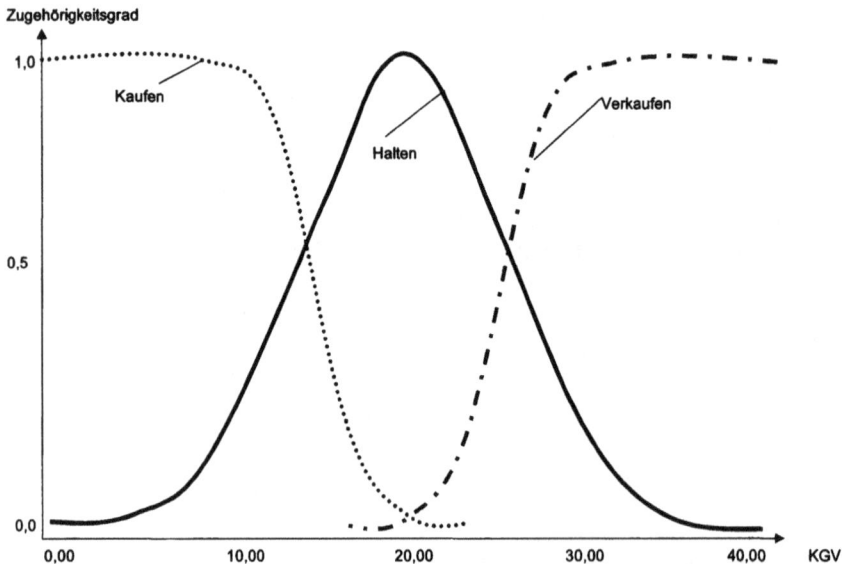

Abbildung 77: Zugehörigkeitsfunktionen am Beispiel KGV

Zu entscheiden bleibt, ob eine Aktie mit einem KGV von 15 noch Element der Menge „*kaufen*" ist oder zur Menge „*halten*" gehört. Ist eine Aktie mit einem KGV von 29 Element der Menge „*verkaufen*" oder ist sie der Menge „*halten*" zuzuordnen? Den Vorgang der Umsetzung von Eingabedaten mittels *Zugehörigkeitsfunktion* wird Fuzzyfizierung genannt. Ein konkreter *Zugehörigkeitsgrad* ist entscheidend dafür, ob und wann welche Regel greift. Aus dem konkreten Wert für das KGV wird über die *Zugehörigkeitsfunktion* der *Zugehörigkeitsgrad* ermittelt. Bspw. wird ein KGV von 19 bei einem *Zugehörigkeitsgrad* von $\mu_{Kauf}(x)$=0,05 der Fuzzy-Menge „*kaufen*", von $\mu_{Verkauf}(x)$=0 der Fuzzy-Menge „*verkaufen*" und von $\mu_{Halten}(x)$=0,99 der Fuzzy-Menge „*halten*" zugeordnet.

Viele Anwendungen benötigen zur weiteren Verarbeitung von aus Fuzzy-Regeln gewonnener Information wieder konkrete Angaben. Defuzzyfizierung bezeichnet die Umwandlung von unscharfen in scharfe Werte.

Bezogen auf das Beispiel zu Aktienkursanalysen unterscheidet sich der prognostizierte Kurs mit großer Wahrscheinlichkeit fast immer vom tatsächlichen Kurs. Insofern können unscharfe Aussagen genügen und eine Defuzzyfizierung unnötig machen.

Im Folgenden werden zwei Möglichkeiten zur Fuzzy- und Defuzzyfizierung kurz vorgestellt.

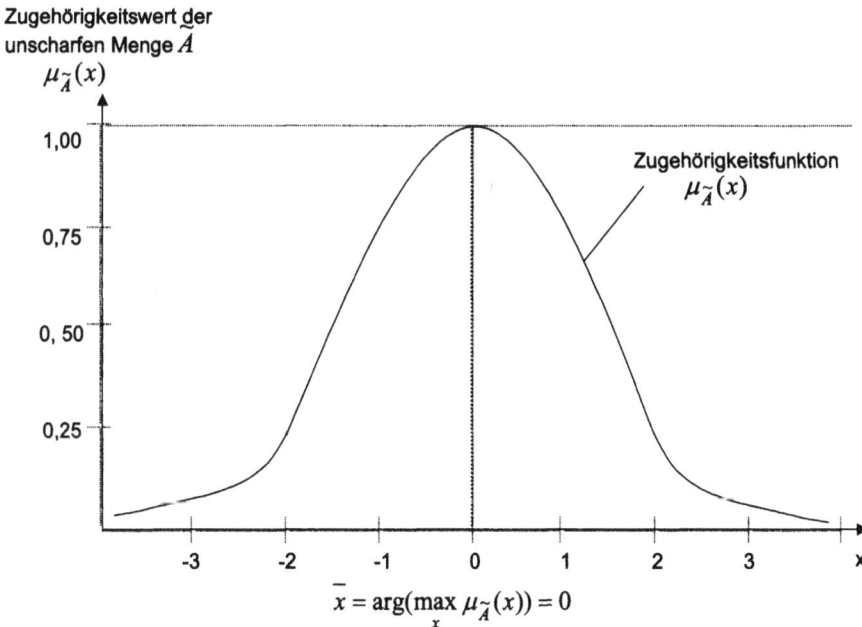

Abbildung 78: Graphische Veranschaulichung der MAX – Defuzzyfizierung

Maximummethode (MAX)[600]

Gegeben ist eine unscharfe Menge $\tilde{A}$. Es wird derjenige Wert x als scharfer Wert interpretiert, dessen *Zugehörigkeitsgrad* entsprechend der *Zugehörigkeitsfunktion* $\mu_{\tilde{A}}(x)$ am größten ist. Hierbei können sich Ausreißer negativ auf das Ergebnis auswirken.

Mean of Maximum Methode (MOM)[601]

Gegeben sind die Maxima x_i^{max} mehrerer *Zugehörigkeitsfunktionen*. Der scharfe Ausgabewert entspricht dem Mittelwert $\bar{x}$ dieser Maxima. Voraussetzung ist, daß die entsprechenden Zugehörigkeitsfunktionen zu einer interpretierbaren Einheit gehören.

$$(150) \qquad \bar{x} = \frac{1}{n}\sum_{i=1}^{n} x_i^{max} \quad {}^{602}$$

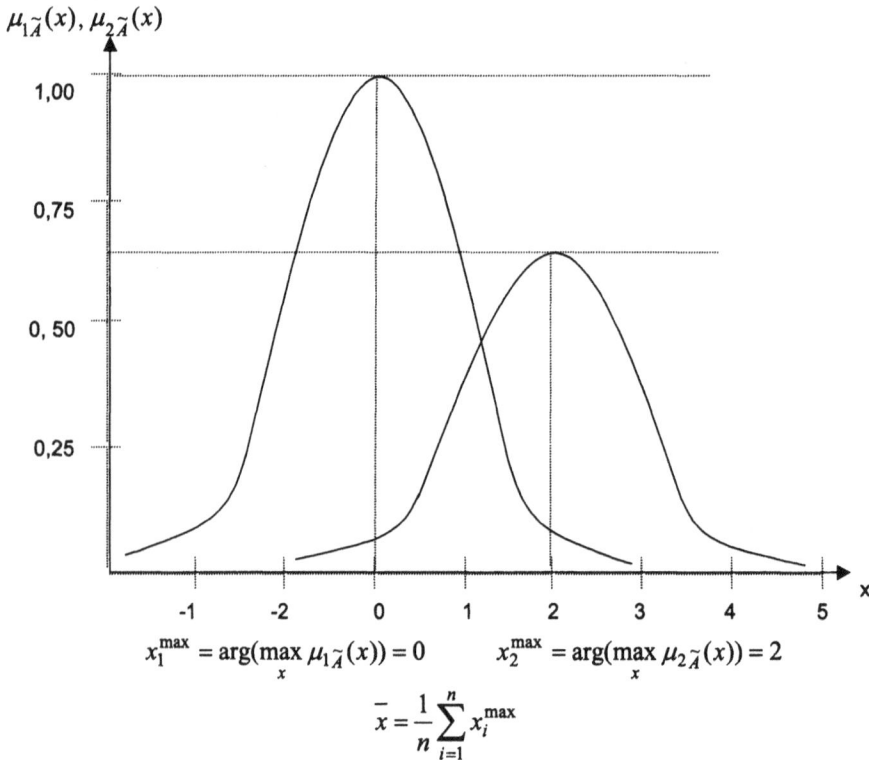

$$x_1^{max} = \arg(\max_x \mu_{1\tilde{A}}(x)) = 0 \qquad x_2^{max} = \arg(\max_x \mu_{2\tilde{A}}(x)) = 2$$

$$\bar{x} = \frac{1}{n}\sum_{i=1}^{n} x_i^{max}$$

Abbildung 79: Grafische Veranschaulichung der MOM – Defuzzyfizierung

---

[600]   Vgl. Bothe, Hans-Heinrich: Neuro-Fuzzy-Methoden: Einführung in Theorie und Anwendungen, 1998, S. 49.

[601]   Vgl. Bothe, Hans-Heinrich: Neuro-Fuzzy-Methoden: Einführung in Theorie und Anwendungen, 1998, S. 49.

[602]   Vgl. Zimmermann, Hans-Jürgen: Datenanalyse, 1995, S. 31.

8.3.2   Neuronale Netze und Fuzzy-Systeme

8.3.2.1   Motivation für die Kombination von neuronalen Netzen und Fuzzy-Ansätzen

KNN beziehen ihr Wissen aus exakten Daten, deren Werte konkret bzw. scharf sind. Fuzzy-Systeme verarbeiten linguistisch formuliertes Expertenwissen.[603] Sie werden eingesetzt, wenn Entscheidungen nicht auf Basis von exakt vorgegebenen Werten getroffen werden können. Dies trifft auch dann zu, wenn der Anwender zwar über konkrete Daten verfügt, aber eine Wertung in die Informationsverarbeitung bringen möchte. Aufgrund der Betrachtung der Ähnlichkeiten zwischen Ein- und Ausgaben existiert hier ein kontinuierlicher Übergang zwischen den Punkten. Es treten keine Sprünge im Ausgabebereich auf.

Grundsätzlich läßt sich jedes Fuzzy-System zu einem KNN transformieren.[604] Wird unterstellt, daß zu jeder Eingangsgröße mehrere Zugehörigkeitsfunktionen existieren, erhöht sich die Komplexität bei einer größeren Anzahl von Einflußgrößen sehr stark.

In Situationen, in denen keine formalen Beschreibungen von Zusammenhängen zwischen abhängigen und unabhängigen Größen vorliegen und damit zu wenig Wissen über das zu lösende Problem zur Verfügung steht, wird es schwer, Regeln zu formulieren. Hier würden viele Beispiele aus bereits getroffenen Entscheidungen der Vergangenheit die Anwendung von KNN empfehlen. In Tabelle 15 sind wesentliche Aspekte bzgl. einer Entscheidung für Fuzzy-Systeme oder KNN gegenübergestellt.

Wie aus Tabelle 15 hervorgeht, stellt sowohl bei KNN als auch bei Fuzzy-Systemen die Beschreibung von Ein- und Ausgangsbeziehungen den Ausgangspunkt dar.

Bei Fuzzy-Systemen wird Expertenwissen in Form von Fuzzy-Regeln repräsentiert. Die Implementierung ist relativ einfach. A priori bekannte Zusammenhänge können, wie oben gezeigt, durch einen Experten in Form von Fuzzy-Regeln und Gewichtungen nachvollziehbar angegeben werden. Die Qualität der Informationsverarbeitung ist damit stark an die

Tabelle 15: Fuzzy-Systeme oder KNN (Quelle: In Anlehnung an Zimmermann, Hans-Jürgen (Hrsg.): Neuro-Fuzzy. Technologien - Anwendungen, 1995, S. 65)

Fuzzy-System	KNN
• Einflußgrößen und deren Zusammenhänge sind bekannt	• Einflußfaktoren und deren Wechselbeziehungen müssen nicht bekannt sein
• problembezogene Information ist in ausreichendem Maß vorhanden	• ausreichende Anzahl Beispieldaten
• geringe Zahl von Einflußgrößen (<5)	• hochdimensionaler Eingaberaum (viele Einflußgrößen)
• Zusammenhänge zwischen den Einflußgrößen bleiben über längere Zeiträume konstant	• Zusammenhänge zwischen den Einflußgrößen können sich verändern

---

[603] Vgl. Eppler, Wolfgang; Gemmeke, Hartmut: Das Problem mit dem Lernen von Neuro-Fuzzy-Systemen, 1997, S. 525.

[604] Vgl. Zimmermann, Hans-Jürgen: Neuro-Fuzzy. Technologien - Anwendungen, 1995, S. 64 ff.

Kompetenz und das Wissen von Experten gebunden. Dies drückt sich auch in der Wahl der Zugehörigkeitsfunktion (Zentrum, Lage der Wendepunkte, Standardabweichung) aus. Hier beeinflußt der subjektive Faktor das Analyseergebnis stark.

Ein KNN stellt anhand der Daten und der entsprechenden Parameter des KNN-Algorithmus ein Modell auf. Dieses Modell basiert auf einem gelernten funktionalen Zusammenhang zwischen unabhängigen und abhängigen Variablen, die ein Problem beschreiben. Problematisch stellt sich hier die Nachvollziehbarkeit der Ergebnisse dar. Die Qualität des Modells hängt stark von den verfügbaren Daten ab. Außerdem sind viele Erfahrungen im Umgang mit der Konfiguration von KNN notwendig. Diese Erfahrungen setzen Wissen über die mathematisch-statistischen Zusammenhänge im KNN voraus.

Um die Vorzüge von KNN und Fuzzy-Systemen zu vereinen, stellt die Kombination beider Verfahrensklassen eine geeignete Herangehensweise dar. Das Ergebnis sind sogenannte Neuro-Fuzzy-Systeme (NFS).

8.3.2.2   Darstellung von Neuro-Fuzzy-Systemen

Aufbauskizze eines Neuro-Fuzzy-Systems
NFS bestehen aus vernetzten Fuzzy-Neuronen. Sie sind wie KNN in der Lage, unbekannte Relationen zwischen abhängigen und unabhängigen Größen aufzudecken und als Modell abzubilden. NFS kommen insbesondere dann zum Einsatz, wenn einerseits viele Daten vorliegen, andererseits ein hoher Erklärungsbedarf für das Zustandekommen von Lösungen zu erwarten ist. Diese Eigenschaften führten dazu, daß NFS mitunter auch als „universelle Approximatoren" betrachtet werden. Aus jedem NFS läßt sich ein scharfes KNN ableiten, vorausgesetzt, die existierenden Unsicherheiten werden als nicht vorhanden angenommen.[605]

NFS können, je nach Schärfe von Eingabewerten und Gewichtungen wie folgt unterteilt werden:[606]

- scharfe Eingabewerte, unscharfe Gewichte (z.B. NEFCON),
- unscharfe Eingabewerte, scharfe Gewichte und[607]
- unscharfe Eingabewerte, unscharfe Gewichte.

Im Folgenden wird ein Beispiel für NFS dargestellt.[608] Gegeben sind i Eingabewerte x_i (bspw. i autonome Netze). Jeder Ausgabeverbindung von x_i ist ein Gewicht w_{ij} und eine entsprechende Zugehörigkeitsfunktion $\mu_{ij}(x_i)$ zugeordnet. Zu jedem Eingabewert x_i wird ein Ausgabewert y_i berechnet. Dieser ergibt sich aus der Summe der jeweiligen Produkte zwischen

---

[605]   Vgl. Feuring, Thomas; Lippe, Wolfram-M.; Tenhagen, Andreas: Sind Fuzzy-Neuronale Netze stabil?, 1997, S. 310.

[606]   Vgl. Buckley, James J.; Hayashi, Yoichi: Fuzzy neural networks, 1994, S. 233-249.

[607]   Das folgend skizzierte Fuzzy-Neuronenmodell ist hier zuordenbar.

[608]   Vgl. Bothe, Hans-Heinrich: Neuro-Fuzzy-Methoden: Einführung in Theorie und Anwendungen, 1998, S. 257.

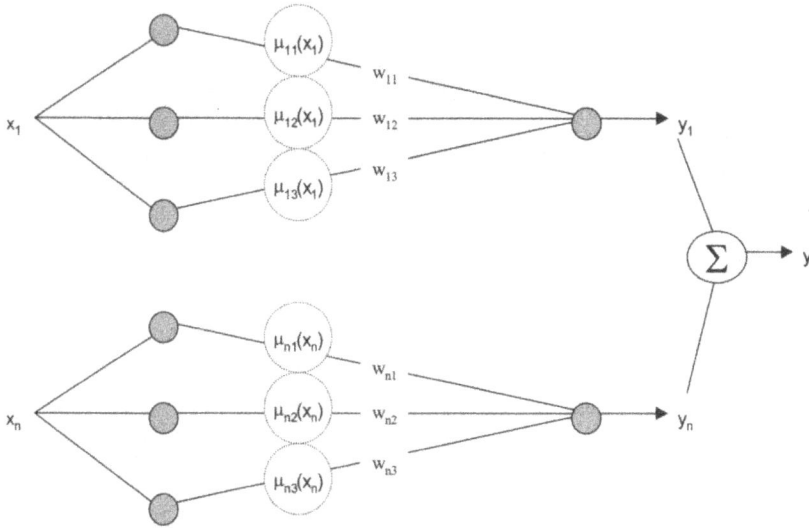

Abbildung 80: Systematische Darstellung eines Neuro-Fuzzy-Modells

Gewicht und entsprechendem *Zugehörigkeitsgrad*. Die Netzausgabe wird schließlich aus allen y_i ermittelt.

$$(151) \quad y = \sum_i y_i \qquad [609]$$

$$(152) \quad y_i = \sum_j w_{ij} \cdot \mu_{ij}(x_i) \qquad [610]$$

NFS können in zwei Ausprägungen der Kooperation von KNN und Fuzzy-Systemen auftreten.

Neuronale Netze zur Anpassung von Fuzzy-Systemen[611]
Jedes Fuzzy-System bedarf einer Optimierung. Aufgrund dessen, daß KNN Beispieldaten verarbeiten, besteht die Möglichkeit, Fuzzy-Systeme mit KNN zu verbessern. So können KNN bspw. zum Lernen von Zugehörigkeitsfunktionen sowie Regelgewichtungen eingesetzt werden.[612] Ein Fuzzy-System ist zu Beginn des Modellierungsprozesses wenig detailliert. Mittels KNN werden variable Größen ausgewertet. Es beeinflußt die Bildung von Zugehörigkeitsfunktionen dahingehend, daß Erwartungswert sowie Standardabweichung verändert werden. Die Regeln werden gelernt, indem das KNN die Bedeutung jeder einzelnen Regel bzgl. Ausgangswert beurteilt und entsprechend gewichtet.

---

[609] Vgl. Bothe, Hans-Heinrich: Neuro-Fuzzy-Methoden: Einführung in Theorie und Anwendungen, 1998, S. 257.

[610] Vgl. Bothe, Hans-Heinrich: Neuro-Fuzzy-Methoden: Einführung in Theorie und Anwendungen, 1998, S. 257.

[611] Vgl. Zimmermann, Hans-Jürgen: Neuro-Fuzzy. Technologien - Anwendungen, 1995, S. 62 ff.

[612] Vgl. Zimmermann, Hans-Jürgen: Neuro-Fuzzy. Technologien - Anwendungen, 1995, S. 62.

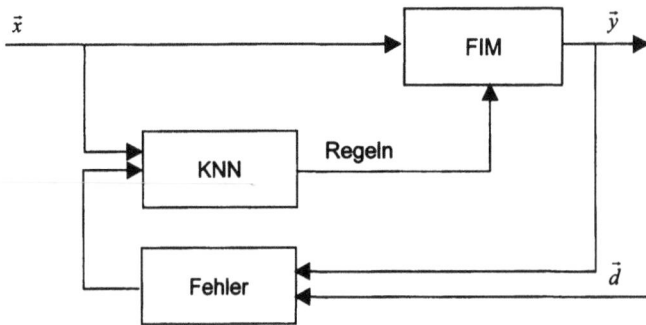

$\vec{x}$ ... Eingabevektor
$\vec{y}$ ... Ausgabevektor
$\vec{d}$ ... Zielvorgabe
FIM   ... Fuzzy-Inferenz-Methode

Abbildung 81: KNN ermitteln Regeln für die Fuzzy-Inferenz-Methode (Quelle: In Anlehnung an Bothe, Hans-Heinrich: Neuro-Fuzzy-Methoden: Einführung in Theorie und Anwendungen, 1998; S. 12)

Fuzzy-Logik zur Unterstützung von neuronalen Netzen[613]
Die erfolgreiche Anwendung von KNN hängt sehr stark vom gewählten Netztyp sowie von dessen problemspezifischer Konfiguration ab. Ein ungeeignetes Lernverfahren, eine ungünstige Netzwerktopologie, falsche Lernparameter oder ungeeignete Lernmuster wirken sich negativ auf die Leistungsfähigkeit des KNN aus. [614] Bzgl. dieser Eigenschaften bedarf ein KNN einer permanenten Kontrolle. Dieser Überwachungsprozeß ist schwierig, da das Zusammenwirken von KNN-Komponenten aufgrund der Vielfältigkeit teilweise unbekannt ist. Ein Fuzzy-System kann eine Anfangsinitialisierung von Parametern, Verbindungen usw. für ein KNN unterstützen.[615]

Exakte (scharfe) Werte sind die Voraussetzung für mathematisch-statistische Verfahren. So müssen auch für das Training eines KNN ausreichend Lerndaten zur Verfügung stehen. Ist dies nicht der Fall, besteht die Möglichkeit, diese durch eine Fuzzy-Komponente zu erzeugen. Die benötigten Daten werden auf Basis von unscharfen Bereichen oder Wenn- Dann-Regeln generiert. Abbildung 82 stellt dar, wie sich die Fuzzy-Methoden zur Anpassung der Gewichte des KNN einordnen. Der Ausgabefehler wirkt wiederum auf den Grad der Parameteränderung.

---

[613] Vgl. Melcher, Bernhard: Intelligente Informationssysteme. Fuzzy Logic und Neuronale Systeme zur Unterstützung von Managemententscheidungen, 1995, S. 118.
Vgl. Zimmermann, Hans-Jürgen: Neuro-Fuzzy. Technologien - Anwendungen, 1995, S. 63

[614] Vgl. Melcher, Bernhard: Intelligente Informationssysteme. Fuzzy Logic und Neuronale Systeme zur Unterstützung von Managemententscheidungen, 1995, S. 118.

[615] Vgl. Melcher, Bernhard: Intelligente Informationssysteme. Fuzzy Logic und Neuronale Systeme zur Unterstützung von Managemententscheidungen, 1995, S. 119.

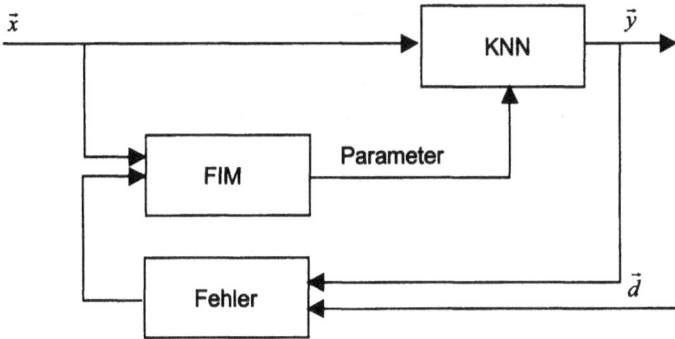

$\vec{x}$ ... Eingabevektor
$\vec{y}$ ... Ausgabevektor
$\vec{d}$ ... Zielvorgabe
FIM   ... Fuzzy-Inferenz-Methode

Abbildung 82: Die Fuzzy-Inferenz-Methode variiert Parameter eines KNN (Quelle: In Anlehnung an Bothe Hans-Heinrich: Neuro-Fuzzy-Methoden: Einführung in Theorie und Anwendungen, 1998; S. 12)

Es ist auch möglich, ohne Rückkopplung innerhalb der Systeme zu arbeiten. Dann erfolgt die Optimierung, indem der Output des einen Systems als Input des anderen verwendet wird.[616]

Hybride Neuro-Fuzzy-Systeme[617]
In hybriden Neuro-Fuzzy-Systemen vereinigen sich Fuzzy-Systeme und KNN zu einem Gesamtschema.

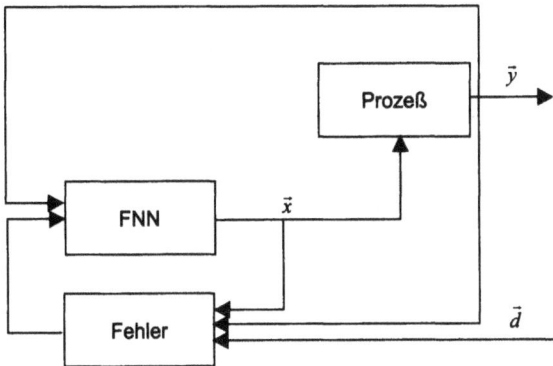

$\vec{x}$ ... Eingabevektor
$\vec{y}$ ... Ausgabevektor
$\vec{d}$ ... Zielvorgabe
FNN   ... Fuzzy-Neuronales-Netz

Abbildung 83: Neuro-Fuzzy-System als Regelkreis (Quelle: In Anlehnung an Bothe, Hans-Heinrich: Neuro-Fuzzy-Methoden: Einführung in Theorie und Anwendungen, 1998; S. 13)

---

[616]   Vgl. Bothe, Hans-Heinrich: Neuro-Fuzzy-Methoden: Einführung in Theorie und Anwendungen, 1998, S. 12 ff.

[617]   Vgl. Bothe, Hans-Heinrich: Neuro-Fuzzy-Methoden: Einführung in Theorie und Anwendungen, 1998, S. 12.

Aufgrund der starken Integration beider Ansätze wird eine unabhängige Betrachtung beider Systeme unmöglich. Die Resultate des Neuro-Fuzzy-Systems sind interpretierbar. Über die Lernalgorithmen von KNN können die Zugehörigkeitsfunktionen und die Regelbasis angepaßt werden. Der Lernvorgang wird als ein zu steuernder Gesamtprozeß aufgefaßt, der so lange erfolgt, bis der Output des Systems der gewünschten Zielgröße entspricht. Der Fehler wird dabei als Stellgröße dem Fuzzy-Neuronalen-Netz wieder zugeführt.

Neuronal Network-based Fuzzy Logic Control (NNFLC)[618]
NNFLC ist ein Fuzzy-Neuronales Netzwerk mit 4 Zellschichten. Es handelt sich hierbei um eine Darstellung von Fuzzy-Systemen in der Form eines KNN. Die einzelnen Gewichte und/ oder die Struktur des NNFLC werden durch gewählte Lernregeln verändert. Abbildung 84 enthält eine schematische Darstellung der NNFLC-Struktur.

Schicht 1 bildet die Eingabeschicht. Hier findet bzgl. der Eingabewerte bereits eine Selektion statt. In den Neuronen der Schicht 1 werden die jeweiligen Zugehörigkeitsfunktionen abgebildet. Diese Funktionen sind so zu wählen, daß sie den entsprechenden Problembereich am sinnvollsten widerspiegeln wie bspw. Gaußsche Glockenkurven, Dreiecksfunktionen, Tangensfunktionen etc. Der Output ist der *Zugehörigkeitsgrad* eines Eingabewertes x_i zu einer bestimmten unscharfen Menge.

In Abbildung 84 werden die Eingangsdaten durch drei bzw. fünf Zugehörigkeitsfunktionen den verschiedenen unscharfen Mengen zugeordnet. Die Modalwerte der Zugehörigkeitsfunktionen bilden die entsprechenden Kantengewichte.[619]

Die Neuronen der zweiten Schicht repräsentieren die Fuzzy-Regeln. Der durch UND verknüpfte Bedingungsteil jeder Regel wird aus den Outputs (mehrere unscharfe Mengen) der Eingabeschicht (Durchschnitt) gebildet. Der Durchschnitt kann nur für diejenigen Ausgaben der Schicht 1 gebildet werden, die als Eingaben an ein entsprechendes Neuron auf Schicht 2 treffen. Das jeweilige Minimum der im Bedingungsteil verarbeiteten Werte für die UND-Verknüpfung ist im betrachteten Fall der Aktivierungsgrad der Regeln.

Die Neuronen der dritten Schicht vereinigen die ihnen zugehenden Inputs. Diese sind die Aktivierungsgrade derjenigen Regeln, die die gleiche Wirkung besitzen (ODER-Verknüpfung).

Die vierte Schicht dient der Defuzzyfizierung. Hier werden unscharfe Werte in scharfe Werte transformiert.[620] Für das in Abbildung 84 dargestellte Beispiel wird von Feuring die Anwendung der Schwerpunkt-Defuzzyfizierung vorgeschlagen.[621]

---

[618] Vgl. Bothe, Hans-Heinrich: Neuro-Fuzzy-Methoden: Einführung in Theorie und Anwendungen, 1998, S. 221 ff.

[619] Vgl. Feuring, Thomas: Fuzzy-Neuronale-Netze, 1995, S. 83.

[620] Vgl. Bothe, Hans-Heinrich: Neuro-Fuzzy-Methoden: Einführung in Theorie und Anwendungen, 1998, S. 223.

[621] Vgl. Feuring, Thomas: Fuzzy-Neuronale-Netze, 1995, S. 83.

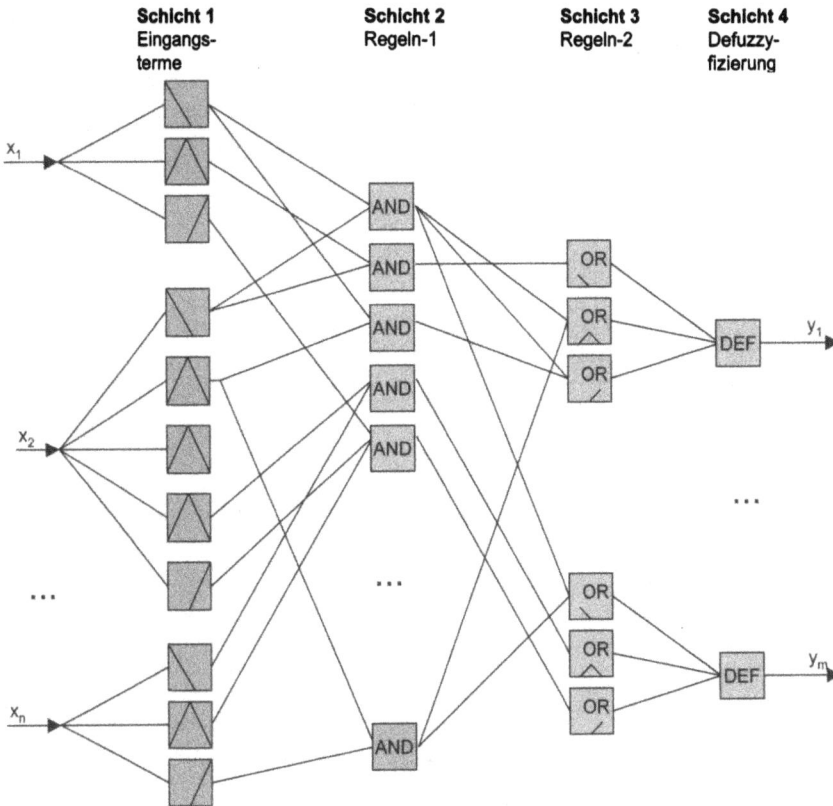

Abbildung 84: NNFLC-Struktur (Quelle: In Anlehnung an Bothe, Hans-Heinrich: Neuro-Fuzzy-Methoden: Einführung in Theorie und Anwendungen, 1998; S. 221)

Hybrides Lernen könnte für NNFLC folgendermaßen beschrieben werden:[622]

Ausgangspunkt ist eine Anordnung von sprachlich formulierten Regeln mit den anzupassenden Gewichten zwischen den einzelnen Neuronen. Alle Eingangs- bzw. Ausgangsvariablen einer Ebene können in beliebiger Form miteinander kombiniert werden. Sie bilden die Regelbasis. Der Lernprozeß stellt sich in Abbildung 85 dar.[623]

Lernen der Zugehörigkeitsfunktion heißt, die Zugehörigkeitsfunktion so zu generieren, daß sie am besten die Zuordnung der Eingangswerte zu einer bestimmten unscharfen Menge beschreibt. Als Zugehörigkeitsfunktionen werden hier generell die Gaußschen Glockenkurven angenommen. Maximum und die Varianz der Kurve werden adaptiert.[624] Das Maximum der Zugehörigkeitsfunktion wird durch Wettbewerbslernregeln ermittelt, wobei der Abstand

---

[622] Vgl. Bothe, Hans-Heinrich: Neuro-Fuzzy-Methoden: Einführung in Theorie und Anwendungen, 1998, S. 224.

[623] Vgl. Bothe, Hans-Heinrich: Neuro-Fuzzy-Methoden: Einführung in Theorie und Anwendungen, 1998, S. 225.

[624] Vgl. Bothe, Hans-Heinrich: Neuro-Fuzzy-Methoden: Einführung in Theorie und Anwendungen, 1998, S. 226.

des jeweiligen Maximums vom Ein- bzw. Ausgangswert relevant ist. Die Adaption der Varianzen erfolgt über das Nearest Neighbour-Verfahren.

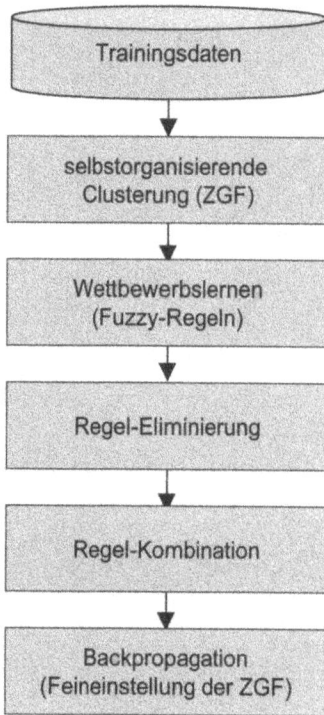

Abbildung 85: Systemtische Darstellung des Lernprozesses für NNFLC (Quelle: In Anlehnung an Bothe, Hans-Heinrich: Neuro-Fuzzy-Methoden: Einführung in Theorie und Anwendungen, 1998, S. 225)

Fuzzy-Regeln und Regelstruktur werden angepaßt, indem der Input der Zellen einer Schicht verarbeitet und der sich ergebende Output selektiv an bestimmte Zellen in der nachfolgenden Schicht weitergeleitet wird. Jede Verbindung zwischen den Zellen der verschiedenen Schichten ist als mögliche Fuzzy-Regel zu interpretieren. Den Fuzzy-Regeln werden Gewichte zugeordnet, die die Relevanz dieser Regeln angeben. Jede Zelle auf der Schicht *n-1* ist mit höchstens einer Zelle auf der Schicht *n* verbunden. Es wird eine Gewichtsmatrix w_{ij} erzeugt, welche jeder Verbindung zwischen den Zellen der Schicht *n-1* und denen der Schicht *n* ein Gewicht zuordnet.

$$(153) \quad \Delta w_{ij} = y_j^{(3)} y_i^{(2)} - w_{ij}) \quad [625]$$

---

[625] Vgl. Bothe, Hans-Heinrich: Neuro-Fuzzy-Methoden: Einführung in Theorie und Anwendungen, 1998, S. 227.

Die Verbindung mit dem größten Gewicht zwischen dem Knoten der Schicht *n-1* und allen
Knoten auf Schicht *n* wird selektiert. Alle weiteren Verbindungen zwischen den Knoten
werden eliminiert. Regeln, die nach der Selektion übrig bleiben und eine zu geringe Gewichtung haben, können nachträglich entfernt werden. Es lassen sich auch mehrere Regeln zu
einer einzigen zusammenfassen, wenn bspw. jede dieser Regeln den gleichen Input erhält
und der Output an ein und dieselbe Zelle der nächsthöheren Schicht gelangt. An diesem
Punkt ist es möglich, zusätzliches Expertenwissen in Form neuer Regeln einzubringen. Inkonsistenzen, die durch Eliminierung bzw. Hinzufügen von Regeln entstehen, werden durch
die Verwendung des Backpropagation-Algorithmus korrigiert.[626]

Neural Fuzzy CONtroler (NEFCON)
Ein weiteres namhaftes Neuro-Fuzzy-System ist der Neural Fuzzy CONtroler (NEFCON).[627]
NEFCON ist ein vorwärts gerichtetes Mehrschichtperzeptron. Eine Schicht in diesem Netz
beinhaltet Fuzzy-Regeln.

8.4   Entscheidungsbäume und neuronale Netze

KNN bestehen aus einer bestimmten Anzahl miteinander verbundener Neuronen, die in verschiedenen Schichten angeordnet sind (vgl. 3.1 und 5.1).

Ein Ansatz zur Kombination von KNN und Entscheidungsbäumen könnte folgendermaßen
aussehen:[628]

1. Generieren eines ID3-Entscheidungsbaumes,
2. Transformation der Attributwerte in Intervallfunktionen und Definition der Eingabeneuronen für das KNN,
3. Überführen des Baumes mit den Verbindungen, die aus ihm ableitbar sind, in ein KNN,
4. Herstellen von Vollverbindungen zwischen angrenzenden Schichten und Zuweisen von
   kleinen Initialisierungsgewichten,
5. Änderung der Gewichte entlang der Hauptverbindungen, so daß das KNN das Klassifika-
   tionsverhalten des Entscheidungsbaumes nachahmt und
6. leichte Änderung aller Gewichte und Netztraining mit dem Backpropagation-Algorithmus.

Eine weitere Entwicklung beinhaltet die Integration von Fuzzy-Komponenten und KNN in
Entscheidungsbäume. Durch die Verwendung unscharfer Information läßt sich der Vorteil
einer damit verbundenen Komplexitätsreduktion gegenüber anderen Systemen gezielt aus-

---

[626] Vgl. Bothe, Hans-Heinrich: Neuro-Fuzzy-Methoden: Einführung in Theorie und Anwendungen, 1998,
S. 22 ff.

[627] Vgl Bothe, Hans-Heinrich: Neuro-Fuzzy-Methoden: Einführung in Theorie und Anwendungen, 1998.

[628] Vgl. Ivanova, Irena; Kubat, Miroslav: Decision-Tree Based Neural Network, 1995, S. 296.

nutzen.[629] Es wurden bereits Algorithmen entwickelt, die mit Hilfe von Entscheidungsbaum-verfahren Systeme generieren, die derartigen Anforderungen gerecht werden. Das Ergebnis sind sogenannte *Adaptive Fuzzy-Neuronale Bäume*. Eine solche Lösung wurde von Heinz vorgestellt[630].

Zur Konstruktion eines binären Baumes wird der CART-Algorithmus vollständig durchge-führt, der Baum wird generiert und geprunt. Anschließend wird entweder:

- der Baum auf die oben beschriebene Art und Weise in ein KNN transformiert oder
- ein Expertensystem in Form eines Fuzzy-Regelsystems entwickelt, wobei jede Fuzzy-Regel einem Blatt im CART-Baum entspricht.

---

[629] Vgl. Nauck, Detlef; Kruse, Rudolf: Fuzzy-Systeme und Neuro-Fuzzy-Systeme, 1998, S. 37.
[630] Vgl. Heinz, Alois P.: Adaptive Fuzzy Neural Trees, 1996.

9 Aggregation zur Data Mining-Architektur

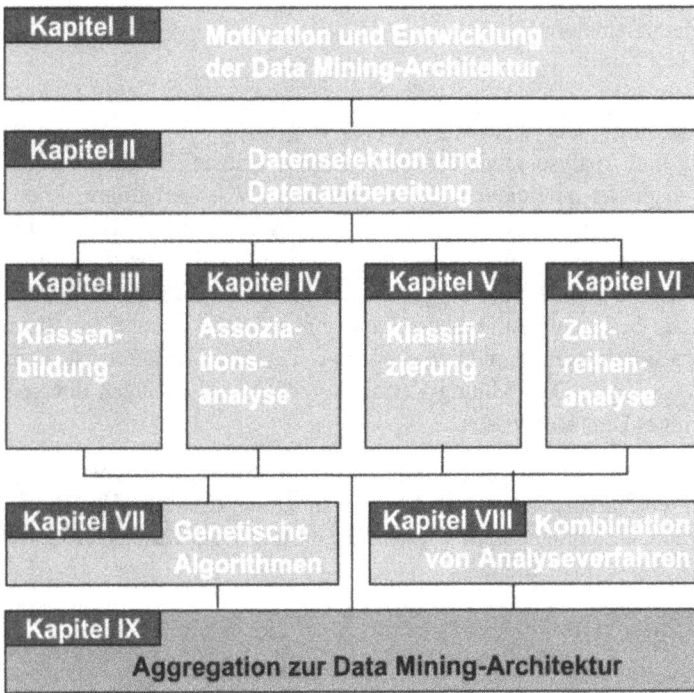

Abbildung 86: Einordnung von Kapitel 9 in die Struktur der Arbeit

9.1 Ausprägung der Data Mining-Architektur

Dieses Buch enthält eine umfassende zusammenhängende Darstellung der aus theoretischer Sicht wichtigsten Phasen von Data Mining-Prozessen:

- Datenselektion,
- Datenaufbereitung,
- Datenanalyse und
- Modellevaluierung.

Verfahrensbezogen stehen Algorithmen zur

- Datenselektion,
- Datenaufbereitung,
- Klassenbildung,
- Assoziationsanalyse,
- Klassifizierung,
- Zeitreihenanalyse und
- Optimierung von Modellparametern

im Mittelpunkt.

In der Fachliteratur werden dazu sehr viele Algorithmen vorgestellt. Für die theoretische Aufbereitung, Einordnung und Analyse sowie für die praktische Nutzung ist die Übersicht verlorengegangen. Dies erschwert potentiellen Anwendern (z.B. Wissenschaftlern, Praktikern, Studenten), darunter insbesondere Einsteigern, den Zugang zu diesen Verfahren und den relevanten Analyseschritten (*Anwendungsdimension*). Gerade Praktiker besitzen ausgezeichnetes Domänenwissen. Sie können aber aufgrund ihrer Spezialisierung die Bedeutung von einzelnen Verfahren für bestimmte Aufgabenstellungen nur äußerst selten einschätzen. Die Analytiker mit Spezialkenntnissen über mathematisch-statistische Verfahren zur komplexen Datenanalyse, wie sie durch Data Mining-Verfahren möglich ist, verfügen ihrerseits wiederum oft über zu geringes Domänenwissen.

Mit der Arbeit wird eine von der Autorin entwickelte DMA vorgestellt, in welcher anwendungsbezogen diejenigen Verfahrensklassen und deren Evaluierungskriterien (*Verfahrensklassendimension*) integriert zusammengefaßt wurden, die primär Data Mining-Prozessen (*Prozeßdimension*) zugeordnet werden können.

Die Dimensionen der DMA

- Verfahrensdimension,
- Prozeßdimension und
- Anwendungsdimension

werden durch die drei DMA-Komponenten

1. Gegenstandskomponente,
2. Metakomponente und
3. Praxiskomponente

berücksichtigt. Der Zusammenhang von Dimensionen und Komponenten ist in Abbildung 87 skizziert.

Bei der DMA handelt es sich um eine integrierte Architektur, deren Inhalte im Kontext von Prozessen auf die anwendungsbezogene Datenanalyse fokussiert sind.

In den folgenden Abbildungen werden Darstellungsmethoden von ARIS[®631] verwendet. ARIS liefert den methodischen Rahmen für die Visualisierung und Umsetzung von Komponenten einer stark prozeßbezogenen DMA. Dies bezieht sich vor allem auf die Meta- und Praxis-komponente.

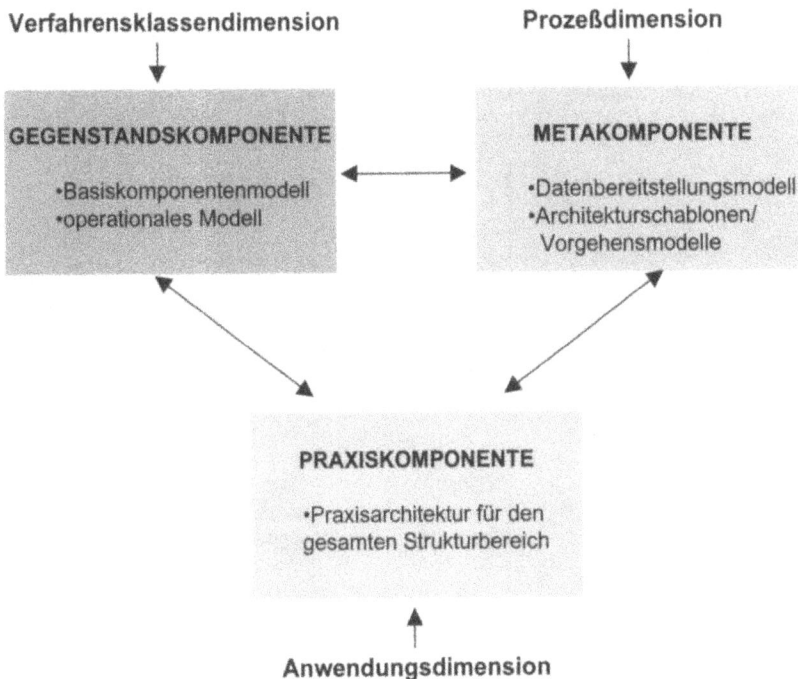

Abbildung 87: Dimensionen und Komponenten der DMA

Für die DMA-Hierarchie ergeben sich dazu initial drei Ebenen:

- Ebene I - Architekturkomponenten,
- Ebene II - Applikationsreferenzen und
- Ebene III - Referenzszenarien.

Auf Ebene I werden mit Hilfe einer Prozeßauswahlmatrix den Komponenten der DMA deren Modelle zugeordnet. Hervorgehoben ist in Abbildung 92 das Vorgehensmodell für die Refe-renzarchitektur, das zum einen seine allgemeine Beschreibung innerhalb der Metakomponen-

---

[631] Vgl. Scheer, August-Wilhelm: Architektur integrierter Informationssysteme, 1995.
Vgl. Scheer, August-Wilhelm: ARIS - Vom Geschäftsprozeß zum Anwendungssystem, 1998.
Vgl. Scheer, August-Wilhelm: ARIS - Modellierungsmethoden, Metamodelle, Anwendungen, 1998.
Es wurde das ARIS-Toolset der IDS Scheer AG verwendet.

te erhält und zum anderen zu applikationsbezogenen Darstellungen auf Ebene der Praxiskomponente referiert.

Außerdem werden hinterlegte Modelle durch kleine Modellsymbole angedeutet.

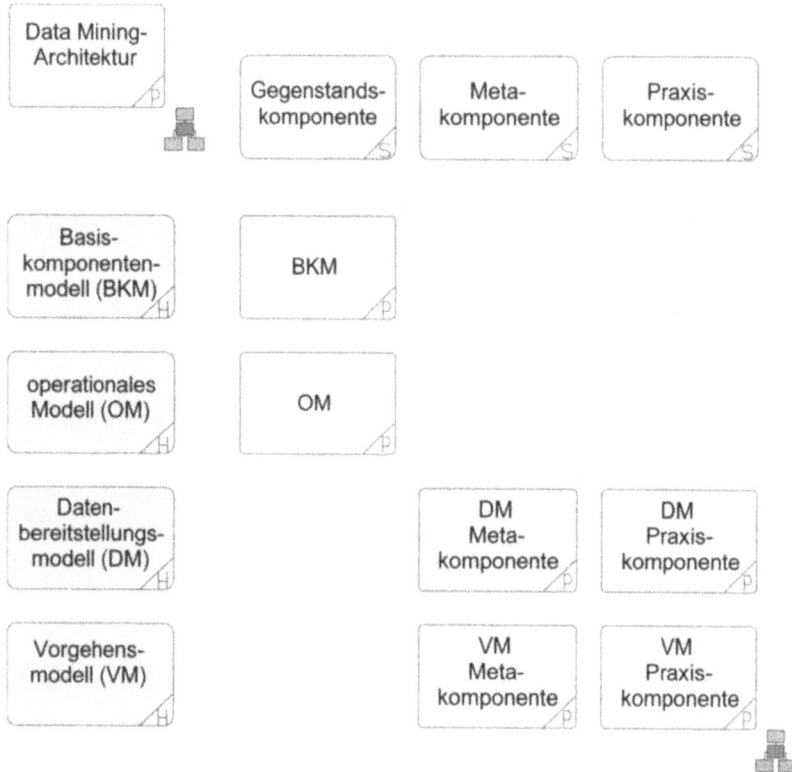

Abbildung 88: Ebene I - Architekturkomponenten mit Hinterlegungen von Modellen für VM Praxiskomponente

Dies ist in Ebene II dargestellt. Vorgehensmodelle der Referenzkomponente basieren zwar
methodisch auf den Vorgehensmodellen der Metakomponente, sachbezogen sind sie aber im
Zusammenhang mit praktischen Entscheidungssituationen zu sehen. Diese werden durch ein
Zieldiagramm in Abbildung 89 dargestellt.

Abbildung 90 faßt in einem Funktionsbaum für die Praxiskomponente mögliche Applikationsreferenzen und deren Szenarien zusammen. Dieser Baum ist für weitere Anwendungsfel-
der beliebig erweiter- bzw. separierbar.

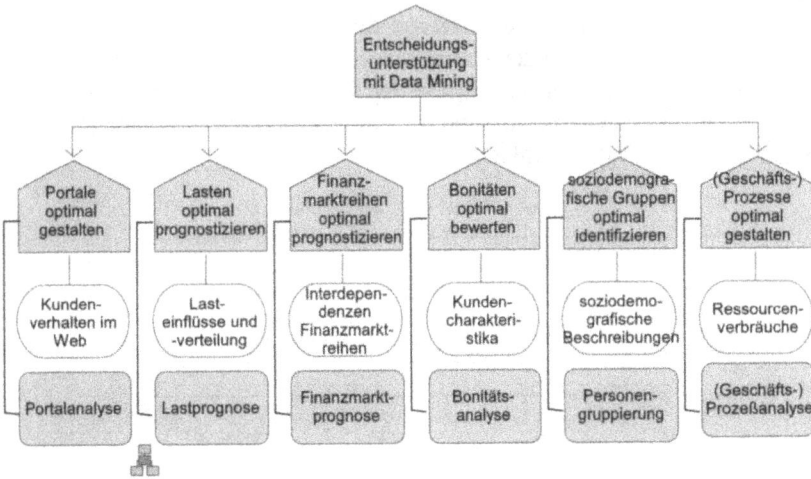

Abbildung 89: Zieldiagramm zur Abbildung des Zusammenhangs von Analyseziel (oben), Erfolgsfaktor (mitte) und Analyseprozeß (unten)

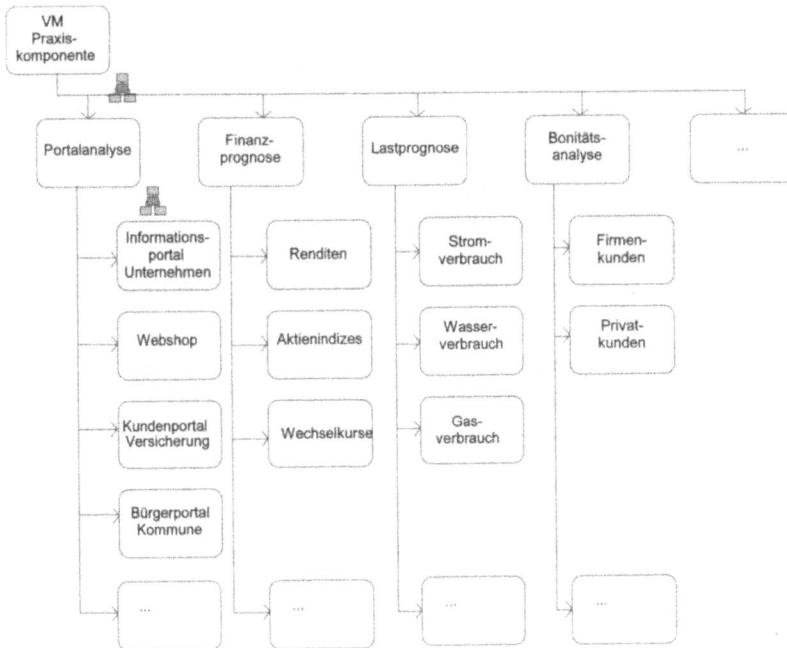

Abbildung 90: Ebene II - Applikationsreferenzen

Auf Ebene III werden den Applikationsreferenzen mit der Prozeßauswahlmatrix Referenzszenarien zugeordnet. Während die Applikationsreferenzen allgemeingültig für gleichartige
Probleme formuliert werden können, spiegeln sich in den Szenarien Varianten von Applikationsreferenzen wider. So läuft bspw. die Analyse des Nutzerverhaltens in Portalen für verschiedene Varianten ähnlich ab (vgl. Abbildung 91).

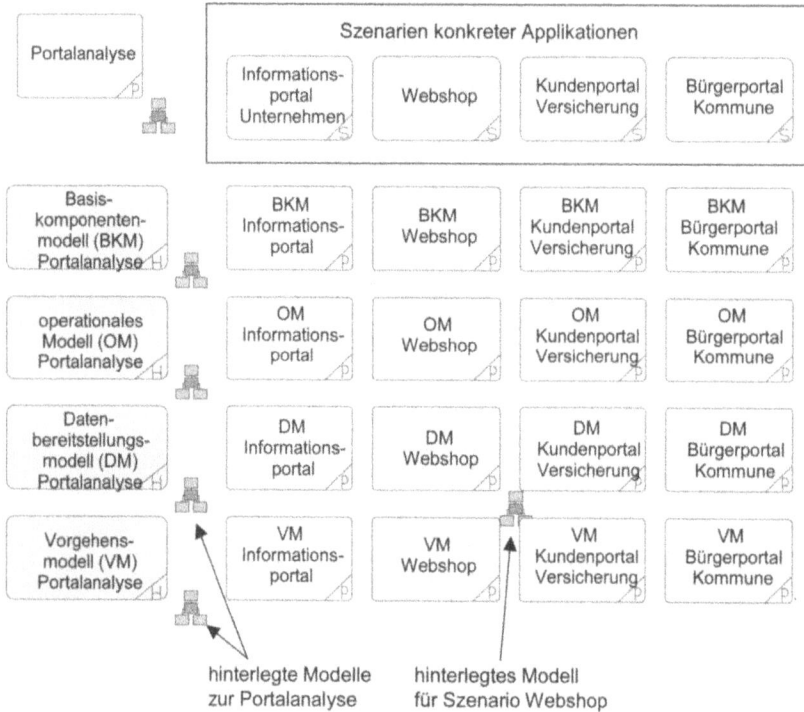

Abbildung 91: Ebene III - Zuordnung von Referenzszenarien zu Elementen der Gegenstands- und Metakomponente

In der konkreten Anwendung ergeben sich dennoch Unterschiede, bspw. zwischen der Analyse eines Webshopportals oder des Informationsportals eines Unternehmens.

Ausgangspunkt für die Forderung nach neuen Analyseresultaten, und damit für die Suche
von geeigneten Verfahren, sind einerseits Informationsdefizite der Entscheider und andererseits Hoffnungen, diese aus den inzwischen sehr großen internen und externen Datenbeständen ausgleichen zu können. Diesem Aspekt wird mit dem Datenbereitstellungsmodell der
Metakomponente Rechnung getragen.

I. Ebene - Architekturkomponenten

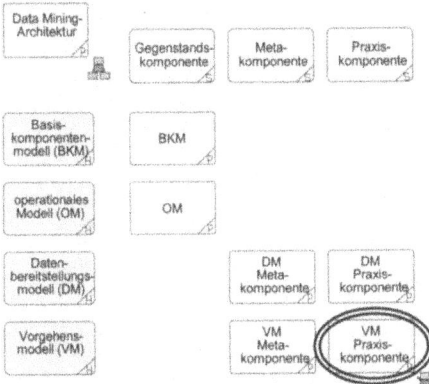

II. Ebene - Applikationsreferenzen

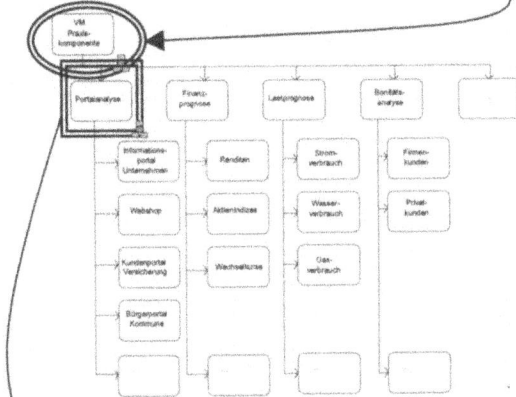

III. Ebene - Referenzszenarien

Abbildung 92: Hierarchieebenen der DMA

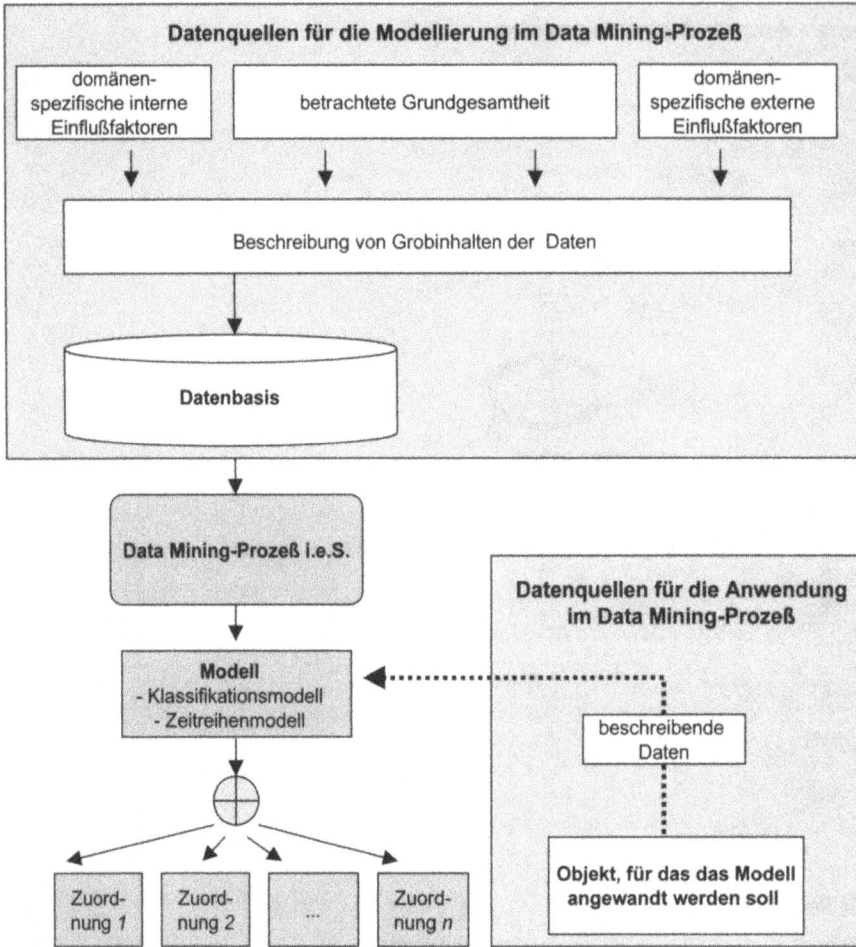

Abbildung 93: Metakomponente - Datenbereitstellungsmodell

Trotz dessen, daß die Metaebene die Arbeitsschablonen bzw. Vorgehensmodelle für die Nutzung und Steuerung von Elementen der Gegenstandsebene beinhaltet, ist sie immer noch anwendungsneutral. Die DMA liefert ein Strukturierungsschema, das sowohl Ausgangspunkt für die Fokussierung weiterer theoretischer Untersuchungen und Einordnungen ist, aber auch für reale Aufgabenstellungen adaptierbar wird. So ist bspw. das in Abbildung 93 vorgestellte Datenbereitstellungsmodell die Grundlage eines Referenz-Datenbereitstellungsmodells für Analysen des Nutzerverhaltens in Webportalen. Für jedes konkrete Webportal und jeden Benutzerkreis sind Varianten zu erarbeiten (vgl. Abbildung 94).

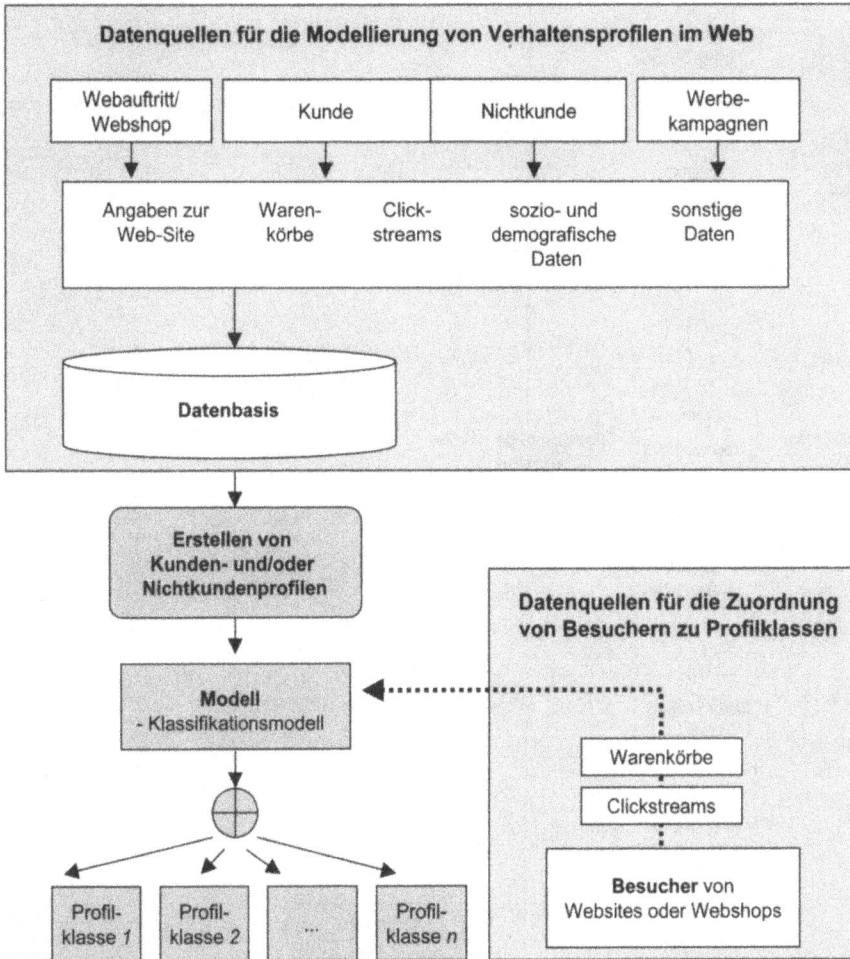

Abbildung 94: Praxiskomponente - Referenz-Datenbereitstellungsmodell zur Analyse des Besucherverhaltens in Webshops

Die Prozeßdimension für das Datenbereitstellungsmodell wird durch Übertragung der Inhalte von Abbildung 93 und Abbildung 94 in ereignisgesteuerte Prozeßketten (EPK) hervorgehoben. Diese orientieren sich am Prozeßmodell für den Data Mining-Prozeß, wobei hier die Daten im Vordergrund stehen (vgl. Abbildung 95).

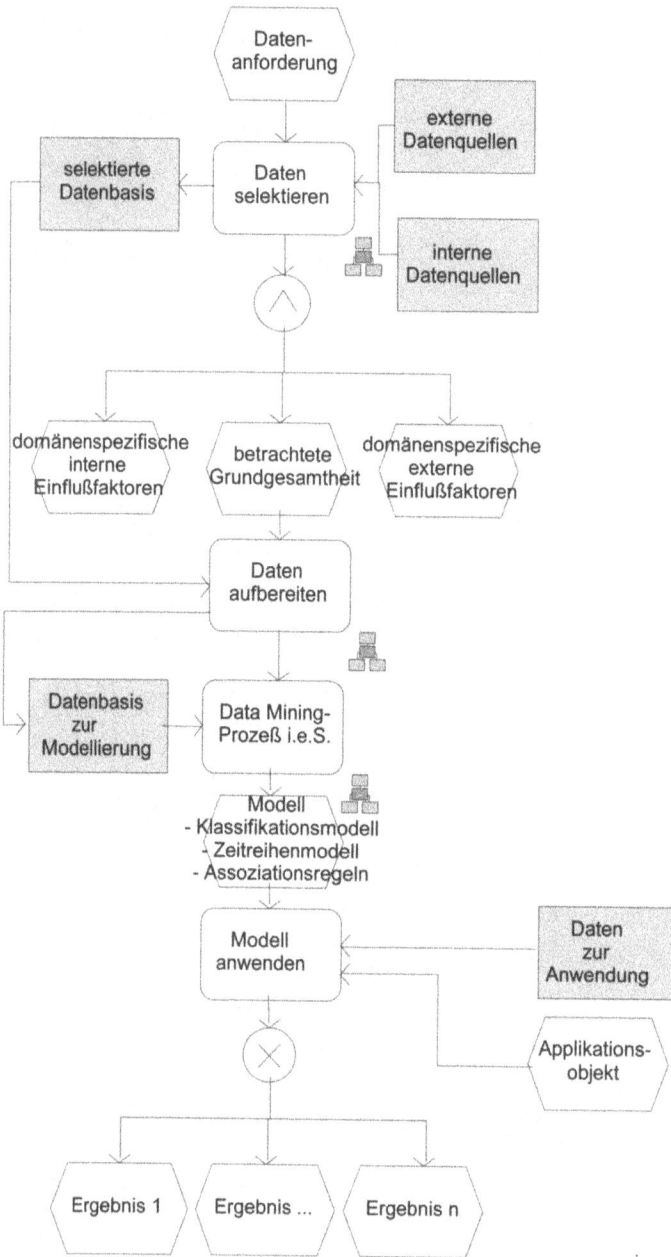

Abbildung 95: EPK - Metakomponente - Datenbereitstellungsmodell

Die konkrete Ausprägung des Datenbereitstellungsmodells innerhalb der Praxiskomponente ist in Abbildung 97 enthalten. Hier wird von der Prozeßauswahlmatrix der Ebene III, die die Applikationsreferenz „Portalanalyse/DM Webshop" repräsentiert, auf das entsprechende Datenbereitstellungsmodell referenziert.

Die im Prozeßmodell abgelegten Datencluster bzw. Entitytypen verweisen auf die notwendigen Datenmodelle. Dies kann innerhalb dieser Arbeit nur angedeutet werden und wurde von der Autorin nicht weiter verfolgt. Abbildung 96 beinhaltet die Referenz zu einem Datenmodell am Beispiel der Daten für eine Portalanalyse.

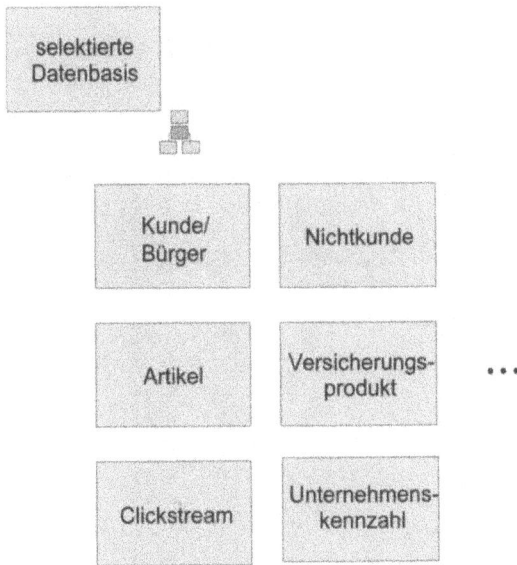

Abbildung 96: Andeutung für hinterlegte Datenmodelle am Beispiel

Einen weiteren Aspekt stellen Kenntnisse zu meßtheoretischen Hintergründen dar. Für den Analyseerfolg ist es unumgänglich, meßtheoretische Überlegungen in die frühe Phase zur Datenaufbereitung einzubeziehen (Skalierung, Normierung).

Zentrale Entscheidungskriterien für Data Mining stellen fallweise Proximitäts- und Fehlermaße, der Informationsgehalt von Attributen sowie modelloptimierende Parametrisierungen und Verfahren dar.

In jedem Fall sollten Varianten von Resultaten der Klassifikation (Klassenbildung und Klassifizierung) sowie Zeitreihenanalyse beurteilt werden. Für Assoziationsregeln gilt dies nur eingeschränkt bezogen auf den Rechenaufwand.

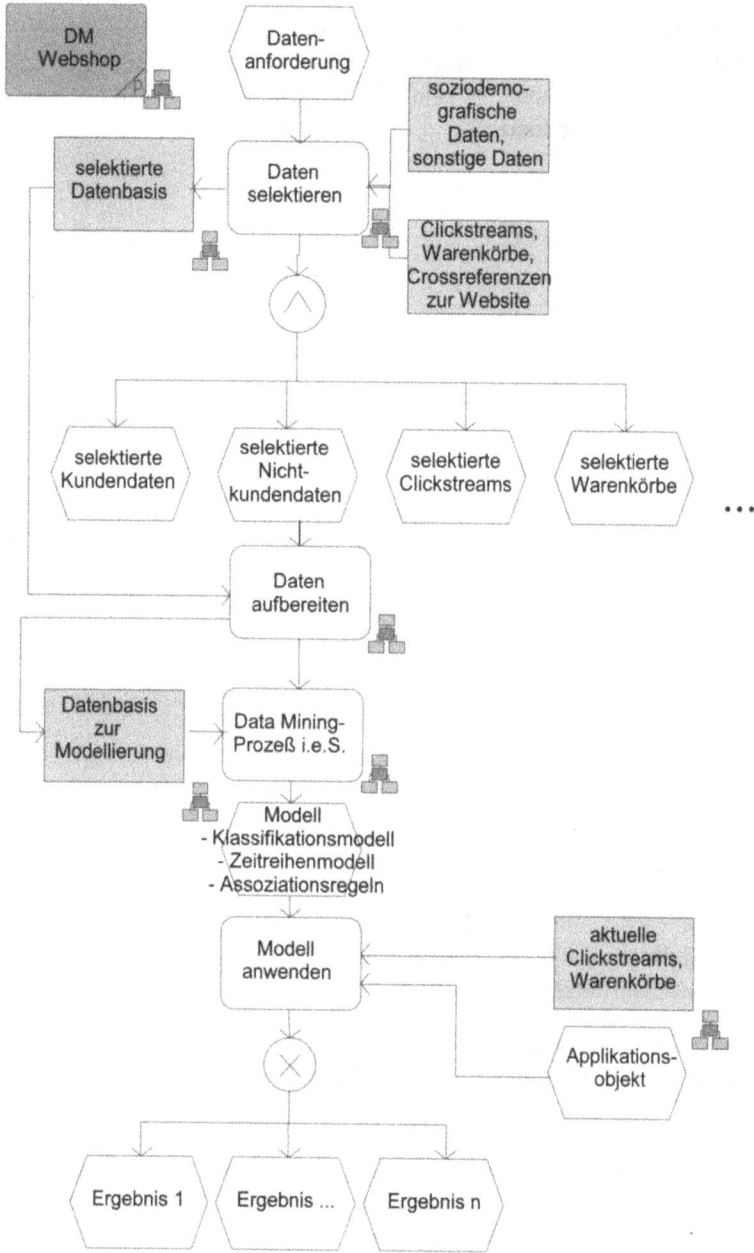

Abbildung 97: EPK - Praxiskomponente - Datenbereitstellungsmodell für Webshopanalysen

---

Basiskomponente zur Datenaufbereitung im Data Mining-Prozeß

Skalentransformation (Nominal-, Ordinal-, Intervall-, Verhältnis- und Absolutskala)	**Standardisierung/ Normierung** (Standardisierung diskreter oder stetiger Zufallsvariablen, Skalarprodukt, ...)

Basiskomponente zur Modellierung im Data Mining-Prozeß

Klassenbildungsalgorithmen
(SOM, ART1, ART2, ART3, Fuzzy-ART, LVQ,
WARD, Median, Average Linkage, Complete Linkage, Centroid, k-Means, ...)

Assoziationsalgorithmen
(AIS, SetM, Apriori-Familie, Partition, Sampling, DHP, DIC, FP-growth, ...)

Klassifizierungsalgorithmen
(Perceptron, Counterpropagation, Backpropagation, ..., lineare, logistische, quadratische
Diskriminanzanalyse, ID3, NewID, C4.5, ID5R, CHAID, CLS, LCLR, AQ15, ...)

Zeitreihenanalysealgorithmen
(einfache/multiple lineare Regressionsanalyse, ARMA/ARIMA, ARCH,GARCH,
Backpropagation, Elman, Jordan, RBF, CART, M5, SRT, ...)

modelloptimierende Algorithmen
(genetische Algorithmen, Fuzzy-Ansätze, ...)

Basiskomponente zur Evaluierung im Data Mining-Prozeß

Klassenbildungsalgorithmen
(Innerklassenhomogenität, Heterogenität zwischen den Klassen, Verhältnis beider,
Varianzkriterium, F-Wert, ...)

Assoziationsalgorithmen
(Performanceauslastung, ...)

Klassifizierungsalghorithmen
(Mean Squared Error, Theilsche Ungleicheitskoeffizient, Trefferquote, ...)

Zeitreihenanalysealgorithmen
(Mean Squared Error, Theilscher Ungleichheitskoeffizient, Trefferquote,
Korrelationskoefizient nach Bravis-Pearson, Wegstrecke, ...)

modelloptimierende Algorithmen
(verfahrensklassenspezifische Evaluierungskriterien)

Abbildung 98: Gegenstandskomponente - Basiskomponentenmodell

Das Ergebnis der Nutzung dieser Verfahren ist ein Modell, welches i.d.R. den Zusammenhang zwischen unabhängigen und abhängigen Variablen darstellt. In der Anwendung leisten die modellierten Zuordnungsvorschriften eine Entscheidungsunterstützung für Klassenbildungs-, Klassifizierungs- und Prognoseprobleme.

Die Gegenstandskomponente der DMA umfaßt im Basiskomponentenmodell Verfahren zur Skalentransformation und Normierung, Data Mining-Algorithmen und Evaluierungsgrößen (vgl. Abbildung 98). Deren Zusammenspiel im Data Mining-Prozeß wird in Vorgehensmodellen abgelegt (vgl. Abbildung 99).

Skalentransformation und Normierung richten sich einerseits nach dem vorliegenden Datenmaterial, andererseits nach den zu verwendenden Data Mining-Verfahren. Zu beachtende Details wurden innerhalb der Abschnitte zu den Verfahren behandelt.

Zur *Klassenbildung* werden vorrangig

- nicht überwacht lernende KNN und
- partitionierende und agglomerative sowie divisive hierarchische Verfahren zur Clusteranalyse

angewandt. Typische Ausprägungen des Data Mining-Prozesses für Klassenbildungsprobleme sind in Abbildung 100 dargestellt.

Die Evaluierungskriterien für Klassenbildungsmodelle beruhen auf Proximitätsmaßen, die sich in Ähnlichkeits- und Distanzmaße unterteilen. Sie werden meist als

- Homogenitäts-/Heterogenitätskriterium,
- Varianzkriterium und
- F-Wert

berechnet.

Eine besondere Rolle spielen **Assoziationsverfahren**. Diese extrahieren häufig gemeinsam auftretende Objekte aus einem Datenbestand. Diese Verfahren werden in der Literatur für Warenkorb-/Bonanalysen präferiert und sind eingeschränkt der Klassenbildung zuzuordnen. Da es hier um die absoluten und relativen Häufigkeiten des Eintretens von Ereignissen geht, sind Gütebetrachtungen im o. g. Sinne überflüssig. Die Entscheidung für ein Verfahren hängt hier eher vom Aufwand und der Performance bzw. Rechnerauslastung ab (vgl. Abbildung 101).

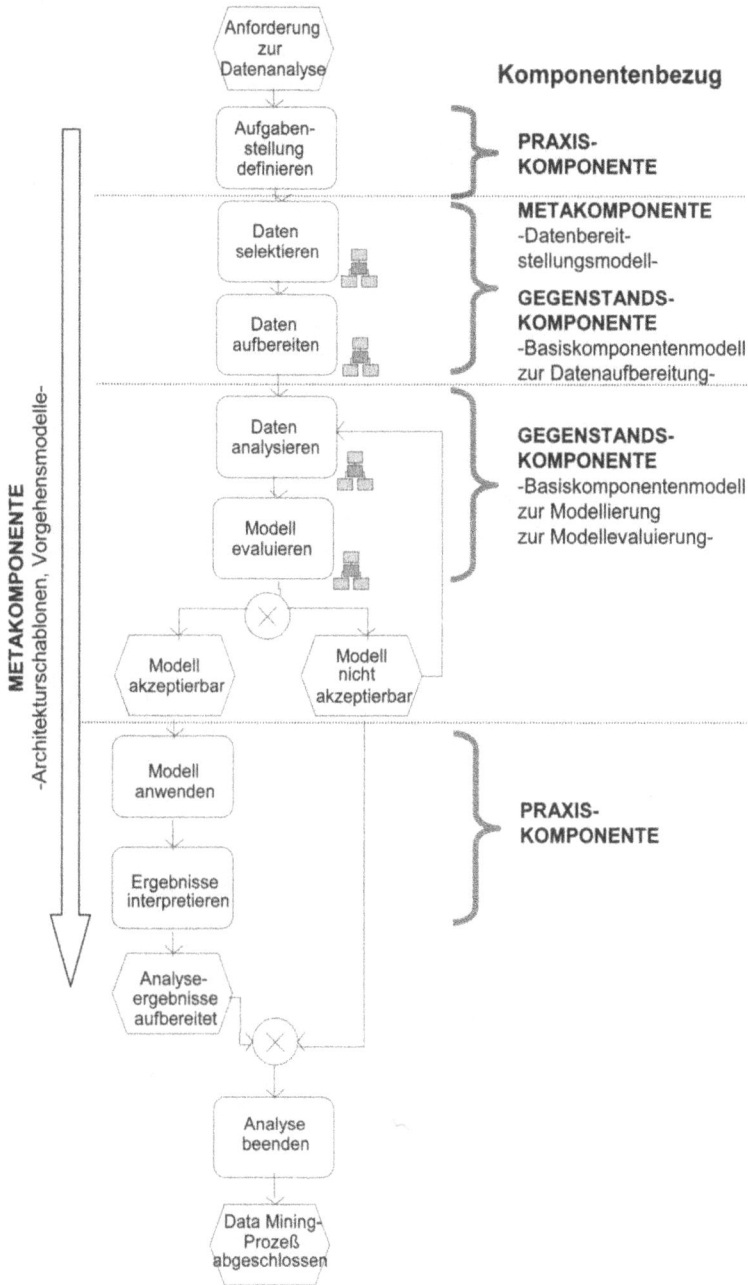

Abbildung 99: Metakomponente - Vorgehensmodell für den Data Mining-Prozeß allgemein

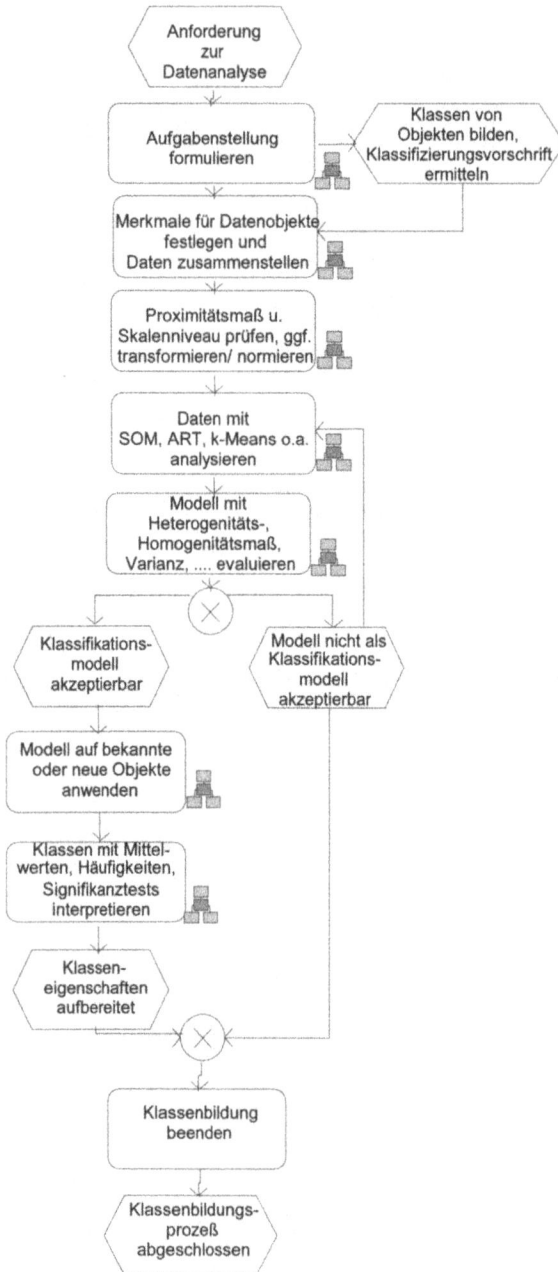

Abbildung 100: Metakomponente - Vorgehensmodell für den Data Mining-Prozeß zur Klassenbildung

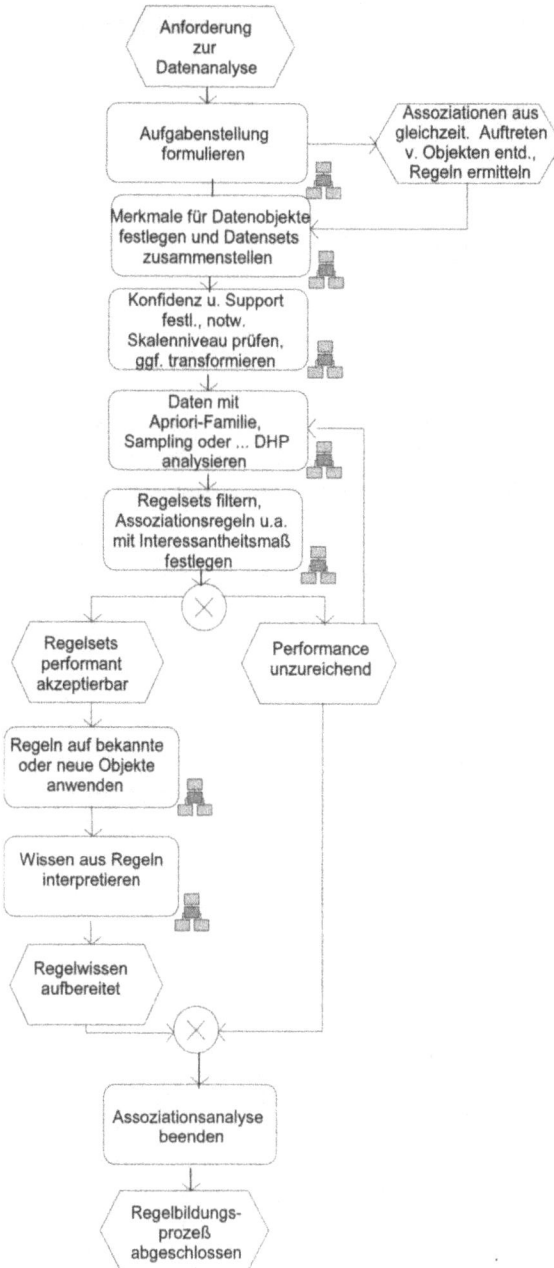

Abbildung 101: Metakomponente - Vorgehensmodell für den Data Mining-Prozeß zur Assoziationsanalyse

Die Erstellung von *Klassifizierungsmodellen* (vgl. Abbildung 102) unterstützen insbesondere:

- überwacht lernende KNN,
- Entscheidungsbaumalgorithmen und
- Diskriminanzanalyse.

Die Beurteilung von Ergebnissen zur Klassifizierung unterstützen besonders:

- Mean Squared Error,
- Theilscher Ungleichheitskoeffizient und
- Trefferquote.

Die Verfahren können auch miteinander kombiniert werden. Ein Entscheidungsbaum wird bspw. in ein KNN transformiert. Das KNN versucht, das Entscheidungsverhalten des Entscheidungsbaums nachzuahmen. Dies ermöglicht eine bessere Interpretation der gefundenen Ergebnisse.

Für die Entwicklung von Modellen zur *Zeitreihenanalyse* (vgl. Abbildung 103) mit dem Ziel der Punktprognose eignen sich insbesondere:

- überwacht lernende KNN,
- Regressionsanalyse und
- Regressionsbaumverfahren.

Für die Zeitreihenmodelle werden neben den Evaluierungskriterien zur Klassifizierung folgende Größen angewandt:

- Korrelationskoeffizient nach Bravais-Pearson,
- Wegstrecke und
- Hannan-Quinn-Information.

Modellkonfiguration und Parameterausprägungen der Verfahren können durch genetische Algorithmen und Fuzzy-Komponenten unterstützt werden.

Genetische Algorithmen zählen zu einem Hauptanwendungsgebiet der stochastischen Optimierung. Sie unterstützen die Suche nach einer geeigneten Konfiguration und Parametrisierung von Verfahren zur Klassenbildung, Assoziationsanalyse, Klassifizierung und Zeitreihenanalyse und dienen damit der Optimierung von Modellen. Neben genetischen Algorithmen stellt auch Simulated Annealing einen interessanten Optimierungsansatz dar.

Besonders erfolgversprechend ist die Verknüpfung von Lernen und Evolution in einem hybriden genetischen Algorithmus. Der genetische Algorithmus übernimmt die Groboptimierung der Struktur des Modells (z.B. eines KNN), die Feinoptimierung des Modells wird vom Verfahren selbst übernommen (z.B. werden die Gewichte des KNN bei Backpropagation durch ein Gradientenabstiegsverfahren realisiert).

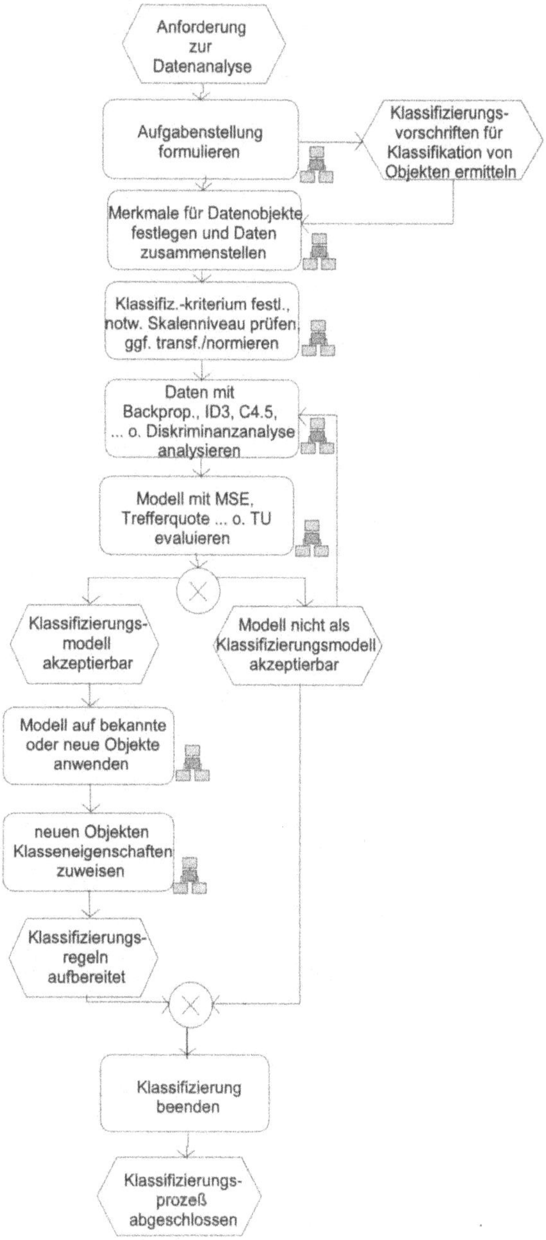

Abbildung 102: Metakomponente - Vorgehensmodell für den Data Mining-Prozeß zur Klassifizierung

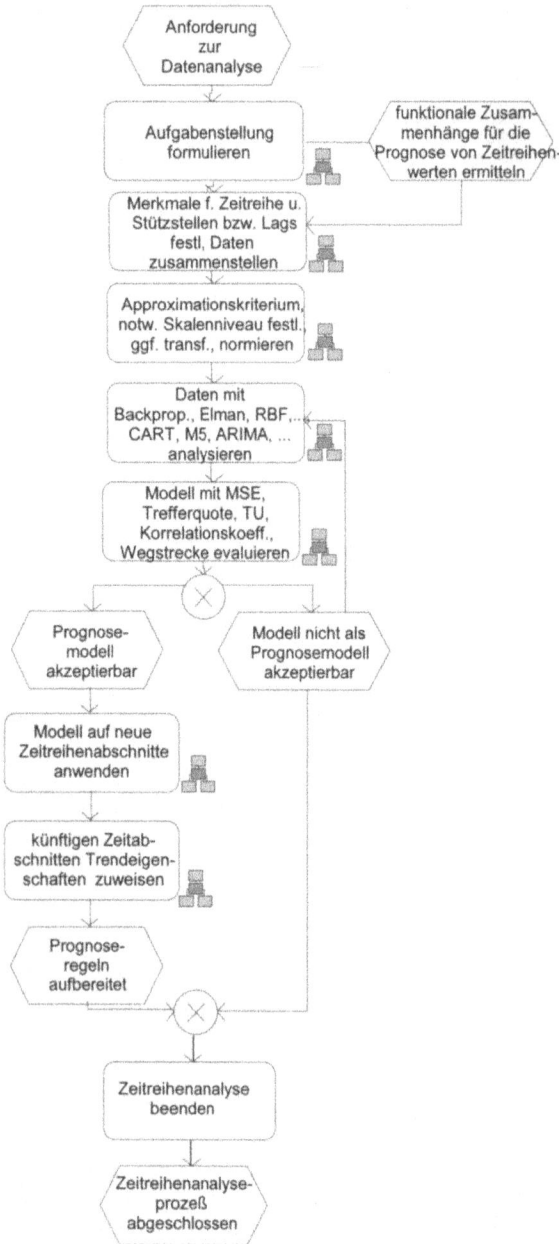

Abbildung 103: Metakomponente - Vorgehensmodell für den Data Mining-Prozeß zur Zeitreihenanalyse

Genetische Algorithmen können aber auch sinnvoll im Zusammenhang mit Entscheidungsbaumverfahren angewandt werden. Mit ihnen wird aus einer Menge von Entscheidungsbäumen der optimale Baum herausgefunden. Die Menge der Entscheidungsbäume wird als
Population aufgefaßt. Größe und Gestalt der Bäume werden durch Rekombination und Muta-

tion verändert. Anhand eines Fitneßwertes werden Generation für Generation immer bessere Bäume generiert, bis ein Abbruchkriterium erreicht ist.

Zur Evaluierung aller Modellalternativen erfolgt eine Unterscheidung in

- Bewertungs- und
- und Fitneßfunktion.

Für viele Optimierungsprobleme sind identische Bewertungs- und Fitneßfunktionen einsetzbar.

Gezielte Selektionsverfahren (z.B. Glücksrad-Prinzip) steuern die sinnvolle Auswahl der besten Alternative für den weiteren Optimierungsprozeß. Genetische Operatoren (Crossover, Mutation, Inversion) steuern die Veränderung von Modellen.

Für genetische Algorithmen kann folgendes eingeschätzt werden:

- für fast jede Problemstellung anwendbar,
- geeignet für große und komplexe Suchräume,
- heuristisch,
- sehr rechenintensiv,
- konvergieren sehr langsam und
- unsicher, ob globales Optimum gefunden wird.

Data Mining-Verfahren verarbeiten einerseits exakte Daten, deren Werte konkret bzw. scharf sind. Wird andererseits linguistisch formuliertes Expertenwissen in die Datenanalyse einbezogen, kommen additiv *Fuzzy-Systeme* zur Anwendung.

Eine Aufgabe von Fuzzy-Methoden besteht in der Bestimmung von graduellen Zugehörigkeiten, damit in der formalen, mathematischen Darstellung einer Domäne unter Erhaltung ihrer Interpretierbarkeit. Die Analyseergebnisse werden nachvollziehbarer und besser interpretierbar. Aufgrund der Verarbeitung von qualitativen Beschreibungen leidet jedoch die Genauigkeit. Es wird detailliertes Wissen über das Problem sowie dessen Meß- und Stellgrößen vorausgesetzt. Die Verantwortung hierfür liegt bei einem Experten. Sein Wissen wird in Form von Zugehörigkeitsfunktionen und Fuzzy-Regeln repräsentiert.

Zur Fuzzy- und Defuzzyfizierung sind u.a. zwei Methoden einsetzbar:

- Maximummethode (MAX) und
- Mean of Maximum Methode (MOM).

Eine spezielle Kombination stellen Fuzzy-Systeme und KNN dar. Neuro-Fuzzy-Systeme vereinen die Vorzüge von KNN und Fuzzy-Systemen. Sie bestehen aus vernetzten Fuzzy-Neuronen. Es werden, wie bei KNN, unbekannte Relationen zwischen abhängigen und unabhängigen Größen aufgedeckt. Neuro-Fuzzy-Systeme kommen insbesondere dann zum Einsatz, wenn einerseits viele Daten vorliegen, andererseits ein hoher Erklärungsbedarf für das Zustandekommen von Lösungen zu erwarten ist. Sogenannte kooperative Neuro-Fuzzy-

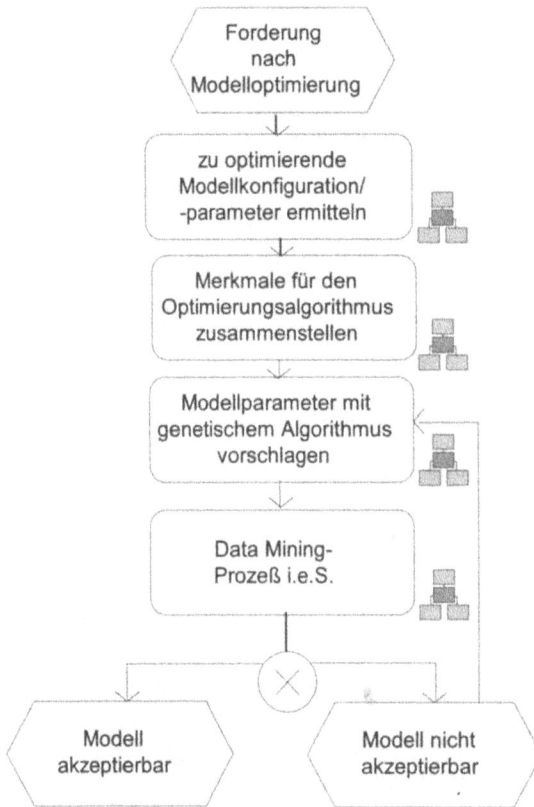

Abbildung 104: Metakomponente - Vorgehensmodell zur Modelloptimierung

Ansätze beinhalten verschiedene Möglichkeiten und Effekte der wechselseitigen Nutzung von KNN und Fuzzy-Systemen, wie bspw.:

- KNN dienen der Anpassung von Fuzzy-Systemen und damit von Zugehörigkeitsfunktionen und Regelbasis,
- Fuzzy-Logik unterstützt den Modellierungsprozeß von KNN,
- die Integration ergibt ein Gesamtschema für ein hybrides Neuro-Fuzzy-System (NNFLC, NEFCON) und
- Resultate sind interpretierbar.

Aus operationaler Sicht sind rund um den Data Mining-Prozeß Voraussetzungen zu schaffen, die sich beziehen auf

- Anwender,
- Daten,
- technische Infrastruktur und
- Schnittstellenstandards.

Die inhaltlichen Hintergründe werden in Abbildung 105 aufgeführt.

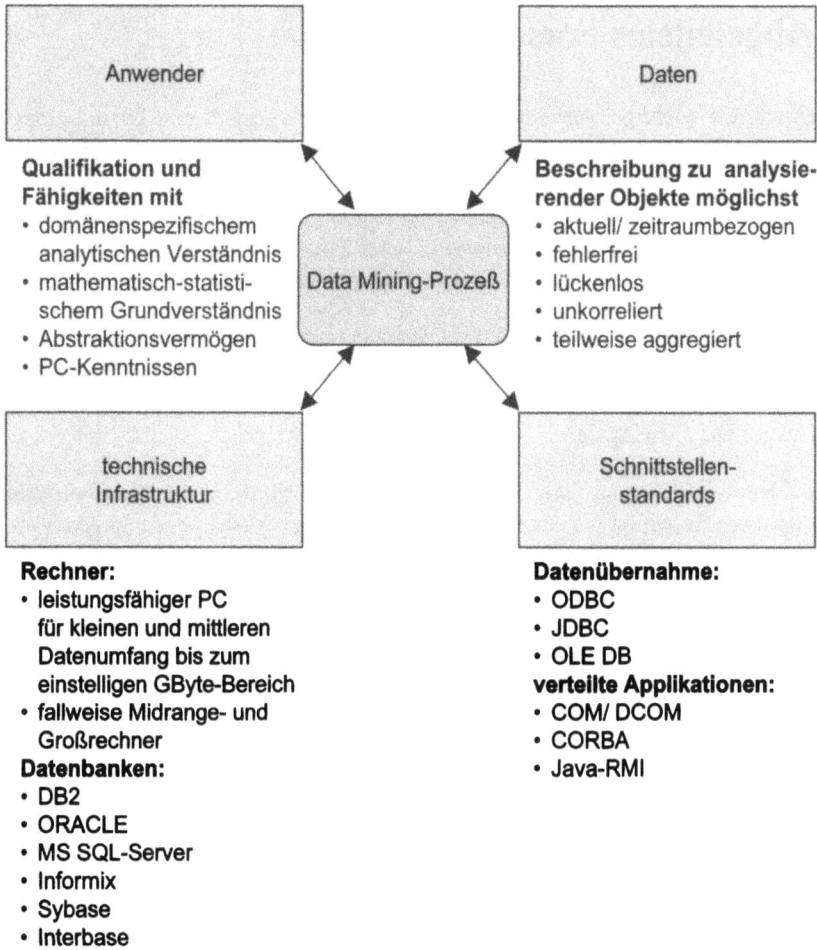

Abbildung 105: Gegenstandskomponente - operationales Modell

Wird die Komplexität des Data Mining-Themas betrachtet, so deckt die DMA die wichtigsten Strukturierungsbereiche ab. Es handelt sich um eine offene Architektur, deren Komponenten in ihrer spezifischen Ausprägung erweiterbar sind. In Tabelle 16 werden die Zusammenhänge zwischen DMA-Komponenten und Elementen der Komponenten dargestellt, so wie sie in dieser Arbeit gesehen und herausgearbeitet wurden.

Tabelle 16: Elemente der DMA, wie sie in dieser Schrift behandelt wurden

	Gegenstands-komponente	Meta-komponente	Referenz-komponente
Basiskomponentenmodell	X		
operationales Modell	X		
Datenbereitstellungsmodell		X	X
Architekturschablonen/ Vorgehensmodelle		X	X

9.2   Abgeleitetes Forschungspotential

In diesem Buch wurden wichtige Verfahren für Data Mining vorgestellt und Evaluierungs-kriterien für die Bewertung des Analysemodells diskutiert. Der Data Mining-Prozeß wurde für typische Data Mining-Verfahrensgruppen adaptiert und anwendungsbezogen betrachtet. Aus der Komplexität von Data Mining-Aufgabenstellungen und Lösungsmöglichkeiten er-klärt sich die Notwendigkeit einer Systematisierung dieser Zusammenhänge. Diese Systema-tisierung erfolgte durch die Entwicklung der Data Mining-Architektur.

Es handelt sich um eine offene Architektur. Die Ausprägungen der DMA wurden im Ab-schnitt 9.1 vorrangig mit Methoden zur Prozeßdarstellung und Prozeßintegration abgebildet. Insofern besitzt die DMA den Charakter einer Prozeßarchitektur, d.h. die DMA stellt eine Prozeßarchitektur für Data Mining dar.

Die entwickelten Komponenten der DMA bilden die Grundlage für die Einordnung weiterer Verfahren von der Datenselektion bis zur Modellevaluierung. Der Ausbau der Praxiskompo-nente zu verwertbaren Applikationsreferenzmodellen und Referenzszenarien wird für die Anwendung von Data Mining-Verfahren sehr wertvoll sein.

Eine wissenschaftliche Herausforderung stellt nach wie vor die Evaluierung von Data Mi-ning-Verfahren dar sowie die Entwicklung von hybriden Algorithmen, die die Vorzüge ein-zelner Verfahren in sich vereinen.

In diesem Buch konnten die Data Mining-Verfahren nicht erschöpfend behandelt werden. Mathematisch-statistische Algorithmen, die aufgrund ihrer historischen Entwicklung und der sachlichen Analogien zu

- neuronalen Netzen,
- multivariaten statistischen Verfahren,
- evolutionären Algorithmen,
- Neuro-Fuzzy-Algorithmen oder
- Visualisierungverfahren usw.

zählen, müssen im Hinblick auf das Ziel praktischer Anwendbarkeit problembezogen in die DMA eingeordnet werden. Die Problembezogenheit ergibt sich aus der Art der Aufgaben-stellungen. Sie reduziert sich letztendlich auf die Suche nach Mustern in Daten und wird mit den folgenden Zielstellungen in Verbindung gebracht werden:

1. Clustern,
2. Assoziieren,
3. Klassifizieren und
4. Prognostizieren.

Für die praktische Anwendung wird es notwendig, zur Erhöhung der Transparenz von Data Mining-Ergebnissen alle Visualisierungspotentiale voll auszuschöpfen.

Es ist künftig mit einer starken Zunahme von Data Mining-Anwendungen zu rechnen. Der fachliche Zugang zu diesem Thema wird durch die DMA wesentlich unterstützt.

Weitestgehend unberührt blieben bisher Aspekte der Informations- und Kommunikationstechnik. Im Zusammenhang mit den stark rechnerressourcenverbrauchenden Verfahren zur Datenselektion, -aufbereitung und -analyse nimmt die technische Infrastruktur wesentlichen Einfluß auf die Nutzerakzeptanz. Insofern ist Data Mining unbedingt im Zusammenhang mit einer ausgereiften und effizienten Technologie zur Informations- und Wissensbeschaffung zu betrachten.

10 Anhang

Literaturverzeichnis

Adriaans, Pieter; Zantinge, Dolf: Data Mining. - Addison-Wesley Publishing and Company Harlow et al. 1998

Agrawal, Rakesh; Imielinski, Tomasz; Swami, Arun N.: Mining Association Rules between Sets of Items in Large Databases. - In: Proceedings of the 1993 ACM SIGMOD International Conference on Management of Data, Washington,DC San Jose, USA 1993 http://www. almaden.ibm.com/cs/people/ragrawal/papers/ sigmod93.ps (25.10.2001)

Agrawal, Rakesh; Srikant, Ramakrishnan: Fast Algorithms for Mining Association Rules. - San Jose, USA 1994 http://www.almaden.ibm.com/cs/people/ragrawal/ papers/vldb94_rj.ps (29.10.2001)

Agrawal, Rakesh; Srikant, Ramakrishnan: Mining Sequential Patterns. - San Jose, USA 1994 http://www.almaden.ibm.com/cs/people/srikant/papers/de95.ps.gz (07.03.2002)

Almassy, Nikolaus: Genetic Evolution of Autonomous Agents.- Shaker Verlag Aachen 1995 Dissertation an Uni Zürich

Alpar, Paul; Niedereichholz, Joachim: Data Mining im praktischen Einsatz: Verfahren und Anwendungsfälle fürMarketing, Vertrieb, Controlling und Kundenunterstützung. - Friedr. Vieweg & Sohn VerlagsGmbH Braunschweig, Wiesbaden et al. 2000

Angeline, Peter J.; Saunders, Gregory M.; Pollack, Jordan B.: An Evolutionary Algorithm that Constructs Recurrent Neural Networks. - In:IEEE Transaction on Neural Networks. - (1994)5, S. 54-65

Bacher, Johann: Clusteranalyse. Anwendungsorientierte Einführung. - R. Oldenbourg Verlag München, Wien 1994

Bäck, Thomas: Evolutionary Algorithms in Theory and Practice: Evolution Strategies, Evolutionary Programming, Genetic Algorithms. - Oxford University Press Oxford 1996

Backhaus, Klaus; Erichson, Bernd; Plinke, Wulff; Weiber, Rolf: Multivariate Analysemethoden - Eine anwendungsorientierte Einführung. - Springer-Verlag Berlin, Heidelberg et al.
1996

Bager, Jo; Becker, Jörg; Munz, Rudolf: Zentrallager Data Warehouse - zentrale Sammelstelle für Information. - In:c't.- (1997)3, S. 284-293

Bala, Jerzy; DeJong, Kenneth; Huang, Jeffrey; Vafaie, Haleh; Wechsler, Harry: Hybrid
Learning Using Genetic Algorithms and Decision Trees for Pattern Classification. - IJCAI
Conference, Montreal 1995

Bankhofer, Udo; Praxmarer, Sandra: Angewandte Marktforschung und das Problem fehlender Daten.- In:planung & analyse.- (1998)6, S. 46-49

Barth, Manuela: Verfahren der Klassifikation - Entscheidungsbäume, Bayessche Regel, Faktorenanalyse. - NHConsult GmbH Leipzig Internes Arbeitspapier, Juni 2001

Barth, Matthias: Data Mining. - In: Breitner, Christoph; Herzog, Uwe; Mülle, Jutta; Schlösser,
Jörg; (Hrsg.): Data Warehousing. - Universität Karlsruhe Karlsruhe 1996 http://www.ubka.
uni-karlsruhe.de/cgi-bin/psgunzip/ira/1996/29/29.pdf (6.11.2001)

Bauer, S.; Winterkamp, Tiemo: Relationales OLAP versus multidimensionale Datenbanken.
- In: Hannig, U. (Hrsg.): Data Warehouse und Managementinformationssysteme. - Schäffer-
Poeschel Verlag für Wirtschaft Stuttgart 1996 Handelsblatt-Reihe

Baumgartner, Peter: Vergleich der Anwendung Neuronaler Netze und Genetischer Algorithmen zur Lösung von Problemen der Finanzprognose. - Difo-Druck St. Gallen, Bamberg
1998

Behme, Wolfgang: Business-Intelligence als Baustein des Geschäftserfolgs. - In: Mucksch,
Harry; Behme, Wolfgang (Hrsg.): Das Data-Warehouse-Konzept. - Betriebswirtsch. Verlag
Dr. Th. Gabler Wiesbaden 1996

Behme, Wolfgang; Mucksch, Harry: Anwendungsgebiete einer Data Warehouse-gestützten
Informationsversorgung. - In: Behme, Wolfgang; Mucksch, Harry (Hrsg.): Data Warehouse-
gestützte Anwendungen. - Betriebswirtsch. Verlag Dr. Th. Gabler Wiesbaden 2001 Gabler
Lehrbuch

Belew, Richard K.; McInerney, John; Schraudolph, Nicol N.: Evolving Networks: Using the
Genetic Algorithm with Connectionist Learning. - University of California, CS & En. Dept.
San Diego, CA. 1990 #CS90-174

Benninghaus, Hans: Einführung in die sozialwissenschaftliche Datenanalyse.- R. Oldenbourg
Verlag München, Wien 1990

Bensberg, Frank; Weiß, Thorsten: Web Log Mining Marktforschungsinstrument für das
World Wide Web. - In: Wirtschaftsinformatik. - 41(1999), S. 426-432

Bergs, Siegfried: Optimalität bei Cluster-Analysen - Experimente zur Bewertung numerischer Klassifikationsverfahren. - Universität Münster Münster 1981

Berry, Michael J.A.; Linoff, Gordon S.: Data Mining Techniques for Marketing, Sales and Customer Support. - John Wiley & Sons Ltd. Chichester, New York 1997 http://www.dataminers.com

Berthel, Jürgen: Information. - In:Grochla/Wittmann (Hrsg.):Handwörterbuch der Betriebswirtschaft. - C.E. Poeschel Verlag Stuttgart 1975 Band II, 4. Auflage, Sp. 1865-1873.

Bestmann, Uwe: Kompendium der Betriebswirtschaftslehre. - R. Oldenbourg Verlag München, Wien 1990

Bissantz, Nicolas: Clusmin - Ein Beitrag zur Analyse von Daten des Ergebniscontrollings mit Datenmustererkennung (Data Mining). - In: Dal Cin(et al.): Data Mining F.-A. Universität Erlangen-Nürnberg Erlangen 1996 Arbeitsberichte des Inst. MMD 29(1996)7, Teil A

Bissantz, Nicolas; Hagedorn, Jürgen; Mertens, Peter: Data Mining als Komponente eines Data Warehouse. - In:Mucksch, Harry; Behme, Wolfgang (Hrsg.): Das Data-Warehouse-Konzept. - Betriebswirtsch. Verlag Dr. Th. Gabler Wiesbaden 1996

Blaschka, Markus; Dinter, Barbara; Höfling, Gabriele; Sapia, Carsten: Würfelwelten. - In:iX. - (1998)3, S. 104ff.

Bock, Hans-Hermann: Automatische Klassifikation. Theoretische und praktische Methoden zur Gruppierung und Strukturierung von Daten (Cluster-Analyse). - Vandenhoeck & Ruprecht Göttingen 1974

Böckenholt, Ingo: Mehrdimensionale Skalierung qualitativer Daten - Ein Instrument zur Unterstützung von Marketingentscheidungen. - Frankfurt/M. 1989

Bollinger, Toni: Assoziationsregeln - Analyse eines Data-Mining-Verfahrens.- In: Informatik-Spektrum. - 5(1996)19, S. 257-261

Borg, Ingwer; Staufenbiel, Thomas: Theorien und Methoden der Skalierung: Eine Einführung. - Huber-Verlag Bern 1993 Methoden der Psychologie, 11; 2. Auflage

Bortz, Jürgen: Statistik für Sozialwissenschaftler. - Springer-Verlag Berlin, Heidelberg et al. 1993

Bosch, Karl: Mathematik-Taschenbuch.- R. Oldenbourg Verlag München, Wien 1991

Bosch, Karl: Statistik-Taschenbuch.- R. Oldenbourg Verlag München, Wien 1993

Bosch, R.: Data Marts gehört die Zukunft.- In:Client/Server magazin - Netzkonzepte und IT-Management. - (1996)9-10, S. 43

Bosch, R.: Intelligent Miner. - In: Client/Server magazin - Netzkonzepte und IT-Management. - (1996)9-10, S. 48

Bosch, R.: OLAP-Engines als Kern des Data Warehouses. - In: Client/Server magazin - Netzkonzepte und IT-Management. - (1997)1-2

Boswell, Robin A.: Manual for NewID Version 4.1. - The Turing Institute Glasgow 1990 TI/P2154/RAB/4/2.3

Bothe, Hans-Heinrich: Neuro-Fuzzy-Methoden: Einführung in Theorie und Anwendungen. - Springer-Verlag Berlin, Heidelberg et al. 1998

Böttiger, Werner; Chamoni, Peter; Gluchowski, Peter; Müller, Jochen: Ein Kriterienkatalog zur Beurteilung und Einordnung von Data Warehouse-Lösungen. - In:Behme, Wolfgang; Mucksch, Harry (Hrsg.): Data Warehouse-gestützte Anwendungen. Theorie und Praxiserfahrungen inverschiedenen Branchen.-Betriebswirtsch. Verlag Dr. Th. Gabler Wiesbaden 2001 Gabler Lehrbuch

Braun, Heinrich: Neuronale Netze: Optimierung durch Lernen und Evolution.- Springer-Verlag Berlin, Heidelberg et al. 1997

Breiman, Leo; Friedman, Jerome H.; Olshen, Richard A.; Stone, Charles J. (Hrsg.): Classification and Regression Trees. - Chapman & Hall / CRC Belmont, CA. 1984

Breitner, Christoph A.; Herzog, Uwe: Data Warehouse als Schlüssel zur Bewältigung der Informationsflut.- In:Computerwoche Extra. - (1996)1, S. 16-46.

Breitner, Christoph A.; Lockemann, Peter C.; Schlösser, Jörg A.: Die Rolle der Informationsverwaltung im KDD-Prozeß. - In: Nakhaeizadeh (Hrsg.): Data Mining - Theorethische Aspekte und Anwendungen. - Physica-Verlag Berlin 1997 Beiträge zur Wirtschaftsinformatik, 27

Brin, Sergey; Motwani, Rajeev; Ullman, Jeffrey D.; Tsur, Shalom: Dynamic Itemset Counting and Implication Rules for Market Basket Data. - In:Proc. ACM SIGMOD International Conference ACM Press Stanford, u.a. 1997 May 13-15, 1997, Tucson, Arizona, USA

Brosius, Felix: SPSS 8.0:Professionelle Statistik unter Windows. - MITP Verlag Bonn 1998

Bruns, Ralf: Wissensbasierte Genetische Algorithmen: Integration von Genetischen Algorithmen und Constraint-Programmierung zur Lösung kombinatorischer Optimierung. infix - Dr. Ekkehard Hundt Sankt Augustin 1996 DISKI - Dissertationen zur Künstlichen Intelligenz, Bd. 134

Buckley, James J.; Hayashi, Yoichi: Fuzzy neural networks. - In: Yager, Ronald R.; Zadeh, Lotfi A. (Hrsg.):Fuzzy Sets, Neural Networks, and Soft Computing. - Van Nostrand Reinhold Inc. New York 1994

Budde, C.: Data Mining-Methoden der Datenmustererkennung. - Gerhard-Mercator-Universität GH Duisburg Duisburg 1996

Camacho, Rui: Experiments with CART and the Incremental Correction Model. - Laboratory Note 3-97, LIACC, FEUP Porto 1997

Chalmers, David J.: The Evolution of Learning: An Experiment in Genetic Connectionism. - In:Touretzky/Elman/Hinton (Hrsg.): Connectionist models: Proceedings of the 1990 CMSS. - Morgan Kaufmann Publishers Inc. San Mateo, CA. 1990

Chamoni, Peter; Budde, C.: Methoden und Verfahren des Data Mining. - Gerhard-Mercator-Universität GH Duisburg Duisburg 1997 Fachbereich Wirtschaftswissenschaft

Chamoni, Peter; Zeschau, Dietmar: Management-Support-Systems und Data Warehousing. - In:Mucksch, Harry; Behme, Wolfgang (Hrsg.): Das Data-Warehouse-Konzept. - Betriebswirtsch. Verlag Dr. Th. Gabler Wiesbaden 1996

Clark, Peter Edward; Niblett, Tim: The CN2 Induction Algorithm. - In: Machine Learning. - 3(1989)4, S. 261-283

Claus, Volker; Schwill, Andreas: Duden Informatik. Ein Sachlexikon für Studium und Praxis. - Dudenverlag Mannheim, Zürich 2001

Codd, Edgar Frank; Codd, S.B.; Sally, C.T.: Providing OLAP (on-line analytical processing) to User-Analysts. An IT Mandate. - E.F. Codd & Associates 1993 http://www.cs.usc.edu/cs597/shahabi/olap_to_useranalysts_wp.pdf

Davis, Lawrence (Hrsg.): Handbook of Genetic Algorithms. - Van Nostrand Reinhold Inc. New York 1991

Degen, Rainer: Vorbereitung der Daten für ein Data Warehouse. - it Verlag für innovative Technologien München 1996 Event „Informationsfokus im Data Warehouse", 14./15.10. 1996 in München

Dracopoulos, Dimitris C.: Evolutionary Learning Algorithms for Neural Adaptive Control. - Springer-Verlag London, Berlin et al. 1997 Perspectives in Neural Computing

Dreier, Volker: Datenanalyse für Sozialwissenschaftler. - R. Oldenbourg Verlag München, Wien 1994

Dubiel, J.: Leistungsoptimierung künstlicher neuronaler Netze durch genetische Algorithmen. - 1997

Düsing, Roland: Data Warehouse, Data Mining. - In: Disterer, Georg; Fels, Friedrich; Hausotter, Andreas (Hrsg.): Taschenbuch der Wirtschaftsinformatik. - Fachbuchverlag Leipzig, Köln 2000

Ehrenberg, Dieter; Petersohn, Helge; Heine, Peter: Prozeßorientierte Datenlogistik für Managementinformationssysteme. - In:Hummeltenberg, W. (Hrsg.):Information Management for Business and CIE Friedr. Vieweg & Sohn VerlagsGmbH Braunschweig, Wiesbaden et al. 1998 Proceedings der Frühjahrstagung Wirtschaftsinformatik '98

Eppler, Wolfgang; Gemmeke, Hartmut: Das Problem mit dem Lernen von Neuro-Fuzzy-Systemen. - In: Grauel, Adolf; Becker, Wilhelm; Belli, Fevzi (Hrsg.): Fuzzy-Neuro-Systeme '97 - Computational Intelligence - FNS '97. - infix - Dr. Ekkehard Hundt Sankt Augustin 1997 Beiträge zum 4. Int. Workshop, Soest, 12.-14.03.1997, S. 525-532.

Eshelman, Larry J.; Schaffer, J. David: Preventing Premature Convergence in Genetic Algorithms by Preventing Incest. - In: Belew, Richard K.; Booker, Lashon B. (Hrsg.): Proc. 4. Int. CGA. - Morgan Kaufmann Publishers Inc. San Mateo, CA. 1991

Fayyad, Usama M.; Irani, Keki B.: Multi-interval discretization of couninuous-valued attributes for classification learning. - In:Proc. of the Thirteenth IJCAI. - San Francisco 1993

Fayyad, Usama M.; Irani, Keki B.: On the handling of continuous-valued attributes in decision tree generation. - 1992 In:Machine Learning. - 6(1992)8, S. 87-102

Fayyad, Usama M.; Piatetsky-Shapiro, Gregory; Smyth, Padhraic: From data mining to knowledge discovery: an overview. - In:Fayyad, Usama M.; Piatetsky-Shapiro, Gregory; Smyth, Padhraic; Uthurusamy, Ramasamy (Hrsg.): Advances in Knowledge Discovery & Data Mining. - AAAI Press/The MIT Press Menlo Park, Cambridge 1996 http://www.kdnuggets.com/gpspubs/aimag-kdd-overview-1996-Fayyad.pdf (21.03.2002)

Ferber, Reginald: Data Mining und Information Retrieval. - Technische Hochschule Darmstadt Darmstadt 1998 http://www.darmstadt.gmd.de/~ferber/vorlesung-96-97/

Ferstl, Otto K.; Sinz, Elmar J.: Geschäftsprozeßmodellierung. - In: Wirtschaftsinformatik.-35(1993)6, S. 589

Ferstl, Otto K.; Sinz, Elmar J.: Grundlagen der Wirtschaftsinformatik. - R. Oldenbourg Verlag München, Wien, 1993

Feuring, Thomas: Fuzzy-Neuronale-Netze. - Universität Münster Münster 1995

Feuring, Thomas; Lippe, Wolfram-M.; Tenhagen, Andreas: Sind Fuzzy-Neuronale Netze stabil?. - In: Grauel, Adolf; Becker, Wilhelm; Belli, Fevzi (Hrsg.): Fuzzy-Neuro-Systeme '97 - Computational Intelligence - FNS '97. - infix - Dr. Ekkehard Hundt Sankt Augustin 1997 Beiträge zum 4. Int. Workshop, Soest, 12.-14.03.1997, S. 308-315.

Foegen, Malte; Battenfeld, Jörg: Die Rolle der Architektur in der Anwendungsentwicklung. - In: Informatik Spektrum. - 24(2001)5, S.290-301

Forgy, Edward W.: Cluster Analysis of Multivariate Data. Efficiency versus Interpretability of Classification. - In: Biometrics.- 21(1965), S. 786

Forster, Matthias: Optimierung Künstlicher neuronaler Netze mit genetischen Algorithmen.-Universität Leipzig, IWI Leipzig 1999

Frank, Eibe; Wang, Yong; Inglis, Stuart; Holmes, Geoffrey; Witten, Ian H.: Using Model Trees for Classification. - University of Waikato Hamilton 1997 Department of Computer Science

Frawley, William J.; Piatetsky-Shapiro, Gregory; Matheus, Christopher J.: Knowledge Discovery in Databases: An Overview. - In: Piatetsky-Shapiro, Gregory; Frawley, William J. (Hrsg.): Knowledge Discovery in Data Bases. - The MIT Press The Benjamin Cummings Publ Menlo Park, CA. 1991, S.1-27

Gabriel, Roland; Gluchowski, Peter: Semantische Modellierungstechniken für multidimensionale Datenstrukturen. - Forkel-Verlag Wiesbaden 1997 In: HMD.Theorie und Praxis der Wirtschaftsinformatik. - (1997)195

Gärtner, Manfred: Die Eignung relationaler und erweiterter relationaler Datenmodelle für das Data Warehouse. - In: Mucksch, Harry; Behme, Wolfgang (Hrsg.): Das Data-Warehouse-Konzept. - Betriebswirtsch. Verlag Dr. Th. Gabler Wiesbaden 1996

Gluchowski, Peter: Architekturkonzepte multidimensionaler Data Warehouse-Lösungen. - In:Mucksch, Harry; Behme, Wolfgang (Hrsg.): Das Data-Warehouse-Konzept. - Betriebswirtsch. Verlag Dr. Th. Gabler Wiesbaden 1996

Godehardt, Erhard: Graphs as Structural Models - The Application of Graphs and Multigraphs in Cluster Analysis. - Friedr. Vieweg & Sohn VerlagsGmbH Braunschweig, Wiesbaden et al. 1988 Advances in System Analysis, 4

Goldberg, David E.: Genetic Algorithms in Search, Optimization & Machine Learning. - Addison-Wesley Publishing and Company Reading, Massachus. 1989

Grauel, Adolf; Becker, Wilhelm; Belli, Fevzi (Hrsg.): Fuzzy-Neuro-Systeme '97 - Computational Intelligence - FNS '97. - infix - Dr. Ekkehard Hundt Sankt Augustin 1997 Beiträge zum 4. Int. Workshop, Soest, 12.-14.03.1997

Griffin, Jane: Avoid data warehousing maintenance migraines. - In: Datamation. - (1996)8, S. 74-76

Groffmann, Hans-Dieter: Das Data Warehouse Konzept. - In: Heilmann, H. et. al. (Hrsg.): Theorie und Praxis der Wirtschaftsinformatik. - Dr. Alfred Hüthig Buchverlag GmbH Heidelberg 1997 Heft 195

Groth, Robert: Data Mining: a hands-on-approach for business professionals. - Prentice Hall International Inc. Upper Saddle River, NJ. 1998

Gruau, Frederic; Whitley, Darrell: The cellular developmental of neural networks: the interaction of learning and evolution. - Ecole Normale Superieure de Lyon Lyon 1993 93-04, Laboratoire de l'Informatikque du Parallelisme

Günther, Ralf: Untersuchungen von Cluster-Algorithmen und ihre Parallelisierung. - Forschungszentrum Jülich GmbH Jülich 1991 Zentralinstitut für angewandte Mathematik

Hagedorn, Jürgen; Bissantz, Nicolas; Mertens, Peter: Data Mining (Datenmustererkennung): Stand der Forschung und Entwicklung. - In: Wirtschaftsinformatik. - 38(1996)6, S. 601-612

Hamilton, James D.: Time Series Analysis. - Princeton University Press Princeton, New Jersey 1994

Han, Jiawei; Pei, Jian; Yin, Yiwen: Mining Frequent Patterns without Candidate Generation. - In: Proc. 2000 ACM SIGMOD Intl. Conference on Management of Data ACM Press Burnaby, Canada 2000

Harp, Stephen A.; Samad, Tariq: Genetic Synthesis of Neural Network Architecture. - In: Davis, L. (Hrsg.): Handbook of Genetic Algorithms. - Van Nostrand Reinhold Inc. New York 1991

Harvey, Andrew C.: Forecasting, Structural Time Series Models and the Kalman Filter. - Cambridge University Press Cambridge, MA. 1989

Harvey, Andrew C.: Zeitreihenmodelle. - R. Oldenbourg Verlag München, Wien 1995 2. Auflage

Heine, Peter: Unternehmensweite Datenintegration. Modular-integrierte Datenlogistik in betrieblichen Informationssystemen. - B.G. Teubner Verlag Stuttgart, Leipzig 1999 Teubner-Reihe Wirtschaftsinformatik

Heinen, Edmund; Dietel, Bernhard: Informationswirtschaft. - In: Heinen, E. (Hrsg.): Industriebetriebslehre - Entscheidungen im Industriebetrieb. Betriebswirtsch. Verlag Dr. Th. Gabler Wiesbaden 1990, S. 893-1074

Heinrich, Lutz J.; Roithmayr, Friedrich: Wirtschaftsinformatik-Lexikon. - R. Oldenbourg Verlag München, Wien 1992

Heinz, Alois P.: Adaptive Fuzzy Neural Trees. - Albert-Ludwig-Universität Freiburg im Breisgau 1996 Institut für Informatik

Heistermann, Jochen: Genetische Algorithmen. Theorie und Praxis evolutionärer Optimierung. - B.G. Teubner Verlag Stuttgart, Leipzig 1994 Teubner-Texte zur Informatik, Bd. 9

Herrmann, Jürgen: Maschinelles Lernen und Wissensbasierte Systeme. - Springer-Verlag Berlin, Heidelberg et al. 1997

Herrmann, Kai-Uwe: Adaptive Resonance Theory - Architekturen, Implementierung und Anwendung. - Universität Stuttgart Stuttgart 1992

Hettich, Stefanie; Hippner, Hajo: Assoziationsanalyse. - In: Hippner, Hajo; Küsters, Ulrich; Meyer, Matthias; Wilde, Klaus D. (Hrsg.): Handbuch Data Mining im Marketing. - Friedr. Vieweg & Sohn VerlagsGmbH Braunschweig, Wiesbaden et al. 2001 in Zusammenarbeit mit Gabler; Business Computing, 1. Auflage

Hilderman, Robert J.; Hamilton, Howard J.: Knowledge Discovery and Interestingness Measures: A Survey. - University of Regina Regina, Canada 1999 http://www.cs.uregina.ca/~hilder/technical_reports/cs9904.ps (27.03.2002)

Hippner, Hajo; Küsters, Ulrich; Meyer, Matthias; Wilde, Klaus D. (Hrsg.): Handbuch Data Mining im Marketing - Knowledge Discovery in Marketing Databases. - Friedr. Vieweg & Sohn VerlagsGmbH Braunschweig, Wiesbaden et al. 2001 in Zusammenarbeit mit Gabler; Business Computing, 1. Auflage

Hippner, Hajo; Merzenich, Melanie; Wilde, Klaus D.: Web Usage Mining - den Internet-Usern auf der Spur. - In: absatzwirtschaft. - Sonderpublikation „Web Mining" (2002), S. 3-28

Hippner, Hajo; Wilde, Klaus D.: Der Prozess des Data Mining im Marketing. - In: Hippner, H.; Küsters, U; Meyer, M.; Wilde, K.D. (Hrsg.): Handbuch Data Mining im Marketing. - Friedr. Vieweg & Sohn VerlagsGmbH Braunschweig, Wiesbaden et al. 2001

Höfling, Jürgen: Intelligente Agenten im Datenuniversum. - In: Datenbank Fokus - Das Magazin für Client/Server-Computing. - (1997)7, S. 12

Höhne, Steffen: Data Mining mit Hilfe der Adaptive Resonance Theory. - Universität Leipzig, IWI Leipzig 1998

Holsheimer, Marcel; Siebes, Arno: Data Mining: the search for knowledge in databases. - Centrum voor Wiskunde en Informatica Amsterdam 1994 ftp://ftp.cwi.nl/pub/CWIreports/AA/CS-R9406.ps.Z

Holthuis, Jan: Multidimensionale Datenstrukturen: Modellierung, Strukturkomponenten, Implementierungsaspekte. - In: Mucksch, Harry; Behme, Wolfgang (Hrsg.): Das Data-Warehouse-Konzept. - Betriebswirtsch. Verlag Dr. Th. Gabler Wiesbaden 1998

Holthuis, Jan; Mucksch, Harry; Reiser, Marcus: Das Data Warehouse-Konzept. - European Business School Oestrich-Winkel 1995 Arbeitsbericht des Lehrstuhls für Informationsmanagement und Datenbank

Hunt, Earl B.; Marin, Janet; Stone, Philip J.: Experiments in Induction. - Academic Press New York 1966

Hüttner, Manfred: Grundzüge der Marktforschung. - Walter de Gruyter & Co. Berlin, New York et al. 1989

http://viror.wiwi.uni-karlsruhe.de/webmining.ws99/script/12/Pruning-Techniken-3.html, Dezember 2003

http://viror.wiwi.uni-karlsruhe.de/webmining.ws99/script/12/Pruning-Techniken-4.html, Dezember 2003

http://www.ra.informatik.tu-darmstadt.de/lehre/seminare/studpublik/schubart/node14.html, Dezember 2003

Inmon, William H.: Does your datamart vendor care about your architecture? In: Datamation.- (1997)3, S. 105f.

Ivanova, Irena; Kubat, Miroslav: Decision-Tree Based Neural Network. - In: Proc. 8th European Conference on Machine Learning. - Heraklion 1995

Jafar-Shaghaghi, Fariba: Maschinelles Lernen, Neuronale Netze und Statistische Lernverfahren zur Klassifikation und Prognose - Theoretische Analyse und ökonomische Anwendung. - Universität Karlsruhe Karlsruhe 1994

Jahnke, Bernd; Groffmann, Hans-Dieter: On-Line Analytical Processing (OLAP). - 1996 In:Wirtschaftsinformatik. - 38(1996)3, S. 321-324

Kahle, Egbert: Betriebliche Entscheidungen. Lehrbuch zur Einführung in die betriebswirtschaftliche Entscheidungstheorie. - R. Oldenbourg Verlag München, 2. Auflage, Wien 1990

Kennedy, Ruby L.; Lee, Yuchun; Roy, Benjamin van; Reed, Christopher D.; Lippman, R.P.: Solving Data Mining Problems Through Pattern Recognition. - Prentice Hall International Inc. Upper Saddle River, NJ. 1998

Kerling, Matthias: Moderne Konzepte der Finanzanalyse: Markthypothesen, Renditegenerierungsprozesse und Modellierungswerkzeuge. - Uhlenbruch Verlag Bad Soden/Ts. 1998 In:Poddig/Rehkugler (Hrsg):Financial Research. - Reihe, Band 1

Kingdon, Jason: Intelligent Systems and Financial Forecasting: Perspectives in NeuralComputing. - Springer-Verlag London, Berlin et al. 1997

Kinnebrock, Werner: Neuronale Netze: Grundlagen, Anwendungen, Beispiele. - R. Oldenbourg Verlag München, Wien 1994

Kinnebrock, Werner: Optimierung mit genetischen und selektiven Algorithmen.- R. Oldenbourg Verlag München, Wien 1994

Klein, Ingo: Mögliche Skalentypen, invariante Relationen und wissenschaftliche Gesetze.- Vandenhoeck & Ruprecht Göttingen 1997 Angewandte Statistik und Ökonometrie, Heft 37

Klitzsch, Walter; Hellmund, Uwe; Schumann, Klaus: Grundlagen der Statistik. - moderne Industrie Verlag Landsberg am Lech 1992

Kohonen, Teuvo: Self-Organizing Maps. - Springer-Verlag Berlin, Heidelberg et al. 1995 Springer Series in Information Sciences, Vol. 30

Kortzfleisch, Harald von: Information und Kommunikation in der industriellen Unternehmung. - 1973 In:Zeitschrift für Betriebswirtschaft (ZfB). - 43(1973)8, S. 550-561

Koza, John R.: Genetic Programming: On the Programming of Compuers by Means of Natural Selection. - MIT Press Cambridge, MA., Lond. 1992

Krahl, Daniela; Windheuser, Ulrich; Zick, Friedrich-Karl: Data Mining. Einsatz in der Praxis. - Addison-Wesley Verlag Deutschland Bonn, München et al. 1998 Informatikzentrum der Sparkassen-Organisation GmbH

Kramer, Stefan: Structural Regression Trees. - Österreichisches Forschungsinstitut f.AI Wien 1997

Krcmar, Helmut: Bedeutung und Ziele von Informationssystem-Architekturen. - In: Wirtschaftsinformatik. - 32(1990)5, S. 395-402

Kruse, H. Hilger Mangold, R.; Mechler, B. Bernhard Penger, O. Programmierung Neuronaler Netze. Eine Turbo Pascal Toolbox. - Addison-Wesley Verlag Deutschland Bonn, München, u.a., 1991

Küppers, Bertram: Data Mining in der Praxis - ein Ansatz zur Nutzung der Potentiale von Data Mining im betrieblichen Umfeld. - Peter Lang Verlag GmbH Europäischer Verl Frankfurt/M., Berlin 1999

Kuscu, Ibrahim; Thornton, Chris: Design of Artificial Neural Networks Using Genetic Algorithms: review and prospect. - In:Bozsahin, C. et al. (Hrsg.):Proceedings of Third Turkish Symposium on Artificial Intelligence and Neural Networks.- METU Ankara 1994 Ankara, Turkey, 22-24 June

Küsters, Ulrich: Data Mining-Methoden: Einordnung und Überblick. - In:Hippner, Hajo; Küsters, Ulrich; Meyer, Matthias; Wilde, Klaus D. (Hrsg.): Handbuch Data Mining im Marketing. - Friedr. Vieweg & Sohn VerlagsGmbH Braunschweig, Wiesbaden et al. 2001 in Zusammenarbeit mit Gabler; Business Computing, 1. Auflage, S. 95-130

Küsters, Ulrich; Kalinowski, Christoph: Traditionelle Verfahren der multivariaten Statistik. - In: Hippner, Hajo; Küsters, Ulrich; Meyer, Matthias; Wilde, Klaus D. (Hrsg.): Handbuch Data Mining im Marketing. Friedr. Vieweg & Sohn VerlagsGmbH Braunschweig, Wiesbaden et al. 2001 in Zusammenarbeit mit Gabler; Business Computing, 1. Auflage

Lagacherie, Matthieu; Martin, D.: The Data Mining. - 2001 http://www.epita.fr:8000/
~lagach_m/

Lehmann, Peter; Ellerau, Peter: Implementierung eines Data Warehouse für die Verpackungsindustrie. - Forkel-Verlag Wiesbaden 1997 In: HMD.Theorie und Praxis der Wirtschaftsinformatik. - (1997)195

Lehner, Franz; Maier, Ronald: Information in Betriebswirtschaftslehre, Informatik und Wirtschaftsinformatik. - Wiss. Hochschule für Unternehmensführung Koblenz 1994 Forschungs-
bericht Nr. 11 (Mai 1991)

Liehr, Thomas: Data Warehouse + Data Mining = Wissen auf Knopfdruck? - Eine Perspektive für Marktforschung im Informationszeitalter. - 1999 In: planung & analyse. - (1999)1,
S. 44-49

Lin, Dao-I.; Kadem, Zvi M.: Pincer-Search: A New Algorithm for Discovering the Maximum Frequent Set.- New York University New York, USA 1997 ftp://ftp.gwdg.de/pub/lang-
uages/nyu.edu/tech-reports/tr742.ps.gz (18.03.2002)

Löbler, H., Petersohn, H.: Kundensegmentierung im Automobilhandel zur Verbesserung der
Marktbearbeitung. - In: Hippner, H., Küsters, U., Meyer, M., Wilde, K. D. (Hrsg.): Data
Mining im Marketing. - Friedr. Vieweg & Sohn VerlagsGmbH Braunschweig, Wiesbaden
2001 in Zusammenarbeit mit Gabler; Business Computing, S. 623-641

MacQueen, J.B.: Some Methods for Classification and Analysis of Multivariate Observations. - In: LeCam, Lucien M.; Neyman, Jerzy (Hrsg.): Proceedings of the 5th Berkeley Symposium on Mathematical Statistics and Probability 1965/66, Vol. 1 University of California
Press Berkeley, California 1967

Mag, W.: Grundzüge der Entscheidungstheorie. - Verlag Franz Vahlen München 1990 WiSt-
Taschenbücher

Mandischer, Martin: Representation and Evolution of Neural Networks. - In: Albrecht, Rudolf F.; Reeves, Colin R.; Steele, Nigel C. (Hrsg.): Artifical Neural Nets and Genetic Algorithms. - Springer-Verlag Wien, New York 1993

Mannila, Heikki; Toivonen, Hannu: On an algorithm for finding all interesting sentences.-
Saarbrücken et al. 1996 http://www.cs.helsinki.fi/research/fdk/datamining/pubs/emcsr96.ps
(28.12.2001)

Martin, Wolfgang: DSS-Werkzeuge. - In: Datenbank Fokus - Das Magazin für Client/Server-
Computing. - (1996)2

Mayer, Andreas; Mechler, Bernhard; Schlindwein, Andreas; Wolke, Rainer: Fuzzy Logic -
Einführung und Leitfaden zur praktischen Anwendung. Mit Fuzzy-Shell in C++. - Addison-
Wesley Verlag Deutschland Bonn, München et al. 1993 1. Auflage, mit Diskette

McNelis, Paul D.: Neural Networks and Genetic Algorithms: Tools for Forecasting and Ris-
kAnalysis in Financial Markets. - University of Georgetown Washington, D.C. 1998
http://www.georgetown.edu/mcnelis/nnga12.pdf (25.09.1999)

Meister, Wilhelm: So wird's gemacht: Datenmodellierung mit OLAP. - In: Datenbank Fokus - Das Magazin für Client/Server-Computing. - (1995)7, S. 54-57

Melcher, Bernhard: Intelligente Informationssysteme. Fuzzy Logic und Neuronale Systeme zur Unterstützung von Managemententscheidungen. - Addison-Wesley Verlag Deutschland Bonn, München et al. 1995 1. Auflage

Mevenkamp, Andreas; Kerner, Martin: Akzeptanzorientierte Gestaltung von WWW-Informationsangeboten. - In: Fritz, W. (Hrsg.): Internet-Marketing. Marktorientiertes E-Business in Deutschland und den USA.- Schäffer-Poeschel Verlag für Wirtschaft Stuttgart 2001

Michalewicz, Zbigniew: Genetic Algorithms + Data Structures = Evolution Programs. - Springer-Verlag Berlin, Heidelberg et al. 1996 3rd., Revised and Extended Edition

Michels, Edmund: Data Mining Analysen im Handel - konkrete Einsatzmöglichkeiten und Erfolgspotentiale. - In: Hippner, Hajo; Küsters, Ulrich; Meyer, Matthias; Wilde, Klaus D. (Hrsg.): Handbuch Data Mining im Marketing. - Friedr. Vieweg & Sohn VerlagsGmbH Braunschweig, Wiesbaden et al. 2001 in Zusammenarbeit mit Gabler; Business Computing, 1. Auflage

Mingers, John: An empirical comparison of pruning methods for decision tree induction.-In:Machine Learning. - 3(1989)4, S. 227-243

Moriarty, David E.; Miikkulainen, Risto: Forming Neural Networks through Efficient and Adaptive Coevolution. - In: Evolutionary Computation. - 5(1997)4, S. 373-399

Mucksch, Harry: Charakteristika, Komponenten und Organisationsformen von Data Warehouses. - In: Mucksch, Harry; Behme, Wolfgang (Hrsg.): Das Data-Warehouse-Konzept. - Betriebswirtsch. Verlag Dr. Th. Gabler Wiesbaden 1996

Mucksch, Harry; Behme, Wolfgang (Hrsg.): Das Data Warehouse Konzept: Architektur - Datenmodelle - Anwendungen. - Betriebswirtsch. Verlag Dr. Th. Gabler Wiesbaden 1998 3. Auflage

Nauck, Detlef; Kruse, Rudolf: Fuzzy-Systeme und Neuro-Fuzzy-Systeme. - In: Biethahn, J.; Hönerloh, A.; Kuhl, J.; Leisewitz, M.-C.; Nissen, V.; Tietze, M. (Hrsg.): Betriebswirtschaftliche Anwendungen des Soft Computing. Neuronale Netze, Fuzzy-Systeme und Evolutionäre Algorithmen. - Friedr. Vieweg & Sohn VerlagsGmbH Braunschweig, Wiesb. 1998 Series Computational Intelligence

Nikolaev, Nikolay I.; Slavov, Vanio: Inductive Genetic Programming with Decision Trees. - In: Someren, M.W. van; Widmer, G. (Hrsg.): Proc. of the 9th European Conference on Machine Learning. - Springer-Verlag Berlin, Heidelberg et al. 1997 Lecture Notes in Computer Science, 1224

Nimis, Jens: Einführung in die Methoden der Wissensgewinnung. - In: Bol, G.; Breitner, C.; Mülle, J. (Hrsg.):Wissensgewinnung aus großen Datenbasen. - Seminar Universität Karlsruhe Karlsruhe 1996 http://theseus.ubka.uni-karlsruhe.de/ira-techreport/1996/1996-08.html

Nissen, Volker: Einführung in Evolutionäre Algorithmen. Optimierung nach dem Vorbild der Evolution. - Friedr. Vieweg & Sohn VerlagsGmbH Braunschweig, Wiesbaden et al. 1997

Ohlendorf, Thomas: Objektorientierte Datenbanksysteme für den Einsatz im Data Warehou-se-Konzept. - In: Mucksch, Harry; Behme, Wolfgang (Hrsg.): Das Data-Warehouse-Konzept. - Betriebswirtsch. Verlag Dr. Th. Gabler Wiesbaden 1996

Ohne Verfasser: Virtuelles Data Warehousing. - In: Datenbank Fokus - Das Magazin für Client/Server-Computing. - (1996)2, S. 35

Opitz, Otto: Zur Entwicklung der qualitativen Datenanalyse. - Universität Augsburg, Inst. f. Statistik Augsburg 1984

Park, Jong Soo; Chen, Ming-Syan; Yu, Philip S.: Using a Hash-Based Method with Transac-tion Trimming and Database ScanReduction for Mining Association Rules. - Seoul, Korea 1997 http://www.ee.ntu.edu.tw/~mschen/paperps/dmtkdetbf.ps (02.12.2001)

Pasquier, Nicolas; Bastide, Yves; Taouil, Rafik; Lakhal, Lotfi: Discovering Frequent Closed Itemsets for Association Rules. - Aubiere Cedex,France 1999 http://deptinfo.unice.fr/~pasquier/Articles/ICDT99.ps (19.03.2002)

Patig, Susanne: Einsatz von Adaptive Resonance Theory, Learning Vector Quantization und heuristischen Klassifikationsverfahren zur Beurteilung von Qualitätsregelkarten. - Universi-tät Leipzig, IWI Leipzig 1997 Arbeitsbericht Nr. 19, Juni

Patterson, Dan W.: Künstliche neuronale Netze: das Lehrbuch.- Prentice Hall International Inc. München et al. 1997

Pei, Jian; Han, Jiawei; Moa, Runying: CLOSET: An Efficient Algorithm for Mining Fre-quent Closed Itemsets. - ACM Press Burnaby, Canada 2000 http://www.cs.ucr.edu/~dg/pei.ps (19.03.2002)

Pendse, Nigel; Creeth, Richard F.: Synopsis of the OLAP Report. - Business Intelligence, Inc. Norwalk 1997 http://kiwi.futuris.net/busintel/synopsis.htm

Petersohn, H.: Beurteilung von Clusteranalysen und selbstorganisierenden Karten. - In: Hippner, Hajo; Meyer, Matthias; Wilde, Klaus D. (Hrsg.): Computer Based Marketing - Das Handbuch zur Marketinginformatik. - Friedr. Vieweg & Sohn VerlagsGmbH Braunschweig, Wiesb. 1998 in Zusammenarbeit mit dem Gabler Verlag, S. 551-562

Petersohn, Helge: Vergleich von multivariaten statistischen Analyseverfahren und Künst-lichen Neuronalen Netzen zur Klassifikation bei Entscheidungsproblemen in der Wirtschaft. - Peter Lang Verlag GmbH Europäischer Verl Frankfurt/M., Berlin 1997 Schriften zur Wirt-schaftsinformatik 8, Hrsg.: Ehrenberg, u.a.

Petersohn, Helge; Heine, Peter: Interdependencies between data warehouse concept, man-agement information system and business process model - experience from a pilot project at an energy company. - Euro-Arab Management School Granada, Spain 1998 In: Baets, W.R.J. (Hrsg.): Proc. 6th Europ. Conf. on IS,III S. 1305-1319

Petersohn, Helge; Heine, Peter: Interdependenzen zwischen Data-Warehouse-Lösung, Ma-nagementinformationssystem und Geschäftsprozeßmodellen. - In: IM-Informationsmanage-ment. - 13(1998)2, S. 78-82

Petersohn, Helge; Heine, Peter: Vom Data Warehouse zur Data Mining-Anwendung - ein Beispiel aus der Energieversorgung. - In: Behme, W., Mucksch, H., (Hrsg.): Data-Warehouse-gestützte Anwendungen. - Betriebswirtsch. Verlag Dr. Th. Gabler Wiesbaden 2001, S. 137-157

Pfestorf, J.: Kriterien für die Bewertung betriebswirtschaftlicher Informationen. - Dissertation, Berlin 1974

Piatetsky-Shapiro, Gregory: Tools for Knowledge Discovery in Data. - 1997 http://info.gte.com/~kdd/siftware.html

Poddig, Thorsten: Analyse und Prognose von Finanzmärkten. - In: Steiner, M. (Hrsg.): Portfoliomanagement. - Uhlenbruch Verlag Bad Soden/Ts. 1996

Quinlan, J. Ross: C4.5: Programs for Machine Learning. - Morgan Kaufmann Publishers Inc. San Mateo, CA. 1993

Quinlan, J. Ross: Learning with continuous classes. In: Adams, Anthony; Sterling, Leon (Hrsg.): Proceedings of the 5th Australian Joint Conference on Artificial Intelligence. World Scientific, Singapore 1992, S. 343-348

Quinlan, J. Ross: Improved Use of Continuous Attributes in C4.5. - In: Journal of Artificial Intelligence Research. - (1996)4, S. 77-90

Quinlan, J. Ross: Induction of Decision Trees. - In: Machine Learning. - 1(1986)1, S. 81-106

Quinlan, J. Ross: Learning Efficient Classification Procedures and their Application to Chess End Games. - In: Michalski, R.S.; Carbonell, J.G.; Mitchell, T.M. (Hrsg.): Machine Learning - an artificial intelligence approach. - Springer-Verlag New York 1984

Quinlan, J. Ross: Simplifying Decision Trees. - In:International Journal of Man-Machine Studies.- 27(1987), S. 221-234

Raden, Neil: The star schema. - 1996 http://members.aol.com/nraden/str101.htm

Rambold, Alexandra: Ausgewählte Verfahren zur Identifikation von Ausreißern und einflussreichen Beobachtungen in multivariaten Daten und Verfahren - Theoretische Überlegungen und empirische Befunde. - Herbert Utz Verlag München 1999

Rechenberg, Ingo: Evolutionsstrategien '94. - Fromman-Holzboog Verlag Stuttgart 1994

Reinartz, Thomas: Focusing Solutions for Data Mining - Analytical Studies and Experimental Results in Real-World Domains. - Springer-Verlag Berlin, Heidelberg et al. 1999 Lecture Notes in Computer Science, 1623

Remus, A.: Zuverlässiger Datentransfer ist die Basis. - In: Client Server Computing. - (1997) 8, S. 76

Ritter, Helge; Martinetz,Thomas; Schulten, Klaus: Neuronale Netze. Eine Einführung in die Neuroinformatik selbstorganisierender Netze. - Addison-Wesley Verlag Deutschland Bonn, München, u.a., 2. erw. Auflage, 1991

Rubin, J.: Optimal Classification into Groups: An Approach for Solving the Taxonomy Problem. - In: Journal of Theoretical Biology. - 15(1967), S. 103-144

Ruhland, Johannes: Topologieveränderndes Lernen in Neuronalen Netzen mittels GenetischerAlgorithmen. - Logos Verlag Berlin 1996

Rumelhart, David E.; Hinton, Geoffrey E.; Williams, Ronald J.: Learning representations by back-propagating errors. Nature, 323, 533-536, 1986

Säuberlich, Frank: KDD and Data Mining als Hilfsmittel zur Entscheidungsunterstützung.- Peter Lang Verlag GmbH Europäischer Verl Frankfurt/M., Berlin 2000

Savasere, Ashoka; Omiecinski, Edward; Navathe, Shamkant B.: An Efficient Algorithm for Mining Association Rules in Large Databases. - Atlanta, USA 1995 http://www.cc.gatech.edu/fac/Ed.Omiecinski/papaers/VLDB95.ps.gz (30.10.2001)

Scheer, August-Wilhelm: Architektur integrierter Informationssysteme.- Springer-Verlag Berlin, Heidelberg et al. 1995

Scheer, August-Wilhelm: ARIS - Modellierungsmethoden, Metamodelle, Anwendungen. - Springer-Verlag Berlin, Heidelberg et al. 1998 3., völlig neubearbeitete und erweiterte Auflage

Scheer, August-Wilhelm: ARIS - Vom Geschäftsprozeß zum Anwendungssystem. - Springer-Verlag Berlin, Heidelberg et al. 1998 3., völlig neubearbeitete und erweiterte Auflage

Schiffmann, Wolfram; Joost, Merten; Werner, Randolf: Application of Genetic Algorithms to the Construction of Topologies for Multilayer Perceptrons. - In: Albrecht, Rudolf F.; Reeves, Colin R.; Steele, Nigel C. (Hrsg.): ANN/GA Springer-Verlag Wien, New York 1993

Schlittgen, Rainer; Streitberg, Bernd H.J.: Zeitreihenanalyse. - R. Oldenbourg Verlag München, Wien 1995

Schneider, Ursula: Kulturbewußtes Informationsmanagement. - R. Oldenbourg Verlag München, Wien 1990

Schneider, Wolfgang; Kornrumpf, Joachim; Mohr, Walter: Statistische Methodenlehre: Definitions- und Formelsammlung zur Statistik mit Erläuterungen. - R. Oldenbourg Verlag München, Wien 1993

Schöneburg, Eberhard (Hrsg.): Industrielle Anwendung Neuronaler Netze. Fallbeispiele und Anwendungskonzepte. - Addison-Wesley Verlag Deutschland Bonn, München et al. 1993 mit Diskette

Schöneburg, Eberhard; Heinzmann, Frank; Feddersen, Sven: Genetische Algorithmen und Evolutionsstrategien. Eine Einführung in Theorie und Praxis der simulierten Evolution.- Addison-Wesley Verlag Deutschland Bonn, München et al. 1994 mit Diskette

Schwarz, Markus: Ein massiv paralleles Rechnersystem für die Emulation neuronaler Netzeund genetischer Algorithmen mit Anwendungen in der Bildmustererkennung VDI-Verlag Düsseldorf 1993 In: Fortschritt-Berichte VDI, Reihe 10: Informatik/Kommunikationstechnik, Nr. 236

Schweiger, Alfred: Database Marketing - Aufbau und Management.- In:Hilke,W. (Hrsg.): Direkt-Marketing. - Betriebswirtsch. Verlag Dr. Th. Gabler Wiesbaden 1993 Schriften zur Unternehmensführung (SzU), Bd. 47

Shannon, Claude Elwood; Weaver, Warren: Mathematische Grundlagen der Informationstheorie. - R. Oldenbourg Verlag München, Wien 1976

Srikant, Ramakrishnan; Agrawal, Rakesh: Mining Generalized Association Rules. - San Jose, USA 1995 http://www.almaden.ibm.com/cs/people/ragrawal/papers/vldb95_tax.ps (29.10. 2001)

Srikant, Ramakrishnan; Agrawal, Rakesh: Mining Quantitative Association Rules in Large Relational Tables. - San Jose, USA 1996 http://www.almaden.ibm.com/cs/people/ragrawal/papers/sigmod96.ps (29.10.2001)

Srikant, Ramakrishnan; Agrawal, Rakesh: Mining Sequential Patterns: Generalisations and Performance Improvements. - San Jose, USA 1995 http://www.almaden.ibm.com/cs/quest/papers/edbt96_rj.ps.gz (17.03.2002)

Srikant, Ramakrishnan; Vu, Quoc; Agrawal, Rakesh: Mining Association Rules with Item Constraints. - San Jose, USA 1997 http://www.almaden.ibm.com/cs/people/ragrawal/papers/kdd97_const.ps (30.10.2001)

Srivastava, Jaideep; Cooley, Robert; Deshpande, Mukund; Tan, Pang-Ning: Web Usage Mining: Discovery and Applications of Usage Patterns from Web Data. - In: SIGKDD Explorations.- 1(2000)2, S.12-23

Steinhausen, Detlef; Langer, Klaus: Clusteranalyse - eine Einführung in Methoden und Verfahren der automatischen Klassifikation, mit zahlreichen Algorithmen, FORTRAN-Programmen, Anwendungsbeispielen und einer Kurzdarstellung der multivariaten statistischen Verfahren. - Springer-Verlag Berlin, Heidelberg et al. 1977

Steurer, Elmar: Ökonometrische Methoden und maschinelle Lernverfahren zur Wechselkursprognose: Theoretische Analyse und empirischer Vergleich. - Springer-Verlag Berlin, Heidelberg et al. 1997

Strunz, Horst: Informations- und Kommunikationssysteme. - Carl Hanser Verlag München, Wien 1990

Temme, T.; Decker, R.: CHAID als Instrument des Data Mining in der Marketingforschung. - Universität Bielefeld Bielefeld 1999 Diskussionspapier Nr. 439, Dezember

Toivonen, Hannu: Sampling Large Databases for Association Rules. - Helsinki, Finland 1996 http://www.cs.helsinki.fi/research/fdk/datamining/pubs/vldb96.ps.gz (30.10.2001)

Torgerson, Warren S.: Theory and Method of Scaling. - John Wiley New York 1958

Utrecht, U.: Design Neuronaler Netze mit der Evolutionsstrategie. - Technische Universität Berlin Berlin 1997

Varney, Sarah E.: Datamarts: Coming to an IT mall near you! In: Datamation. - (1996)6, S. 44-46

Vaske, Heinrich: Ein Data-Warehouse verlangt Know-how auf allen Gebieten. - In: Computerwoche. - (1996)7, S. 49-52

Volk, C.: Datenbanken im Netzwerk: Weg zum Information Warehouse. - In: Datenbank Fokus - Das Magazin für Client/Server-Computing. - (1995)1, S. 30-34

Wacker, Wilhelm H.: Betriebswirtschaftliche Informationstheorie. Grundlagen des Informationssystems. - Westdeutscher Verlag Opladen 1971

Weiss, Sholom M.; Indurkhya, Nitin: Predictive Data Mining: A Practical Guide. - Morgan Kaufmann Publishers Inc. San Francisco, CA. 1998

Werbos, Paul J.: Beyond regression: New tools for prediction and analysis in the behavioral sciences, PhD dissertation, Committee on Applied Mathematics, Harvard University, Cambridge, MA, 1974

Whitley, Darrell: Genetic Algorithms and Neural Networks.- In: Winter, G.; Periaux, J.; Galan, M.; Cuesta, P. (Hrsg.): Genetic Algorithms in Engineering and Computer Science. - John Wiley & Sons Ltd. Chichester, New York 1995

Whitley, Darrell; Gordon, V. Scott; Mathias, Keith E.: Larmarckian Evolution, The Baldwin Effect and Function Optimization. - In: Davidor, Y.; Schwefel, H.-P.; Männer, R. (Hrsg.): Parallel Problem Solving from Nature Springer-Verlag Berlin, Heidelberg et al. 1994 Proc. PPSN III, Int. Conf. on Evolutionary Computation

Wilde, Klaus D.: Data Warehouse, OLAP und Data Mining im Marketing - Moderne Informationstechnologien im Zusammenspiel. - In: Hippner, Hajo; Küsters, Ulrich; Meyer, Matthias; Wilde, Klaus D. (Hrsg.): Handbuch Data Mining im Marketing - Knowledge Discovery in Marketing Databases. - Friedr. Vieweg & Sohn VerlagsGmbH Braunschweig, Wiesbaden et al. 2001

Witte, Eberhard: Entscheidungsprozesse. - In: Frese, E. (Hrsg.):Handwörterbuch der Organisation (HWO). - C.E. Poeschel Verlag Stuttgart 1992 3. Auflage, Sp. 552-565.

Yao, Xin: Evolutionary Artificial Neural Networks. - In: Kent(Hrsg.):Encyclopedia of Computer Science and Technology, Bd. 33 Marcel Dekker Verlag New York 1995

Zaiane, O.R.: Web Usage Mining. - 2000 http://www.cs.ualberta.ca/~tszhu/web mining.htm (Zugriff: 03.11.2000)

Zaki, Mohammed Javeed; Hsiao, Ching-Jui: CHARM: An Efficient Algorithm for Closed Association Rule Mining. - Troy, USA 1999 http://www.cs.rpi.edu/tr/99-10.pdf (01.01.2001)

Zass, Martin: Das Herz des Data Warehouse. - 1996 Vortrag 14./15.10.1996

Zell, Andreas: Simulation Neuronaler Netze. - Addison-Wesley Verlag Deutschland Bonn, München et al. 1994 1. Auflage

Zhang, Byoung-Tak: Lernen durch Genetisch-Neuronale Evolution: Aktive Anpassung an unbekannte Umgebungen mit selbstentwickelnden parallelen Netzwerken. - infix - Dr. Ekkehard Hundt Sankt Augustin 1992 DISKI - Dissertationen zur Künstlichen Intelligenz, Bd. 16

Zheng, Zijian: Scaling Up the Rule Generation of C4.5. - In: Wu et al. (Hrsg.):Research and Development in Knowledge Discovery Springer-Verlag Berlin, Heidelberg et al. 1998

Zimmermann, Hans-Jürgen: Datenanalyse. - VDI-Verlag Düsseldorf 1995

Zimmermann, Hans-Jürgen: Neuro-Fuzzy. Technologien - Anwendungen. - VDI-Verlag Düsseldorf 1995 DIN A5-Broschur

Zimmermann, Hans-Jürgen: Fuzzy Technologien-Prinzipien, Werkzeuge, Potentiale. - VDI-Verlag Düsseldorf 1993

Zintz, Ulrike: Attributorientierte Induktion, Semantische Optimierung. - In: Bol, G.;Breitner, C.; Mülle, J. (Hrsg.):Wissensgewinnung aus großen Datenbasen. - Seminar Universität Karlsruhe Karlsruhe 1996 http://www.theseus.ubka.uni-karlsruhe.de/ira-techreport/1996/

Abbildungsverzeichnis

Tabellenverzeichnis

Abkürzungsverzeichnis

FP-tree .... Frequent Pattern-tree

FuzzyART .... Verknüpfung von Fuzzy Logic und ART

GA .... Genetischer Algorithmus

GARCH .... Generalised AutoRegressive Conditional Heteroskedasticity

HQ .... Hannan-Quinn-Information

i.e.S. .... im engeren Sinn

i.w.S. .... im weiteren Sinn

ID3 .... Iterative-Dichotomizing-3rd-Algorithmus

ID5R Iterative-Dichotomizing-5thR-Algorithmus

IG .... Informationsgewinn (Information Gain)

KDD .... Knowledge Discovery in Databases

KGV .... Kurs-Gewinn-Verhältnis

KNN .... Künstliche(s) Neuronale(s) Netz(e)

LCHR .... Learning-Characteristic-Rules-Algorithmus

LCLR .... Learning-Classification-Rules-Algorithmus

LM .... Likelihood-Maß

LVQ .... Lernende VektorQuantisierung

M5 .... Modellbaumverfahren

MAX .... MAXimummethode

max. .... maximal

MDBMS .... Multidimensional DBMS

MOLAP .... Multidimensional OLAP

MSE .... Mean Squared Error

MSS .... Management Support System

NEFCON .... Neural Fuzzy CONtroler

NewID .... New-Iterative-Dichotomizer-Algorithmus

NFS .... Neuro-Fuzzy-System

NNFLC .... Neuronal Network-based Fuzzy Logic Control

Nr. .... Nummer

ODBC .... Open DataBase Connectivity

ODBMS .... Object oriented DBMS

OLAP .... OnLine Analytical Processing

OLAP .... OnLine Analytical Processing

OLTP .... OnLine Transaction Processing

OM .... operationales Modell

POS .... Point of Sale

PPI..............................Production Price Index

PSF-Feld ....Projektionsfeld

QSI.............................Streuung innerhalb der Klasse

QSZ............................Streuung zwischen den Klassen

RBF-Netz.................Radial Basis Function-Netz

RDBMS ....Relational DBMS

ROLAP ....Relational OLAP

S. ....Seite

SOM..........................selbstorganisierende Karte (Self Organizing Map), Kohonen-Netz

SPSS ....Statistik-Software-Paket der Fa. SPSS GmbH

SQL...........................Structured Query Language

SRT...........................Structural-Regression-Tree

TB ....TeilBaum

TDIDT ....Top-Down-Induction-of-Decision-Tree

TU.............................Theilscher Ungleichheitskoeffizient

UB.............................UnterBaum

usw...........................und so weiter

vgl. ....vergleiche

VL_1..........................Variable-valued-Logic-System-1

VM...........................Vorgehensmodell

Symbolverzeichnis

Symbole Kapitel 1 und 2

Motivation und Entwicklung der Data Mining-Architektur und
Datenselektion und Datenaufbereitung

E	*Erwartungswert*
$f(x)$	*Dichte einer Zufallsvariable*
$F(x), G(y)$	*Verteilungsfunktionen*
$g_{PM}(\Re)$	*Verhältnis von Innerklassenhomogenität zur Heterogenität zwischen den Klassen/ Gesamtgüte einer Klassifikation*
HQ	*Hannan-Quinn-Information*
MSE	*Mean Squared Error*
$P(X^* \leq y)$	*Wahrscheinlichkeit, daß X^* kleiner oder gleich dem Funktionswert der linearen Transformation ist.*
R	*Korrelationskoeffizient nach Bravis-Pearson*
TU	*Theilscher Ungleichheitskoeffizient*
V	*Varianzkriterium*
W	*Wegstrecke*
$X(\omega)$	*Realisierung einer stetigen Zufallsvariable*
X^*	*linear transformierte Zufallsvariable*
μ, E	*Erwartungswert*
σ	*Standardabweichung*

Symbole Kapitel 3

Klassenbildung
SOM

$\eta(t)$	*Lernrate im Lernschritt t, die vorgibt, wie stark sich der Gewichtsvektor in Richtung des Eingabevektors verschieben soll*
$\sigma(t)$	*Lernradius im Lernschritt t*
$ED_j(o,w_j)$	*Euklidische Distanz zwischen normiertem Eingabevektor o und Gewichtsvektor w_j zum Kartenneuron K_j*
$e_{zj}(t)$	*Erregungsausbreitung (Nachbarschaftsfunktion) im Lernschritt t*
K	*Kartenneuron*
K_z	*gewinnendes Kartenneuron bezeichnet*
net_j / net_z	*Ortsvektoren der Neuronen K_j und K_z*
o_i	*Ausprägung für Merkmal i des Objektes o*
t	*Lernschritt*
w_{ij}	*Gewicht zwischen Eingabeneuron o_i und Kartenneuron K_j*
$w_j(t+1)$	*Gewichtsvektor zum Kartenneuron K_j im Lernschritt t+1*
$w_j(t)$	*Gewichtsvektor zum Kartenneuron K_j im Lernschritt t*

ART

α, β	*Stärke des Feedback zwischen den Ebenen von F_1*
γ	*Ausgabewert der Gewinnerzelle j* in F_2*
ε	*Parameter, der eine Division durch Null verhindern soll*
θ	*Bereich der Aktivierung von x_i und q_i, die geringen oder keinen Einfluß auf die Mittelschicht in F_1 haben*
χ	*Skalierungsfaktor des Vektors P*
ε	*Konstante, stellt sicher, daß die Komponenten der Vektoren X, U und Q definiert sind, wenn $\|W\|$, $\|V\|$ oder $\|P\|$ gleich Null sind*
a_i	*Eingabewerte*
c_i	*Aktivierung der Neuronen in F_1*
cw_{ij}	*Wettbewerbsgewichte*
ew_{ji}	*Erwartungsgewichte*
F_0	*Eingabeschicht*
F_1	*Vergleichsschicht*
F_2	*Erkennungsschicht*
g_i	*Gain*

L	Konstante
net_j	Nettoinput
n_{F2}	Anzahl der Neuronen in der Erkennungsschicht, maximal mögliche Klassenanzahl
p	Toleranzparameter
p_i	Neuronen belegt von u_i
q_i	Neuronen, die den normieren Vektor P bilden
r	Ähnlichkeit
u_i	Neuronenwerte, die den normierten Vektor V bilden
v_i	Neuronenwerte nach Funktion zur Rauschverminderung und Kontrastverstärkung
w'_{ij}	modifizierte Gewichtung der Verbindung von Neuron c_i in F_1 zu Neuron y_{j*} in F_2
w_i	Neuronenwerte in der Eingabeschicht
x_i	Neuronenwerte, die den normierten Vektor W bilden
y_j	Neuron in F_2
y_{j*}	Gewinnerneuron der Erkennungsschicht

Clusteranalyse

$d_{max}\ (k_{r1},k_{r2})$	größte Distanz zwischen den Klassen k_{r1},k_{r2}
$d_{min}\ (k_{r1},k_{r2})$	kleinste Distanz zwischen den Klassen k_{r1},k_{r2}
$d_{mit}\ (k_{r1},k_{r2})$	mittlere Distanz zwischen den Klassen k_{r1},k_{r2}
F	F-Wert
$g_{PM}(\mathfrak{R})$	Maß für die Gesamtgüte einer Klassifikation $\mathfrak{R}$
HZK	Summe der Heterogenitäten zwischen je zwei verschiedenen Klassen über alle Klassen
IKH	Summe der Innerklassenhomogenitäten über alle Klassen
k_r	Klasse r (r=1,..., c)
$\|k_r\|$	Anzahl der Objekte in einer Klasse k_r
n	Anzahl der Objekte der Gesamtstichprobe
$PM(x_{i1},x_{i2})$	Proximität zwischen je zwei Objekten x_{i1} und x_{i2}
QSI	Streuung innerhalb der Klassen
QSZ	Streuung zwischen den Klassen
x_i	Objekt aus der Objektmenge X
$\overline{x_{r1}}, \overline{x_{r2}}$	Gruppenzentroide in k_{r1},k_{r2}
$\overline{x}$	... Mittelwert der Gesamtstichprobe

$\overline{x_r}$ ...   *Mittelwert der r-ten Klasse*

σ_r^2 ...   *Varianz der Werte aus der r-ten Klasse.*

$\overline{x_{\bullet jr}}$ *Koordinaten eines Merkmals j für den Centroid einer Klasse k_r*

z *maximale Iterationszahl*

Symbole Kapitel 4

Assoziationsanalyse

$Bd^-(L)$	*negativ border*
$Bd^+(L)$	*positive border*
C	*candidate set*
$\|C_k\|$	*Anzahl der erzeugten candidate k-itemsets*
c	*candidate itemset*
c_f	*candidate itemsets durch die Bildung von Erweiterungen (extensions)*
$c_f.count$	*korrespondierende Supportzähler*
C_k	*set of candidate k-itemsets, candidate set*
$confidence(X{\rightarrow}Y)$	*Anteil der Transaktionen, die $X \cup Y$ enthalten, an der Menge der Transaktionen, die nur X enthalten*
D	*set of transactions*
$/D/$	*Anzahl der Transaktionen der Datenbank*
F	*frontier set*
I	*Menge aller vorkommenden Objekte (Artikel/items)*
i_k	*item, mit dem das frontier itemset X erweitert wurde*
k	*Anzahl items*
l	*large itemset*
L	*... large set*
L^i	*lokales large sets*
L_k	*set of large k-itemsets, large set*

$\lvert L_k \rvert$	*Anzahl der aus $\lvert C_k \rvert$ abgeleiteten large k-itemsets*
minsup	*Mindestsupport*
p_i	*Partition*
sup_a	*absoluter Support*
$support(i_k)$	*relativer Support von i_k in D*
$support(X)$	*Support von X (Auftrittswahrscheinlichkeit einer Regel in bezug auf die Gesamtzahl der Transaktionen)*
$\overline{support}$	*erwarteter Support der extension Xi_k in den verbleibenden Datensätzen*
T	*Transaktionen*
TID	*Transaktionsnummer*
X	*Prämisse (antecedent)*
X und Y	*zwei disjunkte Itemmengen*
x und y	*absoluter Support von X in D bzw. Menge der Transaktionen des aktuellen Durchlaufes*
$\dfrac{x-y}{\lvert D \rvert}$	*aktueller Support von X in den noch nicht gelesenen Transaktionen*
Y	*Konklusion (consequent)*

Symbole Kapitel 5

Klassifizierung

Neuronale Netze

δ_k	*Fehlersignal für ein Neuron k*
$\eta(t)$	*Lernrate zum Zeitpunkt t*
μ	*Momentum im Intervall*
$\sigma(net_j)$	*Aktivierungsfunktion*
a_j	*Aktivität eines Neurons j*
a_k	*Netzoutput für ein Neuron k*
E_p	*Netzausgabefehler (MSE)zwischen Netzausgabe- und Zielvektor bzgl. des Objektes (Musters) p*
$F'(net_k)$	*erste Ableitung der sigmoiden Transferfunktion*

m	*Merkmale bzw. Komponenten des Eingabevektors*
net_j	*Nettoinput eines Neurons*
$w_{ab}(t+1)$	*Gewicht zwischen Neuron a und Neuron b zum Zeitpunkt t+1.*
$w_{ab}(t)$	*Gewicht zwischen Neuron a und Neuron b zum Zeitpunkt t*
$\Delta w_{ab}(t)$	*Gewichtsänderung zwischen Neuron a und Neuron b zum Zeit-punkt t*
$\Delta w_{ab}(t-1)$	*Gewichtsänderung zwischen zwei Neuronen a und b im vorheri-gen Lernschritt*
z_k	*Solloutput (Komponente des Zielvektors) bzgl. eines Neurons*

Entscheidungsbaumalgorithmen

α_P	*--"-- für die Trennung einer Gruppe durch ein Attribut*
α_T	*--"-- für die Trennung zusammengesetzter Werte*
α_V	*Signifikanzniveau für die Verschmelzung der Werte*
λ	*Signifikanz mit dem Likelihood-Ratio-Test*
χ^2	*Pearsons Chi-Quadrat*
$\sigma(T)$	*Standardabweichung der Klassenwerte aller Objekte im aktuel-len Knoten*
$\sigma(T_{n_T})$	*Standardabweichung der Klassenwerte der Objekte eines Toch-terknotens vom Knoten n_k*
A	*Menge aller Attribute a_i*
a_0	*abhängige Variable, vorherzusagendes Attribut mit den Klassen, die den Werten 1, ..., c entsprechen*
a_i	*Attribut eines Objektes bzw. unabhängige Variable, die dem vorherzusagenden Attribut mit den ursprünglichen Werten 1, ..., z_i entspricht*
B	*Abdeckung von Mengen durch die besten Komplexe*
b_k	*Anzahl der Beobachtungen in Gruppe k (Teilmengengröße)*
C	*Menge aller Komplexe, die o_j enthalten, aber zu Y disjunkt sind*
c	*Anzahl der Klassen bzw. Anzahl der Werte von Attribut a_0*
C_s	*bester Komplex*
$e(i)$	*Zahl der im Unterbaum falsch klassifizierten Objekte*
$e(n_k)$	*Zahl der im Knoten n_k falsch klassifizierten Objekte*
$EI(T|a_i)$	*erwarteter Infomationsgehalt eines Attributs*
g	*vom Benutzer zu wählender Parameter*
$g(n_k)$	*Stärke/ Fehler für alle inneren Knoten*
$h_{abs}(T, a_i, w_{i,l})$	*Anzahl der Objekte von T, die den Wert $w_{i,l}$ von Attribut a_i haben*

h_{abs} (T, a_i, $w_{i,l}$, k_r) Anzahl der Objekte von T mit dem Wert $w_{i,l}$, die der Klasse k_r zuzuordnen sind

h_{abs} (T, k_r) Anzahl der Objekte von T, die der Klasse k_r zuzuordnen sind

h_{abs}(T) Anzahl der Objekte von T

h_{abs}(T,k,C_s) Anzahl der Objekte im betrachteten Trainingsset, die der Klasse k_r angehören und durch den Komplex C_s abgedeckt werden

h_{erw}(T,a_i,$w_{i,l}$,k_r) erwartete Anzahl Objekte in einem Tochterknoten für die das Attribut a_i die Ausprägung $w_{i,l}$ hat und welche Klasse k_r angehören.

h_{erw}(T,C_s) erwartete Häufigkeit der Objekte im betrachteten Trainingsset unter der Annahme, daß der Komplex Beispiele zufällig wählt

HQ Hannan-Quinn-Information

$I(T|w_{i,l})$ ...mittlere Informatiosgehalt der Ausprägungen über alle Klassen

$IG(a_i)$ erwartete Informationsgewinn (information gain)

$IGR(a_i)$ Informationsgewinnverhältnis

j Index der (zusammengefaßten) Werte von a_i mit j=1, ..., z_i bzw. j=1, ..., r_i (für alle i=1, ..., m)

k Anzahl der freien empirischen Paramete.

K Menge aller Klassen

k_r Klasse (r=1, ..., c)

minb Mindestzahl an Beobachtungen in einer betrachteten Gruppe

MSE Mean Squared Error

N Anzahl der prognostizierten Werte.

n Anzahl der trainierten Werte

n_k' Nachfolger (Tochterknoten) des Knotens n_k

O Menge aller Objekte o_j

o_j Objekt j (j=1,...,n)

p p-Wert (statistische Signifikanz) hier bzgl. der Attribute a_i

P(...) Wahrscheinlichkeitsverteilung.

$P(T|w_{i,l})$ ...mittlere Informationsgehalt bei einer Unterteilung nach dem Attribut a_i (l = 1, ..., z_i)

p_{i-korr} korrigierter p-Wert

PS partieller Stern (Liste mit k Komplexen)

Q Komplex

$r(n_k)$ Rate der Fehlklassifizierungen

$R(UB_{blatt})$	statistische Signifikanz eines Blattes.
r_{BP}	Korrelationskoeffizient nach Bravis-Pearson
r_i	Anzahl der zusammengesetzten Werte von a_i
$signal(t)$	Vorzeichen des vom Modell prognostizierten Trends
T	Anzahl Perioden (zur Berechnung der Wegstrecke)
T	betrachtete Teilmenge $(T=T_j)$
T_i	Teilmengen von T_{train}
T_{test}	Testset
T_{train}	Trainingsset
TU	Theilscher Ungleichheitskoeffizient
W	Menge aller Wertebereiche der Attribute a_i
W	Wegstrecke
W_i	Menge der Werte von Attribut a_i
$w_{i,l}$	Ausprägung l für Attribut i
X	Menge der Objekte in einer Klasse
x_i	tatsächlicher Wert
$\hat{x}_i$	prognostizierter Wert
$\bar{x}$	Mittelwert der tatsächlichen Werte
$\hat{\bar{x}}$	Mittelwert der prognostizierten Werte
x_t	Wert (z.B. Kurs) zum Zeitpunkt t
x_{t+1}	Wert zum Zeitpunkt $t+1$
Y	Blätter des Unterbaumes UB
Y_{UB}	Anzahl der Blätter des Unterbaumes UB
z_i	Anzahl der ursprünglichen Werte von a_i

Symbole Kapitel 6

Zeitreihenanalyse

α_i	Schwellenwert
λ	Gewichte der Verbindungen von Kontextneuronen auf sich selbst
ΔE	erwartete Fehlerreduktion

$\sigma(T_{n_L})$	Standardabweichung der Klassenwerte der Objekte der Unter-menge T im linken Tochterknoten n_L
$\sigma(T_{n_k})$	Standardabweichung der Klassenwerte aller Objekte
$F(a_i, n_k)$	Güte des jeweiligen Attributs a_i
G	Übergangsfunktion
g	Glättungskonstante
$h_{abs}(T, n_k)$	Anzahl der Objekte im Vaterknoten n_k.
$h_{abs}(T, n_L)$	Anzahl der Objekte im Tochterknoten n_L
$h_{abs}(T, n_L)$	Anzahl der Objekte aus T im linken Tochterknoten n_L vom Va-terknoten n_k
$h_{abs}(T, n_L, k_r)$	Anzahl der Objekte aus T im linken Tochterknoten n_L, die Klasse k_r zugeordnet sind
$h_{abs}(T, n_R)$	Anzahl der Objekte aus T im rechten Tochterknoten n_R vom Va-terknoten n_k
$h_{abs}(T, n_R)$	Anzahl der Objekte im Tochterknoten n_R
$h_{abs}(T, n_R, k_r)$	Anzahl der Objekte aus T im linken Tochterknoten n_R, die Klasse k_r zugeordnet sind
$I(t)$	externe Eingabe
$I(T|n_k)$	Gini-Index (Entropie im Knoten n_k)
$IG(n_k)$	Gini-Kriterium (Informationsgewinn im Knoten n_k)
$IT(n_k)..$	Twoing-Wert
k_r	Klassenwerte der im Tochterknoten n_L bzw. n_R enthaltenen Ob-jekte
$\bar{k}$	Mittelwert aller im Tochterknoten n_L bzw. n_R enthaltenen Klas-senwerte
MSE_{ges}	Mean-Squared-Error beider Tochterknoten
MSE_{n_L}	Mean-Squared-Error im linken Tochterknoten
MSE_{n_R}	Mean-Squared-Error im rechten Tochterknoten
M_{TB}	durch das Modell im Teilbaum gegebene Wert
n_L	linker Tochterknoten
n_R	rechter Tochterknoten
n_{TB}	Anzahl der Objekte ineinem Teilbaum
n_V	Vaterknoten
$O(t)$	aktuelle Ausgabe des Netzes
$S(t)$	aktueller interner Zustand
$S(t+1)$	Folgezustand
S_0	Startzustand

T_{n_L}	Untermenge von T im linken Tochterknoten n_L
T_{n_k}	Menge aller Objekte o_j ($j=1, ..., n$) im Knoten n_k
$(X_t)_{t \in T}$	stochastischer Prozeß als Folge von Zufallsvariablen X_t mit t als Element der maximal abzählbaren Indexmenge T
v	Anzahl der geschätzten Parameter des Regressionsmodells

Symbole Kapitel 7

Genetische Algorithmen

λ	Anzahl Individuen aus μ, die als Eltern für Reproduktion bestimmt worden sind.
μ	Anzahl Individuen innerhalb einer Klasse
$A_{akt.}$	aktuelles Alter
a,b	Parameter
$eval(x)$	Bewertungswert eines Individuums x
$eval_{min}$	kleinste Bewertungswert der Population
Fit	Summe der Fitneßwerte aller betrachteten Individuen
$fit(S,t)$	Fitneß des Schemas S der aktuellen Generation t
$Fit(t)$	Populationsdurchschnittsfitneß der aktuellen Generation t
$fit_{Alter}(x)$	Die Fitneßfunktion für den fortschreitenden Alterungsprozeß
$fit_{Penalty}(x)$	Fitneß unter Berücksichtigung eines Penalty-Terms
$h(z)$	Penalty-Funktion
$l(S)$	Abstand zwischen der ersten und letzten Position des Chromosoms
L_{max}	maximale Lebensdauer
$m(S, t+1)$	Anzahl Instanzen des Schemas S in der Folgegeneration $t+1$
$m(S,t)$	Anzahl Instanzen des Schemas S der aktuellen Generation t
$o(S)$	Ordnung eines Schemas S (Anzahl fixer Positionen eines Chromosoms)
p	zufällig bestimmten Bruchstelle für kreuzweisen Austausch binärer Teilstrings der Elternindividuen

$p(x_i)$	*Wahrscheinlichkeit, daß Individuum x Nachkommen produziert (Selektionswahrscheinlichkeit)*
p_c	*Crossover-Wahrscheinlichkeit eines Individuums für das One-Point-Crossover*
$p_{Dc}(S)$	*Zerstörungswahrscheinlichkeit eines Schemas S durch Crossover*
$p_{Dm}(S)$	*Zerstörungswahrscheinlichkeit eines Systems S durch Mutation*
p_m	*Mutationswahrscheinlichkeit eines Bits*
S	*Schema*
s	*Selektionsdruck*
t	*Generation*
x_t	*Elternteil x in der Generation t*
y_t	*Elternteil y in der Generation t*

Symbole Kapitel 8

Kombination von Analyseverfahren

x_i^{max}	*Maxima mehrerer Zugehörigkeitsfunktionen*
$\bar{x}$	*Mittelwert der Maxima*
$\mu_{ij}(x_i)$	*Zugehörigkeitsfunktion*
$\tilde{A}$	*unscharfe Menge*
$p(h,l)$	*Anzahl möglicher Kombinationen zur Aufteilung von h Neuronen auf l Zwischenschichten*
w_{ij}	*Gewichte*
x	*Wert, dessen Zugehörigkeitsgrad entsprechend der Zugehörigkeitsfunktion am größten ist*
x_i	*Eingabewerte*
y_i	*zu x_i gehöriger Ausgabewert*

Sachwortverzeichnis

www.ingramcontent.com/pod-product-compliance
Lightning Source LLC
Chambersburg PA
CBHW081049220326
41598CB00038B/7039